ELOGIOS PARA
1-2-3 MAGIA

"Este libro cambió nuestras vidas."

"Mi hija de tres años se ha convertido en una niña más alegre."

"¡Las ideas de este libro funcionan! Realmente es
como magia, siento que recuperé el mando."

"Simple, claro, conciso y fácil de seguir."

"Extremadamente útil e informativo."

"¡Un gran libro para cualquier padre!"

Lo que los expertos dicen:

"Este libro es fácil de leer y navegar. Como terapeuta
requiero muchas herramientas amigables para padres de familia,
y este libro es una de ellas. ¡Lo recomiendo ampliamente!"

"Un libro maravilloso para utilizar con los padres en la
terapia y ayudarlos con las habilidades de crianza."

"¡Excelente libro! Soy pediatra y se lo recomiendo
a todos mis pacientes."

"He recomendado este libro por años en mi práctica
como psicoterapeuta."

1-2-3 MAGIA

Disciplina efectiva para niños de 2 a 12 años

Segunda Edición

THOMAS W. PHELAN, PhD

 sourcebooks

Published by Sourcebooks, Inc.
P.O. Box 4410, Naperville, Illinois 60567-4410
(630) 961-3900
Fax: (630) 961-2168
sourcebooks.com

Originally published as *1-2-3 Magia* in 2002 by ParentMagic, Inc.

The Library of Congress has cataloged the English-language edition as follows:

Phelan, Thomas W., author.
  1-2-3 magic : 3-step discipline for calm, effective, and happy parenting / Thomas W. Phelan, PhD.—Sixth edition.
      pages cm
  Includes bibliographical references and index.
  (trade paper : alk. paper)—(hardcover : alk. paper) 1. Discipline of children. 2. Child rearing. 3. Parenting. I. Title.
  HQ770.4.P485 2016
  649'.1—dc23

                              2015021612

        Printed and bound in the United States of America.
               VP 10 9 8 7 6 5 4 3 2 1

Para Eileen

ÍNDICE

PREFACIO

HACE ALGUNOS AÑOS VINO a verme una mamá de 33 años, madre soltera de tres hijos. Cuando tomó asiento tuve la oportunidad de observarla, Sarah lucía como si la acabara de atropellar un camión.

Cuando le pregunté por qué venía a consulta, me dijo: "Doctor Phelan, no quiero salir de la cama por las mañanas. Es horrible. Sólo me quedo acostada, jalo las cobijas y me envuelvo."

"¿Por qué no te quieres levantar?," pregunté.

"La idea de despertar a mis tres hijos y alistarlos para la escuela es horrible. ¡Es absolutamente horrible! No cooperan, pelean, me tratan como si fuera invisible. Alzo la voz, grito y regaño. Todo esto es tan perturbador que arruina mi día. No me puedo concentrar en el trabajo y estoy deprimida. A la mañana siguiente tengo que hacer todo de nuevo."

Después de hacerle más preguntas y realizar un pequeño resumen de su vida, le pregunté si quería aprender el programa de *1-2-3 por arte de magia*. "¡Haré lo que sea!," dijo.

Sarah hablaba en serio. Le enseñé el programa. Regresó a su casa y le dijo a sus hijos que las cosas serían diferentes de ahora en adelante. Los niños hicieron una mueca y la vieron como si estuviera loca.

Durante las siguientes semanas Sarah cambió la perspectiva de sus tres hijos. Utilizó el conteo para la rivalidad entre hermanos y las faltas de respeto. Puso en práctica algunas de las tácticas "iniciales" de comportamiento para ordenar la casa, hacer la tarea y alistarse en la mañana. También usó la escucha comprensiva y la diversión uno a uno como métodos para fortalecer el vínculo con sus hijos.

Conforme revolucionó su vida familiar, comenzamos a espaciar las consultas. Un día, a principios de enero, Sarah vino a la última. Ya no lucía como si la acabara de atropellar un camión. Le pregunté cómo iban las cosas.

"Muy bien," me dijo.

"Bueno, eso es un avance," señalé, "especialmente porque acabas de pasar dos semanas de vacaciones con tus hijos."

"Sí, estuvieron bien," me dijo. "Ha sido un cambio abismal."

Después titubeó un poco. "¿Sabes algo?," agregó. "No me había dado cuenta de lo lejos que he llegado hasta después de las vacaciones de Navidad."

"¿A qué te refieres?," pregunté.

Con lágrimas en los ojos, hizo una pausa, y dijo: "Por primera vez en mi vida extrañé a mis hijos cuando se fueron a la escuela

¿Qué puede hacer por ti 1-2-3 por arte de magia?

Si tienes niños pequeños, el programa de *1-2-3 por arte de magia* puede ser tu pase para una crianza efectiva y disfrutable por diversas razones:

1. El libro ha vendido más de *1 600 000* ejemplares.
2. *1-2-3 por arte de magia* se ha traducido a *22 idiomas*.
3. En los últimos años, *1-2-3 por arte de magia* ha sido consistentemente el libro #1 de disciplina para niños en Amazon.com
4. El programa es *amigable para los padres*.
5. Está basado en casos de éxito, eso significa que *funciona*.

Para mejores resultados

Esta edición de *1-2-3 por arte de magia* describe métodos sencillos para majear el comportamiento de los niños de 2 a 12 años aproximadamente, ya sean niños promedio o con necesidades especiales. De hecho puedes empezar desde los 18 meses con un niño con desarrollo estándar. Para obtener los mejores resultados, ten en cuenta lo siguiente:

1. Las estrategias deben ser usadas tal y como se describen en el libro, especialmente las relacionadas con las reglas "No hablar" y "Sin emoción."
2. Si los dos padres viven con los hijos, lo ideal es que ambos utilicen el programa. Si un padre se rehúsa, el otro puede utilizarlo por sí solo (esperando que su pareja tenga un trato razonable con los niños).
3. Padres solteros, separados o divorciados pueden utilizar los métodos efectivamente. Es preferible si ambos padres (aunque no vivan en el mismo hogar) utilizan el mismo programa, aunque no siempre es posible. Los padres solteros obtienen grandes beneficios de un programa simple y efectivo como *1-2-3 por arte de magia*. Si estás criando tú solo a tus hijos, es muy probable que te sientas saturado y sin tiempo para aprender programas de disciplina. También, porque no cuentas con el apoyo de una pareja, no te puedes dar el lujo de aplicar una crianza ineficiente con tus hijos. ¡No agotes tu energía!
4. Abuelos, niñeras y otras personas que cuidan de niños, se han beneficiado con el programa de *1-2-3 por arte de magia*. Cada vez hay más abuelos que crían a sus nietos y este programa es de gran ayuda.
5. Asegúrate de que tus hijos estén en buen estado de salud física. Es bien sabido que las enfermedades, las alergias y el dolor físico pueden agravar los problemas emocionales y de comportamiento

de los niños. Realizar exámenes físicos de manera regular a tus hijos es de vital importancia. También es importante que conozcas y respetes sus ritmos naturales en cuanto a alimentación, descanso y evacuación. Un niño que se salta una siesta, que tiene hambre o que necesita ir al baño puede ser más retador.

Una nota sobre evaluación psicológica y terapias

Algunos padres se preguntarán: ¿Cuándo es necesario consultar a un psicólogo o terapeuta durante el proceso de *1-2-3 por arte de magia*?

La evaluación psicológica y las terapias son recomendadas *antes* de utilizar el programa si el niño ha sufrido excesiva ansiedad de separación, violencia física o comportamiento de autocastigo. Estos niños pueden ser muy difíciles de manejar durante el periodo inicial de prueba cuando apenas se están adaptando al nuevo método de disciplina.

Si tu familia está *actualmente* en terapia, este programa debe platicarse con el terapeuta antes de usarse. Si tu terapeuta no está familiarizado con el programa, puede acercase al método por medio del libro, el DVD o el CD.

La evaluación psicológica y la terapia son recomendadas *después* de utilizar el programa de *1-2-3 por arte de magia* cuando:

1. La inestabilidad marital o los conflictos están interfiriendo con el correcto uso de los métodos. El programa es una excelente forma de poner a ambos padres en la misma página al criar a los hijos. En ocasiones, algunas terapias son de gran ayuda para enderezar el barco.
2. Uno o ambos padres son incapaces de seguir las reglas "No hablar" y "Sin emoción" (ver Capítulo 4). Detonantes de estrés, como la ansiedad y la depresión, pueden hacer difícil que los padres se calmen lo suficiente para aplicar efectivamente el

programa. El uso de drogas y alcohol provoca que los padres estén de mal humor, sean volátiles e ineficientes.

3. Los problemas de comportamiento, como las pruebas y la manipulación por parte del niño, continúan por más de tres semanas después de iniciar el programa. Si tu hijo era muy difícil de manejar antes del programa y ahora está mejor pero la disciplina sigue siendo un problema, ve con un profesional.

4. Confía en tus instintos. Aquí tienes una regla de oro: Si te has preocupado *por más de seis meses*, es demasiado tiempo. Consulta a un profesional y ve si en realidad hay algo mal. Si es así, trata de arreglarlo o de manejarlo. Si no hay nada malo, deja de preocuparte.

Los problemas psicológicos o de comportamiento en niños frecuentemente incluyen dificultades persistentes con lo siguiente:

- Poner atención o sentarse quietos.
- Desarrollo del lenguaje, interacción social o interés restringido.
- Comportamiento negativo, hostil o desafiante.
- Preocupación excesiva o ansiedad de separación inusual.
- Pérdida de interés en actividades divertidas e irritabilidad.
- Excesiva agresión verbal o física.
- Indiferencia por normas o reglas adecuadas para su edad.
- Dificultades de aprendizaje.

INTRODUCCIÓN

Paternidad: largas horas, sin pago, excelentes beneficios

"**¿ME PUEDO COMER UNA** dona?"

"No, cariño."

"¿Por qué no?"

"Porque ya es casi hora de la cena."

"Sí, pero quiero una."

"Acabo de decir que no."

"Nunca me das nada."

"¿A qué te refieres con que nunca te doy nada? ¿No tienes ropa? ¿Y un techo donde dormir? ¿Y comida todos los días?"

"Le diste a Joey la mitad hace una hora."

"¿Acaso eres tu hermano? Además él siempre se termina su cena."

"Prometo terminarme mi cena."

"¡No empieces con esto de prometo, prometo, prometo, Mónica! Ayer, a las 4:30 de la tarde te comiste medio sándwich de mermelada y en la cena no comiste nada."

"¡ENTONCES ME VOY A MATAR Y DESPUÉS HUIR DE LA CASA!"

Bienvenido al programa de 1-2-3 por arte de magia

La crianza es uno de los trabajos más importantes en el mundo, y puede ser una de las más agradables experiencias de la vida. Los niños son afectivos, entretenidos, curiosos, llenos de vida y divertidos. Para muchos adultos, la crianza les brinda beneficios únicos y profundos que no se comparan con nada más.

Sin embargo, ser papá o mamá puede llegar a ser muy frustrante. Repite la escena de la dona más de mil veces y tendrás miseria garantizada. En ocasiones extremas—pero muy comunes—esa miseria se convierte en la fuente del abuso emocional y físico. Ésa no es forma de vivir—ni para los adultos ni para los niños.

Los hijos no vienen con un manual de cómo criarlos. Es por eso que existe un programa como *1-2-3 por arte de magia*. Este programa actualmente es utilizado alrededor del mundo por millones de padres (incluyendo solteros y divorciados), maestros, abuelos, guarderías, niñeras, guías de campamento, personal de hospitales y otras personas que conviven y cuidan de niños, todos ellos con una meta en común: criar niños sanos y felices.

El programa es enseñado y recomendado por miles de profesionales de la salud y pediatras. En conferencias escolares, los maestros recomiendan *1-2-3 por arte de magia* a los padres de familia (y a veces, ¡los padres recomiendan *1-2-3 por arte de magia para maestros* a los profesores!).

¿Por qué el entusiasmo? Como dijo una madre: "*1-2-3 por arte de magia* fue fácil de entender y me dio resultados. Volví a disfrutar a mis hijos y a ser el tipo de mamá que sé que puedo ser." Más de 25 años después del lanzamiento del programa, escuchamos a padres que dicen: "Mis hijos fueron excelentes niños y, ahora, son excelentes adultos. Disfrutamos pasar tiempo juntos."

El programa ayuda a que los niños se conviertan en adultos disciplinados, competentes, felices y capaces de convivir con los demás. En otras palabras, ayuda a crear personas con inteligencia emocional—personas que pueden manejar sus sentimientos, así como comprender y responder a las emociones de los demás.

Los métodos descritos en este libro son fáciles de aprender *y puedes comenzar el programa de inmediato*. Dependiendo si utilizas el libro, el CD o los dos DVD, te tomará cerca de cuatro horas aprenderlo. Todo el mundo puede utilizar el programa—sólo se necesitan determinación y compromiso.

Cómo empezar

Al terminar el programa de *1-2-3 por arte de magia* es recomendable practicarlo inmediatamente. Habla con tu pareja, si viven juntos, y comiencen lo antes posible. Si eres padre soltero, toma una respiración profunda y explícales a tus hijos el programa. Haz lo mismo si eres abuelo. Si no comienzas pronto, podrías postergarlo indefinidamente.

Después de aprender el programa sabrás exactamente qué hacer, qué no hacer, qué decir y qué no decir en casi todas las situaciones conflictivas más comunes que ocurren con tus hijos. Gracias a que el programa se basa en sólo algunos principios básicos, pero críticos, serás capaz de recordar qué hacer aun cuando estés ansioso, alterado o enojado (que para la mayoría de los padres es algo de todos los días). También serás capaz de ser un padre cariñoso pero efectivo cuando estés ocupado, apurado o preocupado.

Qué esperar cuando comiences el programa de 1-2-3 por arte de magia

Cuando empieces el programa, la relación con tus hijos cambiará rápidamente. Pero hay buenas y malas noticias. La buena es que inicialmente cerca de la mitad de los niños caerá en la categoría de "cooperador inmediato." Tú comenzarás el programa y ellos cooperarán—en ocasiones "por arte de magia." ¿Qué hacer? Sólo relájate y disfruta de tu buena suerte.

La mala noticia es que la otra mitad de los niños caerá en la categoría de "retador inmediato." Estos niños empeorarán al principio. Te pondrán a prueba para ver si realmente hablas en serio con la nueva dinámica de disciplina. Si te apegas a tus herramientas—no gritar, ni discutir, ni pegar—lograrás que la mayoría de estos pequeños retadores se adapten a la nueva dinámica en una semana o diez días a más tardar. ¿Qué harás? Disfrutarás de tus hijos de nuevo.

Lo creas o no, pronto tendrás un hogar más tranquilo y unos hijos disfrutables. Volverás a gustarte y respetarte como padre—¡y todo esto puede suceder en un futuro cercano!

Antes de entrar en detalles sobre el programa y el "Trabajo de crianza 1: Controlar el comportamiento desagradable," debemos identificar algunos conceptos importantes que son fundamentales para entender cómo funciona:

1. La *orientación más efectiva para −o filosofía de− la crianza* (Capítulo 1).
2. Los *tres trabajos básicos de la crianza* (Capítulo 2).
3. La *peligrosa suposición* que padres, maestros y otros cuidadores hacen acerca de los niños (Capítulo 3).
4. Los *dos errores de disciplina más grandes* cometidos por los adultos (Capítulo 4).

1

ORIENTACIÓN PARA LA PROFESIÓN DE LA PATERNIDAD

Cómo prepararse para el trabajo más importante del mundo

NO HAY FORMA DE saber qué es la paternidad hasta que te conviertes en papá o mamá. Cualquier pensamiento que hayas tenido no refleja el cambio que significa llegar a casa con tu primer bebé. La única garantía es que criar a tu hijo será más difícil y más gratificante de lo que esperabas.

El programa de *1-2-3 por arte de magia* se basa en la idea de que la paternidad debería verse como una profesión. En otras palabras, la práctica hará el trabajo más fácil. Pero esa práctica no tiene que durar años o requerir de pilas de libros. Un solo libro debería dar resultados.

Reglas del juego para una crianza efectiva

Hay que empezar con tu filosofía básica sobre la paternidad—tu orientación general sobre el trabajo, que establecerá las reglas del juego.

Aun cuando tu trabajo cambia conforme tus hijos crecen, los padres efectivos tienen dos cualidades importantes:

1. **Cálidos y amigables.**
2. **Exigentes y firmes.**

Ser *cálidos y amigables* significa cuidar de las necesidades emocionales y psicológicas de tus hijos. Darles de comer, brindarles seguridad, proporcionarles abrigo y un techo, asegurarse de que obtengan el suficiente descanso. También significa ser sensible a sus emociones y sentimientos: compartir la alegría de un nuevo amigo, consolarlos cuando se les caiga su helado al piso, escucharlos atentamente cuando estén enojados con su maestra y disfrutar su compañía.

Ser cálidos y amigables significa *querer* a tu hijo—no sólo amarlo.

El otro rasgo importante de la paternidad, ser *exigentes y firmes*, se entiende en el buen sentido. Los buenos padres esperan algo de sus hijos. Esperan un buen comportamiento en la escuela, respeto hacia los adultos, un buen desempeño académico, esfuerzo en las actividades deportivas y amistades que propicien la bondad y el compartir. Los padres desean que sus hijos sigan las reglas, que ayuden a los demás y que enfrenten situaciones difíciles o superen sus miedos.

En otras palabras, los padres efectivos esperan que sus hijos estén a la altura de los retos de la vida (¡que como sabes son varios!) y que respeten las reglas y los límites de un comportamiento adecuado.

Estas dos cualidades de la crianza, cálido-amigable y exigente-firme, pueden parecer contradictorias en un principio. Pero no lo son. Dependiendo de la situación se usa una, otra o ambas. Por ejemplo, ¿qué harías si tu hija, Megan, le pega a su hermano, John? Es momento del lado exigente-firme de la crianza. Pero, ¿si Megan alimenta al perro sin que se lo pidas? Es momento del lado cálido-amigable.

¿Qué pasa si es hora de ir a la cama? Ambos lados son necesarios. La parte cálida-amigable será cuando les leas un cuento. La parte exigente-firme será cuando les pidas a tus hijos alistarse para dormir (lavarse los dientes, bañarse, ponerse la piyama y demás preparaciones) antes de que les leas un cuento. Y a las 9 p.m. firme significa apagar las luces. Sin peros.

Los mensajes que esta filosofía de crianza manda a los niños son:

1. **Cálido-amigable: "Te amo y voy a cuidar de ti."**
2. **Exigente-firme: "Espero algo de ti."**

¿Por qué son necesarias para tus hijos ambas actitudes? Por dos razones. La primera es simple: ¡diversión! Sería agradable disfrutar a tus hijos mientras crecen. Los niños son energéticos, tiernos, emocionantes y divertidos, y puedes pasar grandes momentos con ellos.

La segunda razón es un poco triste. Quieres que tus hijos crezcan, se independicen y formen su propia familia. Cálido y exigente, por lo tanto, significa alentar y respetar que tus hijos sean independientes.

Amigable y firme significa no limitarlos ni ser sobreprotector. Significa darles la oportunidad de cada vez hacer más cosas por sí mismos conforme crecen. Cuando nuestro hijo mayor caminó cinco cuadras hasta el kínder el primer día de clases, estaba seguro de que nunca regresaría. Volvió feliz, y aprendí una lección acerca de la independencia y de su creciente capacidad.

> **Concepto Clave**
>
> Investigaciones han demostrado que los padres efectivos son cálidos y amigables por un lado, y exigentes y firmes por el otro. Ambas modalidades son indispensables para educar hijos maduros y con inteligencia emocional.

Crianza automática vs. crianza intencionada

Existen dos formas de crianza: la automática y la intencionada. La crianza automática incluye las cosas que haces espontáneamente sin pensar en ellas (y sin un entrenamiento previo), por ejemplo, ayudar y confortar a un niño de dos años cuando se tropieza. Confortar a un niño es un ejemplo positivo, pero la crianza automática también incluye acciones que son poco útiles, como gritarle a un niño de siete años que se levanta en las noches porque cree que hay un monstruo en su clóset.

El programa de *1-2-3 por arte de magia* te ayudará a:

1. Mantener tus hábitos positivos de crianza automática. Encontrarás que algunos de tus métodos útiles de paternidad forman parte del programa, tales como ser un buen escucha o reconocer los esfuerzos de tus hijos.
2. Identificar tus hábitos de crianza automática que son dañinos, inútiles o molestos. Conforme aprendas nuevas estrategias del programa podrás reemplazar estas acciones negativas por unas positivas.
3. ¡Practicar, practicar y practicar! Trabaja duro y a conciencia hasta que los nuevos métodos se vuelvan automáticos. El programa funciona como un autorreforzador, lo que facilita el cambio de una crianza intencionada a una automática.

Tip Útil

Identifica tus hábitos automáticos de crianza que son dañinos, inútiles o molestos. Conforme avances con la lectura de *1-2-3 por arte de magia*, decide por cuáles estrategias positivas cambiarás estos hábitos negativos.

La crianza automática incluye otra actividad fundamental que deberás aplicar en todo momento: ser un modelo a seguir. Los niños son grandes imitadores y aprenden mucho por sólo observar la manera en que te comportas. Si eres respetuoso con otras personas, tus hijos también lo serán. Si gritas a otros y pierdes la calma en el tráfico, tus hijos aprenderán ese comportamiento.

La meta es una crianza automática efectiva. Este acercamiento requiere concentración y esfuerzo al principio, pero a la larga implicará mucho menos trabajo.

RESUMEN DEL CAPÍTULO

2

TU TRABAJO COMO PADRE

Tres cosas que puedes hacer para educar hijos felices y sanos

EXISTEN TRES TRABAJOS DE crianza, los cuales requieren diferentes estrategias. Cada uno es distinto, manejable e importante. También son interdependientes; dependen en cierto grado de los otros para su éxito. Si ignoras alguna de estas tres tareas será bajo tu propio riesgo; pero si cumples con las tres serás un gran padre. Los primeros dos trabajos de crianza involucran disciplina y temas de comportamiento, mientras que el tercero se centra en el vínculo padre-hijo.

- **Trabajo de crianza 1** implica *controlar el comportamiento desagradable*. Nunca podrás llevarte bien con tu hijo si constantemente te irrita con su comportamiento—quejas, discusiones, burlas, berrinches, gritos y peleas. En este libro aprenderás cómo utilizar el conteo 1-2-3 para controlar el comportamiento desagradable, y te sorprenderá lo efectiva que es esta simple técnica.

- **Trabajo de crianza 2** implica *fomentar el buen comportamiento*. Fomentar el buen comportamiento—como levantar los juguetes, irse a dormir, ser cortés y hacer la tarea—requiere más esfuerzo por parte de los padres (y de los hijos para participar en el comportamiento fomentado que controlar el comportamiento desagradable. Aprenderás siete métodos simples para favorecer acciones positivas en tus hijos.

▸ **Trabajo de crianza 3** es *fortalecer el vínculo con tus hijos.* Algunos padres no necesitan que se les recuerde este trabajo; otros tienen dificultades para recordarlo. Poner atención a la calidad de la relación con tu hijo te ayudará con los trabajos 1 y 2, y viceversa.

¿Cómo se relacionan los tres trabajos con los rasgos de la crianza? Como habrás adivinado, la táctica para el trabajo 1, controlar el comportamiento desagradable, depende enteramente del rol exigente de la paternidad. ¡No hay mucho de cálido o amigable en él! El trabajo 3 recae casi por completo en el rol cálido de la paternidad. Y el trabajo 2, fomentar el buen comportamiento, empelará estrategias tanto cálidas como exigentes.

> **Tip Útil**
>
> Algunos padres no necesitan que se les recuerde el trabajo de crianza 3: fortalecer el vínculo con tus hijos. Sin embargo, otros padres tienen dificultades para recordarlo.

Comportamiento de Alto e Inicio

Los niños presentan dos principales problemas de disciplina para los adultos, y estos definen las dos primeras tareas de crianza. Cuando estamos frustrados con nuestros hijos, los niños están: 1. haciendo algo negativo que queremos que "paren" (como los berrinches), o 2. no haciendo algo positivo que queremos que "inicien" (como alistarse para ir a la escuela). En *1-2-3 por arte de magia*, les llamamos comportamiento de "Alto" y comportamiento de "Inicio." En el jaleo del día a día, tal vez no te preocupa la diferencia entre el comportamiento de Alto y el de Inicio, pero la distinción es extremadamente importante.

Trabajo de crianza 1: Controlar el comportamiento desagradable

Este trabajo es el primer paso para regresar al camino a tu familia y consiste en controlar el comportamiento desagradable o comportamiento de Alto. El comportamiento de Alto incluye asuntos de todos los días, como quejas, faltas de respeto, berrinches, peleas, gritos y pucheros. Este comportamiento va desde algo molesto hasta algo desagradable. Cada uno de estos comportamientos puede ser tolerable por separado, pero si los juntas en una tarde es probable que para la hora de la cena te sientas como si hubieras ido de excursión a Sudamérica.

Para confrontar este comportamiento utiliza la técnica de conteo 1-2-3. Contar es simple, amigable y directo.

Estrategias para controlar el comportamiento desagradable

Para el comportamiento de **Alto**:
Quejas
Faltas de respeto
Berrinches
Peleas
Gritos
Pucheros

Utiliza la técnica de conteo 1-2-3.

Trabajo de crianza 2: Fomentar el buen comportamiento

El segundo trabajo de crianza es fomentar el buen comportamiento de tu hijo o comportamiento de Inicio. El comportamiento de Inicio incluye actividades positivas como ordenar su cuarto, hacer la tarea, practicar piano, alistarse por la mañana, irse a dormir, terminarse su comida y ser amable. Tienes un problema de comportamiento de Inicio cuando tu hijo no está habiendo algo que sería bueno que hiciera.

Para problemas de comportamiento de Inicio, hay siete técnicas que puedes usar por separado o combinadas: elogio, peticiones simples, temporizadores de cocina, consecuencias naturales, tablas, sistema de pago por servicios y variaciones de conteo. Las estrategias del comportamiento de Inicio requieren un poco más de dedicación y esfuerzo que el simple conteo.

Estrategias para fomentar el buen comportamiento

Para el comportamiento de **Inicio**:
Ordenar su cuarto
Hacer la tarea
Alistarse por la mañana
Irse a dormir

Utiliza estas siete técnicas: reforzamiento positivo, peticiones simples, temporizadores de cocina, consecuencias naturales, tablas, sistema de pago por servicios y variaciones de conteo.

Cómo elegir tu estrategia

La diferencia entre las estrategias del trabajo de crianza 1 y el trabajo de crianza 2 está en la motivación. Si tu hijo está motivado dejará el comportamiento irritante de Alto, como los berrinches, las quejas y las faltas de respeto al instante. Dependiendo de qué tan enojado o retador esté, terminar el comportamiento desagradable no requerirá demasiado tiempo.

Para el comportamiento de Inicio se requiere de mayor motivación porque las actividades toman más tiempo. ¿Cuánto tiempo le toma a tu hijo realizar algo constructivo, como terminar de comer? Entre 20-25 minutos. ¿Ordenar su cuarto? 15-20 minutos. ¿Alistarse para dormir? 20-30 minutos. ¿Alistarse para el colegio? 30-40 minutos. ¿Hacer la tarea? Esto puede tomar desde 30 minutos hasta tres años. La motivación debe permanecer durante la realización de todo el proyecto, sobre todo, porque la mayoría de las veces es algo que tu hijo no quiere hacer.

Alentar el comportamiento positivo en los hijos requiere motivación tanto de los niños como de los padres (incluso más de los padres). Frenar el comportamiento de Alto por medio del conteo es relativamente fácil si lo haces correctamente. El comportamiento de Inicio requiere técnicas más sofisticadas.

Al lidiar con un problema de comportamiento con tu hijo, primero debes determinar si se trata de un problema de comportamiento de Inicio o de Alto. (¿El problema involucra algo que quiero que mi hijo deje de hacer o es algo que quiero que siga haciendo?) Dado que contar es algo sencillo, los padres cometen el error de utilizarlo para los problemas de comportamiento de Inicio (por ejemplo, contarle a tu hijo para que haga la tarea).

El conteo produce una motivación de corta duración (desde pocos segundos hasta un par de minutos) y no provee la suficiente motivación para que tu hijo continúe el comportamiento deseado. Si revuelves las técnicas de comportamiento de Alto con las de comportamiento de Inicio no obtendrás resultados satisfactorios.

Pero no te preocupes. El procedimiento es tan sencillo que serás un experto en poco tiempo. La disciplina efectiva será algo natural en ti y—lo creas o no—tus hijos te escucharán.

Trabajo de crianza 3: Fortalecer el vínculo con tus hijos

Tu trabajo final de crianza es fortalecer el vínculo con tus hijos. Esto significa asegurarte de que el tiempo de tecnología no reemplace el tiempo de calidad cara a cara. Al fortalecer el vínculo con tu hijo mandas el mensaje de que valoras su compañía. Es importante para la estabilidad de la familia y para la autoestima del niño que te agrade tu hijo (no sólo lo ames).

¿Qué significa que te agrade tu hijo? Te doy un ejemplo. Es sábado y estás solo en tu casa por algunas horas—algo fuera de lo común—, todos salieron. Escuchas música y descansas. Oyes un ruido en la calle y ves un coche estacionado frente a tu puerta; uno de tus hijos se baja del auto y camina hacia la casa.

¿Cómo te sientes en este momento? Si piensas: "¡Ay, no, la diversión se acabó!," significa que tienes que trabajar en la parte de "agrado." Si es "¡Sí, tengo compañía!," significa que te agrada tu hijo.

Que te agrade tu hijo y tener una buena relación con él es importante por muchas razones. La más relevante es que hace que las cosas sean más divertidas. Los niños son tiernos por naturaleza y disfrutables la mayoría del tiempo, y lo mejor es sacar ventaja de esta cualidad. Además, sólo tienes una oportunidad de verlos crecer.

Estrategias para fortalecer el vínculo con tus hijos

Practica la escucha comprensiva

Evita sobrecriar

Involúcrate en la diversión uno a uno

Resuelvan problemas juntos

¿Qué sigue? En el Capítulo 3 abordaremos la extraña y errónea idea que los adultos tienen acerca de los niños pequeños.

RESUMEN DEL CAPÍTULO

¿Alguna vez te has sentido abrumado por la importancia y magnitud que implica la paternidad? De ahora en adelante sólo enfócate en lidiar con el comportamiento difícil, promover el comportamiento positivo y fortalecer la relación con tu hijo. Ese enfoque hará que la tarea sea más manejable.

3

DESAFIAR LA SUPOSICIÓN DEL PEQUEÑO ADULTO

Por qué necesitas recordar que los niños son sólo niños

HAY UNA IDEA ENCANTADORA pero problemática que tanto padres como maestros tienen acerca de los niños. Esta ingenua suposición—o deseo—es la causante de los fracasos de disciplina y de las escenas tormentosas que pueden incluir abuso físico en los niños. La idea de la que hablo es conocida como "la suposición del pequeño adulto."

La suposición del pequeño adulto es la creencia de que los niños son razonables y altruistas. En otras palabras, son una versión a escala de los adultos. Y porque son pequeños adultos, el razonamiento dicta que cuando un niño se comporta mal, el problema radica en que no tienen suficiente información para hacer lo que es correcto. ¿La solución? Brindarles los hechos.

Por ejemplo, a las 16:12 tu hijo de ocho años está molestando a su hermana de cinco años por vigésima vez desde que regresaron de la escuela. ¿Qué harías? Si tu hijo es un pequeño adulto, simplemente lo sientas, lo miras a los ojos calmadamente y le explicas las tres razones de oro por las cuales no debería molestar a su hermana. Primera, al molestarla la está lastimando. Segunda, hace que te enojes con él. Tercera—y más importante—, ¿cómo se sentiría él si alguien lo tratara así?

Imagina que después de esta explicación tu hijo te mira—con una mirada reflexiva—y dice: "¡Nunca lo había visto de este modo!" Para, después, dejar de molestar a su hermana por el resto de su vida. Eso sería estupendo, pero cualquier padre o maestro sabe que no sucede. Los niños no son pequeños adultos.

El punto crucial es éste: los adultos que quieren creer en la suposición del pequeño adulto van a depender de las palabras y los razonamientos en el trato con niños. Y, en la mayoría de los casos, las palabras y los razonamientos resultarán en enormes fracasos. En algunas ocasiones las explicaciones no tendrán impacto. En otros casos los intentos de los adultos por informar a sus hijos los llevará por el camino de lo que llamamos "el síndrome hablar-persuadir-discutir-gritar-pegar."

Imagina esto: tu hija está haciendo algo que no te gusta. Un libro de paternidad dice que deberías hablar el problema con ella sin importar cuánto tiempo te lleve. Así que tratas de explicarle a tu hija de 5 años por qué no debería ser irrespetuosa. Ella no responde, entonces tratas de persuadirla para que vea las cosas a tu manera. Cuando la persuasión falla, comienzas a discutir. La discusión lleva a una pelea a gritos, y cuando eso falla, sientes que no tienes otro remedio más que darle una nalgada para obtener el resultado que deseas.

De hecho, la mayoría del tiempo cuando un padre le grita, le pega o nalguea a su hijo, significa que está teniendo un ataque de enojo. El ataque de enojo es un signo de que 1. el padre no sabe qué hacer, 2. el padre está tan enojado que no puede ver claramente, y 3. el adulto puede tener un problema de control de ira.

> **Tip Útil**
> Los adultos que quieren creer en la suposición del pequeño adulto van a depender de las palabras y los razonamientos en el trato con niños. Y, en la mayoría de los casos, las palabras y los razonamientos generarán enormes fracasos.

No estamos implicando que vayas por la vida golpeando a tus hijos. Sin embargo, la causa principal de abuso (físico no sexual) en los niños es la suposición del pequeño adulto. El padre lee que razonar es el método principal. Cuando razonar falla, el padre recurre a la violencia física porque su estrategia principal no está funcionando y está desesperado.

Hablar y explicar tiene su lugar al momento de criar hijos. Pero los niños son sólo niños, no pequeños adultos. Hace muchos años un escritor dijo: "La infancia es un periodo de psicosis transitoria." A lo que se refería es que cuando son pequeños, ¡los niños están básicamente locos! No nacen razonables y altruistas; sino irrazonables y egoístas. Quieren lo que quieren y cuando lo quieren, y tendrán un gran conflicto si no lo consiguen. Por consecuencia, es trabajo del padre—y del maestro—ayudar a los niños a que gradualmente sean tolerantes a la frustración. Mientras tanto, los adultos deben ser gentiles, consistentes, decisivos y calmados.

¿Cómo logras esto? Primero debes cambiar tu forma de pensar acerca de los niños y quitar la suposición del pequeño adulto. Para borrar esta creencia utilizamos la "terapia cognitiva de choque." En vez de imaginar a tus hijos como pequeños adultos piensa en ti como un entrenador de *animales salvajes*. No nos referimos a que uses látigos, pistolas o sillas y mucho menos a que seas desagradable con ellos.

> **Advertencia**
>
> Una explicación —cuando es realmente necesaria—está bien. Son los intentos de explicaciones repetidas que hacen que los adultos y los niños tengan problemas. Demasiadas lecciones de los padres irritan y distraen a los niños.

¿Qué hace un entrenador de animales salvajes? Elige un método—en su mayoría no verbal—y lo repite hasta que el animal aprende lo que el entrenador quiere. El entrenador es paciente, gentil y persistente. En *1-2-3 por arte de magia* te presentamos algunos métodos de entrenamiento que puedes utilizar con tus hijos.

Por lo general, no es necesario repetir estos métodos durante mucho tiempo antes de obtener resultados. Gradualmente puedes agregar más plática y razonamiento a tu estrategia conforme tu hijo crece. Recuerda esto: una explicación—cuando es realmente necesaria—está bien. Son los intentos de explicaciones repetidas que hacen que los adultos y los niños tengan problemas.

De dictadura a democracia

La orientación general del programa *1-2-3 por arte de magia* es ir de una "dictadura" a una "democracia." Cuando tus hijos son pequeños, tu hogar debe parecerse a una dictadura positiva donde tú eres el juez y el jurado. Por ejemplo, tu hijo de 4 años no puede elegir—a las 7:30 de un miércoles—faltar al kínder porque prefiere quedarse en casa y jugar con su regalo de cumpleaños.

> ### Concepto Clave
> El incumplimiento y la falta de cooperación en los niños no siempre están relacionados con la falta de información. Los niños no son pequeños adultos o pequeñas computadoras, criar niños requiere tanto de entrenamiento como de explicaciones.

Cuando los hijos están en la adolescencia media y tardía, tu casa debe parecerse a una democracia. Es necesario que los adolescentes opinen sobre las reglas que los involucran. Las reuniones familiares son útiles para resolver las diferencias. Aun cuando los hijos son adolescentes la última palabra la tienes tú y eres el que sabe lo que es mejor para ellos. Cuando es necesario tienes el derecho y la obligación de imponer límites, aunque ellos no estén de acuerdo.

Demasiados padres les temen a sus hijos. ¿A qué le temen? ¿Un ataque físico? Por lo general, no. A lo que la mayoría le teme es a no caerles bien. Así que en una situación de conflicto, estos padres dan miles de explicaciones esperando que sus hijos entren en razón y digan algo así: "Guau, nunca lo había visto de esa forma." Es muy común que estos esfuerzos por explicar y explicar lleven al síndrome hablar-persuadir-discutir-gritar-pegar.

¿Qué pasa si tienes hijos que siempre responden a las palabras y a los razonamientos? ¡Eres muy afortunado! Estudios recientes han demostrado que existen tres niños así en todo el país. Si tienes uno o más de estos niños no necesitas este libro. Si tus hijos dejan de responder a la lógica podrías considerar retomar el programa *1-2-3 por arte de magia*.

¿De qué se trata este método de entrenamiento? Primero hay que explicar de qué no se trata.

RESUMEN DEL CAPÍTULO

¿Qué está mal con esta imagen?

4
EVITAR LOS DOS ERRORES MÁS GRANDES DE DISCIPLINA

Los peligros de hablar demasiado y poner demasiada emoción

LOS DOS ERRORES MÁS grandes de disciplina en que incurren los padres y los cuidadores de niños son 1. hablar demasiado y 2. poner demasiada emoción. Pensar en los niños como pequeños adultos y hablar con ellos durante situaciones que requieren disciplina es un error porque demasiadas explicaciones hacen que los niños no cooperen al confundirse, irritarse y distraerse. Hablar demasiado también lleva al síndrome hablar-persuadir-discutir-gritar-pegar.

¿Por qué es malo poner demasiada emoción mientras disciplinas? La gente suele decir que dejes salir todo y muestres tus sentimientos. "Exprésate y no te guardes nada," parece ser la recomendación universal de la psicología moderna.

¿Es una buena recomendación para los padres? Hay una parte buena y una mala. La buena es que si te sientes positivo hacia tu hijo, muéstralo por todos los medios. Expresa tu afecto y elógialo. La parte mala aplica cuando estás enojado o irritado con tus hijos. Sacar todo en este momento puede ser un problema porque muchas veces decimos y hacemos cosas erróneas. Un adulto enojado puede gritar, hablar fuerte, hacer menos o regañar. También puede causar daño físico a sus hijos. El programa de *1-2-3 por arte de magia* controla tanto la ira de los padres como el comportamiento de los niños.

¿Por qué a tus hijos les gusta hacerte enojar?

Hay otra razón por la cual poner demasiada emoción puede interferir con una crianza efectiva. Cuando son pequeños, los niños se sienten inferiores a los adultos. Se sienten inferiores porque *son* inferiores. Son más pequeños, con menos privilegios, menos inteligentes, con menos habilidades, menos responsables y menos de casi todo lo demás que los adultos y los niños grandes son. Y este "menos" les molesta mucho. No les gusta. Les gusta sentirse poderosos y capaces de hacer cualquier cosa.

> **Tip Útil**
>
> Si tu hijo puede hacer que te enojes, eso es el equivalente al agua salpicada por el efecto de la piedra. Tu explosión emocional tiene la consecuencia no intencional de hacer que tu hijo se sienta poderoso.

Los niños de 2 años quieren ser como los de 5, los de 5 como los de 10 y los de 10 como los adultos. Quieren manejar, usar celulares y tarjetas de crédito; quieren dejar su huella en el mundo y hacer que las cosas pasen.

¿Has visto a un niño pequeño lanzar piedras en el agua? Lo pueden hacer por horas, en parte porque el agua que salpica muestra su impacto, son ellos los que ocasionan el movimiento.

¿Qué tiene que ver esto con lo que pasa en tu casa? Si tu hijo puede hacer que te enojes, eso es el equivalente al agua salpicada por el efecto de la piedra. Tu explosión emocional tiene la consecuencia no intencional de hacer que tu hijo se sienta poderoso. Su reacción no significa que no tenga conciencia o que vaya a ser un criminal. Es una reacción normal de la infancia.

Tener todo el poder temporalmente hace que la parte de inferioridad del niño se sienta bien. Los padres que dicen: "Me vuelve loco que coma su cena con los dedos. ¿Por qué hace eso?" Acaban de contestar su pregunta. Pude que haga eso—en cierto modo—porque hace que sus papás se enojen.

Una regla importante es que si tienes un hijo que hace algo que no te gusta, si te enojas con frecuencia, es probable que lo siga haciendo por ti.

Cuando se trata de disciplina, hay que ser consistente, decisivo y calmado. Es recomendable que apliques—durante los momentos de conflicto—las reglas de "No hablar" y "Sin emoción." Dado que somos humanos estas reglas pueden significar hablar muy poco y mostrar muy poca emoción. Sin embargo, son críticas para una disciplina efectiva. Cualquier técnica de disciplina se verá afectada si hablas demasiado y pones demasiada emoción. Los dos errores van de la mano, y la emoción involucrada es generalmente el enojo.

Algunos padres y maestros pueden aplicar estas reglas de manera instantánea, sobre todo cuando ven los resultados positivos. Otros tienen que recordarse constantemente que hablar, discutir, gritar y hablar fuerte no ayuda y generalmente complica la situación. Si después de un mes o seis semanas de utilizar el programa de *1-2-3 por arte de magia* sigues con estos malos hábitos es momento de aceptar ayuda y asesoría de un profesional (para el padre, no el hijo).

Recuerda que se trata de emociones negativas—como el enojo—y plática no constructiva. Los buenos padres expresan calidez y afecto y escuchan comprensivamente a sus hijos. La disciplina y las situaciones de conflicto entre padre e hijo son las que debes cuidar y resolver con las reglas de "No hablar" y "Sin emoción."

RESUMEN DEL CAPÍTULO

Hablar demasiado

Poner demasiada emoción

SEGUNDA PARTE

Controlar el comportamiento desagradable

Trabajo de crianza 1

5

OBTENER RESULTADOS POR MEDIO DEL CONTEO

A veces tu silencio dice más que tus palabras

CUANDO TUS HIJOS ESTÁN haciendo una escena, sabes qué es lo que no debes hacer: poner demasiada emoción y hablar demasiado. Entonces, ¿qué es lo que sí debes hacer?

Para lidiar con el primer trabajo de crianza—controlar el comportamiento desagradable—es necesario utilizar la técnica de conteo. Esta técnica es muy poderosa y sencilla, pero para que realmente sea efectiva es necesario que sepas qué es lo que estás haciendo. Ten en cuenta esto:

- Utilizarás el conteo para lidiar con el comportamiento de Alto (comportamiento desagradable o difícil). Contarás para discusiones, peleas, quejas, gritos, berrinches y situaciones similares. No lo usarás para alistar a los niños por la mañana, para que hagan su tarea o para que realicen sus actividades vespertinas.

▶ Si eres nuevo en el programa de *1-2-3 por arte de magia*, después de aprender la técnica de conteo podrás estar escéptico. Sentirás que el procedimiento es simple, poco agresivo o efectivo para tu hijo inquieto y desobediente.

No te preocupes, recuerda que el programa es sencillo pero no siempre es fácil. La "magia" no está en el hecho de contar, lo que parece "magia" reside en las reglas "No hablar" y "Sin emoción." Cuando aplicas estas reglas tus hijos reflexionan y se responsabilizan por su comportamiento.

Por supuesto que no hay "magia," es sólo que se siente como tal. El programa representa una extensión cuidadosa, lógica y persistente de una tecnología conductual especial para la disciplina suave y la formación de los niños. Al lidiar con situaciones de conflicto con tus hijos te sentirás como una persona diferente: consistente, decisiva y calmada.

Tip Útil
Utiliza el conteo sólo para el comportamiento de Alto no para el comportamiento de Inicio.

Introducción al conteo

¿Cómo funciona el conteo? Imagina que tienes un niño de 4 años que está haciendo un gran berrinche en la cocina a las 18:00 horas porque no lo dejaste usar su juguete favorito antes de la cena. Tu hijo está pataleando, golpeando los gabinetes y gritando a todo pulmón. Estás seguro de que los vecinos pueden escuchar el alboroto a una cuadra de distancia y no sabes cómo actuar ante esta situación.

El pediatra te dijo que ignoraras los berrinches de tu hijo, pero no crees poder hacerlo. Tu madre te dijo que pusieras una toallita fría en su cara, pero piensas que es un consejo extraño. Y tu esposo opina que es mejor darle una nalgada para terminar con el berrinche.

Ninguna de estas acciones es aceptable. En vez de eso, levanta un dedo, mira a tu pequeño berrinchudo y calmadamente di "Va 1."

Si no te hace caso, está enojado y continúa con su berrinche al máximo. Cuenta cinco segundos, levanta dos dedos y di "Van 2." Si continúa con el berrinche, deja pasar cinco segundos más, levanta tres dedos y di "Van 3. Toma 5."

¿Qué significa todo esto? Significa que le diste dos oportunidades a tu hijo—las primeras dos cuentas—para comportarse. Pero no hizo caso, siguió con el comportamiento desagradable y por lo mismo habrá consecuencias. La consecuencia puede ser "un tiempo fuera" (aproximadamente 1 minuto por cada año de tu hijo) o "un tiempo fuera alternativo" (pérdida de un privilegio o juguete por cierto tiempo, irse a dormir 15 minutos antes, una cantidad de su mesada, quitar los juegos electrónicos por dos horas).

Imagina que la consecuencia que elijes es un tiempo fuera. Después de decir "Van 3. Toma 5," tu hijo tomará 5 minutos de tiempo fuera. En el siguiente capítulo veremos cómo lograrlo.

> ### Tip Útil
> Lo que sucederá en poco tiempo es al contar 1 o 2 obtendrás cambios positivos en el comportamiento de tu hijo, esto significa que vas por buen camino.

Después del tiempo fuera, todo regresa a la normalidad. No hay plática, no hay emoción, no hay disculpas, no hay regaños ni discusiones. No se dice nada al menos que el comportamiento sea nuevo, fuera de lo común o peligroso.

No debes decir cosas como: "¿Ahora sí vas a ser un buen niño?" "¿Te das cuenta de lo que estuviste haciendo toda la tarde?" "Estoy tan cansada de esto que podría gritar." "Tu hermana nunca se comporta así." "¿Tu trabajo es volverme loca?"

Aunque el regaño sea tentador debes permanecer callado. Si tu hijo se comporta reconócelo y disfruta su compañía. Si tu hijo tiene otro comportamiento desagradable, vuelve a contar.

Al poco tiempo, obtendrás resultados positivos al contar 1 o 2. Una cosa es segura, cuando logres calmar una pelea entre tus hijos sin levantarte de tu lugar, sin gritar, sin enojarte y con sólo contar "Va 1" o "Van 2," te sentirás muy bien y evitarás comportamientos de los cuales te puedas arrepentir después.

Si tu hijo siempre te lleva a contar hasta 2, no te preocupes no te está manipulando, lo importante es lograr un comportamiento adecuado sin llegar al 3. Lo que desquicia a los papás es contar hasta 42, 72 o tener que repetir las cosas 100 veces para que se comporte. Contar hasta 2 no es tan grave. Recuerda, si tu hijo llega a 3 es momento de un tiempo fuera.

¿Qué pasa si tu hijo hace algo tan desagradable que no quieres darle tres chances para que deje de hacerlo? Por ejemplo, ¿qué haces si te golpea? En casos así, simplemente dices "Van 3. Toma 5 y súmale 15 por la gravedad de la ofensa."

¿Qué harías si tu hijo aprende una mala palabra en el recreo? No sabe lo que significa, pero quiere probarla contigo. A las 20:30 cuando indicas que es hora de ir a dormir él te responde con esta palabra. Lo mismo aplica aquí "Van 3. Toma 5 y súmale 15 por las malas palabras." Cuando tu hijo regrese del tiempo fuera será necesaria una breve explicación acerca de lo que la palabra significa y por qué no puede usarla. Recuerda: las explicaciones son necesarias cuando el comportamiento desagradable de tu hijo es nuevo, inusual o peligroso.

Tip Útil

If your child does something dangerous or extreme, don't count and give them three chances to stop. Go straight to 3!

Eso es la esencia del conteo, es simple, directo y efectivo. Seguro piensas que hay una trampa en esto y estás en lo correcto.

Los retos del conteo

Muchas veces los padres me dicen cosas como: "Fuimos a tu conferencia hace dos meses y nos encantó. Tenemos dos hijos difíciles de 5 y 7 años y nos sorprendió ver que la técnica funciona y que nuestros hijos se comportan mejor. Pero eso fue hace ya varias semanas y el método ya no funciona igual necesitamos otro programa de disciplina."

¿Cuál es el problema? 90% de las veces es que los padres olvidaron las reglas "No hablar" y "Sin emoción." Es muy común que se olviden de esto sin darse cuenta. Volviendo al ejemplo del niño de cuatro años con el berrinche en la cocina, esto es lo que hubiera sucedido si la madre inconscientemente habla en exceso y muestra demasiada emoción mientras hace el conteo:

"Va 1. Ya me estoy cansado de tus berrinches. ¿Por qué no cooperas?—mírame cuando te hablo, jovencito—. Ok, van 2. Una más y te vas a tu cuarto, ¿me oyes? Ya estoy cansada de tus caprichos y quejas cada vez que no puedes tener algo. Una más y se acabó. *Tu hermana nunca se comporta así... ¡Tu padre llega a casa en media hora! ¡Ok, suficiente!* Van 3. Toma 5. ¡FUERA DE MI VISTA!"

¿Qué fue eso? Un berrinche de parte de la madre. Así que el resultado son dos berrinches en la cocina. Esta explosión de la madre no es el programa de conteo 1-2-3. Hay tres cosas erróneas con este tipo de reacción.

> **Concepto Clave**
> Cuando hablas demasiado cambias la atención de tu hijo de la necesidad de un buen comportamiento hacia la posibilidad de discutir contigo.

Primero, si te "comunicas" de este modo, estás enviando un mensaje de que quieres pelear. Y no necesitas tener un hijo con TDAH (trastorno por déficit de atención e hiperactividad) o TOD (trastorno de oposición desafiante) o TC (trastorno de conducta) para ponerte a pelear. Muchos niños prefieren perder su juguete favorito antes de perder una discusión contigo. Los intentos imprudentes de hablar o persuadir a tu hijo harán que pierda la atención sobre el buen comportamiento y se enfoque en la posibilidad de desafiarte.

Segundo, muchos niños problemáticos padecen TDAH. Eso significa que no pueden prestar atención. Al enfrentar un bombardeo de palabras es imposible que rescate lo más importante de la discusión que es el conteo y las advertencias. Los niños no pueden responder apropiadamente a las advertencias si no las escuchan claramente.

Tercero, aun cuando te olvides de la emoción, cuando hablas y hablas el mensaje que quieres enviar cambia. Cuando un padre da varias explicaciones a su hijo sobre por qué debe comportarse bien, el mensaje central se convierte en: "No te tienes que comportar al menos que te dé cinco o seis razones de por qué hacerlo. Y espero que estés de acuerdo con mis razones."

Esto no es disciplina. Esta "estrategia" se describe como *rogar*. Cuando ruegas así estás 1. tratando de pensar por tu hijo, 2. asumiendo la responsabilidad por sus actos y, 3. atrapado en la suposición del pequeño adulto.

Si haces esto con tu hijo, empezará a rebatir tus argumentos: "Mi hermana no siempre hace lo que le dices. Mi papá no llega a la casa en media hora." Y es en este momento donde dejas de lado la disciplina y comienzas la discusión. El objetivo principal—la conducta de tu hijo—queda en un segundo plano.

Si tu hijo está haciendo una escena debes contar 1 (y no hablar). Si es necesario, cuenta 2 (y continúa callado), hasta llegar a 3. Cuenta con firmeza pero con respeto; tu voz puede ser casual o un poco severa. Recuerda que la magia no está en el conteo, sino en la breve pausa después de cada advertencia. En ese momento—si te mantienes callado—la responsabilidad por el comportamiento desagradable recae en tu hijo.

Cuando se trata de conteo tu silencio dice más que tus palabras.

Nuestro famoso ejemplo de la dona

Este ejemplo te ayudará a entender los efectos del conteo. Es una situación que casi todos los padres han experimentado y que utilicé en la introducción del libro. La mamá está preparando la cena cuando su hija de 8 años entra a la cocina:

"¿Me puedo comer una dona?"

"No, cariño."

"¿Por qué no?"

"Porque ya es casi hora de la cena."

¿Hay algo mal con esta conversación? No. La hija pregunta algo concreto y la mamá le responde claramente. El problema reside en que es común que los niños continúen la conversación. Insistirán con voz quejosa, "Sí, pero quiero una."

¿Qué es lo que debe hacer la mamá? Está apurada y ya respondió claramente. ¿Debe repetir la respuesta? ¿Dar una explicación? ¿Quedarse callada? ¿Reprender a su hija?

Veamos esta situación en tres escenas. Escena 1, tendremos una madre que cree que los niños son pequeños adultos, y que las palabras y los razonamientos funcionarán. Escena 2, la madre es más sabia. Empezará con el conteo, pero la hija no estará acostumbrada a la técnica aún. Escena 3, la madre utilizará el conteo y la hija estará acostumbrada a la técnica.

ESCENA 1: CON LA ACTUACIÓN DE LA MADRE QUE CREE QUE LOS NIÑOS SON PEQUEÑOS ADULTOS

"¿Me puedo comer una dona?"

"No, cariño."

"¿Por qué no?"

"Porque ya es casi hora de la cena."

"Sí, pero quiero una."

"Acabo de decir que no."

"Nunca me das nada."

"¿A qué te refieres con que nunca te doy nada? ¿No tienes ropa? ¿Y un techo donde dormir? ¿Y comida todos los días?"

"Le diste a Joey la mitad hace una hora."

"¿Acaso eres tu hermano? Además él siempre se termina su cena."

"Prometo terminarme mi cena."

"¡No empieces con esto de prometo, prometo, prometo, Mónica! Ayer, en la tarde te comiste medio sándwich de mermelada y en la cena no comiste nada."

"¡ENTONCES ME VOY A MATAR Y DESPUÉS HUIR DE LA CASA!"

"BIEN, COMO QUIERAS. ¡YA ESTOY HARTA DE ESTO!"

Aunque todo lo que dijo la mamá es cierto, hablar demasiado sólo empeoró la situación. Esto ocurre cuando intentas explicar las cosas en lugar de guardar silencio.

En la siguiente escena, la mamá comienza a usar el conteo 1-2-3, pero es un método nuevo y su hija todavía no está acostumbrada.

ESCENA 2: CON LA ACTUACIÓN DE LA MADRE QUE EMPIEZA A APLICAR EL CONTEO 1-2-3

"¿Me puedo comer una dona?"

"No, cariño."

"¿Por qué no?"

"Porque ya es casi hora de la cena."

"Sí, pero quiero una."

"Va 1."

"Nunca me das nada."

"Van 2."

"¡ENTONCES ME VOY A MATAR Y DESPUÉS HUIR DE LA CASA!"

"Van 3. Toma 5."

La mamá manejó bien la situación. La hija se va a un tiempo fuera y el berrinche termina. La escena 3 nos dará una idea más clara de cómo funcionará la técnica una vez que tus hijos estén acostumbrados y sepan que la manipulación y la insistencia no funcionan.

ESCENA 3: CUANDO TU HIJO ESTÁ ACOSTUMBRADO AL CONTEO 1-2-3

"¿Me puedo comer una dona?"

"No, cariño."

"¿Por qué no?"

"Porque ya es casi hora de la cena."

"Sí, pero quiero una."

"Va 1."

(Pausa.) "Okey, está bien." (Lo dice de mal modo y sale de la cocina.)

La mamá manejó muy bien la situación. No hay que hacer caso de la expresión de molestia "Okey, está bien" porque representa algo secundario y la niña terminó el berrinche y la insistencia. Si la niña hubiera dicho "Okey, ¡eres una tonta!" habría un "Van 3" automático y se iría a un tiempo fuera prolongado.

Ignorar la insistencia de tu hijo puede ser una opción si 1. el niño entiende el mensaje y deja de molestar, y 2. si el padre puede soportarlo. Por lo general contar es la mejor opción, sobre todo al principio.

Los beneficios de contar

Existen muchos beneficios de utilizar la técnica de conteo para lidiar con diferentes comportamientos difíciles de los niños, estos son algunos.

Ahorro de energía

El método de conteo evitará que gastes energía de más. Esta técnica hace que la paternidad sea menos exhausta. Da una explicación sólo si es necesaria y después cuenta, no hables demasiado ni pongas emoción de más. Observa cómo te mantienes calmado y te sientes bien cuando obtienes un cambio de conducta al contar 1 o 2.

Una explicación o plática sólo es necesaria en caso de que el problema sea algo nuevo que tu hijo no comprenda, cuando su comportamiento es inusual o peligroso, o cuando requieres más información sobre lo que sucedió.

Por ejemplo, tu hijo de 7 años aprendió a usar el *tumbling* en su clase de gimnasia y le encanta. Al volver de la escuela se quita los zapatos, corre al sillón y comienza a dar maromas. Entras al cuarto y te sobresaltas al verlo. Dices: "Va 1." Tu hijo dice: "¿Qué hice?"

Tip Útil

Da una explicación sólo cuando sea absolutamente necesaria y después cuenta. Sin hablar demasiado y sin poner emoción extra. Estarás más calmado y te sentirás mejor.

¿Es necesaria una explicación? Sí. Tu hijo nunca había saltado en el sillón. Le dices que aunque se haya quitado los zapatos—cosa que agradeces—te preocupa que se pueda lastimar o romper el sillón y que por eso contaste. Eso es una buena explicación.

¿Cuándo no es necesaria una explicación? El mismo niño de 7 años, sin ninguna razón aparente, le da un empujón a su hermana de 5 años justo enfrente de ti. Le dices "Va 1."

Él rezonga y te dice: "¿Qué hice?" Entonces responses: "Van 2." Esto es un mero acto de desafío, no una pregunta real. No es necesario que le expliques que acaba de empujar a su hermana. Una explicación en esta situación es una invitación a discutir con tu hijo y él está listo para eso. Si discutes te alejarás del objetivo principal: disciplinar.

Más afecto, más diversión

Por triste que parezca, en varias familias, los intentos descuidados por disciplinar consumen una gran parte del tiempo de convivencia. El síndrome hablar-persuadir-discutir-gritar—y a veces pegar—ocurre en menos de un minuto y dura horas y horas. Durante este tiempo todos están agitados y enojados, los padres están molestos con los hijos y viceversa.

Con el método de conteo, el problema se arregla en un segundo. Por supuesto que los hijos se molestan cuando comienzas a contar y no se salen con la suya, pero se les pasa más rápido que si discutieran, gritaran y pelearan. Después de contar, las cosas regresan a la normalidad rápidamente. Puedes disfrutar de tus hijos y ellos disfrutar de tu compañía. Hay más tiempo de diversión y te sientes más afectivo mientras pasas un momento agradable.

Tu autoridad no es negociable

Te volverías loco si tuvieras que negociar—todo el día—asuntos como levantarse en la mañana, ir a la escuela, alistarse para dormir, hacer la tarea, quejas y riñas entre hermanos. La buena noticia es que esto no es necesario porque tú eres el jefe. De hecho, como padre, es tu deber frustrar a tu hijo de manera regular, porque no puedes darle absolutamente todo lo que quiera.

La mayoría de los papás complican su trabajo de crianza al tratar de ser "buenos." Es decir, que se ponen dos metas en lugar de una, su primera meta es educar a sus hijos y la segunda es agradarles. Como la mamá de la Escena 1 en el ejemplo de la dona, los padres hablan y hablan y hablan, esperando que sus hijos digan algo como: "Nunca lo había visto de ese modo. Gracias por tomarte el tiempo para explicarme. Aprecio tu esfuerzo por tratar de educarme responsablemente." Seamos realistas. Ésa es la suposición del pequeño adulto acechando desde el cerebro del padre. Si tu hijo siempre escucha y te das cuenta de que mientras más hablas entiende mejor, está bien. Eres afortunado. Pero con niños frustrados ése no es el caso, la mayoría de las veces hablar demasiado conlleva a discutir y empeorar la situación.

El castigo es breve y delicado

Este método sirve para controlar a los niños pero también a los adultos. Como papá no siempre es fácil ser razonable, sobre todo cuando estás enojado. Existe una polémica sobre el uso de castigos para educar a los hijos, algunas personas votan por no utilizar el castigo, otros por utilizarlo en ocasiones y, tristemente, algunos lo utilizan siempre y lo llevan al extremo.

Una vez me visitó una mamá por orden del juez porque había vaciado Drano en la garganta de su hijo de 4 años por contestarle. También conocí a un papá que incendió la muñeca de su hija en el lavabo de la cocina (después de rociarla con líquido inflamable) por un pleito sobre la tarea. Estos son ejemplos de castigos crueles, inusuales y estúpidos.

Aunque la mayoría de los padres nunca utilizarían medidas tan ridículas y desagradables, de todas formas pueden ser susceptibles a gritar, ofender, menospreciar e incluso utilizar métodos físicos. Con el conteo 1-2-3 las consecuencias son razonables, definidas y lo suficientemente potentes para ser efectivas.

¿El tiempo fuera y el tiempo fuera alternativo son castigos? Sí. Pero no son crueles, inusuales o estúpidos. Un tiempo fuera es también una oportunidad para que todo el mundo se calme. Esta consecuencia breve y razonable no hace que tu hijo te declare la guerra. Con este método, la mayoría de las veces, tus hijos se olvidarán del problema al terminar el castigo. Y tú no debes retomar el tema—al menos que sea absolutamente necesario—para que todos en la casa regresen a la normalidad.

¿Cuál es el punto medio? El castigo tiene su función a la hora de criar hijos, pero debe ser razonable, leve y aplicado por un padre calmado.

Fácil de aprender para otros cuidadores

El programa es fácil de aprender por lo que niñeras, abuelos y otros cuidadores lo pueden utilizar. La mayoría de los padres que usan el método en su casa les transmite esto a los profesores para que lo apliquen en las clases. Del mismo modo, los profesores que utilizan este método en su clase comparten la técnica con los padres de familia para que la pongan a prueba en casa.

Cuando los niños reciben el mismo mensaje en la casa y en la escuela, la consistencia hace que el programa sea más efectivo y más fácil de aprender. Ya sea en la casa o en la escuela "Va 1" significa: "Estás haciendo algo indebido y es momento de que te comportes."

La coordinación casa-escuela para aplicar el programa es muy efectivo especialmente con niños problemáticos. Cuando los padres y los maestros utilizan el conteo de manera consistente y justa—y respetan las reglas "No hablar" y "Sin emoción"—se obtienen resultados positivos en el comportamiento de los niños (aun cuando sean muy conflictivos).

Tiempo fuera alternativo (TFA)

En algunas ocasionas preferirás usar un castigo diferente al tiempo fuera. Ya sea porque no hay tiempo suficiente para el castigo, quieres una consecuencia más severa o alguna más adecuada a la ofensa. Usar sabiamente las alternativas al tiempo fuera puede ser muy valioso. Aquí hay algunos ejemplos de TFA:

- Irse a dormir más temprano.
- Quedarse sin comer postre.
- No usar el celular.
- No invitar amigos a la casa.
- Quedarse callado (15 minutos).
- Restringir el uso del DVD, iPod o videojuegos.

- Reducir el tiempo de uso de la computadora.
- No ver la televisión en la tarde.
- Pagar un porcentaje de su mesada.
- Hacer quehaceres en la casa (lavar los platos o podar el pasto).
- Escribir una reflexión.

Límites, multas, quehaceres y pérdida de privilegios pueden ser consecuencias muy efectivas y las posibilidades son infinitas. Recuerda que los castigos deben ser justos y razonables, tu objetivo es enseñarle algo a tu hijo, no vengarte.

Las consecuencias pueden ser lógicas y naturales, lo que significa que el castigo va de acuerdo con el mal comportamiento. Por ejemplo, si juega con el balón dentro de la casa puedes quitárselo por algunas horas. O que llegues a "3" puede significar que no habrá helado de postre. Puedes apagar la televisión si no hacen caso de bajarle al volumen.

Al aplicar consecuencias naturales, recuerda que los niños son sólo niños. Los regaños por sus acciones son innecesarios y las explicaciones sólo entorpecen la capacidad de tu hijo para relacionar el mal comportamiento con la consecuencia.

RESUMEN DEL CAPÍTULO

Podemos usar el conteo para:

Berrinches   **Faltas de respeto**

Rivalidad entre hermanos

¡Y para muchas situaciones más! Quejas, gritos, burlas, jugar con el balón en la casa y un sinfín de comportamientos desagradables.

6

CONSEJOS PARA CASI CUALQUIER DESAFÍO DE CONTEO

Respuestas a tus preguntas más frecuentes

LA ESTRATEGIA DE CONTEO 1-2-3 es sencilla, pero lidiar con el comportamiento irritante de los niños nunca es tarea fácil. Es probable que tengas muchas preguntas sobre esta primera fase de la paternidad. Veamos algunas de las más frecuentes.

¿Qué sucede si el niño no quiere tomar el tiempo fuera?

Si el niño no quiere irse a su cuarto después de contar hasta 3, recuerda no usar la suposición del pequeño adulto con intentos de persuasión, tales como: "Vamos, haz lo que te dijo tu padre. Es sólo por cinco minutos y después podrás jugar. No pido mucho…" Lo que debes hacer en lugar de eso depende del tamaño de tu hijo y de tu tamaño.

Niños pequeños: Digamos que pesas 65 kilos y tu hijo de cinco años pesa 20. Si no se va a su cuarto después de contar hasta

3, simplemente acércate a él. La mayoría de los niños se mantendrán dos pasos delante de ti hasta llegar a su cuarto. Eso está bien, en algún momento irán por su cuenta. Otros niños tienen que ser "acompañados" (no hables durante el acompañamiento), lo que puede significar llevarlos del brazo, arrastrarlos o cargarlos al cuarto.

Niños grandes: Imagina que pasaron 5 años. Tu hijo ahora pesa 45 kilos y tú—gracias a un estricto plan de ejercicio y dieta—sigues pesando 65 kilos. Ya no estás en ventaja física con él. Es demasiado grande y físicamente es más fuerte que tú.

Tu salvador sería un tiempo fuera alternativo. Si después de contar hasta 3 tu hijo no hace caso de ir a su cuarto, le informas que tiene una opción. Puede tomar el tiempo fuera o elegir alguna de estas opciones: dormirse media hora antes, un porcentaje de su mesada o no jugar videojuegos en la tarde. "Servicio comunitario," un pequeño quehacer, también es una buena opción (ya sea arrancar la hierba del adoquín o limpiar el escusado o lavabo). Algunos padres dejan que su hijo escoja el castigo, en caso de que no quiera, ellos escogen por él.

Aquí surge un problema porque tu hijo no se ha ido a su cuarto y los dos siguen frente a frente. La mayoría de los niños en esta situación quieren quedarse ahí y discutir sobre lo absurdas de tus reglas, lo absurdo del método y lo absurdo del señor que lo escribió.

Sabes que no está permitido discutir. ¿Qué haces en esa situación? Puedes usar un "tiempo fuera reversible," en el que te das la vuelta y abandonas la habitación. Ve a tu cuarto o incluso al baño—tener libros y revistas siempre es buena opción—y espera a que la tormenta pase. O deambula en la casa pero sin hablar.

¿Por qué tienes que ser tú el que abandone la habitación si eres el adulto? Si te quedas en el mismo espacio será más complicado no discutir, hablar o pelear, además es probable que tu hijo intente provocarte. Recuerda que discutir es una mala estrategia.

¿Se vale acumular malos comportamientos para llegar al 3?

Sí. No tienes que tener un conteo distinto para cada comportamiento desagradable. Imagínate si contaras así: "Veamos, estás en 1 por lanzar la pelota en el cuarto. Estás en 2 por molestar a tu hermana. Estás en 1 por gritarme. Estás en 2 por…"

Esta rutina te volvería loco a los pocos días, y probablemente necesitarías una computadora para llevar el registro. La forma correcta de contar sería así: si lanza la pelota en el cuarto: "Va 1"; si molesta a su hermana: "Van 2," y si te grita por contarle: "Van 3. Toma 5." La mamá puede contar "1," el papá "2" y cualquiera de los dos "3."

De hecho es preferible si los dos padres utilizan el conteo porque así el niño sabe que los dos están siguiendo el mismo método—son consistentes y hablan en serio. Que ambos se involucren hace que sea más fácil para el niño comportarse. De igual forma, el uso del conteo tanto en casa como en la escuela facilita que el niño se comporte—especialmente si son niños difíciles.

> **Tip Útil**
>
> ¿Qué hacer si el niño se niega a tomar el tiempo fuera? Está bien acompañar a los niños pequeños a su cuarto—incluso si es necesario cargarlos—siempre y cuando te mantengas callado. En caso de que sean niños grandes utiliza el tiempo fuera alternativo. Dales una opción o decide tú por ellos, después retírate de la habitación.

¿Puedes ignorar ciertos comportamientos? Te presentamos el PAM

¿Cómo saber si es necesario utilizar el conteo? Generalmente es muy fácil distinguir si es necesario. La mayoría de las veces, si te molesta un comportamiento y es un comportamiento de Alto, deberías utilizar el conteo. Sólo para estar seguros, con tus hijos puedes escribir una lista de comportamientos que ameritan el conteo.

Hay ocasiones en las que estás irritado, pero tu hijo no se está portando precisamente mal y no debes usar el conteo. A estas actividades les llamamos "PAM," Pequeñas Acciones Molestas, que te pueden sacar de quicio pero que realmente no son comportamientos desagradables. Por ejemplo: tararear, cantar la misma canción una y otra vez, voltear los ojos, golpear el piso con el pie, perseguir al perro, comerse todo el merengue del *cupcake* primero. Si tu hijo realmente no está portándose mal y sólo estás de mal humor, lo mejor que puedes hacer es mantenerte callado.

La pregunta de ignorar ciertos comportamientos da lugar a ciertas variaciones dependiendo de los padres. ¿Por qué? Simplemente porque algunos tienen más paciencia que otros. Por ejemplo, algunos padres ignoran que sus hijos volteen los ojos, golpeen el piso con el pie, se quejen o gimoteen, mientras que otros padres utilizarían el conteo para las mismas situaciones. Algunos padres ignorarían que su hijo gritara o golpeara la pared, siempre y cuando se dirigiera a su cuarto a tomar el tiempo fuera. Otros padres alargarían el periodo del tiempo fuera por este tipo de comportamientos. Cualquiera de estas estrategias es correcta, siempre y cuando se haga de manera consistente. Es necesario que definas claramente qué comportamientos consideras desagradables, groseros, peligrosos o agresivos, y te acostumbres a que en esos comportamientos utilizarás el conteo.

> **Advertencia**
>
> Tus hijos tienen PAM (Pequeñas Acciones Molestas) que te sacan de quicio, pero realmente no son un mal comportamiento. Por ejemplo: tararear, cantar la misma canción una y otra vez, voltear los ojos, golpear el piso con el pie, perseguir al perro o comerse todo el merengue del cupcake primero.

Al comenzar con el conteo, no ignores un mal comportamiento genuino. Al principio, ante la duda, siempre es mejor contar. Después de un rato, cuando obtengas resultados al contar 1 o 2, podrás ser más flexible.

Digamos que después de algunas semanas de utilizar el método de conteo, tu hijo hace algo enfrente de ti con lo que normalmente contarías. En lugar de contar inmediatamente, simplemente observa a tu hijo. El niño casi casi puede "sentir" tu conteo. Algunas veces, si no dices nada, tu hijo espontáneamente ejercerá autocontrol y se comportará. Esta respuesta es ideal, porque significa que tu hijo internalizó las reglas y es capaz de ejercer autocontrol sin necesidad de que interfieras. ¿A poco no es ese el tipo de persona que esperarías que tu hijo fuera al llegar a la universidad?

¿Cuánto tiempo esperar entre 1, 2 y 3?

Alrededor de cinco segundos. Lo suficiente para permitir que tu hijo se comporte. Recuerda que estás contando comportamientos de Alto (desagradables), tales como discutir, quejarse, molestar y fastidiar. Sólo le toma un segundo a tu hijo cooperar contigo y dejar el comportamiento desagradable. Definitivamente no debes dejar pasar media hora entre el 1 y el 2 para que tu hijo termine el berrinche.

El conteo está perfectamente diseñado para generar el segundo de motivación necesario para que tu hijo coopere. Dejamos pasar cinco segundos, sólo para ser más generosos. ¿Por qué cinco segundos? Porque la pausa breve le brinda a tu hijo la oportunidad de pensar las cosas y hacer lo correcto. En esos escasos segundos—acompañado del silencio del adulto—los niños aprenden a asumir la responsabilidad por su comportamiento.

Si el niño llega a 1 o 2, ¿se queda en esa cuenta por el resto del día aunque ya no haya tenido comportamiento desagradable?

No. La perspectiva de tiempo de los niños pequeños es corta. No debes decir "Va 1" a las nueve de la mañana, "Va 2" a las once y "Van 3. Toma 5" a las tres de la tarde. Tenemos lo que se llama la regla de la "ventana de oportunidad." Por ejemplo, si un niño de 6 años hace tres cosas inadecuadas en un lapso de media hora, cada advertencia se suma a la cuenta de 3. Peo si hace una cosa inadecuada y una hora después tiene otro mal comportamiento, entonces empiezas otra vez en 1.

Muy pocos niños manipulan esta regla teniendo un mal comportamiento y dejando pasar media hora para tener una cuenta nueva. Si notas que tu hijo hace esto, simplemente cuenta 2 en lugar de comenzar de nuevo en 1.

La ventana de oportunidad debe ser más amplia conforme crecen los niños. Aquí hay una guía general: para niños de 4 años considera un tiempo de 10-15 minutos; para niños de 11 años considera de 2 a 3 horas. Los maestros de primaria generalmente toman en cuenta toda la mañana como ventana de oportunidad y todas las cuentas comienzan de nuevo después del recreo.

¿Puedes utilizar una silla para el tiempo fuera en lugar de una habitación?

Puedes utilizar una escalera o una silla para el tiempo fuera, pero sólo si el niño no lo ve como una oportunidad de juego o diversión. Algunos niños, por ejemplo, se sientan en la silla al principio, pero poco a poco se alejan de ella hasta que sólo tocan la silla con un dedo y te miran retadoramente como diciendo: "¿Qué harás al respecto?"

Si tu regla para el tiempo fuera sólo implica que el niño debe estar en contacto con la silla, entonces no es un problema. Pero si el niño se acerca y aleja de la silla y tú no sabes qué hacer, puede afectar el objetivo de disciplina del tiempo fuera.

Lo mejor es que el contacto visual entre el padre y el hijo se rompa durante el periodo de tiempo fuera, para que el niño no pueda molestar o retar al adulto. Es por eso que es preferible utilizar el cuarto de tu hijo o cualquier otra habitación. Sin embargo, varios padres han utilizado las escaleras o una silla exitosamente. De hecho, los padres pueden llegar a ser muy creativos a la hora de elegir el lugar para el tiempo fuera.

Concepto Clave

Éste es el objetivo: es totalmente improductivo y perjudicial perseguir a los niños para que no se salgan de su cuarto. Es importante que sepan que existe una barrera que no les permite salir por un periodo de tiempo breve.

¿Qué sucede si el niño no quiere quedarse en su habitación?

La mayoría de los niños se quedará en su cuarto durante el periodo de tiempo fuera, aun cuando la puerta no esté cerrada. Sin embargo, siempre habrá quienes se salgan. Con niños muy pequeños, una alternativa es bloquear la salida o cerrar la puerta. Después de algunos tiempos fuera el niño entenderá que no puede salir. Esta táctica no funcionará si comienzas a discutir y corretear a tu hijo para que se quede dentro del cuarto. Si llegas a esto te verás como un tonto y la técnica no funcionará.

Una segunda alternativa es bloquear la salida con una barrera que se ajuste al quicio de la puerta. Estas barreras pueden ser utilizadas, siempre y cuando el niño no las pueda escalar o derribar. Otra opción puede ser comenzar desde cero el tiempo fuera cada vez que tu hijo se salga de la habitación. Algunos padres doblarán el periodo de tiempo fuera si sus hijos hacen esto. Esta técnica es adecuada para niños grandes porque los pequeños no la comprenderán. Explícala una vez y luego utilízala.

Algunos niños son tan mal portados que se seguirán saliendo hasta acumular 100 minutos de tiempo fuera. ¿Qué deberías hacer en este caso? Debes asegurar la puerta de tal forma que no pueda salir.

Lo creas o no, algunos padres con hijos difíciles han convertido la puerta del cuarto de los niños en una puerta holandesa. Parten la puerta a la mitad, cierran con seguro la parte de abajo y dejan la parte de arriba abierta durante el tiempo fuera. Quizá creas que es una solución muy drástica, y puede que lo sea, pero algunos niños requieren de medidas drásticas (pero amables).

También está la opción de poner un seguro de plástico a la perilla de la puerta. Esto hace que sea difícil para el niño abrir la puerta porque es necesario apretar fuertemente la perilla y girarla al mismo tiempo. La mayoría de los niños pequeños no son lo suficientemente fuertes para hacer esto.

Otra idea es colocar un seguro en la puerta. Este consejo agobia a algunos padres porque lo sienten abusivo o temen que sus hijos se vuelvan claustrofóbicos. Cerrar la puerta con seguro por un tiempo breve no es abusivo, pero en algunos lugares está prohibido (padres con hijos adoptivos y ciertas provincias de Canadá). Si tienes un hijo muy difícil debes solicitar consejo profesional.

Aquí hay un consejo para el problema de cerrar la puerta. Le dices a tu hijo que la puerta se mantendrá abierta siempre y cuando no se salga del cuarto. Pero si se sale, la puerta se cerrará por el resto del tiempo fuera. La mayoría de los niños aprenderá rápidamente a quedarse en su cuarto con la puerta abierta. Si prefieres utilizar una barrera para el quicio de la puerta, asegúrate de que sea lo suficientemente alta y resistente para que tu hijo no la escale o la derribe.

El objetivo es éste: algunos niños intentarán salir de su habitación. Si es el caso, asegurar la puerta de alguna forma es esencial. Es totalmente improductivo y perjudicial perseguir a los niños para que no se salgan de su cuarto. Es importante que sepan que existe una barrera que no les permite salir por un periodo de tiempo breve. Una vez que el niño aprende que no puede salir del cuarto dejará de hacer berrinches y aceptará el breve periodo de calma.

Si te preocupa la seguridad de tu hijo, acondiciona el cuarto para que sea seguro, asegura las ventanas y quédate del otro lado de la puerta durante el tiempo fuera—trata de que el niño no sepa que estás ahí. Si crees que no es seguro que tu hijo esté solo en el cuarto o crees que pueda sufrir ansiedad de separación excesiva, puedes permanecer en el cuarto con él. Pero sin hablar y sin hacer contacto visual.

No olvides la regla de un minuto por año de edad para determinar la duración del tiempo fuera. Recuerda que no puedes alargar el periodo de tiempo fuera simplemente porque estés de malas. Puedes incrementar el tiempo—hasta cierto punto—si tu hijo hizo algo excepcionalmente inadecuado.

¿Qué hacer si el niño utiliza el conteo contigo?

Tu hija de 5 años se está quejando porque no la llevaste a la patinar en un caluroso día de verano. La volteas a ver, levantas un dedo y dices: "Va 1." Tu hija te mira, levanta un pequeño dedo y dice: "Va 1 para ti también."

Por extraño que parezca, este comportamiento hace que hasta los padres más seguros pierdan el control por un instante. No saben cómo manejar la inesperada rebelión. Muchos padres sienten que el conteo 1-2-3 no funciona porque su hijo lo utiliza con ellos.

¿Qué hacer cuando esto sucede? Tus hijos no tienen la autoridad para utilizar el conteo (al menos que tú se la des). El niño podría haber dicho "La luna es de queso" ya que el comentario por sí mismo no tiene relevancia, al menos que sea un comportamiento que amerite otro conteo.

Si el comentario de tu hijo es un intento de molestarte levemente, puedes simplemente ignorarlo. Pero si su "Va 1 para ti también" es sarcástico e irrespetuoso, cuéntalo alzando dos dedos y no diciendo nada. Si el niño vuelve a burlarse de tu respuesta, habrá llegado a 3 automáticamente. Es momento de enviarlo a un tiempo fuera.

¿Está permitido que los niños cuenten entre ellos? Por lo general no, al menos que uno de los hermanos sea lo suficientemente mayor para actuar como niñera del otro. Pero asegúrate de recibir un reporte cuando regreses.

¿Es necesario que el cuarto sea un ambiente austero?

No. La mayoría de los libros de paternidad dicen que el cuarto para el tiempo fuera debe ser austero casi como una celda. Simple y aburrido para que aprendan. Esto es innecesario, el niño puede ir a su cuarto y leer, tomar una siesta, jugar con Lego, o dibujar. Sólo tres cosas deben estar prohibidas: celular, amigos y aparatos electrónicos.

Algunas personas preguntan: "¿Cómo debe funcionar el tiempo fuera? Mi hija me dice que el tiempo fuera está bien para ella. No le importa y sube a su habitación a jugar." No le hagas mucho caso a un niño que dice "No me importa." Generalmente ese comentario significa lo contrario: sí le importa. Y si su cuarto fuera tan divertido estaría jugando en él todo el tiempo.

El punto es que lo poderoso del conteo no reside en el tiempo fuera, sino en la interrupción de la actividad del niño. Cuando el hermano empujó a su hermanita, estaba viendo su serie favorita y ahora se perderá gran parte del programa por el tiempo fuera. A nadie—incluyéndote—le gusta que lo interrumpan y perderse de algo divertido.

Si realmente consideras que la estrategia del tiempo fuera no es efectiva, toma en cuenta tres cosas. Primero, ¿todavía hablas demasiado y pones demasiada emoción durante el proceso? Las explosiones por parte de los padres arruinan el método. Segundo, si consideras que mantienes la calma pero el tiempo fuera sigue sin funcionar, prueba con otra habitación o lugar para el tiempo fuera. Tercero, utiliza el tiempo fuera alternativo.

¿Por qué contar hasta tres? Los niños deberían responder a la primera. ¿Por qué darles tres oportunidades para portarse mal?

Es interesante escuchar las diferentes reacciones de los padres al programa de *1-2-3 por arte de magia*. Algunos (generalmente los que intentan disciplinar a sus hijos por primera vez) piensan que el conteo es muy dictatorial, mientras que otros ven el conteo como símbolo de debilidad, al pensar que los niños obtienen tres oportunidades para portarse mal antes de ser castigados.

La razón de contar hasta 3 es simple. Les quieres dar a los niños dos chances—1 y 2—para comportarse (excepto que lo que hicieran mereciera un 3 directo). ¿Cómo van a aprender a hacer lo correcto si no les das una oportunidad? Y con el conteo "el chance" viene inmediatamente—en los primeros segundos que siguen al conteo. Esa oportunidad inmediata les ayuda a aprender. ¡Son sólo niños!

¿Qué sucede cuando tienes invitados?

Probablemente a estas alturas ya puedas anticipar la respuesta. Tendrás que 1. acostumbrarte al conteo frente a otras personas, y 2. no cambiar tu estrategia ni un poco, aun cuando otros estén observando. La prueba final, por supuesto, es cuando estás en público (lee el siguiente capítulo). Por ahora, discutiremos qué hacer en la seguridad de tu hogar.

En ocasiones, tendrás invitados cuando tus hijos decidan portarse mal. De hecho, la presencia de otras personas provoca un mal comportamiento en la mayoría de los niños, poniendo a los padres en una difícil situación de disciplinar frente a otros. Generalmente sucede con amigos de tus hijos, otros padres (con o sin los hijos) y los abuelos. Veamos los problemas que presenta cada uno de estos grupos.

Otros niños: Si tu hijo tiene un invitado, utiliza el conteo como si no hubiera nadie más ahí. Si llega al tiempo fuera debe ir a su habitación sin su amigo. Explícale a su invitado que estás utilizando este nuevo método y que tu hijo regresará en cinco minutos. Si tu hijo te dice: "Mamá es vergonzoso cuando me cuentas frente a mis amigos," respóndele una vez: "No tienes que avergonzarte, te puedes portar bien."

Otra cosa que puedes hacer en esta situación es usar el conteo tanto para tu hijo como para su amigo. Después de todo, es tu casa. Si sus padres están presentes, es mejor pedir permiso y explicarles el método antes de utilizarlo con su hijo.

Otra variación cuando tienes invitados de tus hijos es "1-2-3, 1-2-3, 1-2-3: a jugar a fuera de la casa." Esto puede ser muy útil, especialmente si tienes un hijo que se sobreemociona cuando tiene invitados. Con esta rutina, en lugar de aplicar un tercer tiempo fuera, ambos niños deben salir a jugar por un determinado tiempo (suponiendo que hay buen clima).

O—aún mejor—1-2-3, 1-2-3, 1-2-3 y luego los mandas a jugar a casa del amigo. ¡Yo lo he hecho!

Otros adultos: Si tienes invitados adultos, es probable que te sientas más nervioso al utilizar el conteo con tu hijo. Esta incomodidad es normal. Aunque al principio te sientas demasiado consiente de tu entorno, pronto te acostumbrarás a utilizar la técnica en estas circunstancias. Si no lo haces, tu hijo notará que eres más fácil de manipular cuando hay otras personas presentes.

> ### Tip Útil
> Si tu hijo te dice: "Mamá es vergonzoso cuando usas el conteo frente a mis amigos", simplemente responde: "Si no quieres sentirte avergonzado, te puedes portar bien."

Por otro lado, cuando cuentas enfrente a otro padre, algo sorprendente pasará y lo disfrutarás. Por ejemplo, imagina que estás platicando con un amigo y de repente tu hijo te interrumpe a gritos exigiendo un dulce. Con calma le respondes "Va 1." Tu hijo no sólo se calla, sino que abandona la habitación. El otro padre te ve con cara de "¿Qué hiciste?" Sólo cuéntale del programa *1-2-3 por arte de magia*. Éste es un ejemplo de cómo el método pasa de padre a padre.

Abuelos: Para nuestra finalidad, existen tres tipos de abuelos, ya sea que ellos estén de visita o tú los visites. El primero—y más raro—es el abuelo *cooperativo*. Ellos contarán contigo. Tú dices 1, el abuelo dice 2 y así. Ese tipo de cooperación es fantástica, pero por desgracia no sucede con la frecuencia que quisiéramos.

Como el primer tipo de abuelo, también es agradable convivir con el segundo, el abuelo *pasivo o no entrometido*. Este tipo de abuelo te deja solo cuando disciplinas a tus hijos y no interfiere. Generalmente eso no es fácil para un abuelo.

El tercer tipo de abuelo es un abuelo *antagonista*. Te dirá algo así: "¿Debes leer un libro para aprender cómo educar a tus hijos? Cuando yo era niño, lo único que mi padre tenía que hacer era ver su cinturón." Ya conoces el resto; el mensaje es que no necesitas de esta psicología moderna.

Un segundo tipo de abuelo antagonista interferirá con tu disciplina. Si le dices a tu hijo: "Van 3. Toma 5," ellos defenderán al niño y dirán: "Pero si no hizo nada malo. Bobby, ven y siéntate con tu abuela por un rato."

Algunos padres se preguntarán si es posible usar el conteo con los abuelos. Probablemente no, pero sí tienes que lidiar con un problema de asertividad. Puedes decir algo así: "¿Sabes, mamá? Te amo mucho, pero estos son nuestros hijos y éste es el modo con el que los estamos educando. Si no puedes respetarlo, es probable que la visita tenga que acortarse un poco." Aunque resulte algo difícil de decir, el comentario será una inversión en el futuro de tus hijos.

¿Qué pasa cuando el niño no quiere salir de su tiempo fuera?

Relájate y aprovecha el tiempo libre. Si vas a la puerta del cuarto y dices: "El tiempo ha terminado," y tu hijo responde: "Nunca voy a salir de aquí por el resto de mi vida." No digas: "De acuerdo" o nada por el estilo. Simplemente aléjate—nunca persigas a un mártir.

Por otro lado, no hagas trampa extendiendo el tiempo fuera. Imagina que el tiempo fuera fue por 5 minutos, sin embargo, te distrajiste y ya pasaron 8. Piensas: "Se siente todo tan tranquilo. Y se ha comportado muy bien en su cuarto. ¿Por qué dejarlo salir?" Esto no es justo. Mantén tu atención en el reloj o el temporizador, luego avísale al niño cuando el tiempo haya terminado. Si tu hijo se ha quedado dormido—y si está bien que duerma a esas horas del día—deja que se quede un rato más.

Algunos niños quieren un abrazo o algún reafirmante cuando el tiempo fuera ha terminado. ¿Qué hacer? ¡Dales un abrazo! Pero ten cuidado con estos pequeños abrazadores, si constantemente pide un abrazo, es mejor revisar si estás usando el programa correctamente. Algunos niños simplemente son muy sensibles y cualquier tipo de disciplina los hace sentir mal. Otros niños necesitan un reafirmante porque fuiste muy severo—emocional o físicamente—antes de enviarlos al tiempo fuera. Así que si tienes un pequeño abrazador, asegúrate de ser gentil al aplicar las reglas No hablar y Sin emoción.

¡Auxilio! Mis hijos se vuelven locos cuando estoy al teléfono

Este problema trae recuerdos vívidos a todos los padres. Pareciera como si no hubiera padre alguno cuyos hijos no se portaran mal cuando está al teléfono. El timbre parece ser la señal para que comience la locura.

En nuestra casa, el perro también se sumaba a la locura. El teléfono sonaba y él empezaba a ladrar. El ladrido del perro era una señal para los niños: "Tenemos otra víctima en la línea, vengan aquí y torturémoslo." Después empezaban a correr alrededor, gritando y ladrando y pasándola muy bien. Quien estuviera al teléfono se sentía atrapado y frustrado.

> **Tip Útil**
>
> ¿Por qué los niños se portan mal cuando estás al teléfono? Probablemente porque piensan que no puedes hacer nada al respecto. Hazles saber que no es cierto simplemente utilizando el conteo tal y como lo harías si no estuvieras hablando.

¿Por qué los niños se portan mal cuando estás al teléfono? Al principio creía que era porque se ponían celosos de que su padre hablara con alguien más y los ignorara. Puede que haya un poco de este sentimiento, pero ahora creo que la razón principal es que los niños piensan que no puedes hacer nada al respecto. Parece ser que creen que como tu cabeza está atada al teléfono, no podrás hacer nada para sancionar su mal comportamiento.

Lo mejor que puedes hacer es usar el conteo tal y como lo harías si no estuvieras al teléfono—como cuando tienes invitados. Cuando estás al teléfono tienes a alguien más presente—pero sólo escuchando, no viendo. Quizá tengas que interrumpir tu conversación para contar. Quizá tengas que dejar el teléfono por un momento o explicarle a la persona con la que estás hablando lo que estás haciendo, o incluso colgar para llevar a tu hijo a su habitación. Algunas llamadas se vuelven más costosas, pero lo que sea que tengas que hacer, hazlo. De otro modo, el niño sabrá que eres vulnerable cuando estás al teléfono.

Esta rutina del teléfono no es sencilla al principio. Después de un rato, muchos padres triunfan al disciplinar a sus hijos al punto de no tener que decir nada mientras cuentan. Simplemente alzan los dedos mientras siguen su conversación. Y los niños responden porque saben que papá o mamá va en serio. Si has llegado a este punto, es una táctica muy útil de usar mientras estás al teléfono.

> ## Concepto Clave
> El objetivo detrás del programa 1-2-3 por arte de magia es que los padres estén preparados para cualquier situación, en vez de preocuparse por lo que harán sus hijos. El mensaje es: "Te amo, y es mi trabajo educarte. No espero que seas perfecto, pero cuando te comportes mal, esto es lo que haré."

¿Qué pasa cuando el niño destruye la habitación durante el tiempo fuera?

La gran mayoría de los niños no destrozarán su cuarto. Sólo un pequeño porcentaje arrojarán cosas y tirarán el cuarto. Y un porcentaje todavía menor romperá cosas, deshará su cama o hará hoyos en la pared. Estos niños existen, y sus padres deben saber cómo reaccionar ante este tipo de situaciones.

El objetivo detrás del programa *1-2-3 por arte de magia* es que los padres estén preparados para cualquier situación, en vez de preocuparse por lo que harán sus hijos después. Queremos que tu actitud y mensaje hacia el niño sea éste: "Eres mi hijo y yo soy tu padre. Te amo, y es mi trabajo educarte. No espero que seas perfecto, pero cuando te comportes mal, esto es lo que haré."

El crédito de la solución al problema de destrozar el cuarto es de una pareja que me visitó hace algunos años. Tenían un hijo de 8 años que era muy amable cuando estaba en mi consultorio pero—de acuerdo con sus padres—era dinamita en cualquier otro lado. Constantemente se referían a su hijo como "rey Luis XIV."

Por obvias razones este comportamiento no podía seguir, así que le pregunté a los padres si querían aprender el programa de *1-2-3 por arte de magia*. Les enseñé el programa, los preparé para las pruebas y manipulaciones por parte de su hijo y regresaron a su casa para probarlo. Este niño estaba acostumbrado a hacer lo que quería en la casa, pero sus padres estaban listos para lidiar con él.

Cuando el rey Luis alcanzó el "3" por primera vez, no podía creer lo que estaba pasando. Cómo lograron sus padres enviarlo a su primer tiempo fuera es un misterio, pero cuando llegó a su habitación, destruyó por completo el lugar. Su primera táctica—y probablemente de cualquier niño que le guste destrozar su habitación—fue vaciar su clóset y tirar toda la ropa en el piso. Luego rasgó las sábanas y cobijas de su cama. Después empujó el colchón fuera de la base. Esparció sus juguetes por toda la habitación y finalmente fue a la ventana y derribó sus cortinas.

> **Tip Útil**
> Si tu hijo destroza su habitación durante un berrinche, una opción es que ignores el desastre y dejes que viva así por unos días. Eso lo hará dudar antes de volver a hacerlo.

¿Qué fue lo que hicieron sus padres? Sorprendentemente, no me llamaron para pedir ayuda. Lo primero que hicieron fue ¡no hacer nada! No levantaron el desastre ni hicieron que el rey Luis lo levantara. Cualquier intento por recoger el cuarto significaba darle la opción de volverlo a tirarlo en el siguiente tiempo fuera. Después, siguieron usando el conteo con determinación pero justamente.

Cuando el niño llegaba a 3, recibía el 3 y su consecuencia. No se andaban con rodeos ni contaban fracciones "Van 2 y medio, van 2 tres cuartos." Los padres le daban el 3 y después lo enviaban al tiempo fuera a arreglar el desastre. Cuando llegó la hora de dormir, el niño tuvo que encontrar su piyama y su cama. En las mañanas su ropa para la escuela no combinó por una semana.

¿Cuánto tiempo le tomó al rey Luis acostumbrarse al nuevo método? Cerca de diez días hasta que logró calmarse durante el tiempo fuera. Luego, después de tres o cuatro días de tiempos fuera en calma, sus padres le ayudaron a alzar su cuarto. Después de eso—lo crean o no—odiaba el conteo y se comportaba a la primera.

¿Rompimos el espíritu de este niño? ¿Sería un niño blando por el resto de su vida? Ciertamente, no. Simplemente era el niño amable que había visto en mi consultorio, y sus padres estaban al mando en su casa—como debería haber sido desde el principio. Además, el niño empezó a comportarse mejor en la escuela, donde la maestra también aplicaba el programa.

Si crees que vas a tener un niño que pueda destrozar su cuarto, antes de empezar con el programa, revisa dos cosas. Si en su cuarto hay algo peligroso o que lo pueda lastimar y algo valioso que pueda romperse, sácalo antes del primer tiempo fuera.

Que destroce su cuarto es una cosa pero, ¿qué hacer si tu hijo se hace pipí en el piso durante el tiempo fuera?

Algunos niños lo han hecho, especialmente preescolares. Lo mandas al tiempo fuera, y están tan enojados que se bajan los pantalones y se hacen pipí. ¿Qué hacer? Lo mandas a un tiempo fuera en el baño.

Probablemente pienses que soy inocente al creer que el niño utilizará el escusado adecuadamente. Pero el objetivo no es ese, sino: ¿qué es más fácil de limpiar, la alfombra del cuarto o el piso del baño? Si el niño orina en la alfombra de su cuarto será algo costoso, pero si va en el piso del baño o en el tapete será otra historia.

El mismo consejo aplica si tu hijo se enoja tanto que vomita. Asegúrate que el baño sea seguro, después mándalo al tiempo fuera al baño. Y mantén la calma.

Ya que estamos en esto, ¿es posible usar el conteo para que el niño aprenda a ir al baño?

No. El conteo no es precisamente efectivo para entrenar en el control de esfínteres. Una razón es que no siempre sabes el momento exacto en el que ocurre el "accidente," así que no sabrás cuándo contar. Además, varios expertos coinciden en que castigar al niño por esta razón no ayuda al proceso de entrenamiento para ir al baño.

Aunque existen varios métodos para lograr que el niño vaya al baño, mi método favorito es que el padre haga muy poco entrenamiento formal. Muchos padres tienen prisa de enseñar a sus hijos a controlar esfínteres, y esta prisa puede ocasionar varios problemas. En lugar de apurar el proceso, permite que el niño te vea cuando vas al baño y compra una bacinica para él. La mayoría de los niños aprenderán a usarla sin demasiada ayuda de tu parte. Cuando lo logren podrás elogiarlos y recompensarlos.

Otra táctica poco útil para este proceso es repetir constantemente—cuando parece que están por hacer pipí—si tiene ganas de ir al baño. Es mucho más efectivo decirle: "Algún día me sorprenderás e irás al baño en el escusado."

¿Qué sucede cuando hay un problema evidente entre dos de tus hijos, pero no viste lo que sucedió?

Tu hija, Suzie, entra corriendo a la cocina y grita: "¡Papá, le deberías dar un 1 a Bobby!" No tienes la más mínima idea de lo que sucedió, pero lo más probable es que el problema sea cosa de rivalidad entre hermanos. En general ésta es nuestra regla: si no viste el argumento o conflicto, no lo cuentes. Si lo escuchaste, entonces puedes contarlo.

Si estás en la cocina y escuchas un lío que comienza en el cuarto de estar, no hay nada que te impida decir: "Oigan, niños, va 1." Por supuesto, es conveniente que utilices esta regla con flexibilidad. Si consideras que un niño es constantemente molestado por el otro, tendrás que intervenir y contarle al niño que empezó el problema. Por otro lado, si la discusión se está saliendo de las manos, es preferible usar el conteo con el que está discutiendo.

¿El conteo afecta la autoestima del niño?

A la mayoría de los niños no se les cuenta mucho, así que por lo general la mera cantidad de cuentas no es un problema. Una vez que comienzas con el programa en la casa, podrán pasar días sin que los niños obtengan conteos. En un salón de clases promedio, en un día normal, menos de cinco niños recibirán conteos.

Para aquellos niños que reciben conteos con mayor frecuencia, si lo haces correctamente, no debe haber amenaza o daño a la autoestima. Lo que sí puede afectar su autoestima son los gritos, discusiones, apodos, sarcasmo y golpes. Además, como veremos más adelante, la retroalimentación con tu hijo debe ser en su mayoría positiva. Y el conteo es un poco negativo, por lo que querrás balancearlo con otras estrategias o actividades como afecto, diversión, escucha y elogios.

¿Es correcto darles nalgadas a los niños?

Es momento de enfrentar la realidad: la mayoría de las nalgadas son berrinches de los padres. No son de ninguna forma intentos de disciplinar o educar al niño. Son simplemente explosiones de enojo de un padre que ha perdido el control, no sabe qué hacer y quiere vengarse infligiendo dolor. Los padres que tienen serios problemas con el autocontrol y dominio del enojo intentan justificar y racionalizar las nalgadas diciendo cosas como: "Tengo que marcar límites." "Es por su bien." "Golpearlos me duele más a mí que a ellos."

Hay grupos y culturas en donde las nalgadas son percibidas como una técnica legítima de disciplina. También hay personas que ven—y usan—las nalgadas como un método de entrenamiento. Pero las investigaciones sugieren que el exceso de disciplina física tiende a generar ansiedad en los niños, baja su autoestima y los hace más propensos a volverse agresivos.

Sin embargo, a la mayoría de los padres que golpea no les interesa ni un poco las investigaciones. He hablado hasta el cansancio con padres como estos y, tristemente, cambiar su opinión y sus hábitos de disciplina es por lo general una causa perdida. Recuerda que el objetivo del programa *1-2-3 por arte de magia* es evitar la rutina de hablar-persuadir-discutir-gritar-pegar.

Mi hijo tiene un problema cada vez que lo dejo en el kínder. No importa las veces que trate de tranquilizarlo, grita cuando intento irme

Aunque la ansiedad por separación es normal en los niños pequeños, los gritos desesperados cuando intentas dejarlos en el kínder, con la niñera o incluso con su abuela pueden ser muy agobiantes. Lo que debes hacer es mantenerte callado y ser el máster de las salidas rápidas. Cuando dejas a los niños (o cuando sales de casa), dales un beso de despedida, diles cuándo regresarás y sal de ahí. Mientras más te tardes y mientras más hables, la situación será peor.

Si estos momentos horribles te hacen sentir como un padre frío a quien no le importan sus hijos, llámale luego a la niñera y pregúntale cuánto tiempo lloró tu hijo. El promedio es 80 segundos.

¿No deberían los niños nunca pedir disculpas?

Ésta es una pregunta difícil. Si actualmente les pides a tus hijos que se disculpen y esa rutina te funciona, está perfecto. Mantén en mente que varias disculpas son ejercicios de hipocresía. Pedir una disculpa es simplemente una parte del castigo del niño—no una experiencia de aprendizaje que incluya arrepentimiento o compasión.

Por ejemplo, imagina que tus dos hijos se pelearon. Interrumpes la pelea y les dices que se disculpen con su hermano. El hermano mayor mira a su hermano y con cara de burla le dice: "Lo siento." Su tono es forzado y sarcástico.

Permíteme preguntarte dos cosas sobre la reacción de este niño. ¿Fue una disculpa real? Por supuesto que no. Su comentario no fue más que una continuación de su pelea original, pero en una forma verbal. ¿Su comentario fue una mentira? Sí. Si quieres insistir en que se disculpen, asegúrate de que no estés simplemente pidiéndole a tu hijo que mienta.

Advertencia

Las calificaciones bajas no son un mal comportamiento. Y las estrategias de castigos para lidiar con esto por lo general no funcionan. Prueba con un sistema de recompensas y si eso no funciona considera una evaluación profesional.

¿Qué pasa cuando mi hijo se porta mal en la escuela?

La primera vez que sucede, pídele a tu hijo que te explique. No lo des un "castigo doble" si su maestra ya reprendió su acción. Dependiendo de la severidad del incidente, quizá sea conveniente hablar con la maestra. Algunos problemas desaparecen sin mucho esfuerzo de tu parte.

La segunda vez que ocurra, habla con la maestra, y si es necesario que tu hijo esté presente. Aunque puedas decidir no tomar medidas, si el mal comportamiento continúa querrás trabajar con una tabla de comportamiento diaria o semanal (veremos más al respecto en el Capítulo 12) que la maestra llenará y te enviará para mantenerte al tanto. Podrás enlazar esta tabla a recompensas y consecuencias administradas en la casa. Si esta intervención no funciona después de un par de semanas, trata de modificar las recompensas, las consecuencias e incluso la tabla. Si eso tampoco funciona después de algunas semanas más, considera una evaluación profesional.

Una observación: las calificaciones bajas no son realmente un incidente de mal comportamiento. Y los métodos de castigo por sí solos por lo general no funcionan. En lugar de eso, utiliza el método que describimos en este apartado.

¿Cómo funciona el programa 1-2-3 por arte de magia con niños con necesidades especiales?

El programa puede ser utilizado tanto para niños con un desarrollo típico como para niños con necesidades especiales—niños con TDAH, problemas de aprendizaje, trastorno de oposición desafiante e incluso algún grado de autismo. El principal requisito es que el niño tenga una edad mental de 2 años.

Generalmente la técnica no requiere mucha modificación, pero hay que mencionar dos casos especiales, ambos relacionados con la ansiedad. Primero, algunos niños se ponen más ansiosos (no enojados, sino ansiosos) cuando son contados verbalmente. Algunas veces utilizar un estímulo visual como tres tarjetas (verde = 1, amarilla = 2, roja = 3) es de gran ayuda.

Segundo, no es útil contar si el problema está relacionado con la ansiedad. Después de todo, la ansiedad no es un problema deliberado de disciplina. Un niño que grita cuando ve un mosquito o que se pone furioso cuando lo dejas en la escuela responderá mejor con una estructura segura, gentil y firme.

¿Cuándo deberías hablar?

¿Después del tiempo fuera es un momento adecuado para enseñar? La respuesta es no. La razón es ésta: el tiempo fuera no es sólo una consecuencia, sino también un periodo para calmarse. Si aleccionas a tu hijo justo después con un comentario así: "Dime lo que hiciste y cómo evitarás futuros ejemplos de esta clase de comportamiento," es probable que tu hijo se irrite. El efecto de calmarse se pierde y no habrán tenido un buen nuevo comienzo. Si insistes en hablar con tus hijos sobre un incidente, hazlo en otro momento. Considera hacer una reunión y utiliza las tácticas del Capítulo 22.

Me gusta el programa, ¿cómo involucro a mi esposo?

Algunas veces es difícil que los papás se involucren en programas de crianza. Esto es lo que debes hacer. Consigue una copia del primer DVD (azul), *1-2-3 por arte de magia: lidiar con el comportamiento difícil*. Contiene el programa hasta aproximadamente el Capítulo 11 de este libro. Pídele a tu esposo que lo vea. Pero hay una trampa, no puedes estar en el cuarto con él porque es probable que quieras decir algo así: "Ves, esto es lo que deberías hacer." Eso definitivamente lo alejará del programa. Si está dispuesto a cooperar después de ver el DVD, comienza y posteriormente integra los trabajos de crianza 2 y 3 (DVD morado, *Más 1-2-3 por arte de magia*, capítulos del 12 al 24 de este libro). Utilizar el programa es beneficioso para las parejas.

RESUMEN DEL CAPÍTULO

Para no hacer el cuento largo, tenemos una respuesta para casi cualquier problema de conteo que puedas encontrar.

¿Hemos abarcado todas las preguntas posibles?

No del todo. Falta la pregunta más frecuente que requiere de todo un capítulo para responderla:

¿Qué hacer cuando estás en público?

7

DISCIPLINAR A TU HIJO EN PÚBLICO

Cómo lidiar con los berrinches en el supermercado y otras situaciones embarazosas

ES MOMENTO DE ENFRENTAR la peor pesadilla de cualquier padre: cuando tu hijo se porta mal en público. Nadie quiere parecer un abusador de niños en el pasillo de dulces del supermercado. Y los niños—incluyendo a los pequeños—parecen tener un radar automático para sentir la vulnerabilidad psicológica de los padres ansiosos.

Una vez que han aprendido el programa, muchos padres temen estar en público donde no existe el cuarto para el tiempo fuera. La buena noticia es que este problema se puede resolver fácilmente. La mala es que existe un problema al asecho, y en el fondo todo padre sabe cuál es.

Tu problema más grande es que tu pequeño te avergüence en público, cosa que no es posible en la privacidad de tu casa. Este temor a la vergüenza y a la desaprobación pública ha hecho que hasta los padres más competentes olviden qué tienen que hacer, dejen las tácticas probadas y se derrumben. Trata de recordar este principio básico: el bienestar a largo plazo de tus hijos va antes que la preocupación a corto plazo sobre lo que otros piensen de ti.

Utilizar el conteo en público

Imagina que tienes un hijo de cinco años y que—en efecto—el pasillo de los dulces en el supermercado es uno de tus problemas más grandes. Pareciera que cada vez que pasas por ese pasillo tu hijo pide un dulce. Tú dices no y luego el pequeño hace un terrible berrinche. Se lanza al piso, grita a todo pulmón y—¿no amas esta parte?—una multitud se junta a ver cómo manejas la crisis.

¿Qué haces? Lo primero es asegurarte de que el programa funcione correctamente en casa. "Correctamente" significa que obtienes resultados a la cuenta de 1 o 2 la mayoría de las veces. Ahora, estás en el pasillo 5, tu hijo está gritando y tienes espectadores. Miras al pequeño monstruo, alzas un dedo firmemente y dices "Va 1." Lo dices tan calmado y firme como si estuvieras en tu casa.

¿Cuál es la clave? No es tanto lo que dices sino lo que no dices. Por ejemplo, no te dejas intimidar por el hecho de avergonzarte en público ni por el qué dirán: "Ya deja de gritar, no quiero que me avergüences frente a esta gente." Si haces esto tu hijo sabrá cómo manipularte. No necesitará el dulce porque está a punto de divertirse contigo.

Continúa contando hasta 3 de ser necesario. No veas a nadie excepto a tu hijo. En este punto los padres se preguntan "¿Qué haré en caso de llegar a 3? No hay cuarto para el tiempo fuera." Este problema se resuelve más fácil de lo que crees.

Cuarto o lugar para el tiempo fuera

A lo largo de los años que he desarrollado este programa, los papás me han enseñado qué hacer en situaciones como ésta. Son padres que han ideado lugares para el tiempo fuera cuando están en restaurantes, teatros, tiendas, museos, la iglesia o parques.

Llamamos a la solución "Cuarto o lugar para el tiempo fuera." Siempre hay un cuarto, algo parecido a un cuarto o un lugar simbólico donde se pueda cumplir el tiempo fuera. Por ejemplo, en el conflicto de los dulces que acabamos de ver, al llegar a 3, el padre puede tomar el brazo de su hijo por unos minutos sin decir absolutamente nada. Una mamá incluso carga con un tapete para el tiempo fuera y simplemente lo coloca en el piso de la tienda cuando es necesario.

Otros padres han puesto a sus hijos pequeños en el carrito de compras para cumplir el tiempo fuera. Otras ideas pueden ser una esquina de la tienda, o el baño de la tienda (para niños más difíciles). Déjalos gritar a todo pulmón en ese lugar. Algunos padres que consideran que sus hijos se lucen cuando hay más gente presente, dejan el carrito de compras donde está y se llevan al niño al coche para cumplir el tiempo fuera. Utilizar el coche para este fin hace que algunas personas se pregunten por qué tienen que pasar por la molestia de salir de la tienda.

La respuesta es porque:

1. Sólo son niños.
2. Están aprendiendo a comportarse.
3. "La molestia" es una inversión en su futuro y en tu paz mental.

Aquí hay otra opción. Si tu hijo es lo suficientemente grande como para no preocuparte, a la cuenta de 3, haz que te espere—junto a la caja registradora o junto al puesto de información—hasta que termines de hacer las compras. No hagas esto al menos que estés completamente seguro de que el niño no corre peligro.

Durante cualquier tiempo fuera, no hables con el niño. No se permite aleccionar, gritar

Tip Útil

Cuando estás en público siempre hay un cuarto, algo parecido a un cuarto o un lugar simbólico donde se pueda cumplir el tiempo fuera. No te olvides del "tiempo fuera alternativo". Sólo porque haya gente observando no significa que tengas que estar a merced de tu hijo o regañar. Mantenerse callado puede resultar difícil, pero después de un tiempo los niños sabrán que hablas en serio. Existen papás que sienten que el alboroto es tan grande que dejan el carrito de compras lleno y regresan a la casa.

¿Qué pasa si los niños no quieren ir?

Imagina esta situación: estás preparando una receta nueva para cenar y estás muy emocionada por el nuevo platillo. A las 17:15 p.m. te das cuenta de que faltan dos ingredientes esenciales. Para empeorar las cosas, tus hijos de 6 y 8 años están en el otro cuarto jugando pacíficamente por primera vez en 2 años y medio. Tendrás que interrumpirlos, y no hay tiempo de conseguir una niñera.

Esto es lo que debes hacer. Les dices que tienes que ir al supermercado, tardarás como una hora y tienen que acompañarte. Sabes que no quieren ir, pero no tienes otra opción. Diles que éste será el trato: si se portan "bien" mientras están fuera (significa no llegar a 4—les das una cuenta más por lo largo del viaje y porque no quieren ir), les comprarás un regalo. Su regalo será cualquier cosa que quieran no mayor a quince pesos. Sin embargo, si les cuentas hasta 4 durante el viaje no habrá regalo.

Algunos padres consideran esto como un soborno. ¡Lo es! Pero en el estricto sentido de la palabra es pagarle a alguien para hacer algo ilegal. Aquí estamos pagándoles a los niños para hacer algo legal, y funciona.

¿Qué pasa si los niños quieren ir?

Mi esposa y yo tuvimos una experiencia muy interesante con una táctica de comportamiento para nuestros hijos las primeras veces que intentamos ir por un helado en la tarde. Cada vez que salíamos por nuestro postre los niños se peleaban como perros y gatos, y todos quedaban de mal humor.

Así que una tarde les dije a los niños: "Vamos a ir por helado. Pero habrá un nuevo trato. Si llegan a una cuenta de 3 antes de que lleguemos a la heladería, daremos media vuelta y regresaremos a la casa. Nadie tendrá helado."

Esperanzados, comenzamos el viaje a la heladería. Los niños empezaron a pelear y dije: "Va 1, y a la cuenta de 3 nos regresamos." Pronto hubo un 2 y un 3. Di media vuelta y regresamos a la casa. Los niños estaban molestos, asombrados y resentidos.

A los pocos días, intentamos nuevamente ir por helados. No habíamos recorrido ni una cuadra cuando los niños comenzaron a pelear. Dije: "Va 1, y a la cuenta de 3 nos regresamos." Llegaron a 2 y 3, y di media vuelta para volver a casa.

Estoy seguro de que antes de nuestro siguiente viaje los niños tuvieron una plática entre ellos. Probablemente fue algo así: "¿No es una pena que la mayoría de los niños del mundo, excepto nosotros, tengan papás normales? Desafortunadamente, nuestro padre resultó ser un psicólogo. Pero él tiene el dinero y el coche, así que si queremos helado, tendremos que jugar sus estúpidos juegos."

Una semana después, nuestro grupo intrépido una vez más puso en marcha su misión. Para mi sorpresa, los niños comenzaron a pelear. Calmadamente dije: "Va 1, y a la cuenta de 3 nos regresamos." Para mayor sorpresa los niños se comportaron inmediatamente y así estuvieron hasta llegar a la heladería. Todos disfrutamos nuestro postre.

La lección de esta historia es: a veces toma tiempo hacer que tus hijos se adapten al método. Por cierto, me han preguntado qué sucede cuando un hijo se comporta bien en el camino y el otro no. La respuesta es que el que se portó bien tendrá helado y el otro no. Pero no esperes un viaje placentero de regreso a casa.

Continúa tu camino

Otra táctica que varios padres han utilizado con éxito en lugares públicos nos regresa al ejemplo del pasillo de dulces. Lo que algunos padres han hecho es simplemente dejar al niño con su berrinche y continuar al siguiente pasillo. Y preguntarle a la persona de junto: "¿Escuchaste el alboroto del pasillo de al lado?"

Hablando en serio, lo que sucede la mayoría de las veces es que el niño se preocupa de dónde está su mamá o papá, se olvida del dulce y corre a buscarlos. Por supuesto que no debes irte muy lejos, depende de la edad de tu hijo. Existe la posibilidad de que corran a buscar a su padre y una vez que lo encuentren continúen con el berrinche del dulce. ¿Qué debes hacer en ese caso?

La respuesta depende de dos cosas: ¿qué tan urgente es terminar la lista de compras y qué tan valiente eres? Hace algunos años, estaba de compras en el supermercado y vi a una señora entrar con su hijo de 4 años. Puso al niño en el carrito y pasaron frente a la maquinita de chicles. El niño pidió uno, la mamá le dijo que no y el niño se lanzó a llorar a pulmón batiente. La mamá siguió avanzando sin decir nada.

Estuve en la tienda otros 20 minutos, durante los cuales la mamá continuó sus compras y el niño lloró. Se escuchaban sus gritos en cualquier parte de la tienda—que no era muy grande. Pero su mamá lo hizo muy bien. No le prestó atención al niño. Había ido a comprar leche, arroz y pimienta, y eso fue justamente lo que compró. Recuerdo que pasé junto a ellos en el pasillo del arroz. Mientras el niño gritaba, la mamá veía calmadamente las cajas de arroz: "Veamos, 500 g por 6. Sí, eso debe ser suficiente para hoy."

Estaba impresionado. Pero la mamá cayó pronto del pedestal. Me apuré con mis compras y cuando estaba en la caja vi que ellos estaban pagando en la de junto, terminaron antes que yo y los vi dirigirse a la salida con el niño todavía llorando. Al pasar junto a la maquinita de chicles por segunda vez, ella se paró y ¡le compró uno a su hijo!

Me quedé estupefacto, casi pierdo mi decoro profesional. Quería brincar el mostrador, correr hacia la mujer y decirle: "Disculpe, señora. No me conoce, pero soy un psicólogo clínico. ¿Podría hablar con usted un momento?" Esta madre acabada de premiar un berrinche de 20 minutos.

Habrá veces, cuando estés en público, que tu hijo no dejará el berrinche a pesar de todos tus esfuerzos. En ese caso tus opciones serán éstas: continúa tus compras mientras el niño sigue con su berrinche, lleva al niño al coche hasta que deje de gritar o vete a tu casa.

> **Advertencia**
>
> ¡Nunca premies berrinches dándole al niño lo que quiere! Esto sólo garantizará más berrinches en el futuro.

No los lleves a menos que sea necesario

¿Alguna vez has ido a misa y te ha tocado una pareja con un niño de 2 años en la banca de enfrente? Por supuesto que el niño no está poniendo atención. Tampoco sus padres, porque están demasiado preocupados tratando de que su hijo se comporte y no moleste a los demás. Junto a ellos hay otras diez personas que tampoco están poniendo atención porque están más interesados en ver cómo esta pareja disciplina a su hijo. En algunas iglesias existen espacios a prueba de ruido, donde los padres con niños pequeños pueden asistir sin molestar a otros durante la misa. Sin embargo, no en todas existe ese lugar.

Así que cuando no hay un espacio a prueba de ruido, es probable que 30 personas no escuchen misa. Por supuesto que no queremos convencerte de que no vayas a la iglesia, pero piensa antes de ir a cualquier lado. No pidas problemas innecesarios en público al poner a tus hijos en situaciones que no pueden manejar. Por ejemplo, en nuestra iglesia los padres hacen lo posible por que sus hijos no distraigan a los demás, sin embargo, estas personas se distraen con esos intentos de disciplina.

Consejos para el coche

Estar en el coche con los niños es una experiencia tanto pública como privada que puede hacer que los padres enfrenten situaciones extremas e incluso peligrosas. Por lo general, los padres se sienten como una audiencia cautiva del mal comportamiento de sus hijos en el coche. Y para empeorar las cosas, los papás saben que sus opciones de disciplina son limitadas cuando están tras el volante.

> **Tip Útil**
> Viajar en el coche con los niños puede ser molesto, y también peligroso. Por lo general, los padres se sienten como una audiencia cautiva del mal comportamiento de sus hijos en el coche. ¡No te preocupes! Tienes varias tácticas a tu disposición.

¿Alguna vez has manejado en carretera con tu mano izquierda en el volante y la derecha moviéndose hacia el asiento de atrás, tratando de alcanzar a tu hijo que ha estado molestando a su hermana por más de una hora desde que salieron? Las vacaciones su supone que deben ser divertidas, pero este tipo de rutinas no lo son. Muchos padres dejan de salir en vacaciones por problemas similares.

El conteo es muy útil cuando estás al volante. La pregunta, por supuesto, es qué hacer cuando llegas a 3. El tiempo fuera alternativo es una opción. Por ejemplo, una pareja no dejaba que nadie hablara—incluyendo a papá y a mamá—por quince minutos después de que los niños alcanzaran un 3 por burlarse, pelear o molestar. Otras familias utilizan multas (un porcentaje de dinero que se resta de la mesada) en una tasa de cierta cantidad de dinero que equivale a la cantidad de minutos del tiempo fuera.

El hecho de estar en el coche no evita que puedas utilizar el tiempo fuera como siempre lo haces. ¿Cuál es el cuarto para el tiempo fuera? ¡Estás en él! Tu coche es un cuarto para el tiempo fuera, sólo que estilizado y con base en gasolina. A lo largo de los años, una táctica muy efectiva para la mayoría de mis pacientes ha sido contar 1-2-3 y después orillarse durante el tiempo fuera. Esta estrategia es dramática y tiene un fuerte impacto en los niños. Los padres se pueden quedar callados con sus hijos durante el tiempo fuera o aprovechar para bajarse y estirar las piernas.

Por alguna razón, utilizar el conteo en el coche y pagar el tiempo fuera cuando llegan a la casa no funciona igual de bien, a menos que estés muy cerca de tu casa. El problema es que el tiempo fuera se cumple mucho después de la falta, por lo que el hecho de enviar a tu hijo al tiempo fuera al llegar a la casa puede ocasionar otra pelea porque ya todos se olvidaron de la causa del castigo.

Para viajes largos o vacaciones, el conteo se puede utilizar tan efectivamente como en los paseos cortos: sin embargo, otras tácticas son de gran ayuda.

Algunas de ellas, que los padres han utilizado con éxito en el coche, incluyen actividades comunes y divertidas como contar el alfabeto y adivinar cosas. Poner a uno de los niños en el asiento de adelante y al otro en el asiento de atrás también puede ser útil, así como poner el DVD del coche (y rentar 20 películas) o salir a las 4:00 a.m. para que los niños duerman la mayor parte del camino. Decirles a los niños que obtendrán 50 centavos por cada borrego o vaca que vean es otra forma de mantener su atención enfocada en algo más.

El objetivo es éste: nunca salgas de paseo con los niños—especialmente en viajes largos—sin ponerte tu "gorra de pensar." Ten listo el conteo y otras tácticas porque las usarás.

Ahora que ya sabes algo del conteo (así como qué hacer cuando tu hijo se comporta mal en público), veremos la **Historia de la vida real 1**. *El caso del terrorista berrinchudo* explicará a detalle cómo una pareja implementó el conteo con su hijo de 5 años.

UTILIZAR EL CONTEO PARA EL COMPORTAMIENTO DESAGRADABLE

 Cuando inician el programa *1-2-3 por arte de magia*, la mayoría de los padres comienza contando el comportamiento desagradable por un par de días o semanas antes de empezar con el trabajo de crianza 2 y 3—fomentar el buen comportamiento y fortalecer el vínculo. Así lo hicimos mi marido y yo, ¡y fue una buena estrategia!

En *El caso del terrorista berrinchudo*, conocerás a nuestro hijo de 5 años, Zach. Antes de que implementáramos el programa, nuestro hijo era un problema. Aunque había escuchado que muchos niños (cerca del 50%) se comportan en los primeros días, le tomó a Zach cerca de una semana acostumbrarse al conteo.

Aquí está nuestra historia. En la sección de **Antes**, verás a dos padres afligidos tratando de disciplinar a su hijo sin un plan concreto. Luego nos acompañarás en el proceso de **Pensarlo bien** y en **Después** nos verás controlar a nuestro hijo de la forma correcta.

El terrorista berrinchudo

¡Pay de manzana!

Debo admitir que no me gusta pensar en nuestra vida antes del programa *1-2-3 por arte de magia*. En nuestra casa mandaba un niño de 5 años. Si Zach no se salía con la suya, recurría a patalear, gritar y llorar. Pasábamos tanto tiempo tratando de que estuviera contento que nosotros éramos miserables. Ir a la tienda requería de ambos padres. Comer fuera era impensable, y las comidas con los amigos las rechazábamos amablemente porque no podíamos contar con que Zach se portara bien en casa de alguien más.

Una noche nos arriesgamos y fuimos a un restaurante...

La primera ronda fue para Zach—de cierto modo. De hecho, no lo ganó nadie, dado que al final todos nos sentimos miserables. No se puede contra la humillación pública—y créeme, hemos estados en varias situaciones como la anterior.

Simplemente no podíamos seguir así. Nos estábamos desalentando y teníamos que hacer algo diferente. Pero, exactamente, ¿qué era ese algo "diferente"?

Nos sentíamos desesperados, y decidí probar un producto que en ese momento veía con posibilidades muy remotas.

PENSARLO BIEN

Había escuchado de 1-2-3 por arte de magia y lo compré al día siguiente.

El libro describía a nuestra familia.

John, tienes que leer esto. Creo saber qué es lo que tenemos que hacer diferente.

No lo sé, siento que ya probamos todo.

Primero que nada, nunca debimos ir a cenar con Zach sin un plan para lidiar con sus berrinches.

¡PUM!

Sin plan: ¡PELIGRO!

Pero qué se supone que hagamos, ¿volvernos ermitaños?

Ése no es el punto. Tenemos que pensar con más claridad acerca de este niño.

Estoy pensando claramente, el niño es una pesadilla.

No seas cabeza dura, claro que es un niño difícil, pero lo estamos tratando como un "pequeño adulto."

PÈNSARLO BIEN

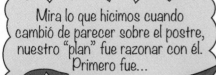

Mira lo que hicimos cuando cambió de parecer sobre el postre, nuestro "plan" fue razonar con él. Primero fue...

Zach, la mesera ya no está, es muy tarde para que cambies de opinión.

Después tratamos con la brillante frase...

¿No te acuerdas que te encanta el pastel de chocolate?

Seguido del siempre efectivo...

No actúes como un bebé, si no te comes tu pastel mamá y papá se lo comerán.

Y finalmente...

¡Zach, silencio! Ya es suficiente, hay más personas comiendo aquí.

¿Qué tiene de malo explicarle las cosas? Tiene que entender...

¡No! Nosotros tenemos que entender que nuestro hijo no tiene 30 años. ¡Sólo tiene 5!

Esperábamos que al plantearle nuestra lógica se calmara y dijera algo así...

¡Nunca lo había visto de esa forma! Gracias por la explicación.

Después de nuestra plática, había ocasiones en las que creía que mi marido entendía lo que estaba diciendo, pero la mayoría del tiempo sentía que no avanzábamos. No había leído el libro, así que conseguí el DVD de *1-2-3 por arte de magia* (que pensé sería tan útil como el libro). Mi esposo insinuó que tal vez vería el DVD, pero solamente si lo hacía solo.

¿Por qué es tan difícil hablar con los hombres? El comportamiento de Zach seguía siendo terrible. Y en lo que a mí respecta, seguíamos en un problema y sin ninguna mejora.

HACIA NINGÚN LADO 5 KM

Un día un milagro ocurrió.

PENSARLO BIEN

Mi esposo vio el DVD.
¡Y le gustó!

Practicamos el conteo entre nosotros.

Van 2.

Susurramos sobre nuestro plan—los ojos desconfiados de Zach nos miraban.

No puedo contra esto.

Tuvimos la conversación inicial.

Zach, vamos a hacer algunas cosas de manera diferente.

¡Mi esposo y yo éramos un equipo! Estábamos listos para cualquier situación.

DESPUÉS

Una vez que se calmó, después de los 5 minutos del tiempo fuera. Volvió al comedor con ojos hinchados y se comió su cena.

Estábamos emocionados. ¡El conteo funcionaba! Sería fácil navegar de ahora en adelante.

Pero no tan rápido. Justo después de la cena esta escena ocurrió.

5 minutos y es hora de tomar un baño.

Me bañaré mañana.

No, te bañarás hoy.

Pero no estoy sucio.

Va 1.

¡No me puedes obligar!

¿Quieres apostar?

Van 2.

¡Y qué!

Van 3, toma 5.

Fue cargado y llevado a su cuarto. Volvió a gritar.

¡¡PERO PAPÁ!!

Una vez en su cuarto se tiró al piso. ¡Estaba callado! Y después tomó su baño.

Cuando nos fuimos a acostar estábamos muy emocionados. ¡Lo habíamos logrado!

Pero al día siguiente fue peor. Y el día siguiente aún peor que el anterior.

¡Ahhh! ¡¡No!! ¡¡Pum!!

Zach pasó 50% de su día en tiempo fuera.

DESPUÉS

Oímos de todo...

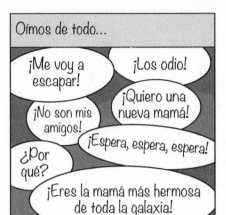

Un día, casi una semana después de que iniciamos el programa, le di un "1" y dijo...

Zach se había adaptado al sistema. Por un buen rato no llegó a "3."

Mi esposo y yo nos sentíamos muy bien. Sugerí que fuéramos de nuevo al restaurante.

Las cosas iban bien hasta que Zach empezó a quejarse de que quería irse. Contamos—y se comportó.

Todos nos fuimos del restaurante de buen humor. Era el comienzo de una nueva vida.

  Desde nuestra "semana de infierno," las cosas han sido diferentes en la casa. Nuestro hijo ahora sabe que cuando decimos algo, hablamos en serio. Sin gritar y sin amenazas. Claro que todavía empuja los límites de vez en cuando, pero no llega a ningún lado.

También hemos avanzado en nuestro curso de *1-2-3 por arte de magia* sobre las estrategias para fomentar el buen comportamiento (como alistar a Zach para dormir) y hacer cosas que refuercen el vínculo con él (como divertirnos juntos). Desde que aprendimos a controlar los momentos de oposición de Zach, es mucho más fácil quererlo.

Lo último que hubiéramos querido escuchar cuando iniciamos el programa era que teníamos que pasar por una semana de infierno antes de obtener resultados. Pero tampoco hubiéramos creído historias de niños que se comportan a las pocas horas, ¡aunque sabemos que pasa seguido!

¡Esperamos que nuestra terrible historia te haya dado ánimo!

Ahora regresemos a explicar los básicos del programa 1-2-3 por arte de magia.

8

CÓMO MANEJAR LA RIVALIDAD ENTRE HERMANOS, BERRINCHES, PUCHEROS Y MENTIRAS

Cómo lidiar con cuatro problemas de comportamiento comunes

CUATRO PROBLEMAS COMUNES, PERO graves de comportamiento de Alto requieren de ligeras modificaciones en nuestro procedimiento básico. La rivalidad entre hermanos, los berrinches, los pucheros y las mentiras son asuntos que la mayoría de los padres pone hasta arriba de sus listas de comportamientos graves y repetitivos. Aquí está lo que hay que hacer.

Rivalidad entre hermanos

Tu vida se complica exponencialmente cuando tienes más de un hijo comportándose mal. Ahora hay varios actores en el drama. ¿Cómo manejarás la situación? La rivalidad entre hermanos nunca se terminará del todo, pero aquí hay algunas reglas simples:

- **Regla 1: Cuenta a ambos niños.** Cuando los niños están peleando, debes contarle a ambos la mayoría de las veces, al menos que sea obvio que uno es el agresor. Generalmente ambos tienen que ver con el origen del problema. Sé cuidadoso—¡los niños son engañosos! Algunos provocan de manera sutil y otros más explícitamente, por lo que es difícil descifrar quién comenzó—incluso si estás presente.

> **Advertencia**
> Nunca hagas las dos preguntas más ridículas del mundo, "¿Quién empezó?" y "¿Qué pasó?" A menos que creas que alguien está lastimado físicamente. ¿Realmente esperas que tus hijos digan la verdad?

Por ejemplo, vas en el coche con los niños en el asiento trasero y escuchas: "¡Mamá, me está viendo de nuevo!" ¿Quién empezó eso? No hay forma de saber. En ese caso, debes contar a ambos niños.

- **Regla 2: Nunca hagas las dos preguntas más ridículas del mundo.** Todo padre sabe cuáles son estas preguntas: "¿Quién empezó?" y "¿Qué pasó?," ¿realmente esperas que tu hijo navegue con bandera: "No puedo decir mentiras"? "Sí, yo empecé esta pelea, y las siguientes 30 disputas también fueron mi responsabilidad," ese tipo de confesión nunca pasará. Lo que obtendrás es otra pelea entre tus hijos culpándose mutuamente y gritando.

Habrá ocasiones en las que sí tengas que preguntar qué pasó. Si, por ejemplo, crees que alguien pueda estar lastimado físicamente, querrás saber exactamente qué sucedió. Lo mismo puede suceder con otras situaciones serias o inusuales. Pero para el día a día de la rivalidad entre hermanos, tratar de averiguar qué pasó es por lo general una causa perdida.

- **Regla 3. No esperes que el hermano mayor actúe con más madurez que el menor durante una pelea.** Incluso si tus dos hijos tienen 11 y 4 años, no le digas al mayor "Es sólo un bebé. ¿No puedes soportar una pequeña broma?" Ese comentario le da poder al niño de 4 años, que seguro apreciará tu generosidad en el suministro de poder y sacará el máximo provecho.

Imagina por un segundo que tu hijo de 11 años se acerca un día y te dice: "Quiero hacerte una pregunta."

"Adelante," le dices.

"¿Por qué yo siempre obtengo un tiempo fuera de 10 minutos, y la señorita camarón (tu hija de cuatro años) sólo tiene que ir por 5?"

"Porque la regla en nuestra casa," le dices, "es un minuto fuera por cada año de vida."

"¡PUES ES LA REGLA MÁS TONTA QUE HE ESCUCHADO!"

"Va 1."

Tu hijo realmente no quiere información, quiere pelear. No te dejes engañar por un argumento inútil y recuerda que siempre debes contar cuando tu hijo incite una discusión y guardar tu energía para una plática real.

Espacios compartidos

¿Qué sucede cuando los niños se pelean y su habitación es compartida? No sería una buena idea enviarlos al mismo cuarto para que continúen con su pelea. Manda a uno a su habitación y al otro a un cuarto diferente. Luego para el siguiente tiempo fuera intercambia los cuartos. Otra opción es utilizar el tiempo fuera alternativo cuando ambos niños pelean. Si tus hijos tienen habitaciones diferentes y pelean en el camino al tiempo fuera, alarga el tiempo por 5 o 10 minutos.

Berrinches

Los berrinches pueden ser contados o ignorados. Puedes elegir ignorar a tu hijo de 2 años que se revuelca en el piso de la sala porque no quisiste darle tu malteada completa. Incluso puedes salir del cuarto si consideras que el niño estará seguro. Pero se recomienda contar el abuso verbal de tu hijo de 10 años después de que le negaras que invitara a un amigo a la casa.

En cualquiera de los casos, hay una regla para lidiar con los ataques de temperamento, nunca hables o discutas con un niño que hace berrinche. Sería lo mismo que poner gasolina en el fuego. Contar está bien porque es una señal más que una conversación.

Digamos que decides enviar a un tiempo fuera a tu hijo de 6 años por hacer un berrinche. Está en su cuarto y aún no se comporta. ¿Qué sucede cuando el tiempo fuera se termina y el niño sigue con el berrinche? No quieres que salga en estas condiciones y, en cierto modo, se ha ganado otro tiempo fuera. Por fortuna, la respuesta es simple. Si el niño tiene 4 años o más, el tiempo fuera no empieza hasta que se calme. Así que si se tarda 15 minutos, el tiempo fuera comenzará después de 15 minutos. Y si se tarda 2 horas en calmarse, el tiempo fuera empieza después de las 2 horas.

Resiste la tentación de asomarte a su cuarto cada 5 o 10 minutos y decir algo como: "Vamos, ¿no crees que es suficiente? Te extrañamos. La cena es en 5 minutos y tienes tarea que hacer." Simplemente déjalo solo hasta que se canse de estar enojado.

Con los únicos niños con los que no se usa esta modificación es con los de 2 y 3 años. No entienden la idea, déjalos salir después de unos minutos aunque continúen con el berrinche y cruza los dedos. Cuando haya salido, lo mejor será ignorarlo en vez de hablar con él sobre su escena. Si aun así no se calma, la próxima vez déjalo por un poco más de tiempo.

Una precaución. Algunos niños harán berrinches por cuestiones sensoriales. Sus calcetines, zapatos o suéter literalmente los irritan o lastiman. Estas irritabilidades sensoriales no son un mal comportamiento, tampoco el niño elige ser así. Toma en serio las opiniones del niño y evita los olores, sabores y texturas que le molestan.

Pucheros

El puchero es un comportamiento pasivo diseñado para hacerte sentir culpable. Trata de no sentirte culpable cuando tu hijo se ponga de mal humor después de recibir consecuencias por su mal comportamiento. ¿Por qué deberías sentirte mal por ser un buen padre? Recuerda: la parte exigente y firme de la paternidad es esencial, incluso si temporalmente enoja a tu hijo.

Así que si disciplinas a tu hijo y te da un ultimátum con una mirada de mártir, simplemente voltéate, no digas nada y aléjate. En la única ocasión en la que harás algo diferente es si enfrentas un "puchero agresivo." Ese caso se da cuando tu hijo te sigue por toda la casa para asegurarse de que no te pierdas un minuto de su cara de sufrimiento. Si hace eso: "Va 1." Lo que está haciendo es restregarte en la cara su mal humor, y no vas a permitirlo.

Mentiras

El conteo no siempre es útil para las mentiras por dos razones. La primera es porque mentir es una ofensa más seria que debe manejarse inmediatamente, la segunda es que generalmente la mentira se usa para encubrir malos comportamientos. Las mentiras vuelven locos a algunos padres y lidiar con este problema es a veces confuso y difícil, así que trataremos de darte un lineamiento básico para lidiar con esto.

Básicamente existen dos tipos de mentiras. El primer tipo incluye inventar historias con el fin de impresionar a otros y alimentar el ego. Este tipo de fabricación verbal no es común en niños, quienes no sienten la misma presión social que los adultos sobre lo que opinan los demás. El segundo—y por mucho el más común—es mentir para evitar problemas. Estas mentiras pueden incluir encubrir un delito pasado o tratar de zafarse de una tarea desagradable. Los niños que roban, por ejemplo, por lo general mentirán sobre el robo cuando los confrontes. Otros niños mienten sobre no tener tarea para no enfrentar la aburrida labor.

Al lidiar con las mentiras, los padres deben recordar no sobrerreaccionar. No decir la verdad ciertamente no es algo bueno, pero por lo general no es un comportamiento terrible. Muchos padres se enojan tanto por las mentiras que pareciera que el mundo se va a acabar. Este enojo por parte de los adultos logra dos cosas: 1. hacen que el niño crea que es una persona horrible, y 2. incrementa la probabilidad de más mentiras en el futuro. Eso ocurre porque los niños que temen que te enojes tienen una fuerte tendencia a tomar la salida fácil cuando los confrontas. ¡Eso significa mentir! Quieren escaparse del foco de atención—inmediatamente.

¿Qué debes hacer sobre las mentiras?

Imagina que la escuela llama un martes a la 13:00 horas, para decirte que tu hijo de 10 años, Tom, se peleó con un niño llamado Davey Smith en el recreo. A las 15:45 Tom llega a la casa. La mamá empieza la conversación así:

"¿Cómo estuvo tu día?"

"Bien. Me hiciste mi sándwich favorito de *lunch*."

"Hablando del recreo, ¿cómo estuvo?"

"Bien. Jugamos beisbol."

"¿Pasó algo fuera de lo común?"

"No."

"Okey, escucha jovencito. Me estás mintiendo. Recibí una llamada de la escuela hoy, y el señor Pasquini me dijo que te peleaste con…" y así continúa.

En esta conversación la mamá está "acorralando" al niño. Claro que la mamá quiere obtener algo de información de Tom, pero primero quiere probar si le dice la verdad. Ésta no es la mejor forma de lidiar con la situación.

Cuando sabes que ha ocurrido un problema, no acorrales al niño ni lo hagas decirte algo que no es verdad. Imagina que esa noche después de la cena le preguntas a tu hijo si tiene tarea. Él lo niega las seis veces que le preguntas y, finalmente, después de la séptima pregunta, se quiebra y admite que tiene tarea de matemáticas. Para estas alturas tú estás furioso, pero al mismo tiempo te sientes victorioso porque le sacaste la verdad.

¿Pero qué fue realmente lo que sucedió? ¡Le diste a tu hijo seis oportunidades para mentir! Probablemente piensas: "Tarde o temprano se dará cuenta de que no me puede engañar y se rendirá." Algunas veces los niños se darán por vencidos, pero la mayoría continuará tratando de tomar la salida fácil. Simplemente serán mejores mentirosos, y tú los ayudarás con las sesiones de práctica.

Aquí está un acercamiento más constructivo. Imagina que tu hijo se portó mal. Si no sabes la verdad sobre lo que ocurrió, pregúntale una vez. Si te cuenta la historia y descubres después que te mintió, castígalo por lo que sea que realmente hizo y por la mentira.

Trata de no sorprender al niño preguntándole de la nada sobre la situación, ya que algunos niños responden por impulso. Mienten, pero su verdadera intención es terminar la conversación, deshacerse de ti y alejarse del problema.

¿Qué hacer cuando algo malo sucede y tú ya sabes todos los detalles? Puedes decir algo así: "Quiero que me platiques sobre lo que sucedió hoy en recreo, pero no ahora. Piénsalo un momento y hablamos en 15 minutos; recuerda que ya hablé con el señor Pasquini." No lo alecciones ni te enojes.

Muchos padres utilizan esta opción cuando 1. ya saben lo que sucedió, y 2. es muy probable que el niño mienta sin importar cómo le preguntes. En este caso dile a tu hijo lo que sabes y en calma decidan el castigo. Ni siquiera le das la oportunidad de mentir. En estas circunstancias algunos niños explotarán y te acusarán de no confiar en ellos. Lidia con la situación, ignorando su comportamiento o usando el conteo, y termina la conversación con un: "Estoy seguro de que lo harás mejor la próxima vez."

Cuando tienes un hijo que constantemente miente para evitar tareas desagradables, como los quehaceres o la tarea, trata de arreglar el problema—tanto como puedas—para que tu hijo no sienta que es necesario mentir.

Si tu hijo constantemente miente sobre no tener tarea, puedes establecer una comunicación directa con la maestra por medio de una hoja diaria de tareas. Luego utiliza las tácticas del Capítulo 16, tales como el método PNP o el Chequeo a detalle para asegurarte que está haciendo la tarea. Para los quehaceres, resuelve el problema con el uso adecuado de las otras estrategias de comportamiento de Inicio (ver Capítulo 12).

Mentir no es algo bueno y no debes alentar ese tipo de comportamiento en un niño, pero tampoco es el fin del mundo. La mayoría de las personas, tanto niños como adultos, probablemente digan algunas mentiras de vez en cuando. Que tu hijo no diga la verdad no significa que no te quiera o que están destinados a ser delincuentes. Sin embargo, mentir se puede convertir en un problema grave por lo que necesita lidiar con esto de manera cuidadosa y pensada. A través de los años, las sobrerreacciones emocionales frecuentes de tu parte—en conjunto con el acorralamiento y la insistencia—pueden hacer de tu hijo un mentiroso nato.

Ahora veamos la **Historia de la vida real 2**. En *La increíble historia de los viajeros mal portados*, verás cómo una mamá utiliza el conteo de manera efectiva para lidiar con las riñas de sus hijos mientras van en el coche.

RIVALIDAD ENTRE HERMANOS

La paternidad es un trabajo difícil y complicado. Admítelo—es mucho más complicado de lo que pensabas. Los niños llegaron para quedarse, punto final. No hay escapadas ni salidas sin una niñera.

Antes de que tuviéramos niños, mi esposo y yo imaginábamos los momentos cálidos, placenteros y cariñosos que tendríamos como familia—y tuvimos la oportunidad de disfrutar de un montón de esos momentos. Pero después de varios años de experiencia como padres, rápido aprendimos que también teníamos que lidiar con los berrinches, las burlas, las quejas, el desorden y la terquedad.

Y descubrimos que controlar a dos niños es mucho más difícil que controlar a uno. La rivalidad entre hermanos es crónica y es una de las cosas más difíciles con la que los padres tienen que lidiar. Controlar y minimizar la pelea entre niños es parte del trabajo de crianza 1.

Mira nuestra historia...

Un día, de camino a casa en el coche, mis hijos estaban entretenidos buscándole formas a las nubes. Éste es uno de sus juegos favoritos, y me encanta escuchar sus ideas tan creativas. En este día en particular, mi hija de 6 años de repente dijo...

La increíble historia de

los viajeros mal portados

Adivinaste. ¡Era una patrulla!

Se acercó a mi ventana.

¿Está todo bien, señora?

Le expliqué que mis hijos se estaban peleando, así que me orillé para tomar un tiempo fuera.

¡Es una buena idea y muy segura! Tenga un bonito día.

Sonrió, miró a los niños y los saludó. ¡Parecía que estaban en shock!

Hubo silencio el resto del camino a casa. No han vuelto a pelear en el coche—¡todavía!

RESUMEN DEL CAPÍTULO

La rivalidad entre hermanos, los berrinches, los pucheros y las mentiras presentan problemas de comportamiento únicos para los padres. Es por eso que los ponemos en un capítulo aparte. Cuando surgen estos problemas, ponte tu gorra de pensar y respira profundo. ¡Entonces estarás listo para cualquier situación!

9
COMENZAR EL CONTEO

Cómo hablarles a tus hijos sobre el programa 1-2-3 por arte de magia y las nuevas reglas de la casa

UNA PREGUNTA QUE FRECUENTEMENTE me hacen en los seminarios es: "¿Le explicas a los niños lo que vas a hacer?" La respuesta es sí. Empezar el programa es muy fácil, la conversación de inicio sólo toma 5 minutos y el ensayo previo algunos más. Pero no pongas mucho peso en el impacto que tendrá esta primera conversación. Tu ilusión no hará el trabajo. Muchos niños no lo entienden hasta después de un tiempo de ser contados y después de ser llevados a sus cuartos unas cuantas veces, o hasta después de ver cómo les cuentan a sus hermanos.

Si ambos padres viven en casa, o incluso si mamá y papá viven en casas diferentes, es preferible que los dos se sienten con el niño para la explicación inicial. Si tienes un ex y no te llevas bien, hagan la plática de inicio por separado o la tensión entre ustedes interferirá con la explicación.

La preparación

Ésta es una forma de empezar: "Miren, saben que hay veces que hacen cosas que no nos importan como discutir, quejarse y molestar.

De ahora en adelante vamos a hacer algo diferente. Cada vez que los veamos haciendo algo indebido, diremos: 'Va 1.' Eso es una advertencia, y significa que deben dejar de hacerlo. Si no paran, diremos: 'Van 2.' Esa será su segunda advertencia. Si aun así no paran, diremos: 'Van 3. Toma 5 (o los minutos equivalentes a su edad).' Eso significa que deben ir a su cuarto por un tiempo fuera. Es como un periodo de descanso. Cuando salgan, no hablaremos de lo que sucedió a menos que sea absolutamente necesario. Simplemente lo olvidamos y empezamos de cero."

"Por cierto, habrá cosas de este nuevo sistema que les gustará y cosas que no. Esto es lo que no les va a gustar: si lo que hicieron es muy malo, como maldecir o golpear, diremos, 'Van 3. Toma 10 o 15.' Eso significa que no habrá advertencias. Simplemente irán directo a su cuarto, y por mayor tiempo."

"Lo que sí les gustará es que la mayoría de las veces no hablaremos de lo que sucedió después del tiempo fuera. Bueno, ése es el nuevo trato. Es muy sencillo. ¿Tienen alguna pregunta?"

Es normal que los niños se queden mirándote como si te acabaras de volver loco. Algunos niños intercambiarán miradas y gestos como diciendo: "Parece que mamá fue otra vez a la librería y consiguió otro de esos libros sobre cómo educarnos. La última vez lo implementó como por cuatro días y papá nunca hizo nada diferente. Creo que si nos mantenemos unidos y resistimos estaremos mandando de nuevo como en una semana, ¿cierto?"

Están equivocados. No esperes que tus hijos estén agradecidos, parezcan iluminados o te den las gracias por tus esfuerzos por educarlos responsablemente. Ponte en marcha y apégate a tus fortalezas—ante la duda—¡cuenta!

El ensayo

Ahora te puedes divertir. Como algunos niños de 2, 3 y 4 años no entenderán la mayoría de lo que acabas de decir, es buena idea que ensayen o representen el conteo para ellos. También es importante ensayar con los niños más grandes. Repasar el procedimiento les ayuda a entender lo que sucederá y a saber que hablas en serio.

Lo siguiente que debes decir es: "Niños, practiquemos el conteo. ¿Quién quiere empezar? Bien, Kieran, pretende que te quejas por un dulce. ¿Puedes hacer un buen quejido?" (El niño se queja). "Guau, ¡eso estuvo bien! Ahora diré: 'Va 1.' Ahora quéjate de nuevo…" y así.

Haz todo el ensayo para que realmente entiendan el procedimiento: las advertencias, llegar a 3, ir a su habitación o silla, cumplir el tiempo fuera (abrevia la duración) y cuándo termina el periodo de reposo. Asegúrate de elogiar su participación de acuerdo con su edad.

Otros posibles papeles: los niños pequeños le pueden contar a un peluche. Mamá y papá se pueden contar entre ellos (mientras uno pretende ser un niño mal portado). Los niños te pueden contar a ti y tu vas al tiempo fuera (quéjate mientras vas a tu cuarto). El mensaje es: está bien que no te guste que te cuenten y que te envíen a tu habitación al tiempo fuera.

Probablemente pienses que estás listo para empezar con el programa. Pero recuerda—cerca de la mitad de los niños luchará contra el sistema de conteo y seguirá portándose mal a pesar de que le cuentes. En el siguiente capítulo discutiremos los "seis tipos de pruebas y manipulación" que tu hijo puede usar para sabotear el programa, y cómo puedes prepararte para lidiar con esos comportamientos para mantener a tu familia por buen camino.

RESUMEN DEL CAPÍTULO

Ya estás casi listo para comenzar tu primera gran etapa de crianza:

¡Controlar el comportamiento desagradable!

10

RECONOCER LOS SEIS TIPOS DE PRUEBAS Y MANIPULACIÓN

Cómo prepararse para los niños que se resisten al programa 1-2-3 por arte de magia

CUANDO ESTÁS EN EL modo cálido-amigable de la paternidad, por lo general no frustrarás a tu hijo; por el contrario, cuando operas desde el modo exigente-firme es muy probable que lo hagas. Como padre, tienes que frustrar regularmente a tus hijos de tres maneras, principalmente: 1. pedirles que hagan cosas que no quieren hacer (tarea, irse a dormir), 2. pedirles que dejen de hacer cosas que sí quieren hacer (molestar, quejarse), y 3. negarles algo que quieren (galletas, juguetes).

Cuando frustras a tus hijos, los niños tienen dos opciones. Primero, pueden cooperar con lo que pides y tolerar su propia frustración. La mayoría de los niños aprenden rápido que la frustración no es el fin del mundo, y conforme maduran comienzan a entender la idea de que lidiar con las dificultades en realidad puede ser el camino a futuras recompensas. Esa habilidad de retrasar la gratificación por algo mejor a futuro es una de las bases de la inteligencia emocional.

Por otro lado, los niños frustrados pueden involucrarse en lo que llamamos pruebas y manipulación. Estos son los esfuerzos del niño más débil para obtener lo que quiere y evitar la disciplina al hacer que su padre se confunda emocionalmente y por consecuencia se desvíe del objetivo principal.

Tres cosas que hay que recordar sobre las pruebas y la manipulación

1. **Las pruebas ocurren cuando el niño está frustrado.** No le das las papas que quiere; le cuentas; le pides hacer su tarea o irse a dormir. No le gusta eso y tiene la esperanza de conseguir lo que quiere a pesar del obstáculo (tú).
2. **Por lo tanto, las pruebas son un comportamiento intencional.** La principal intención de la prueba del niño es salirse con la suya en lugar de dejar que impongas tu voluntad sobre él. Si de todas formas el niño no se sale con la suya, las pruebas y la manipulación pueden tener una segunda intención: venganza.
3. **Cuando te involucras en pruebas y manipulación, el niño tiene una selección de seis tácticas básicas.** Las seis pueden servir al propósito principal de salirse con la suya, y cinco de las seis tácticas pueden servir al propósito secundario de venganza. A menudo, un comportamiento de prueba del niño representará una combinación de una o más de las seis tácticas básicas.

> ### Concepto Clave
> La intención principal del comportamiento de prueba del niño es obtener lo que quiere. Al ser menos poderoso que tú, debe utilizar la manipulación emocional. Si aun así el niño no obtiene lo que quiere, la segunda intención del comportamiento de prueba será la venganza. El niño te hará pagar por no dejarlo salirse con la suya.

Todos los padres reconocerán las tácticas de manipulación que describiremos—es probable que hayas lidiado muchas veces con cada una de ellas con tus hijos. Los adultos suelen ser conscientes—si piensan en ello—de cuáles maniobras son utilizadas por cuáles niños. Los papás y las mamás podrán reconocer algunas de sus estrategias favoritas, dado que los adultos utilizamos los mismos métodos manipulativos para obtener lo que queremos.

Por cierto, el uso de las pruebas y la manipulación no significa que el niño tenga problemas emocionales o necesite atención psicológica. Los intentos de salirse con la suya, así como los intentos por castigar a los adultos que no lo dejan hacerlo, son tácticas psicológicas perfectamente normales. El uso de pruebas tampoco requiere un CI alto. De hecho, los adultos se sorprenden por lo natural y lo hábil de los niños para producir y modificar estrategias complejas de prueba. Por lo mismo, es muy importante que los adultos entiendan las tácticas de los niños y sepan cómo lidiar con ellas.

Las seis tácticas básicas de prueba

Aquí están las seis estrategias fundamentales que los niños usan para tratar de influir en los adultos que los están frustrando.

1. Fastidiar: "¿Por qué? ¿Por qué? ¿Por qué? ¿Por qué?"

Fastidiar es la rutina: "¡Por favor, por favor, por favor!" "¿Por qué, por qué, por qué?" "Sólo ésta, sólo ésta, sólo ésta." "¡Mamá!, ¡mamá!, ¡mamá!, ¡mamá!" Algunos niños podrían estar así todo el día. El niño te persigue tratando de atosigarte con la repetición, el mensaje subliminal es: "Sólo dame lo que quiero y me callaré."

Fastidiar puede ser realmente agotador cuando lo hacen en público y a todo pulmón. Algunos padres intentan responder a todo lo que su hijo frustrado dice. Mamá o papá pueden tratar de explicar, tranquilizar o distraer al niño. Conforme el fastidio continúa, los padres se desesperan más y más, llegando al punto de una búsqueda verbal inútil—encontrar las palabras adecuadas o razones para que el niño se calle. Sin embargo, muchos niños son extremadamente tercos una vez que comienzan su fastidio. No pararán hasta que consigan lo que quieren o su padre utilice una solución más efectiva para frenar el comportamiento.

Fastidiar es a lo que nos referimos como una gran táctica mixta, porque se mezcla fácilmente con otras estrategias de manipulación. El elemento básico en el fastidio es la repetición. Cuando cualquier otra táctica verbal de prueba es repetida una y otra vez, la estrategia de manipulación que resulta es una repetición de las otras tácticas en conjunto con el poder de la repetición o el fastidio.

2. Mal genio (intimidación): "¡TE ODIO!"

Las muestras de mal genio o lo que llamamos intimidación implican el comportamiento agresivo. Los niños pequeños cuyas habilidades del lenguaje no están tan desarrolladas pueden tirarse al piso, golpear la cabeza, gritar a todo pulmón y patear ferozmente. Niños más grandes te pueden acusar de injusto, ilógico o mal padre. Cuando los niños grandes se frustran, también pueden maldecir o quejarse airadamente.

Los ataques de temperamento de algunos niños pueden durar mucho tiempo. Muchos niños con TDAH o bipolares, por ejemplo, pueden enojarse y despotricar por más de una hora. En el proceso pueden dañar cosas o deshacer sus cuartos. Los berrinches se alargarán todavía más si 1. el niño tiene una audiencia, 2. el adulto continúa hablando, discutiendo o alegando con el niño, y 3. los adultos no saben cómo manejar la situación.

Los ataques de ira de los niños de 2 años pueden ser irritantes, pero también pueden ser divertidos. Mi esposa tomó una foto de nuestro hijo haciendo un berrinche a la mitad de las cenizas de la fogata en casa de mis padres. (El fuego ya estaba apagado, por supuesto.) Todavía nos reímos de esa escena.

Conforme los niños crecen y tienen más poder, los berrinches se vuelven más preocupantes y aterradores. Es por eso que queremos que estén controlados o que ya no existan para cuando nuestro hijo tenga 5 o 6 años.

3. Amenaza: "¡Voy a huir de la casa!"

Los niños frustrados por lo regular amenazan a sus padres con terribles predicciones si los adultos no les dan lo que quieren. Aquí hay algunos ejemplos:

"¡Voy a huir de la casa!"

"¡Nunca te volveré a hablar!"

"¡Me voy a matar!"

"¡No voy a comer ni haré la tarea!"

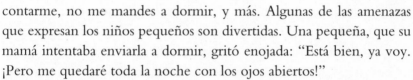

El mensaje es claro: algo malo pasará a menos que me des lo que quiero en este momento. Dame la dona antes de la cena, deja de contarme, no me mandes a dormir, y más. Algunas de las amenazas que expresan los niños pequeños son divertidas. Una pequeña, que su mamá intentaba enviarla a dormir, gritó enojada: "Está bien, ya voy. ¡Pero me quedaré toda la noche con los ojos abiertos!"

Otro niño de 6 años, que obtuvo un tiempo fuera por mojar al perro con la manguera, amenazó con huir e incluso empacó una pequeña maleta y salió de la casa. Sin embargo, a los 5 minutos regresó y le gritó a su papá: "¡No pude huir porque no me dejan cruzar la calle solo!"

Otras amenazas no son tan divertidas. Algunos niños frustrados amenazan con matarse y esto es algo que ningún padre se toma a la ligera. Los padres se preguntan si estas amenazas son sólo manipulativas o si su hijo realmente tiene deseos de morir. Dos preguntas pueden ayudar a los padres a lidiar con este dilema. Primero, ¿por lo general está contento? ¿Disfruta de la vida, tiene amigos, le va bien en la escuela y encaja en su familia? Si la respuesta a estas preguntas es afirmativa, es menos probable que el niño quiera acabar con su vida. Segundo, ¿la amenaza de suicidio salió de la nada o fue una respuesta a una frustración reciente? Si "Me voy a suicidar" sale de la nada, la amenaza es más preocupante y requiere de especial cuidado.

4. Martirio: "¡Nunca me dan nada!"

Las tácticas de prueba relacionadas con el martirio son las favoritas de los niños. Al usar el martirio, el niño puede indicar que su vida es injusta e increíblemente pesada. Por ejemplo: "¡Nadie me ama en esta casa!" "¡Nunca me dan nada!" "¡Te agrada más ella que yo!"

El niño puede realizar algo que implique un autocastigo, como no cenar, sentarse en el clóset por una hora o mirar por la ventana sin hablar. Llorar, hacer pucheros y verse triste o con ojos llorosos también pueden ser técnicas de manipulación útiles.

El objetivo del martirio es hacer que el padre se sienta culpable, y puede ser sorprendentemente efectivo. Esta técnica es muy difícil de manejar para los adultos. Muchos padres parecen tener un botón de culpa del tamaño del mundo, lo único que tienen que hacer los niños es oprimir ese botón y terminan mandando en la casa.

Los niños aprenden a temprana edad que los padres están muy preocupados por el bienestar de sus hijos, saben que sus padres quieren que estén seguros, felices y sanos. Desafortunadamente, los niños también aprecian naturalmente la consecuencia lógica de este compromiso de los adultos. Hacer como si estuvieran lastimados o desprovistos puede ser una forma poderosa de influir en el comportamiento de los adultos.

Los niños de 2 años, por ejemplo, algunas veces aguantan la respiración hasta ponerse azules cuando no obtienen lo que quieren. Muchos padres ni siquiera saben cómo se le ocurrió esa idea a su hijo.

5. Halago: "¡Eres el mejor papá del mundo!"

La quinta táctica, el halago, tiene un acercamiento distinto a las cuatro anteriores. En lugar de hacerte sentir incómodo, el niño intenta hacerte sentir bien. Puedes correr el riesgo de perder esta buena sensación si posteriormente frustras al niño.

"¡Mami, tienes los ojos más lindos del mundo!" Es un ejemplo bastante descarado. O: "Creo que iré a recoger mi cuarto, ha estado bastante tirado las últimas tres semanas. Y después probablemente siga con la bodega."

Con el halago, el mensaje básico que el niño quiere darle al padre es: "Te sentirás muy mal si me tratas mal, me castigas o me niegas algo después de lo lindo que he sido contigo." El halago pretende ser un montaje avanzado para la culpa de los padres. El niño está implicando: "Te sientes tan bien conmigo que no tienes el corazón para hacerme sentir mal."

Los niños pueden usar las promesas como táctica de halago manipulativo, por ejemplo, una niña que quería un *snack* antes de cenar le dijo a su mamá: "Por favor, mamá, por favor. Me comeré mi cena y prometo no pedir postre." Algunas promesas que los niños hacen son imposibles. Un pequeño le dijo a su papá, mientras presionaba el proceso para que le comprara una nueva computadora: "Nunca te volveré a pedir nada."

Las disculpas pueden ser sinceras, pero también pueden ser ejemplo de pruebas de halago. Por ejemplo, cuando un niño que acaba de pegarle a su hermano te dice: "Lo siento, lo siento. Dije que lo sentía," para que no lo castigues.

El halago como método de manipulación es por supuesto la táctica menos desagradable. Algunas personas opinan que no debe ser catalogada como prueba. Es cierto que es difícil distinguir el halago del afecto genuino. Si un niño dice: "Te amo" y no pide nada inmediatamente después, es posiblemente afecto genuino. Y un niño que pregunta si puede invitar a un amigo si limpia su cuarto puede que esté proponiendo un trato directo y legítimo. Pero si alguna vez escuchas a un padre decir: "Mi hijo sólo es amable conmigo cuando quiere algo," esa persona probablemente se refiera a la táctica de halago.

6. Tácticas físicas: ¡Pum! ¡Bam! ¡Zaz!

Desde la perspectiva de los padres, esta forma de prueba es la peor de todas. El niño frustrado puede atacar físicamente al adulto, romper algo o huir. Los métodos físicos para salirse con la suya son más comunes en niños pequeños que no tienen bien desarrolladas sus habilidades de lenguaje. Cuando el uso de esta táctica continúa después de los 4 o 5 años, hay que preocuparse. Algunos niños tienen una larga historia de este tipo de comportamiento, y mientras más grande es el niño, más miedo da esta táctica.

Por ejemplo, algunos padres que utilizan el tiempo fuera nos dicen que es posible que el niño ataque físicamente al papá mientras lo acompaña a su habitación. Algunos niños se vuelven muy salvajes— patean, muerden, rasguñan, pellizcan o golpean mientras gritan a todo pulmón.

Otros niños frustrados, orientados a lo físico, pueden romper o estrellar cosas—en ocasiones incluso sus propias cosas. Un niño de 10 años, por ejemplo, fue enviado a su cuarto por pelear con su hermano. La puerta de su habitación estaba cerrada cuando llegó, así que le dio una fuerte patada karateka, agrietando la puerta por la mitad. Otro niño lanzó una taza en el pasillo de la entrada y un pedazo de la taza se estrelló contra la puerta de cristal y la rompió.

La táctica física de huir no es muy común en niños pequeños. Las amenazas de huir de la casa se presentan en niños menores de 7 años. Un niño de 7 años utilizó una versión diferente de esta idea con su mamá, la cual le negó salir a jugar. El niño se escondió en la cochera por 2 horas, sin responder a los llamados. La táctica fue efectiva, por lo menos en castigar a su mamá, quien estaba terriblemente preocupada.

¿Qué sucede aquí?

La mayoría de los niños, por supuesto, no son capaces de describir los mecanismos implicados en el comportamiento de prueba. Pero te podemos decir exactamente qué es lo que sucede, así es cómo funciona: las primeras cuatro tácticas—fastidiar, intimidación, amenaza y martirio—comparten una dinámica común. Sin saber bien qué es lo que hace, el niño está diciéndole al padre: "Mira, me estás incomodando al no darme lo que quiero. Me haces salir de la cama, me cuentas por molestar a mi hermana, no me compras regalos. Pero ahora yo también te estoy haciendo sentir incómodo con mi frustración, mis berrinches, mis comentarios groseros o haciéndome la víctima. Ahora que los dos estamos incomodos. Te propongo un trato: tú me das lo que quiero y yo me comporto."

Si le das al niño todo lo que quiere, está garantizado que cualquier táctica de prueba terminará en ese momento. En un segundo no más drama. Algunos piensan: "¡Qué bueno que hay una forma de deshacerme del comportamiento de prueba y manipulación!" Claro que hay pero, ¿cuál es el truco? El truco es: ¿quién está al mando en tu casa? Ten por seguro que no eres tú, es el niño. Lo único que tienen que hacer durante un conflicto es sacar sus estrategias de manipulación y serás pan comido.

> **Tip Útil**
>
> Un niño que te pone a prueba te está ofreciendo un trato: dame lo que quiero y mi frustración, mi intimidación y mi martirio desaparecerán—¡de inmediato! ¿Te suena a un trato que puedes rechazar? ¡Piensa de nuevo!

¿Quién aprieta tus botones?

Piensa en cada uno de tus hijos, uno a uno, y pregúntate: "¿Este niño tiene una táctica de prueba favorita? ¿Una que usa muy frecuentemente o todo el tiempo? Si respondiste que sí, son malas noticias. ¿Por qué? Porque eso significa que la táctica de prueba le funciona a tu hijo. La gente no repite comportamientos que no les funcionan.

Recordemos los dos propósitos de la prueba y la manipulación. Primero, una estrategia de prueba funciona cuando el niño obtiene lo que quiere al utilizarla. ¿Cómo sabes si el niño se está saliendo con la suya al utilizar las tácticas de prueba? Es obvio—se lo diste. Le diste la dona antes de la cena, prendiste la tele aunque seguía haciendo la tarea, dejaste de contar cuando molestó al perro o lo dejaste quedarse despierto.

> **Advertencia**
>
> ¿Tú hijo tiene una táctica de prueba favorita? Si respondiste que sí, significa que la estrategia está funcionando, ya sea porque:
> 1. El niño se sale con la suya
> 2. Le permite vengarse del adulto que está poniendo a prueba.

La idea de que la táctica de prueba "funciona" también puede refer-irse a un segundo propósito: la venganza. Los niños repetirán tácticas que les brinden una forma efectiva de vengarse contra los adultos que están ocasionando la frustración. ¿Cómo sabe el niño que está funcio-nando su venganza? La respuesta nos lleva otra vez a las reglas "No hablar" y "Sin emoción." Si tu hijo te puede hacer enojar o discutir, sabe que tiene una influencia sobre ti.

Los niños saben que su venganza es efectiva cuando sus padres dicen cosas así: "¿Cuántas veces te lo tengo que decir?" "¿Por qué no puedes recibir un *no* como respuesta?" "¿Estás tratando de volverme loco?" La parte enojada de tu hijo frustrado encontrará satisfactorios comentarios como éstos y la próxima vez que esté molesto contigo, sabrá exactamente cómo presionar el botón de venganza.

Imagina que estás tratando de que tu hijo haga su tarea y hace un berrinche (Táctica 2) porque quiere ver la tele. Si no sigues las regalas "No hablar" y "Sin emoción," tu reacción se vuelve con-traproducente. ¡Te enojas más de lo que estaba tu hijo! Marcador final: Hijo 1, Padre 0. Él obtuvo satisfacción al hacer enojar al adulto "poderoso."

Otros niños se vengan al hacer que sus padres se sientan culpa-bles. Imagina que tu hija—cuando le pides que se vaya a dormir—recurre al martirio (Táctica 4): "Es obvio que nadie en la casa me ama. Debería pedir aventón al siguiente estado y encontrar a una familia más compatible con mis necesidades básicas." Aquí agrega una dosis de amenaza (Táctica 3). Te sientes asustado y con culpa. Estás seguro de que los niños que no son amados de grandes se convierten en asesinos o degenerados. Tu reacción es sentar a tu hija en tu regazo y decirle durante media hora lo mucho que la quieres, así como su papá y el perro.

Te ha ganado la Táctica 4, el martirio. Estás incómodo, y tu hijo te está haciendo pagar por tus pecados de crianza. Siempre recuerda esto: al menos que seas un padre grotescamente negligente o abusivo, tus hijos saben que los amas. Por todos los medios diles que los amas, pero nunca cuando estén utilizando esta táctica contigo.

Cómo lidiar con la prueba y la manipulación

Digamos que estás contagiándote del espíritu de *1-2-3 por arte de magia* y te estás fortaleciendo. Tu hijo de diez años quiere ir a casa de un amigo entre semana a las 21:00 horas. No lo dejas ir y le dices que es muy tarde. La siguiente escena ocurre:

"¿Por qué no? ¡Vamos, sólo esta vez!" (Fastidiar)

"No tienes permiso."

"Nunca obtengo nada." (Martirio, fastidiar)

"No creo que seas desafortunado."

"Limpiaré la bodega mañana." (Halago, fastidiar)

"La bodega está bien como está, la acabo de limpiar."

"Esto apesta—¡TE ODIO!" (Intimidación, fastidiar)

"Lo siento."

El niño avienta un libro al piso. (Táctica física)

"Cuidado con lo que haces."

"¡Por favor, por favor! No es tan tarde." (Fastidiar)

"Dije que no. Hoy no."

"Si no me dejas, ¡me voy a escapar de la casa!" (Amenaza, fastidiar)

Esta interacción puede ser molesta, pero en cierta forma es buena. ¿Por qué? Porque algo constructivo sucede. El niño está probando diferentes tácticas para encontrar tu punto débil, pero no lo encuentra. Además te estás apegando a tus fortalezas mientras mantienes la calma a pesar de lo irritante de la situación.

Sin embargo, hay una cosa mal con este ejemplo y tiene que ver con la forma en que manejaste la prueba y la manipulación. No debes dejar que el niño cambie de táctica tantas veces (y tampoco debes hablar tanto). ¿Qué debes hacer? Si miras la lista de las seis tácticas, verás que cinco de ellas (excepto el halago) son comportamientos de Alto. Como sabes, este tipo de comportamiento debe ser contado. Si el niño se pone insistente debes usar el conteo.

Así es cómo se debe manejar la escena anterior utilizando el conteo. Recuerda que el niño ya tuvo una explicación:

"¿Por qué no? ¡Vamos, sólo esta vez!" (Fastidiar)

"Va 1."

"Nunca obtengo nada." (Martirio, fastidiar)

"Van 2."

"Limpiaré la bodega mañana." (Halago, fastidiar)

"Van 3. Toma 10."

La tercera cuenta es más por el fastidio que por el halago, pero es obvio que el niño no cederá hasta que el papá se ponga firme. Ese objetivo se logra con el conteo y el tiempo fuera.

Recuerda: con excepción del halago y el puchero pasivo, la prueba y la manipulación deben ser contadas, sobre todo al principio, cuando apenas estás iniciando con el programa. Una vez que los niños están acostumbrados al sistema de disciplina, las formas menos agresivas y molestas de la prueba pueden—a tu discernimiento—ocasionalmente ser ignoradas. La efectividad de no responder (verbal o no verbalmente) a la prueba de un niño puede ser evaluado dependiendo qué tan rápido el niño se dé por vencido. Algunos niños aprenden rápido que no obtener respuesta de tu parte (ignorar) significa que no van a salirse con la suya ni podrán vengarse.

¿Cuál es la táctica de prueba más común?

Fastidiar, berrinches, amenazas, martirio, halagos y tácticas físicas son métodos que los niños utilizan para salirse con la suya con los adultos. Y todas estas tácticas, excepto el halago, también pueden ser usadas por el niño como castigo hacia los adultos que se niegan a darle lo que quiere.

Encuestamos a varios padres y maestros, y les preguntamos qué tácticas consideran que son las que los niños utilizan más. Curiosamente, ambos grupos mencionaron las mismas tres: fastidiar, intimidación y—la favorita—martirio.

También te interesará saber que la maniobra manipuladora más molesta utilizada por los niños es una táctica que combina dos de las tres favoritas. Esta táctica, que vuelve locos a muchos padres, es una combinación de martirio (4) y fastidiar (1). La palabra que la describe comienza con la letra Q. Adivinaste: ¡quejarse!

¿Qué esperar al principio?

Como ya mencionamos, una vez que empieces el conteo, los niños entrarán dentro de dos categorías: los que cooperan de inmediato y los que te ponen a prueba. Si tienes la suerte de tener cooperadores inmediatos, ¡disfrútalos! Te sentirás más cariñoso con tu hijo porque te está escuchando. Querrás divertirte con ellos, hablar con ellos y escucharlos. Disfrutarás el proceso de construir una buena relación. Esta buena relación hará que el conteo sea 1. menos necesario, y 2. mucho más fácil cuando es necesario.

Los niños que te ponen a prueba se vuelven más complicados al principio. Cuando les haces saber que mandarás en la casa y les quitarás el poder de sus tácticas de prueba favoritas, estos niños empeoran de dos formas. Algunos subirán la apuesta con una táctica de prueba. El volumen y la duración de los berrinches, por ejemplo, puede ser el doble. El fastidio se puede volver más intenso o agresivo y el martirio más quejoso y patético.

El otro cambio desagradable que verás al inicio en los niños no cooperadores es el cambio de tácticas. Los niños utilizarán estrategias de manipulación que nunca antes has visto, o regresarán a otras que no han usado en años. Los cambios más comunes involucran ir del fastidio y el martirio (y queja) a la intimidación. Algunos niños explotan cuando sus intentos por vencerte con la repetición o la culpa fallan. Aunque el cambio de tácticas es molesto, recuerda que el hecho de que cambien de estrategia significa que estás haciendo algo bien. ¡Sigue así!

¿Qué hacer cuando te enfrentas al cambio o incremento de tácticas? Muchas cosas son importantes: 1. no te desanimes; es una etapa normal por la que algunos niños pasan mientras se ajustan al método; 2. cuenta cuando sea necesario, y 3. no hables, excepto cuando sea importante una explicación o requieras contar. Eventualmente, el cambio o incremento de tácticas desaparecerá y tu hijo aceptará tu disciplina sin luchar cada vez que lo frustres. Entonces habrás ganado la batalla. Eres el padre y ellos los hijos, y tu hogar será un lugar más tranquilo.

Una última cosa: después de ser cooperadores inmediatos, algunos niños se vuelven "no cooperadores retrasados." Las pruebas retrasadas ocurren cuando la novedad del nuevo sistema se acaba, cuando los nide que ya no se salen con la suyacaba, cuando los niños se dan cuenta de que ya no se salen con la suya o si tu rutina se ve interrumpida por un viaje, visitas, nuevos bebés u otros factores.

Tip Útil

Ante la duda, ¡cuenta!

Si no estás preparado para esto, los no cooperadores retrasados pueden ser una desilusión. Piensas: "¡Los niños eran tan buenos antes!" Sientes que todo el sistema se está derrumbando, o que era muy bueno para ser verdad. Por fortuna, la solución está cerca. Lee *1-2-3 por arte de magia* de nuevo, ve el DVD, discute las sugerencias con tu pareja, después regresa a los básicos. Practica las reglas de No hablar y Sin emoción, sé amable pero firme, y ante la duda, cuenta.

RESUMEN DEL CAPÍTULO

¿La táctica favorita de los niños?

El patrón 4 + 1

¡Quejarse!

11

HISTORIAS DESDE LAS TRINCHERAS

Historias reales de padres reales

VEAMOS ALGUNOS EJEMPLOS DE 1-2-3 en acción para que te des una idea de cómo y cuándo debe usarse el conteo. Las historias y los comentarios mostrarán algunos de los básicos "qué hacer y qué no hacer" durante el proceso. En algunos de los ejemplos, los padres que no lo hicieron bien a la primera tendrán la oportunidad de corregir sus errores. ¿No sería agradable tener esa oportunidad en la vida real? ¿Adivina qué? La tienes.

Rivalidad entre hermanos 1

Ronda uno

Como la mayoría de los hermanos, John (de 9 años) y Brittany (de 7 años), son los mejores amigos y los peores enemigos. Están jugando con legos en el cuarto de estar. El papá está viendo un partido de americano en la televisión y está sorprendido de que los niños se estén llevando bien, pero la diversión está a punto de terminar.

"Brittany, necesito otra llanta para mi tanque," dice John.

"No, John, la tengo en mi vagón," dice Brittany.

(El papá se acomoda en su silla. Es cuarta y gol.)

"Déjame usar la llanta ahorita. Te la regreso al rato," sugiere el hermano.

"No, mi vagón necesita cuatro llantas," contesta la hermana.

"¡Tu vagón se ve estúpido!"

"¡Papá, John me va a quitar una de mis llantas y yo la tenía primero!"

(El equipo del papá intentó anotar un gol de campo pero fue bloqueado. No está contento.)

"¡Compórtense los dos!"

"Ella no necesita acaparar todas las llantas. No hay suficientes para lo que quiero hacer y son mis legos."

"¡Pero yo armé esto primero!"

"De acuerdo niños, va 1 para ambos."

"Es una idiota." *(John destroza su creación y se va.)*

¿Cómo lo hizo?

Un trabajo de disciplina bastante bueno por parte del papá. Quizá debió empezar a contar un poco antes, en lugar de decir "¡Compórtense los dos!" ¿Debió contarle a John por destrozar su tanque o por hablarle mal a su hermana? Algunos padres contarían estos comportamientos, pero otros no porque el tanque era de John (y puede reconstruirse). John también eligió bien al alejarse de la situación.

Ronda dos

Segunda oportunidad. Démosle a papá otra oportunidad para mejorar su técnica.

"Brittany, necesito otra llanta para mi tanque," dice John.

"No, John, la tengo en mi vagón," dice Brittany.

(El papá se acomoda en su silla. Es cuarta y gol.)

"Déjame usar la llanta ahorita. Te la regreso al rato," sugiere el hermano.

"No, mi vagón necesita cuatro llantas," contesta la hermana.

"¡Tu vagón se ve estúpido!"

"Niños, va 1 para ambos."

(El equipo del papá intentó anotar un gol de campo pero fue bloqueado. No está contento.)

"Ella no necesita acaparar todas las llantas. No hay suficientes para lo que quiero hacer y son mis legos."

"¡Pero yo armé esto primero!"

"Niños, van 2."

¿Cómo lo hizo?

El papá lo hizo mucho mejor esta vez, especialmente cuando estaba molesto porque su equipo no anotó. Excelente autocontrol y excelente trabajo al no desquitar su frustración extra con los niños.

Rivalidad entre hermanos 2

Sean, de 9 años, y Tammi, de 11, se están peleando mientras intentan jugar Scrabble en el cuarto de tele. Papá está lavando los platos en la cocina.

"Es mi turno."

"No es cierto. Lo perdiste porque te tardaste mucho."

"Dámelo. ¡Iba a escoger ésa!"

"¡Me rasguñaste!"

"¡Claro que no, idiota! ¡Tú empezaste!"

"Eres tan tonto que no es divertido."

(El papá entra.) "¿Qué sucede aquí?"

"¡Está haciendo trampa!"

"¡Claro que no, tonto! ¡Tú eres demasiado lento!"

"¡Silencio, los dos! Díganme qué pasó."

(Gritos y caos responden a esa pregunta.)

"Okey, va 1 para ambos."

(Los gritos y el caos continúan.)

"Van 2."

(Sean deja el tablero, toma un puño de letras y las arroja al piano.)

"Sean, van 3. Toma un tiempo fuera de 10 minutos."

¿Cómo lo hizo?

El papá se recuperó bastante bien después de un mal comienzo con la pregunta más ridícula del mundo. Debió contar mucho antes.

1-2-3, ¡sepárense!

Joey, de 8 años, y Maddie, de 6, están en el cuarto de tele. Joey está jugando con sus dinosaurios y Maddie está armando un rompecabezas. Janet es una mamá soltera que disfruta de un momento de tranquilidad mientras prepara la cena. Maddie empieza a silbar. Después de unos segundos, Joey le pide que lo deje de hacer. Ella sigue. El alegato continúa.

"Joey, Maddie, va 1," dice mamá.

Ambos niños llevan 1, de acuerdo con el procedimiento normal del conteo de rivalidad entre hermanos. Sin embargo, en esta situación, si los niños llegan a 3, mamá utilizará una forma única de tiempo fuera que es una consecuencia natural de sus acciones. (Ver Capítulo 12.) El alegato continúa hasta 2, así que al llegar a 3 la mamá dice:

"Está bien, niños. Van 3, sepárense."

Esto significa que los niños tienen que ir a lugares diferentes, no pueden estar juntos. Es como el antiguo letrero de cierre en el bar: "No tienes que ir a tu cuarto, pero tampoco te puedes quedar aquí." Ambos niños deben salir del cuarto donde están e ir al lugar de su elección, la única condición es que no pueden elegir el mismo lugar. Incluso pueden llevarse sus juguetes.

¿Cómo lo hizo?

Muy buena creatividad por parte de esta mamá. El hecho de separarlos es más una interrupción que un castigo. La separación también puede usarse en caso de que los niños compartan habitación y envíes a ambos a un tiempo fuera. El tiempo de separación puede ser un minuto por cada año de edad, o más largo—por ejemplo, hasta que se sirva la cena. Si los niños no se quejan, se aplica el tiempo fuera normal.

Problemas en el supermercado

Ronda uno

Rita tiene 4 años y le encanta ir al supermercado con su mamá. La razón por lo cual le gusta tanto es que la tienda tiene carritos para niños y ella puede empujarlo igual que su mamá. Por el contrario, la mamá de Rita no disfruta tanto que su hija la acompañe. La razón es que tarde o temprano, Rita comienza a correr por todos lados con el carrito. La semana pasada, estrelló su carrito contra el de un señor mayor. Aunque el señor fue amable y hasta se rió, la mamá tiene miedo de que Rita pueda lastimar a alguien.

Si la mamá no deja que Rita tome un carrito, la niña hará un berrinche—garantizado—enfrente de toda la tienda. Siente que su hija controla la situación.

Y está en lo correcto. Ésta es la escena que sucede cuando Rita y su mamá entran a la tienda:

"¡Mami! ¿Puedo empujar un carrito?"

"No, cariño. Hoy no. ¡Mira el letrero del osito!"

"¿Por qué no puedo?"

"Te acabo de decir, cariño. No hagas esto más difícil."

"¡Quiero empujar mi propio carrito!"

"¡Para ya! ¡Ya es suficiente! Ven, tenemos muchas cosas que comprar."

"¡Nunca me dejas hacer nada!" Rita empieza a llorar con fuerza.

"¡Ok, ok! ¡Deja de llorar!" La mamá toma un carrito de niños para Rita. Ella lo toma, pero la mamá lo sostiene por un segundo y mira firmemente a su hija.

"Rita, mírame. Tienes que prometerme que no correrás con el carrito. Puedes lastimar a alguien. ¿Me entiendes?"

"Sí."

"¿Y prometes que no correrás con el carrito?"

"Sí."

"Di 'Lo prometo.'"

"Lo prometo."

"Okey, vamos por nuestras cosas. Pondré algunas en tu carrito."

Rita se comporta por seis minutos. Luego comienza a correr con su carrito, riéndose mientras pasa el pasillo de las pastas. Su mamá finge que no se da cuenta, pero con apenas un tercio de la lista completada decide terminar la visita a la tienda. Quizá pueda regresar sola y comprar lo que falta.

¿Cómo lo hizo?

Un ejemplo clásico de un niño intimidando a su padre con la amenaza de la vergüenza pública. La mamá se intimida al grado intentar razonar con el pequeño adulto ("Puedes lastimar a alguien") y provoca promesas inútiles.

Ronda dos

Démosle a la mamá una segunda oportunidad de hacerlo bien. De hecho, tiene dos opciones: 1. contarle a Rita por correr y a la cuenta de 3 quitarle el carrito, y 2. no dejar que Rita tome un carrito.

OPCIÓN 1: CONTARLE A RITA POR CORRER

"¡Mami! ¿Puedo empujar un carrito?"

"Sí, cariño. Pero tienes que caminar con él. Si cuento hasta 3, te quitaré el carrito."

Rita se comporta por seis minutos, luego comienza a correr con su carrito.

"Rita, va 1. Al 3 te quedas sin carrito."

¿Cómo lo hizo?

Este enfoque es mucho mejor. Probablemente haya un berrinche si Rita llega a 3 y le quitan su carrito, así que la mamá debe estar preparada para llevarla al coche por un momento mientras se tranquiliza. Si es necesario regresar al coche, no es aceptable decirle a tu hijo: "Te lo dije."

OPCIÓN 2: NO DEJAR QUE RITA TOME UN CARRITO

"¡Mami! ¿Puedo empujar un carrito?"

"No. La última vez corriste con él."

"¿Por qué no puedo?"

"Va 1."

"¡Quiero empujar mi propio carrito!"

"Van 2."

¿Cómo lo hizo?

¡Buen trabajo!

Molestar al perro

Michael, de 4 años, tiene a su perro acorralado y lo está empujando contra la pared. El perro, por lo general paciente, se ve incómodo. La mamá interviene.

"Michael, por favor no molestes al perro, cariño."

(Michael se ríe y continúa empujando al perro contra la pared.)

"Va 1."

"¡No! Quiero acariciarlo." *(Por primera vez el perro gruñe.)*

"Van 3. Toma 5. El perro está enojado y puede morderte."

"¡QUIERO ACARICIARLO!" *(Michael se tira al piso, soltando al perro, pero gritando y llorando. La mamá carga al niño a su cuarto para el tiempo fuera.)*

¿Cómo lo hizo?

No pudo haberlo hecho mejor. Cuando el perro gruñó, la mamá contó directo hasta 3 por el peligro. No habló mientras acompañaba a su hijo al tiempo fuera.

Problemas a la hora de dormir

Son las 9 p.m. Alex está jugando un videojuego en el sillón de la sala. Su mamá entra al cuarto.

"Alex, es hora de irse a dormir."

(Sumergido en su juego, Alex no contesta.)

"Alex, va 1."

¿Cómo lo hizo?

¿Debe usarse el conteo para la hora de dormir? No. Alistarse para dormir es un comportamiento de Inicio—de hecho una serie de comportamientos de Inicio que requieren de tiempo para completarse. El conteo es para el comportamiento desagradable como quejas, discusiones o berrinches, donde cooperar toma sólo unos segundos. Para la hora de dormir, la mamá necesita una rutina (ver Capítulo 17).

Peticiones constantes

Tom, de 8 años, le pregunta a su mamá si puede usar la sierra eléctrica de su papá en el cuarto de herramientas del sótano.

"No lo creo. Es mejor que esperes a que tu papá llegue a casa."

"Vamos, ma. Sé cómo usarla."

"No, siento que es muy peligroso."

"No hay nada más que hacer." (Fastidiar, martirio)

"Dije que no. Va 1."

"¡Va 1! ¡Van 2! ¡Van 3! ¡Van 12! ¡Van 20! ¡Es estúpido!" (Intimidación)

"Van 2."

"No sabía que podías contar hasta el 2." (Intimidación)

"Van 3. Toma 10 y agrégale 5 por los malos modos."

"Creo que necesito una calculadora para esto."

La mamá se acerca a Tom para acompañarlo a su cuarto, pero él va por su cuenta.

¿Cómo lo hizo?

La mamá lo hizo bien—una explicación y después contó. Además agregó 5 minutos al tiempo fuera por la falta de respeto, y mantuvo la calma a pesar del insulto. Cuando su hijo se negó a ir al tiempo fuera no habló con él como si fuera un pequeño adulto ni discutió.

Interrumpir

Ronda uno

Los papás están teniendo una pequeña conversación privada en el sillón sobre la reciente hospitalización del papá de la mamá. Michelle, de 7 años, brinca en medio de los dos.

"¡Hola!"

"Hola, cariño. Mira, mamá y papá tienen que hablar de algo muy importante por unos minutos, así que ve a jugar."

"Quiero estar con ustedes. Prometo no escuchar."

"No, querida. Vamos, ve a jugar."

"No tengo nada que hacer." (Fastidiar)

"Mira, jovencita. ¡No vamos a repetirlo!"

"¡NO HAY NADA MÁS QUE HACER!" (Intimidación)

"¿Quieres unas nalgadas?"

(Michelle comienza a llorar.) (Martirio)

"Ok, va 1."

(Michelle se va llorando.)

¿Cómo lo hizo?

Un trabajo descuidado por parte de los padres. En su defensa, es una situación muy delicada porque Michelle llega muy amigable y ellos no quieren contarle todavía lo que están platicando. Sólo comienzan el conteo después de varios intentos fallidos por persuadirla y amenazarla con nalgadas. Eventualmente se recuperan y cuentan, pero ya cometieron daños.

Ronda dos

Segunda oportunidad, empecemos de nuevo:

"¡Hola!"

"Hola, cariño. Mira, mamá y papá tienen que hablar de algo muy importante por unos minutos, así que ve a jugar."

"Quiero estar con ustedes. Prometo que no escucharé."

"Va 1."

"No tengo nada que hacer." (Fastidiar)

"Van 2."

Michelle se aleja, un poco llorosa.

¿Cómo lo hizo?

Los padres probablemente se sientan un poco culpables, pero manejaron la situación bien. No puedes darles a los niños todo lo que quieren.

Discusiones

Mientras mamá está trabajando en la cocina después de la cena, Jeff, de 11 años, pregunta:

"¿Puedo salir a jugar?"

"No, cariño. Todavía tienes que hacer la tarea," dice la mamá.

"La haré cuando regrese, justo antes de dormir."

"Eso es lo que dijiste anoche, cariño, y no funcionó. ¿Te acuerdas?"

"Por favor, mamá. ¡Lo prometo!" (Fastidiar, halagar)

"Termina primero tu tarea, y luego podrás salir a jugar. Si trabajas duro, no debes tardar más de media hora."

"¿Por qué no puedo salir ahorita? ¡HARÉ MI ESTÚPIDA TAREA!" (Intimidación)

"Va 1."

"No puedo esperar a crecer para enlistarme. Debe ser más divertido que vivir aquí." (Martirio)

"Van 2."

"Está bien, está bien, está bien." *(Jeff se va a hacer su tarea.)*

¿Cómo lo hizo?

La mamá lo hizo muy bien. Trató con una pequeña negociación, pero cuando eso no funcionó, no se enganchó en una discusión inútil ni trató de explicar por qué su casa no era igual que el Ejército.

Posesividad extrema

Haley tiene 4 años. Alyssa, una amiga que acaba de conocer viene a jugar a su casa. Desafortunadamente, cada vez que Alyssa toma algo, Haley trata de quitárselo. Alyssa no es agresiva, simplemente se queda perpleja cada vez que le quitan un juguete nuevo.

La mamá ve el patrón. Alyssa toma un carrito rojo y Haley se lo quita.

"Haley, va 1. Debes dejar que Alyssa juegue con algo."

(Haley sigue sujetando el carrito rojo.)

"Haley, van 2."

(La pequeña suelta el carrito y permite que Alyssa juegue con él.)

"Es muy amable de tu parte, cariño."

> ### ¿Cómo lo hizo?
> Buen trabajo. Una breve explicación y elogio por su cooperación. Para los niños pequeños está permitido que los papás les den una breve explicación antes de contar, por ejemplo: "No golpees. Los golpes lastiman a las personas. Va 1."

Conclusión

¿Qué nos enseñaron las historias desde las trincheras? Que los niños te pueden tomar desprevenido. Tienes que estar listo—y ser justo contigo y con los niños—tienes que tomar decisiones rápidas y justas sobre qué comportamientos son contados y cuáles no. Un buen conteo requiere práctica, pero una vez que domines la técnica, te preguntarás cómo sobreviviste sin esta maravillosa técnica.

RESUMEN DEL CAPÍTULO
¿Es magia?

La "magia" del proceso 1-2-3 no está en el conteo, sino en tu habilidad de lograr dos metas. Tu primer objetivo es explicar—cuando sea necesario—y guardar silencio. El segundo objetivo es contar con calma y sin emoción.

¡Haz bien estas dos cosas y tu hijo comenzará a escucharte!

CUARTA PARTE

Fomentar el buen comportamiento

Trabajo de crianza 2

12

ESTABLECER RUTINAS POSITIVAS

Cómo motivar a tu hijo para hacer las cosas que tiene que hacer

ES MOMENTO DE VER el segundo trabajo de crianza "Fomentar el buen comportamiento de tu hijo." A este tipo de comportamiento lo llamamos comportamiento de Inicio, porque quieres que tu hijo haga la tarea, se prepare para dormir, se termine su comida, recoja su cuarto y se aliste en la mañana.

Recuerda que el comportamiento de Inicio requiere de mayor motivación que el comportamiento de Alto. Mientras que dejar de quejarse toma sólo un minuto, actividades como hacer la tarea o alistarse para la escuela pueden tomar media hora o más. Los niños tienen que empezar la actividad, continuarla y terminarla. Contar el comportamiento difícil es muy sencillo, pero cuando se trata de alentar un comportamiento positivo, los padres necesitan ser grandes motivadores.

Cuando comienzan el programa, la mayoría de los padres utilizan el conteo para lidiar con el comportamiento de Alto durante una semana o 10 días antes de lidiar con el comportamiento de Inicio. Si intentas hacer todo el programa de una sola vez (problemas de Alto e Inicio), puede resultar confuso o cansado. También es más sencillo hacer que los niños tengan comportamientos positivos si saben que tienes el control en la casa, esto se logra manejando su comportamiento desagradable primero.

Cuando utilices las tácticas para el comportamiento de Inicio, no te sorprendas si tu hijo recurre a las pruebas y la manipulación. Es probable que no te agradezca por enseñarle a recoger su cuarto. Si has contado el comportamiento negativo primero, tendrás la suficiente experiencia lidiando con el comportamiento de Alto antes de comenzar con el comportamiento positivo—así que ten a la mano tus estrategias de conteo.

Tip Útil

Con el comportamiento de Inicio puedes utilizar más de una táctica a la vez para un mismo problema. Incluso puedes inventar tus propias estrategias. Recuerda: enseña a tus hijos a hacer lo que quieres o mantente callado.

Al lidiar con el comportamiento de Inicio, ten en mente una de las reglas básicas: educa a los niños o quédate callado. El programa *1-2-3 por arte de magia* incluye un método para enfrentar casi cualquier problema con tus hijos. ¡Así que utiliza los métodos! Los niños no nacieron para ser "recoge cuartos natos," si tu hijo tiene tirado su cuarto, enséñale a alzarlo. De otro modo, quédate callado y hazlo por él o cierra la puerta e ignora el problema. Enseñar no significa criticar, regañar, gritar o pegar.

Rutinas poderosas y maravillosas

Muchas personas consideran que la palabra "rutina" significa malo y aburrido. Pero cuando se trata de comportamiento de Inicio, las rutinas son poderosas y maravillosas. Actividades como hacer la tarea e irse a dormir son complejas y toman tiempo. Los niños deben aprender a seguir una secuencia fija de acciones. A la misma hora, mismo lugar y del mismo modo. Una vez que la rutina es aprendida, los niños la harán en automático.

Las rutinas para el comportamiento positivo reducen drásticamente tus problemas de disciplina y pueden lograr que las pruebas y la manipulación casi desaparezcan. Veremos más sobre cómo establecer rutinas al final de este capítulo.

Las siete tácticas para el comportamiento de Inicio

Hay siete tácticas para el comportamiento de Inicio que puedes utilizar para establecer y mantener tus rutinas. Algunas veces sólo usarás una táctica, pero otras utilizarás dos o tres para el mismo problema. Mientras que contar el comportamiento desagradable es muy directo y sencillo, puedes ser más creativo y flexible al lidiar con el comportamiento positivo. Incluso puedes inventar tus propias estrategias.

Éstas son las siete estrategias para fomentar el buen comportamiento:

1. Reforzamiento positivo
2. Peticiones simples
3. Temporizadores de cocina
4. Sistema de pago por servicios
5. Consecuencias naturales
6. Tablas
7. Variaciones de conteo

Con estas reglas en mente, veamos las siete tácticas que usarás para motivar a tu hijo para hacer las cosas que tiene que hacer.

1. Reforzamiento positivo

¿Por qué hay una ventaja en los deportes entre jugar de visitante o ser local? Es porque la multitud alienta a su equipo con porras y aplausos. Incluso para atletas profesionales, este tipo de elogios son un gran motivador.

Desafortunadamente, esta ventaja en el estadio no siempre se refleja en la casa. ¿Por qué?

La gente enojada se queja; la gente feliz se queda callada. Ése es el porqué. Todos sufrimos de una maldición biológica que nos motiva a decirles cosas a nuestros hijos cuando estamos enojados, y a callarnos cuando los pequeños están haciendo lo que queremos. Imagina que es un domingo de octubre y estoy viendo un partido de americano en la tarde. Mis dos hijos están en la habitación de al lado jugando juntos, pasando un buen rato y llevándose bien. ¿Cuáles creen que son las probabilidades de que me levante y camine hasta el otro cuarto para decir: "¡Guau, estoy encantado de que estén pasando un buen rato!"? Eso sería algo muy bueno, pero las probabilidades de que lo haga son nulas. ¿Por qué? Porque cuando los adultos están contentos y satisfechos, no sienten la motivación de hacer nada diferente a lo que ya están haciendo.

Pero imagina que mis hijos comienzan a pelear y a gritar. ¿Por qué se comportan así? ¡No puedo ni escuchar el partido! Ahora, estoy motivado: estoy enojado. Las probabilidades de que me levante, vaya al otro cuarto y les grite a los niños son altas. Estar enojado es mejor motivador que estar feliz. El resultado es que es más probable que nuestros hijos oigan de nosotros cuando tenemos retroalimentación negativa.

Un antídoto poderoso para esta desafortunada inclinación natural es el elogio o el reforzamiento positivo verbal. Tu elogio y otras interacciones positivas con tus hijos deberían superar en 3 a 1 tus comentarios negativos. Si te esfuerzas no deberías tener problema encontrando comportamiento positivo que reforzar:

"Gracias por lavar los platos."

"¡Empezaste tu tarea solito!"

"Ese perro te quiere mucho."

"Se comportaron muy bien durante la película."

"Creo que hoy estuviste listo para la escuela en tiempo récord."

"Buen trabajo en ese examen de matemáticas, John."

"Te vi en la cancha. ¡Jugaste muy bien!"

"¡Eso es maravilloso! ¡No lo puedo creer! ¿Cómo lo hiciste?"

Una vez que los niños comienzan a realizar exitosamente un comportamiento de Inicio, el elogio puede hacer que la cooperación y el buen comportamiento continúen. Muchos padres, por ejemplo, elogian o agradecen a sus hijos por cumplir peticiones simples o seguir una rutina de hacer tarea o irse a dormir.

Sé sensible con tu hijo porque el elogio debe ser ajustado a cada niño y situación. Algunos niños prefieren un reforzamiento verbal elaborado, cariñoso y emocional, mientras que otros no. Imagina, por ejemplo, que tu hija de 8 años obtiene un 10 en su examen de inglés. Le dices: "¡Oh, Melissa, es maravilloso! ¡No lo puedo creer! ¡Lo vamos a enmarcar y a enviarle una copia a tus abuelos!" Melisa no dice nada.

Sin embargo, su hermano de 11 años estaría asqueado por ese tipo de plática. Para él un "Buen trabajo, sigue así" y una palmadita en el hombro sería suficiente. Tu trabajo es elogiar al niño, no avergonzarlo. El punto clave es éste: si tu hijo aprecia el elogio, dáselo por todos los medios—cuando sea apropiado.

> **Tip Útil**
>
> ¿Estamos malcriando a nuestros hijos con cumplidos superficiales falsos? Básicamente, puedes hacerle un elogio elaborado a los niños menores de 7 años—es probable que no noten la diferencia entre uno falso y uno genuino. Una vez que crecen, es mejor dejar de lado el elogio y asegurarte de que sólo hagas cumplidos genuinos.

La táctica del elogio a veces es criticada por ser usada en exceso. Dicen que malcriamos a los niños con cumplidos exagerados, aumentamos su autoestima artificialmente y, en consecuencia, no los preparamos para el mundo real. ¿Es esto un problema?

Así funciona. Con niños de hasta 5 o 6 años, no es malo exagerar tu elogio por su esfuerzo o su desempeño. Responden positivamente a casi cualquier estímulo, y generalmente no saben qué tan bien o mal lo hicieron. Pero ten cuidado con los niños más grandes, ya saben lo que significa hacer algo bien y son capaces de diferenciar entre un cumplido genuino y uno falso.

Estos son dos recursos adicionales que puedes utilizar para dar un impulso más eficaz a la autoestima de un niño:

1. Reconócelo frente a otras personas
2. Elogio inesperado

Mientras platicas con tu vecino, por ejemplo, tu hija se acerca. Interrumpes tu conversación y dices: "Deberías haber visto a Kelsey hoy en el partido de futbol. ¡Los otros niños no supieron ni qué les pasó!" Kelsey estará muy orgullosa.

El elogio inesperado puede ser muy memorable para el niño. Tu hijo está haciendo su tarea en el piso de arriba. Lo llamas desde el pie de las escaleras: "¡Oye, Jordan!" Jordan no sabe qué sigue después. Entonces dices: "¿Te dije el buen trabajo que hiciste en el jardín?" Jordan estará complacido—y hasta un poco aliviado.

¿Cómo dar elogios y cumplidos en el día a día? Como mencionamos, esta labor es muy complicada, dado que la mayoría de nosotros tendemos a no hablar cuando estamos contentos. Te doy dos sugerencias. Primero, ve si puedes hacer tres comentarios positivos por cada comentario negativo (y, por cierto, el conteo es un comentario negativo). Estas observaciones positivas no tienen que hacerse al mismo tiempo, pueden ser a lo largo del día. Si la idea de 3 a 1 no te parece atractiva, una segunda estrategia es tener un sistema de cuota. Cada día haces un trato contigo que harás por lo menos cinco comentarios positivos a cada niño (y considera hacer lo mismo con tu pareja).

¡Asegúrate de que tus hijos sientan la ventaja de jugar de locales!

2. Peticiones simples

El problema con las peticiones simples es que no son sencillas. Las peticiones de los padres pueden ser más o menos efectivas dependiendo del tono de voz, la espontaneidad y la forma de pedirlas.

Todos tenemos diferentes voces. Cuando mi hija era más joven tenía muchas variaciones de la expresión "¡Papi!" Un "¡Papi!" significaba "Estoy emocionada y quiero enseñarte algo." Otro "¡Papi!"

significaba "Quiero ayuda porque mi hermano me está molestando." Y un tercer "¡Papi!" (durante sus años de adolescencia) significaba "¡Bájale!, me estás avergonzando en público."

Los papás también tienen diferentes voces, de la que vamos a hablar es de la que llamamos "voz de mando." La voz de mando tiene la cualidad de "No estás haciendo lo que esperaba y es muy molesto y cuál es tu problema y cuándo vas a aprender…" y así. La voz de mando tiene un tono agravante, regañón y ansioso que la mayoría de los niños encuentran molesto. Cuando este tono de voz parental se junta con una petición, hace que sea menos probable que el niño quiera cooperar, porque ahora le estás preguntando a un niño enojado.

Un buen antídoto para la voz de mando es utilizar un tono de negocios para una presentación de resultados. "John, es hora de empezar tu tarea" o "Taylor, hora de dormir." Este tono de voz implica: "Tal vez no te guste esto, pero tiene que hacerse ahora." Las pruebas son menos comunes cuando la petición es hecha de este modo, pero—lo creas o no—el puro tono de voz también puede decir: "Si me pruebas o me insistes, utilizaré el conteo."

La espontaneidad de una petición por parte de los padres también puede ser un factor para que el niño no coopere. Tu hijo está jugando beisbol con unos amigos. Te asomas y le preguntas si puede entrar un momento para ayudarte a sacar la basura. Él avienta su manopla y piensas: "¿Cuál es el problema?" Es cierto que tu hijo sobrerreaccionó, pero el gran problema no fue la basura, sino la espontaneidad. ¿Qué esperas que responda el niño? "¿Gracias por ofrecerme esta oportunidad de estar al servicio de la familia?"

Tip Útil
Trata de no hacer peticiones a tus hijos de la nada. Darles una pequeña advertencia por lo general ayudará a que cooperen—y con menos quejas.

A nadie le gustan las interrupciones que implican tareas desagradables. A ti tampoco te gustan, aunque por lo regular tienes esas intrusiones. Pero no estamos hablando de hacer que cooperes tú, sino tus hijos. Tampoco estamos diciendo que tus hijos no deben tener quehaceres, es necesario que ayuden en la casa. Estructura estas actividades en rutinas fijas, así las peticiones espontáneas no serán necesarias.

Por último, la forma de pedirlas puede marcar una diferencia en cómo responden los niños. Hacer una petición como pregunta por lo general asegurará incumplimiento o pruebas y manipulación. Un súper tierno: "¿No crees que es hora de empezar la tarea?,» por ejemplo, garantiza que obtengas una respuesta negativa. "Quiero la tarea hecha para las 5 de la tarde" es mejor.

¿Qué pasa si a pesar de todo, tu petición simple no funciona? Regresaremos a esta pregunta al final del capítulo después de que veamos las otras tácticas para el comportamiento de Inicio.

3. Temporizadores de cocina

Los temporizadores de cocina son aparatos maravillosos para alentar el buen comportamiento en los niños. De todos los estilos son útiles. La gente que manufactura los temporizadores cree que son para hornear pasteles. No lo son—¡se usan para educar a los niños! Son de gran ayuda para casi cualquier rutina de comportamiento de Inicio, ya sea alzar el cuarto, alimentar al pez, levantarse en la mañana, sacar la basura o irse a dormir. Los niños, especialmente los pequeños, tienen una tendencia de querer vencer a una máquina que hace tic-tic. Se convierte en una situación de hombre *vs.* máquina (en lugar de niño *vs.* padre).

Estos artefactos motivacionales portables también pueden ser usados, si así lo deseas, para que los niños cuenten su tiempo fuera. Muchos niños incluso prefieren hacer el tiempo fuera con un temporizador. Los puedes tener en el coche y usarlos—como veremos más adelante—para controlar la rivalidad entre hermanos. Los temporizadores pueden ser parte de las rutinas para dormir, bañarse, levantarse o alistarse.

Ayudan a aminorar las inevitables peticiones espontáneas. Una amiga te llama y te dice que estará en tu casa en 15 minutos. Le dices a tu hija de 5 años: "Tienes tres cosas en la cocina que quiero que recojas y lleves a tu cuarto. ¡Voy a poner el temporizador en 10 minutos y te apuesto a que no le ganas!"

Por lo general, su respuesta será: "¡Claro que puedo!" Mientras corre a hacer el trabajo. Puede usar este mismo enfoque para hacer que un niño de 11 años alce su cuarto, pero utilizarías un tono de negocios para una presentación de resultados al hacer la petición. Si el niño no responde antes de que el temporizador suene, puede utilizar el sistema de pago por servicios (ver estrategia 4) o una versión de consecuencias naturales (ver estrategia 5).

Los temporizadores también son efectivos porque no pueden ser manipulados emocionalmente ni puestos a prueba. Imagina que tienes que recordarle a tu hijo que le hable a su abuela para agradecerle por su regalo de cumpleaños. Tu hijo te ignora, así que pones el temporizador en 10 minutos. La respuesta del niño es: "¡Esto es estúpido!" (Táctica de prueba 2, intimidación). Tu respuesta es silencio. La respuesta del temporizador es tic-tic-tic-tic.

4. Sistema de pago por servicios

El principio de un trabajo asalariado es: si no haces el trabajo, no recibes tu pago. La idea del sistema por pago por servicios es similar: si no haces el trabajo, lo haré por ti—y me pagarás. Este sistema es para niños de 5 años en adelante.

Este plan, por supuesto, requiere que el niño tenga una fuente de ingreso por su mesada, trabajo en la casa, regalos de cumpleaños, etcétera. Puedes considerar darles una mesada a niños de 5 años en adelante. El monto no tiene que ser grande, pero es importante que la mitad sea ganada por trabajos que el niño realiza en la casa (por ejemplo: alzar su cuarto, quehaceres, tarea). La otra mitad simplemente se le da porque es parte de la familia—además así podrás usar esta táctica cuando sea necesario.

Imagina que tuviste una discusión con tu hijo de 9 años sobre comprar un perro. Tu hijo quiere la mascota, pero sabiamente argumentas que estás preocupada de que no lo alimente ni cuide adecuadamente. Asumamos que compras el perro (en parte porque tú también quieres uno).

Entonces le explicas a tu hijo el acuerdo. Él tendrá una mesada de cierta cantidad. Quieres que el perro coma antes de las 6 de la tarde todos los días. Si lo alimenta, no hay problema. Si se le olvida, hay buenas y malas noticias. La buena noticia es que tú lo harás por él. La mala es que cobras por alimentar perros ajenos, y por este perro será "x" cantidad la que descontarás de la mesada de tu hijo. Tu hijo acepta fácilmente porque está muy emocionado por tener al perro.

Esto es lo que podría ocurrir. La primera noche estás en la cocina preparando la cena, ya son las 18:00 horas y tu hijo no ha alimentado al perro. Esperas 15 minutos, tu hijo entra corriendo a la cocina, te pregunta si ya alimentaste al perro y le dices que no. Entonces él lo alimenta. Le haces un cumplido: "¡Buen trabajo! El perro está feliz de verte."

El segundo día estás en la cocina y son las 18:20 horas. El perro parece hambriento, pero esperas. Son las 18:30 y el perro está lamiendo su plato, así que alimentas al pobre animal. Diez minutos después tu hijo entra corriendo:

"¿Alimentaste al perro?"

"Sí. Te desconté 'x' cantidad de tu mesada."

"¡¿POR QUÉ HICISTE ESO?!" (Gritando)

"Va 1."

Esto no es una discusión, era una discusión pero ahora es un ataque. Es una versión de la Táctica de prueba 2, intimidación, y debe ser contado. En esta situación, es muy difícil no enojarse o hacer comentarios como si fuera un pequeño adulto: "¿Recuerdas cuando compramos esta mascota? ¿Qué dijiste? Dijiste: 'Alimentaré al perro todas las noches. ¡No hay problema!' ¡Cómo no! ¡Apenas van dos noches y ya lo estoy alimentando yo! ¡Estoy harta de hacer todo por ti!"

Lo que estás diciendo puede ser correcto, pero no hará ningún bien. Los berrinches de los padres y las indignaciones causarán daño. Tu diatriba hará dos cosas. Primero, la explosión dañará la relación con tu hijo. Segunda, tu explosión arruinará el sistema de pago por servicios. Así que guarda silencio y deja que el dinero hable por ti. Si el dinero no tiene mucha influencia en este niño, toma minutos de tele, videojuegos o computadora, o utiliza otra consecuencia razonable.

El sistema de pago por servicios es útil para muchas cosas. ¿Cuántas veces has sentido que la paternidad es injusta? ¿Un millón de veces? Esta injusticia aplica sobre todo a las mamás, que sienten que tienen que hacer todos los quehaceres de la casa. Piensa en esto: ¡ahora te van a pagar!

Alguna vez le has dicho a tu hijo, por ejemplo: "Con gusto lavaré tu ropa el sábado. Lo único que tienes que hacer es bajar tu ropa a la lavadora a las 9 de la mañana. Pero estaré enojado si tengo que subir por ella cada fin de semana a sacarla de abajo de tu cama."

Ahora, imagina que usarás el sistema de pago por servicios para lavar la ropa. Dices esto: "Con gusto lavaré tu ropa el sábado. Lo único que tienes que hacer es bajarla a la lavadora a las 9 de la mañana. Si no lo haces a más tardar a las 10, subiré por ella a tu cuarto. Pero cobro por ese servicio. Y por una pila tan grande como la que acostumbras tener no será barato."

5. Consecuencias naturales

Con las consecuencias naturales dejas que el mundo real le enseñe al niño qué funciona y qué no. Hay veces en que el mejor enfoque es mantenerse al margen del problema. Supón que tienes una niña de cuarto año que está tomando su primera clase de piano. No está practicando como debería y no puede dormir porque le preocupa que su maestra de piano se enoje.

Tip Útil

Con el sistema de pago por servicios, le dices a los niños: "Tengo buenas y malas noticias. La buena es que si olvidas un quehacer, yo lo haré por ti. La mala es que me pagarás por ayudarte." Luego diles la cantidad exacta que tendrán que pagar.

¿Qué deberías hacer? Nada de inmediato. Ve si la consecuencia natural de no practicar (la maestra enojada) altera el comportamiento de tu hija. Algunos maestros de piano son muy buenos haciendo que los niños que no cooperan se pulan entre clase y clase. Si después de unas semanas los esfuerzos del maestro no funcionan, quizá es buen momento de probar otra táctica de comportamiento de Inicio, como el temporizador o las tablas.

O, supón que tienes un hijo en sexto año. Porque tienes prisa en las mañanas, parte de su rutina matutina es preparar su propio *lunch* y ponerlo en su lonchera. Muy seguido te dice cuánta hambre tuvo porque olvidó su *lunch*.

¿Qué harías? Relájate, no lo regañes y deja la responsabilidad en él. Deja que la consecuencia natural (su estómago vacío) le hable, en vez de su madre. Dale cierto estímulo diciendo algo como: "Estoy segura de que mañana te acordarás."

¿Otro ejemplo para utilizar las consecuencias naturales? La vestimenta de invierno para los preadolescentes y adolescentes. Todos los padres saben que a sus hijos no les gusta abrocharse el abrigo porque no quieren que sus amigos crean que los vistió su mamá.

¿La solución? Deja que el frío le hable a tu hijo y evita comenzar el día con el comentario molesto: "No vas a salir otra vez así, ¿o sí?"

Aquí hay un último ejemplo de la vida real sobre las consecuencias naturales. Una mamá que venía a consulta tenía un niño de 4 años que la volvía loca en las mañanas. El niño cursaba preescolar, pero no estaba listo a tiempo para la ronda de la escuela. Cada día que sonaba el claxon fuera de la casa, el niño se encontraba sentado en piyama viendo caricaturas en la televisión. La pobre mamá se estaba arrancando el pelo de la desesperación.

Un día decidió que era suficiente. El niño estaba en piyama viendo la tele cuando sonó el claxon. La mamá calmadamente envió a su hijo a la escuela en piyama. El niño pasó tres horas con sus compañeros, vestido con una piyama de animalitos con botas de florecitas. En nuestra siguiente sesión, la mamá reportó aliviada que, desde ese día, no tuvo un problema más con que su hijo estuviera listo para la ronda.

> **Advertencia**
>
> El reforzamiento natural, como el elogio, algunas veces no es suficiente para motivar al niño a que termine la actividad, ¡especialmente cuando el niño odia el trabajo! En estos casos se pueden usar recompensas artificiales. Toma la motivación de otro lado, ¡funciona!

6. Tablas

Las tablas son una técnica motivacional muy amigable. Utilizas un calendario para llevar el control de qué tan bien se está desempeñando tu hijo es diferentes rutinas de comportamiento de Inicio. Puedes poner la tabla en el refrigerador, si quieres que esté a la vista, o en la puerta del cuarto de tu hijo, si prefieres que sea privada. Los días de la semana, por lo general, van en la parte superior de la tabla y del lado izquierdo se anotan las actividades que realiza el niño, como alzar su cuarto, alistarse para dormir o recoger los platos de la comida. Si tu hijo realiza la tarea óptimamente, lo anotas en la tabla con estampas para los pequeños (de 4 a 9 años aproximadamente) y calificación o puntos para los más grandes.

Una tabla típica, por ejemplo,

tendrá tres o cuatro actividades—nada muy complicado, pero que sea satisfactorio cumplir.

Con las tablas, el reforzamiento positivo viene de tres cosas: la tabla, el elogio por parte de los padres y la satisfacción de hacer un buen trabajo. Todas ellas son reforzadores naturales. Cuando mi hija tenía 9 años, decidió que quería tomar clases de piano. Aunque fue su elección, no practicaba con regularidad y—como la niña de cuarto que mencionamos anteriormente—la noche anterior a su clase se preocupaba mucho porque su maestra se iba a enojar cuando no le salieran los ejercicios.

Primero probamos con las consecuencias naturales, sugiriéndole que resolviera su problema con la maestra. Esta táctica falló. Luego probamos con tablas y con reforzadores naturales. Nuestro acuerdo era éste: cada día después de practicar, nuestra hija tenía que buscarnos y decirnos cuántos minutos había practicado. Uno de nosotros escribiría ese número en la tabla y premiaría a nuestra pequeña concertista por su esfuerzo. Eso fue todo, el plan funcionó a la perfección.

Desafortunadamente para los padres, los reforzadores naturales por lo regular son insuficientes para mantener a un niño motivado. Por ejemplo, tu hijo puede ser un haragán natural—un cuarto limpio no significa nada para él. O tu pequeña puede tener TDAH y problemas de aprendizaje, así que hacer la tarea no le resulta satisfactorio sino frustrante.

En estos casos debes usar reforzadores artificiales. Estos son cosas que el niño ganará cuando complete satisfactoriamente una tarea. Los reforzadores pueden no tener relación con la actividad desarrollada. Pero dado que la tarea no incentiva al niño—e incluso puede ser un incentivo negativo—la motivación tendrá que venir de otro lado. La pequeña que odia la tarea, por ejemplo, puede ganar parte de su mesada, una comida especial o un tiempo a solas contigo.

Para niños más pequeños, las mejores ideas suelen ser cosas relativamente pequeñas que se pueden dar con frecuencia. Con niños mayores, es más factible utilizar recompensas grandes que toman tiempo en ganarse. Las recompensas no siempre tienen que ser materiales. Algunos niños, por ejemplo, trabajarán duro para ganar minutos e irse a dormir un poco más tarde o para poder hacer una actividad especial con uno de sus padres.

Mi hija utilizaba un "libro de estampas" con sus hijos de 3 y 5 años. Doblaba tres hojas de colores y las engrapaba a caballo. Ponía el nombre de cada niño en la portada y lo decoraba. Luego iba con los niños a comprar estampas que les gustaran a ellos. Cada vez que el niño completaba un comportamiento de Inicio, podía escoger una estampa y ponerla en su libro, los niños estaban orgullosos.

Posibles reforzadores artificiales

- Ir a la heladería
- Fichas de colores
- Un juguete pequeño
- Un videojuego especial
- Una salida con uno de los padres
- Ir de compras
- Hacer una piyamada
- Jugar un juego con uno de los padres
- Un vale para no hacer un quehacer
- Acampar en el jardín
- Una tarjeta coleccionable
- Tiempo para usar la computadora o tablet
- Desayuno en la cama
- Dinero
- Irse a dormir un poco más tarde
- Rentar una película especial
- Una sorpresa
- Un cómic o una revista
- Invitar a un amigo a comer
- Escoger tres reforzadores
- Leer un cuento con los papás
- Dormir con su mascota
- Una llamada especial
- Otros objetos coleccionables

♦ Hacer galletas
♦ Usar herramientas bajo supervisión

Haz las tablas simples. Tres o cuatro cosas para realizar son suficientes; más se vuelve confuso. Alguna vez vi cómo una familia creó una tabla para su hijo donde anotaron 30 cosas que el niño tenía que realizar cada día. Les di su crédito por el esfuerzo, pero también les hice notar lo confuso de su tabla.

Ten en mente que no querrás hacer tablas por largos periodos de tiempo. Las tablas pueden resultar comportamiento molesto de contabilidad, y los efectos positivos pueden fallar cuando los papás se cansan de llenar la tabla todos los días. Así que elabora reglas para determinar cuándo ya no es necesaria la tabla.

Puedes decir que si el niño obtiene buenos puntajes (define bien esto) por dos semanas haciendo la misma actividad, esa actividad se quitará de la tabla. Cuando el niño ya no tiene actividades en la tabla, es momento de ir por pizza y al cine para celebrar. Si después de un tiempo el niño deja de hacer sus actividades, puedes utilizar la tabla nuevamente.

7. Variaciones de conteo

Uno de los errores más frecuentes que los padres cometen con el programa es utilizar el conteo para comportamientos de Inicio, como la tarea, los quehaceres o alistarse por la mañana. Recuerda que estas tareas pueden tomar 20 minutos o más, mientras que el conteo sólo produce algunos segundos de motivación.

¿Qué sucede cuando el comportamiento de Inicio sólo requiere unos cuantos segundos de cooperación? Quieres que tu hija cuelgue su abrigo, alimente al gato o venga al cuarto. El conteo, que es muy útil para el comportamiento de Alto, puede ser utilizado para algunos comportamientos de Inicio, pero sólo con una condición: lo que quieres que haga tu hijo no puede tomar más de 2 minutos. Por ejemplo, tu hijo tira su abrigo al piso y le pides que lo recoja. No lo hace y dices: "Va 1." Si aún así se niega y llega al tiempo fuera, debe cumplirlo en su habitación. Cuando salga del tiempo fuera le dices: "¿Puedes colgar tu abrigo, por favor?" Si continúa su negativa a cooperar, habrá un segundo tiempo fuera.

¿Qué pasa si este niño, por una extraña razón está en un estado de ánimo totalmente intratable hoy y nunca levanta el abrigo? Con las tácticas de comportamiento de Inicio tienes más flexibilidad. Cambia de contar al sistema de pago por servicios y el temporizador. Programa el temporizador en 5 minutos y dile a tu hija que tiene ese tiempo para colgar el abrigo. Si lo recoge, no hay problema. Prometes no hablar del tema.

Si no lo alza, tienes buenas y malas noticias. Lo colgarás por ella, pero cobrarás por tus servicios. El cargo será de $5 por colgar el abrigo y $5 por la molestia que ocasionó. Habla lo menos posible, y usa el conteo para las quejas, discusiones, gritos y pruebas.

¿Para qué puedes usar esta versión del conteo? Para actividades como lavarse los dientes, alzar algo, o un simple "¿Puedes venir un momento?" Estás en la cocina y necesitas ayuda por unos minutos. Puedes ver a tu hijo de 10 años en el otro cuarto, acostado en el sillón y con los ojos abiertos. Le dices: "¿Puedes venir un momento?" Su respuesta es: "No puedo, estoy ocupado."

Este niño está tan ocupado como una piedra. Así que planteemos de nuevo esta situación:

"¿Puedes venir un momento?"

"No puedo, estoy ocupado."

"Va 1."

"¡Está bien!"

Y el recluta entra a la cocina para ayudarte.

Peticiones simples (a fondo)

Regresemos a nuestra pregunta sobre las peticiones simples. ¿Qué pasaría si a pesar de que tu petición no fue espontánea, la pediste de buen modo y cuidaste tu noto de voz, tu hijo no hace lo que le pides? Después de leer este capítulo, notarás que tienes muchas opciones.

Por ejemplo, cuando tu hijo regresó de la escuela, le dijiste: "Asegúrate de cambiarte antes de salir a jugar." Está comiendo un *snack* y jugando videojuegos, todavía en su uniforme, cuando uno de sus amigos lo invita a jugar en el jardín. Tu hijo le contesta que ahorita sale. No parece que tenga intención de cambiarse antes.

Aquí hay algunas opciones para lidiar con la situación:

1. Pon el temporizador en 10 minutos y dile a tu hijo: "Quiero que te cambies el uniforme antes de que se termine el tiempo." Evita el tipo de pensamiento que espera que tu hijo actúe como un pequeño adulto, por ejemplo: "Quiero que te cambies el uniforme antes de que se termine el tiempo. Ya te lo dije. ¿Qué hace falta para que me escuches? ¡Yo soy la que tiene que lavar el uniforme y comprarte ropa nueva!"

   También puedes agregar una recompensa o consecuencia al acto de cambiarse de ropa antes de salir a jugar. No harás esto cada vez que se cambie, pero algunas veces este tipo de estrategia puede ayudar a que el niño recuerde un nuevo comportamiento. "Si te cambias el uniforme antes de que se termine el tiempo, puedes quedarte despierto 10 minutos más hoy. Si no lo haces antes de que termine el tiempo, te irás a dormir 10 minutos antes." Simple, calmado y directo.

2. ¿Puedes usar el sistema de pago por servicios en esta situación? No, porque no puedes vestirlo y cobrarle por tus servicios. Puedes usar este sistema si lo que le pediste a tu hijo es, por ejemplo, sacar la basura. Después de que se niegue, puedes decirle: "¿Quieres sacar la basura o prefieres pagarme para que yo lo haga?" Buena estrategia.

3. ¿Qué tal consecuencias naturales para nuestro reacio cambiador de ropa? Esta táctica es una opción. Si juega afuera con su uniforme puesto, puedes pedirle que lo lave en cuanto entre a la casa.

4. Finalmente, puedes considerar utilizar el conteo. ¿Tu hijo puede cambiarse en 2 minutos? Tal vez. Así que cuando se acerca a

la puerta—con el uniforme aún puesto—simplemente dices: "Va 1." Probablemente no sepa de inmediato a qué te refieres, así que responderá: "¿Qué?" Su comentario puede sonar incluso molesto.

Eso es bueno—deja que piense un poco. Haz una pausa, luego di, "El uniforme." Si tu hijo va a cambiarse de inmediato, bien. Probablemente no tengas que contar más. Pero si te grita: "¿Por qué siempre me tengo que cambiar el estúpido uniforme? ¿Está hecho de hilo de oro?"

Examen sorpresa: ¿Qué debes hacer?

¡Exacto! Dices, "Van 2" por la táctica de prueba 2, intimidación.

Cómo empezar: Ensaya tus rutinas

Éstas son algunas de las tácticas que puedes usar para establecer tus rutinas con los niños. Mientras mejor sea una rutina, menos molestia y menos motivación son necesarios cuando el niño tiene que hacerla. El signo de una buena rutina es que tu involucramiento y persistencia son mínimos, y tus comentarios, por lo general, incluyen reforzamiento positivo.

Es bueno practicar la rutina una vez que la establezcas. Definir una rutina y esperar que los niños la cumplan sin ningún ensayo previo es volver a "la suposición del pequeño adulto." Los niños necesitan ver, sentir y recordar cómo funciona la rutina. Así que haz tiempo para ensayar las rutinas de comportamiento de Inicio—antes de empezar a utilizarlas.

Con los pequeños (menores de 5 años) puedes usar un método de práctica de interpretación. Puedes decir algo así: "Practiquemos alistarnos para dormir. ¿No es gracioso? ¡Todavía hay luz afuera! ¿Qué tenemos que hacer para prepararnos?" Luego elogia las respuestas correctas de tu hijo.

Describes el proceso mientras lo modelas para él. "Primero me lavo los dientes—como dijiste. Luego me voy a poner mi piyama (ponte algo sobre tu ropa). Luego nos sentamos en la cama para un cuento."

Después de interpretar la rutina, haz que tu hijo la haga y elogia su buen desempeño: "Eso es—recordaste qué seguía. Buen trabajo." Recuerda que cada niño prefiere un tipo de elogio diferente.

Con niños mayores (más de 5 años), puedes saltarte la interpretación y pedirles que repasen los pasos. Elogia su desempeño y sugiere modificaciones si es necesario.

Una vez que has ensayado tus rutinas y las empiezas a usar, intenta mantener el mismo tiempo, lugar y modo. ¿Qué pasa si tu hijo se vuelve poco riguroso con su rutina para hacer la tarea o irse a dormir? ¿Recuerdas la táctica de comportamiento de Inicio 5—consecuencias naturales? Una consecuencia natural de ser poco riguroso con una rutina es tener que repasar y practicar la rutina de nuevo. Sin indignación, regaños o discusión. Sé amable y elogia su cooperación. Verás cómo todo regresa a la normalidad.

Ésta es nuestra lista de estrategias para el comportamiento de Inicio. Probablemente seas capaz de crear nuevas después de un tiempo. Ahora, veremos cómo aplicarlas en algunos de los problemas de comportamiento de Inicio más comunes. ¡Serás un motivador experto en poco tiempo!

RESUMEN DEL CAPÍTULO

Tus siete tácticas para fomentar el comportamiento de Inicio

1. Reforzamiento positivo
2. Peticiones simples
3. Temporizadores de cocina
4. Sistema de pago por servicios
5. Consecuencias naturales
6. Tablas
7. Variaciones de conteo

Sigue con tu gorra de pensar puesta—¡y buena suerte!

13

LEVANTARSE Y ALISTARSE POR LA MAÑANA

Construir las rutinas para empezar tu día

SI EN ALGÚN MOMENTO es necesaria una rutina, es para alistar a los niños en la mañana. Éste es un problema que afecta a todos los niños y a sus papás. Las mañanas, por lo general, sacan lo peor de las personas. Muchos—tanto padres como niños—son oscos por naturaleza al despertar y además está la tensión de tener que estar a tiempo en un lugar. La presión, el nerviosismo y las tormentas emocionales que pueden ocurrir han arruinado el día de varios papás.

Para los niños, la rutina de la mañana incluye una serie de comportamientos de Inicio: 1. levantarse de la cama, 2. baño, bañarse y lavarse los dientes, 3. vestirse, 4. desayunar, 5. salir de la casa a tiempo con todo lo necesario. Lo que se necesita puede variar de familia a familia, pero básicamente es el mismo trabajo.

Lo creas o no, estas situaciones estresantes de la mañana con frecuencia pueden mejorar rápidamente con algunos principios de comportamiento de Inicio que ya hemos visto. Recuerda, en las mañanas de escuela, el conteo no será tu estrategia principal. Y las estrategias

"No hablar" y "Sin emoción" se mantienen—aún cuando no has tomado tu primera taza de café.

Antes de diseñar tu rutina matutina, algunas advertencias te pueden ser útiles. Primero, prepárate en la noche tanto como te sea posible (empacar mochilas de la escuela, escoger la ropa, planear el desayuno). Segundo, trata de levantarte 15 minutos antes que los niños (con niños más grandes probablemente con 5 será suficiente). Y tercero, prepara un desayuno sencillo, rápido y saludable.

Alistarse en la mañana para los niños pequeños

Los niños pequeños en un rango de 2 a 5 años necesitan mucha ayuda y supervisión en la mañana. No son capaces de mantener un comportamiento positivo por más de unos minutos, y algunos ni siquiera pensarán en qué se necesita hacer para estar listo para la escuela. Tendrás que ayudar a los de 2 y 3 años a bañarse y vestirse. Procura realizar las cosas en el mismo orden todos los días. También serás responsable de recordar cualquier cosa que el niño tiene que llevar con él. Y mientras haces todo esto, sería bueno que reconocieras cualquier esfuerzo positivo que haga.

Los niños de 4 y 5 años, por lo general, responden bien al uso de tablas sencillas y básicas. La tabla puede tener sólo dos o tres actividades y ser combinada con temporizadores para crear un sistema motivacional efectivo. Una tabla para un niño de preescolar puede ser como ésta:

	LUNES	MARTES	MIÉRCOLES	JUEVES	VIERNES
LEVANTARSE DE LA CAMA					
LAVARSE LOS DIENTES					
VESTIRSE					

Pon el temporizador en 15 minutos y dale al niño una señal de que es momento de alistarse. Muchos de los pequeños ya están levantados, así que esa tarea en la tabla ya fue realizada satisfactoriamente. Cualquiera de las otras actividades que el niño complete antes de que termine el tiempo serán reconocidas con estampas especiales.

Con los niños de primaria, la tabla debe contener todas las actividades de la mañana y el temporizador puede o no ser necesario. Para cada actividad, el niño se gana su estampa favorita por un trabajo muy bien hecho y la siguiente estampa favorita por un buen trabajo. Si no se gana una estampa significa que no realizó satisfactoriamente la tarea. La aplicación de las estampas, por supuesto, debe estar acompañado de mucho elogio: "¡Buen trabajo!" o "¡Guau, lo hiciste en sólo 12 minutos!"

En algunas familias, el desayuno y la televisión son las últimas actividades una vez que el niño ya está listo para salir de la casa—bañado, vestido y con su mochila empacada. El desayuno, el entretenimiento y el elogio sirven como reforzadores de los comportamientos de Inicio exitosos del niño.

¿Qué sucede con las peleas, las quejas y otros comportamientos de Alto en la mañana? El comportamiento de Alto debe ser contado como siempre. Si hay tiempo para el tiempo fuera, no dudes en usarlo. Si no hay suficiente tiempo, utiliza el tiempo fuera alternativo: "Niños, van 3. Hoy se van a dormir 15 minutos antes. Okey, súbanse al coche."

Entrenamiento de responsabilidad para niños mayores

Para niños de 9 años o más (incluyendo adolescentes), también puedes usar los métodos anteriores. Pero si tienes las agallas—y si quieres dejar el rol de supervisor—aquí está una versión de consecuencias naturales para ti. Este programa de alistarse en la mañana incluye alteraciones drásticas a la rutina matutina, y estos cambios, por lo regular, harán que los niños sean más responsables. Pero te advertimos: se requiere autocontrol extremo por parte de los padres.

Antes de explicar este nuevo régimen, te recordamos que—lo creas o no—la mayoría de los niños quiere ir a la escuela y estaría avergonzada de llegar tarde o no ir. Los padres no se dan cuenta de que sus hijos se sienten así porque los niños holgazanean en la mañana en vez de alistarse. Pero pierden el tiempo justamente porque los papás les quitan toda la responsabilidad de alistarse para estar a tiempo en la escuela.

Pero esa forma de pensar cambiará—tanto en los niños como en los papás. El nuevo procedimiento funciona así. Le explicas a los niños que de ahora en adelante será su responsabilidad—no tuya—alistarse en la mañana. No los supervisarás ni los regañarás. Si acostumbras despertarlos, los despertarás sólo una vez de ahora en adelante. Un sistema mejor es conseguir un despertador o un celular con despertador y enseñarle al niño cómo funciona. Explícales que si se vuelven a dormir después de que tú los despiertes o suene el despertador, no los volverás a despertar y definitivamente estarán en problemas.

Les dejas claro que levantarse, bañarse, vestirse, desayunar y salir puntuales será su responsabilidad—en su totalidad. Si lo prefieres, puedes crear tablas para registrar su desempeño, pero fuera de una conversación casual, no les dirás nada más.

Tus hijos no creerán que hablas en serio, porque les resultará totalmente incomprensible que les permitas llegar tarde a la escuela (¡y probablemente tengas conflictos con ese tema!). Así que... ¡Tendrás que dejarlos creer en el nuevo sistema!

Este nuevo sistema está basado en consecuencias naturales. Si tu hijo holgazanea en la mañana, tendrá problemas. Ya sea con los otros niños de la ronda, que temen llegar tarde por culpa de tu hijo. (¿Puedes lidiar con eso?) O el problema puede ser con el director o la maestra cada vez que llegue tarde y no tenga un justificante de sus padres. La mayoría de los niños quiere evitar este tipo de problemas, así que utilizamos la amenaza de estas consecuencias naturales para que se vuelvan responsables.

Tip Útil

Diles a tus hijos mayores que levantarse, bañarse, vestirse, desayunar y salir puntuales será su responsabilidad—en su totalidad. No los supervisarás ni regañarás. Al principio, no creerán que hablas en serio, pero, después de unas veces de llegar tarde a la escuela, lo entenderán. ¿Cuál es tu trabajo en todo esto? Quedarte callado.

Algunos padres no pueden con esta rutina, los vuelve locos ver a sus hijos perdiendo el tiempo cuando el autobús o la ronda llega en 5 minutos. Estos son los momentos donde el autocontrol extremo es necesario. Querrás hablar, regañar, discutir o gritar. Incluso, algunos padres tienen que llevarse su café al cuarto y no ver el inminente desastre. Una madre me dijo: "Si voy a tener que guardar silencio y no ver, quiero un Martini—¡no una taza de café!"

El desayuno es opcional para los niños mayores, puedes dejar comida preparada si ésa era tu rutina antes, pero no les puedes recordar que desayunen. Es mejor si los niños escogen lo que quieren comer. No morirán por saltarse el desayuno. Cuando se van, no dices nada sobre abrigos, guantes, bufandas, a menos que haya peligro de congelamiento.

Lo que ocasionas con este nuevo arreglo es enseñarles responsabilidad e invocar una regla sagrada de la psicología: algunas veces el modo difícil es el mejor modo de aprender. El aprendizaje se fija mejor cuando el niño lo experimenta que cuando sólo escucha el sermón. Así que tienes que estar dispuesto a que el niño cometa errores, no comiences la rutina al menos que estés convencido de que estás listo para la tensión y—muy importante—que puedas guardar silencio.

Generalmente, no toma más de cinco días para que el niño se acostumbre y logre la rutina por sí mismo. Durante ese tiempo, es probable que tu hijo llegue tarde a la escuela algunos días y se avergüence. Tendrá la experiencia de darse cuenta a las 6 y media que aún no está vestido y que su mamá no le recordó que en 15 minutos llega el autobús. Posiblemente llegue a la escuela y se dé cuenta de que olvidó la tarea de matemáticas porque salió con prisa. Incluso puede estallar con su mamá (y ser contado) porque no le recordó algo o no le escribió un justificante.

Los niños tienen cuatro maneras de llegar a la escuela: ronda, autobús, caminando o en servicio público. Cuando pueden caminar o ir en servicio público, esta rutina es más sencilla. Con las rondas o el autobús, tendrás que llevarlos tú si no están a tiempo. Pero no te apresures, deja que lleguen tarde. La mayoría de los niños no dependerá de tu aventón, pero en caso de que los lleves, no los regañes en el camino.

Estas experiencias negativas tienen un gran impacto en algunos niños. Si los padres son consistentes, no hablan y dejan que el niño llegue tarde, el niño aprenderá en un par de días. No están permitidos comentarios como: "Te lo dije." Las cosas serán más amenas por la mañana y los niños más responsables.

Algunos padres utilizan tablas para complementar el modo de consecuencias naturales. Si decides hacerlo, asegúrate de reconocer el buen desempeño ("¡Es mucho más fácil cuando te despiertas solito en la mañana!") y revisar la tabla por lo menos una vez a la semana. Puedes discutir el tema, escuchar, dar breves sugerencias o hacer modificaciones, siempre y cuando no sea durante la mañana.

Enfrentar los retos de la rutina matutina

Antes de utilizar este procedimiento, muchos padres piensan que sus hijos serán indiferentes. Creen que a sus hijos no les importa si llegan o no a tiempo a la escuela. La razón por la que los adultos creen esto es porque sus hijos lo han dicho. Nunca le creas a un niño que dice "No me importa." Por lo general, significa lo contrario.

Si eres escéptico acerca del procedimiento, considera usar este acuerdo y ver qué sucede. La mayoría de los niños—no todos, pero casi todos—se comportará. Se alistarán en la mañana sin tu ayuda. Las reglas más importantes son guardar silencio y estar dispuesto a que los niños sufran las consecuencias—más de una vez, si es necesario. Quizá quieras avisar a la escuela sobre lo que estás haciendo. La mayoría de los maestros y directores cooperarán, sobre todo si les explicas tu propósito y le llamas al procedimiento "formación de independencia."

¿Qué sucede si no crees aguantarlo? Recuerda que tienes otras herramientas de comportamiento de Inicio para establecer rutinas. Considera las tablas, quizá con reforzadores artificiales, y el uso de un temporizador. Dado que estos niños son mayores, puedes discutir tu rutina matutina en las reuniones familiares (ver Capítulo 22). De un modo u otro, es absolutamente importante que todos inicien el día positivamente. Con los fracasos matutinos los adultos se llevan malos recuerdos al trabajo y los niños a la escuela.

¿Si eres exitoso usando las consecuencias naturales? Relájate y disfruta a tus hijos, otra taza de café y la paz y tranquilidad. ¡Buena suerte!

RESUMEN DEL CAPÍTULO

Rutina matutina

1. Levantarse de la cama
2. Baño, bañarse y lavarse los dientes
3. Vestirse
4. Desayunar
5. Salir de la casa a tiempo con todo lo necesario

14

ASEO Y QUEHACERES

Consejos para hacer que tus hijos limpien y recojan sus cosas

MIENTRAS QUE NUESTRA INVESTIGACIÓN a lo largo de los años ha indicado que la queja es el comportamiento de Alto más molesto para los padres de niños pequeños, que los niños no limpien o recojan sus cosas ha ganado consistentemente como el comportamiento de Alto más irritante. Algunos niños dejan sus cosas regadas por la casa, pero sorprendentemente también tienen suficientes cosas para tirar su cuarto. Y otros quehaceres sin hacer compiten en la casa desordenada y el cuarto desordenado para volver locos a los papás.

Desafortunadamente para nosotros, la mayoría de los niños no son ordenados por naturaleza. Quizá los genes de recoger y hacer quehaceres faltan en sus cromosomas. ¿Conclusión? Los niños requieren de entrenamiento para recoger y limpiar sus cuartos y hacer sus quehaceres.

¿Cómo puedo hacer eso? No tengo que recordarte que no logras esto regañando o aleccionando a tus hijos con "Las siete razones por las que es más fácil para mí que tengas un cuarto limpio." El conteo tampoco es muy útil en esta situación porque no brinda la motivación a largo plazo necesaria para realizar los quehaceres.

En su lugar, tienes varias opciones para tus hijos que tienen 4 años o más. Aquí están algunas muy buenas.

Estrategias para lidiar con habitaciones desordenadas

Haces corajes cuando ves la destrucción y el caos en el cuarto de tu hija. Las cosas están tiradas por todos lados. Has olvidado de qué color es la alfombra y el gato fue visto ahí por última vez hace tres semanas. Éstas son un par de rutinas a implementar:

Cierra la puerta y no veas

Tener un cuarto recogido no es cuestión de vida o muerte. No sabemos de ninguna investigación que indique que los niños que no mantuvieron una habitación ordenada sean más violentos de adultos o tengan más posibilidades de divorciarse. Además, ¿de quién es el cuarto? Tú no tienes que dormir ahí, así que, ¿por qué no sólo le pides a tu hijo que cierre la puerta para que no tengas que lidiar con el desorden?

A la mayoría de los padres no les gusta esta idea, pero antes de que descartes el método de cierra-la-puerta-y-no-veas, pregúntate esto: ¿Tienes un hijo con problemas de comportamiento o emocionales, como TDAH, problemas de aprendizaje, ansiedad o depresión? Si tienes un hijo con discapacidad o uno muy difícil de manejar, ¿por qué agregar más conflictos a tus problemas?

Imagina que tu hija odia la escuela, odia la tarea, no tiene amigos, se siente terrible la mayor parte del tiempo y pelea con su hermano constantemente. ¿Deberías abrumarla con que sus cosas están tiradas en el piso de su habitación? Es necesario que establezcan tus prioridades, porque tienes problemas más importantes que resolver. La Opción 1 es mejor que gritar o regañar.

La Opción 1 es viable para algunas familias, pero hay dos problemas con este procedimiento: 1. la mayoría de los padres la encuentra inaceptable, y 2. la ropa sucia y los platos sucios no pueden ser ignorados.

Si no quieres utilizar la Opción 1, te daremos otras más adelante. Mientras que para la ropa sucia y los platos sucios, puedes probar con casi cualquier otra táctica de comportamiento de Inicio. Temporizador, tablas o conteo (si los platos o ropa pueden ser recogidos en menos de 2 minutos). Recuerda elogiar la obediencia de vez en cuando con los niños mayores y, frecuentemente, con los más pequeños.

Algunos padres con hijos mayores les dicen que cualquier ropa que no esté en el canasto de la ropa sucia o en el cuarto de lavado simplemente se quedará sucia y el niño tendrá que lavarla. Esos son ejemplos de consecuencias naturales. El sistema de pago por servicios también puede ser considerado, tú vas por la ropa o los platos sucios al cuarto, pero cobras por tu servicio. Asegúrate de guardar silencio sobre tus acciones y mantén la tarifa razonable.

La rutina de limpieza semanal

¿No te gusta la Opción 1? La Opción 2 es la favorita de muchos padres. Con la rutina de limpieza semanal, los niños deben limpiar su habitación una vez a la semana, pero de acuerdo con tus especificaciones. Puedes explicar que los siguientes quehaceres deben realizarse: recoger juguetes, colgar la ropa, tender la cama, quizá aspirar. Se escoge un día y un horario establecido, por ejemplo, el sábado en la mañana, y el niño no puede salir, jugar o hacer algo más hasta que el cuarto esté listo y aprobado.

Limpiar el cuarto es un comportamiento de Inicio, y recompensarás al niño inmediatamente después de ordenar su habitación con libertad y elogios. Si es necesario utilizar reforzadores artificiales, estos elogios serán anotados o registrados al finalizar la actividad, de preferencia con una tabla.

Muchos padres han intentado la rutina de limpieza semanal, pero por lo regular, los adultos arruinan el procedimiento al discutir con los hijos al terminar la rutina. Nunca discutas sobre lo que necesita hacerse; da especificaciones claras desde el principio. Por ejemplo:

"Ya terminé con mi cuarto. ¿Puedo salir a jugar?"

"Tu cama no está bien tendida."

"¿A qué te refieres? Así está bien."

(El papá se da la vuelta y sale de la habitación.)
"¿Qué tiene de malo?"
"Va 1."
"¡Okey!" *(Va a terminar su cama.)*

Este papá había explicado que la cama tenía que estar perfectamente tendida, así que no hubo necesidad de explicar nada más. Su hijo comienza a probarlo, utilizando la táctica de fastidiar, y después de ignorar el fastidio una vez, el papá utiliza la estrategia del conteo. Si es necesario contar hasta 3 y mandar al niño a un tiempo fuera, ¡está perfecto! Tendrá algunos minutos para tender su cama apropiadamente.

Tácticas para recoger la casa

Permíteme aclarar algo: el método de cierra-la-puerta-y-no-veas sólo aplica para la habitación de los niños. ¡No aplica para el resto de tu casa! No debes permitir que el niño deje sus cosas en la cocina, la sala, los baños o los pasillos. (Como bien sabes, la barra de la cocina y las mesas son un lugar perfecto para dejar cosas.) Ciertamente no puedes cerrar una puerta y no ver cuando se trata de toda la casa. Aquí hay algunas rutinas útiles para los espacios comunes.

Temporizador y sistema de pago por servicios

Estas dos tácticas de comportamiento de Inicio pueden ser muy útiles para recoger la casa—especialmente cuando tienes que hacerlo en ese momento. En este caso el temporizador es muy útil para las áreas comunes como el cuarto de la tele, la sala y la cocina. Si viene un invitado sorpresa tal vez no tengas tanto tiempo para ordenar:

"Niños, el señor y la señora Johnson vienen en 45 minutos. Necesito que recojan sus cosas de la cocina para cuando lleguen. Voy a programar el temporizador."

Cuando utilizas el temporizador así, es correcto (y divertido) agregar una recompensa artificial si el cuarto se recoge en un cierto tiempo. O incluso un castigo artificial en caso de que no—si no lo hacen, te deben pagar. Sólo asegúrate de no utilizar las recompensas artificiales para cada cosa que les pidas hacer a tus hijos. Tu elogio debe ser suficiente recompensa la mayoría de la veces—y no olvides que parte de la satisfacción del niño cuando lo elogias es saber que hizo algo que te puso contento.

El método de la bolsa de basura

Este método ha sido el favorito de los padres por muchos años. El acuerdo es éste: primero alientas al niño lo más posible a no dejar sus cosas regadas por la casa. No hay que esperar perfección. Las "cosas" incluyen ropa, DVD, libros, papeles, juguetes, muñecas, zapatos, plumas, cómics, videojuegos, películas, fósiles y más.

Después, les dices que a cierta hora cada día tienen que recoger sus cosas y llevarlas a su habitación. Quizá pongas como límite las 20:00 horas, llegado el tiempo, recogerás todo lo que no esté guardado y lo pondrás en una bolsa de la basura o en un contenedor. El niño perderá el derecho a usar esas cosas hasta las 18:00 horas del día siguiente. Puedes ajustar los tiempos como más te convenga.

Algunos padres incluso amenazan a sus hijos con tirar o regalar sus cosas. Hay dos problemas con esta situación. Primero, es muy duro para tu hijo que tires sus cosas (¡pero hay papás que lo han hecho!), después de todo son sólo niños y no tienen un deseo intrínseco de recoger sus cosas. Segundo, es probable que no tires las cosas realmente, sólo amenazarás con hacerlo y te quejarás de lo injusta que es tu vida. En este caso, simplemente estás haciendo una amenaza inútil y vacía, y los niños se darán cuenta de inmediato.

Imagina que estás utilizando el método de la bolsa de basura y escogiste las 20:00 horas como límite para que tus hijos recojan sus cosas. A las 19:50 le recuerdas a tu hija de 7 años, Caitlin, que tiene que levantar sus cosas. No responde porque no cree que realmente harás algo al respecto. A las

Tip Útil

¡Tus hijos no tienen derecho a tirar toda la casa! Diles que a cierta hora todos los días, cualquier cosa de ellos que esté tirada en la casa será confiscada hasta cierta hora al día siguiente. Recoge sus cosas sin quejarte o regañarlos. Pronto verás cómo antes de la hora límite se apresuran a salvar sus cosas.

20:05, cuando comienzas a caminar alrededor de la casa con una bolsa de basura y ya llevas cinco de sus juguetes confiscados, Caitlin comprende que es en serio. Corre frenéticamente por la casa recogiendo sus cosas antes de que tú las confisques y gritando: "¡Esto es estúpido! ¡No es justo!"

Consideras contar sus gritos pero no lo haces. Pones la bolsa en el clóset de tu cuarto. El siguiente día a las 19:50 cuando dices: "¡Hora de limpiar!" Caitlin se apura a recoger sus cosas y llevarlas a su cuarto. Dices: "Buen trabajo, Caitlin—se ve muy ordenada la casa." Eres un mago motivacional.

El contenedor de 200 kilos

No puedo asumir el crédito de este plan. Una paciente me lo contó mientras hablábamos por teléfono hace muchos años. Me dijo que alzar la casa nunca había sido un problema en su familia. Esta mamá tenía un contenedor de metal de 200 kilos en la cochera, junto a su cocina. Cada vez que encontraba algo de sus hijos tirado, simplemente ponía las cosas en el contenedor.

Este procedimiento se había vuelto una rutina con sus cuatro hijos, que cada vez que alguno de ellos no encontraba alguna pertenencia, simplemente buscaba en el contenedor. Un día, por ejemplo, su segundo hijo entró corriendo a la cocina y dijo: "Mamá, no encuentro mis tenis de correr. ¿Están en el contenedor?" "Sí," contestó la mamá, y fue el fin de la conversación.

Probablemente no tengas un contenedor de 200 kilos en tu cochera, ¿o tus hijos no podrían buscar ahí aunque lo tuvieras? Una caja grande cumplirá con el propósito.

Cómo lidiar con los quehaceres

¡A esta altura del libro es probable que tú puedas escribir está sección de quehaceres! Sólo aclararemos algunos puntos. Primero que nada, elogia a tus pequeños (menores de 6 años) cada vez que te ayuden, pero no esperes que recuerden hacerlo por sí solos o que realicen actividades muy largas. Segundo, cuando los niños tienen 7 años o más, considera las reuniones familiares (ver Capítulo 22) para hablar y dividir los quehaceres del hogar. Con esta planeación evitarás hacer peticiones espontáneas.

Tercero, las tablas con una táctica excelente para los quehaceres. Sirve como recordatorio de lo que se necesita hacer y como un registro de qué tan bien fue realizada la tarea. Cuando hagas tablas de quehaceres, trata de usar sólo reforzadores naturales en un principio (elogio, la tabla misma y la satisfacción del trabajo). Ve cómo te funcionan los reforzadores naturales y sólo utiliza artificiales (mesada, puntos, y más) si no obtienes resultados porque la actividad es muy desagradable o extraña para el niño.

Cuarto, el sistema de pago por servicios es ideal para los quehaceres. Si los niños no hacen lo que deben, tú lo haces por ellos y te pagan. El pago no debe estar acompañado de regaños sobre responsabilidad. También considera que algunos niños te pagarán felices de la vida para que tú hagas el trabajo por ellos, y su comportamiento respecto a los quehaceres no mejorará. ¿Qué debes hacer en este caso? Puedes subir la apuesta—te pagan más por hacer los quehaceres. O simplemente puedes tomar el dinero y correr. Considera esto como una introducción para tu hijo en el funcionamiento de una economía de servicios: no obtienes servicio gratis; pagas por él. Hay una lección para ellos.

Un último consejo sobre mascotas. Cuidar de ellas es obviamente un quehacer. Cuando tus hijos están muy emocionados por tener un perro o un gato, muchos niños no saben que tendrán que realizar tareas aburridas con regularidad, como alimentarlos, darles agua, limpiarlos y cepillarlos. Cuando se trata de mascotas, las tácticas de comportamiento de Inicio no son igual de útiles. El elogio, el uso de un temporizador y las tablas siempre ayudan. La táctica de consecuencias naturales es inapropiada, porque este método pone en peligro al animal. Tal vez el mejor método para las mascotas sea el sistema de pago por servicios, porque puedes cuidar del animal mientras tu hijo aprende sobre responsabilidad.

En lo que se refiere a los mascotas, sin embargo, el mejor consejo para padres es el siguiente: no compres ningún animal que no quieras cuidar tú.

RESUMEN DEL CAPÍTULO

Las rutinas favoritas de los papás para el aseo y los quehaceres:

Para recoger cuartos:
La rutina de limpieza semanal

Para alzar la casa:
El método de la bolsa de basura

Para quehaceres (excepto la tarea de la escuela):
El sistema de pago por servicios

15

SOBREVIVIR LA HORA
DE LA COMIDA

Qué hacer cuando tus hijos
no quieren comer

SUPUESTAMENTE LAS COMIDAS SON un momento para que las familias convivan y formen lazos. La cena es un momento para abrirse, platicar del día y disfrutar de la compañía de todos. Desafortunadamente, cuando mezclas ciertas intranquilidades de la infancia, un poco de rivalidad entre hermanos, a un comedor de verduras meticuloso o dos, y adultos cansados, por lo general, obtienes una receta para reuniones desagradables.

Mañoso Peter que no quiere comer

Aquí está una situación que todos los padres han experimentado alguna vez. Es hora de la comida en la casa de los Jenkins. Peter, sin embargo, no está contento. Está jugando con la comida en su plato sin entusiasmo mientras que su hermana, Alicia, mastica alegremente.

Mamá: "Vamos, Peter. Termina tu comida."

Peter: "No tengo hambre."

Papá: "¿Qué comiste saliendo de la escuela?"

Peter: "No mucho."

Papá: "Entonces, ¿por qué no estás comiendo?"

Peter: "¡Estoy comiendo!"

Mamá: "¡No, no estás comiendo!"

Peter: "Nunca hay nada que me guste."

(Silencio. Los padres frustrados se miran y siguen comiendo.)

Peter: "¿Por qué tengo que comer esto?"

Mamá: "Porque, ya sabes, quieres crecer fuerte y grande. Necesitas energía."

Peter: "Pero no me gusta."

Tip Útil

Intenta esto con tus comedores mañosos. Dales porciones pequeñas y luego programa el temporizador en 20 minutos. Si el niño se termina su plato antes de que suene el temporizador, puede comer postre. No rogarás ni harás peticiones—el temporizador hará eso por ti.

Mamá: "Okey, si no te lo terminas, no habrá postre y nada más de comer antes de dormir. ¿Entendiste?"

Alicia: "A mí me gusta lo que estamos comiendo."

Peter: "¡Cállate!"

Papá: "Peter, tienes 5 minutos para terminar."

Peter: "¡La comida del perro es mejor que esta basura!"

Papá: "¡Ve a tu cuarto, inmediatamente, jovencito! ¡No es modo de hablarle a nadie!"

(Peter va a su cuarto. Alicia come otro bocado.)

Esta escena no es una interacción familiar cálida y amigable. Este episodio tiene todos los elementos para el desastre: un comedor mañoso, dos hermanos que pelean y dos padres cansados que hablan demasiado y hacen preguntas tontas. Aquí están varias rutinas para ayudarte a evitar este tipo de problema.

Estrategias para la hora de la comida

Porciones pequeñas y un temporizador

¿Tienes comedores mañosos como Peter? Saca un temporizador y prográmalo para 20 minutos cuando se sienten a la mesa. Diles a los niños que tienen que terminar su comida en ese tiempo. Si terminan de comer en 20 minutos, podrán comer postre. No está permitido que hagas peticiones para que coman; para eso está el temporizador.

Cuando comienzas con el método del temporizador, inicialmente dales a tus hijos porciones muy pequeñas de los alimentos que no les gustan. Incluso ridículamente pequeñas, de ser necesario, como tres chícharos, una cucharadita de puré de papa y dos pedacitos de carne ya cortada. Las investigaciones muestran que los niños que están expuestos a nuevas comidas, pero no obligados a comerlas a menudo cambian de parecer y empiezan a disfrutar posibilidades más exóticas. Ese resultado es más sano para ellos a largo plazo.

Si los niños no se comportan a la mesa, serán contados. Si alguno llega a la cuenta de 3, debe cumplir un tiempo fuera de 5 minutos, mientras el temporizador avanza. No debes hacer los comentarios: "Apúrate, el temporizador sigue avanzando." O: "¡Deja de babosear y ven a comer, jovencito!" También estás consciente a estas alturas que no debes contar a los niños por no comer. Comer es un comportamiento de Inicio, no un comportamiento de Alto. ¿Qué ayudará a que los niños terminen sus alimentos? El temporizador: tic-tic-tic. Puedes elogiar a los niños cuando coman.

¿Qué sucede si el temporizador suena y todavía no han terminado de comer? No habrá postre—al menos por el momento. Recoge el plato, llévalo a la cocina y tápalo con plástico. Después de media hora, el niño tiene derecho a terminar su comida si quiere. Puedes calentar la comida si es necesario. Si el niño no se come lo que sobró de sus alimentos, está bien—pero no habrá postre para él. Algunos padres tiran los restos de la comida del niño cuando el temporizador suena, pero este procedimiento es un poco extremo.

Mantente firme cuando un mañoso hambriento que no se terminó su comida te pida algo de comer en la tarde.

RONDA 1

"Estoy listo para mi helado."

"Tendrás que terminar tu comida primero, cariño."

"Está fría."

"La calentaré por unos minutos y estará como nueva."

"No me gustó de cualquier modo, sólo quiero un poco de helado."

"Conoces las reglas, cariño. Tienes que terminarte tu comida primero. Recuerda que no te serví mucho."

"¡Nunca me das nada!"

"¿De qué hablas? ¡Ya es suficiente! ¡Termina tu comida!"

"¡Te odio!"

Esta interacción fue una desafortunada pérdida de tiempo y dañó la relación.

RONDA 2

"Estoy listo para mi helado."

"Tendrás que terminar tu comida primero, cariño."

"Está fría."

"La calentaré por unos minutos y estará como nueva."

"No me gustó de cualquier modo, sólo quiero un poco de helado."

"Va 1."

"¡Entonces me iré a dormir muerto de hambre!" *(Sale de la cocina)*

La mamá lo hizo mucho mejor. No hubo explicaciones de pequeño adulto y la madre ignoró el martirio de su hija.

La regla tres de cuatro

Retomemos el caso de Peter. Imagina que los padres de Peter reflexionan sobre la situación en la comida y se les ocurre un nuevo plan. Mamá y papá le explican el nuevo arreglo a su hijo. Si Peter se come tres de cuatro cosas de su plato, el niño puede comer postre. Las porciones serán más pequeñas, y Peter tendrá que probar la cosa que decida no comerse.

La primera comida bajo este régimen sale bien. Aunque están un poco nerviosos, ambos padres evitan hacer incitaciones ansiosas. Peter se termina sus porciones pequeñas de carne, puré de papas y chícharos. Después de probar la ensalada, deja el plato. Come helado de postre.

Después de la revisión de la hora de comer, la primera semana transcurre sin ningún incidente. Peter y sus padres de hecho disfrutan estar juntos. La conversación es vivaz y amigable.

"Peter, ¿cómo estuvo la película que viste con tu amigo?"

"¡Muy buena! Tienen que verla."

"¿Crees que nos guste a nuestra edad?"

"¡Claro! Vamos—la veré de nuevo con ustedes."

"Bueno, si tu mamá quiere, es posible."

"Mamá, tienes que venir. ¡Está excelente! Hay una parte en la que…"

Así es como se supone que deben ser las comidas. ¿Pero que sucede si Peter y Alicia comienzan a pelear? Ambos serán contados. En nuestra escena original, sería algo así:

Peter: "Pero no me gusta."

Mamá: "Okey, si no te lo terminas, no habrá postre y nada más de comer antes de dormir. ¿Entendiste?"

Alicia: "A mí me gusta lo que estamos comiendo."

Peter: "¡Cállate!"

Mamá: "Va 1 para los dos."

Algunos quizá se pregunten por qué debería contarle a Alicia. Lo único que hizo fue decir, "A mí me gusta lo que estamos comiendo." ¿Puedes adivinar la respuesta? Está en el momento en que hizo el comentario.

> **Concepto Clave**
>
> ¿Quién dice que tienen que comer juntos todos los días del año? Considera tener días especiales donde cada quién coma dónde quiera. O—mejor aún—tengan días donde un padre sale a comer con un hijo. ¡Es diferente y es divertido!

La rutina de divide y conquista

Muchos padres parecen creer que hay una ley que dicta que cada familia debe comer junta todos los días del año. La comida o cena es el momento en que, de acuerdo con los expertos, se da la "unidad de la familia" y cada persona puede "compartir su día" con los demás miembros de la familia. Sin embargo, algunas veces la comida se vuelve un momento hostil. El temperamento y el apetito se pueden perder.

¿Qué pueden hacer los padres para mejorar esta situación? Una solución, aparentemente obvia, es no comer todos los días juntos. Aunque algunos consideran esto como un sacrilegio, por mucho supera el pelear todos los días. ¡Ahora sólo pelearás uno que otro día!

Puedes considerar darles de comer a los niños primero o dejarlos comer frente a la televisión. O, de vez en cuando, deja que el niño coma donde quiera, siempre y cuando regrese sus platos a la cocina. Luego los papás podrán comer en la cocina o tener una cena tranquila, o si eres un padre soltero, quizá quieras un momento para ti de vez en cuando.

Otra idea es que periódicamente cada padre salga a comer con cada uno de sus hijos como una ocasión especial. Una vez a la semana estaría bien. Está salida entre padre e hijo será algo que le encantará al niño. También es una ocasión en donde no será posible la rivalidad entre hermanos, así que el padre está más relajado y es capaz de disfrutar el momento.

Piensa en la hora de la comida. Comer debería ser una experiencia placentera. De hecho, para la mayoría de los niños, comer es una actividad disfrutable y natural que no requiere de mayor intervención de los padres. Con un poco de planeación podrás disfrutar tus tardes mucho más.

RESUMEN DEL CAPÍTULO

Posibles rutinas para la hora de la comida

1. Porciones pequeñas y un temporizador
2. La regla tres de cuatro
3. La rutina de divide y conquista

16

ABORDAR EL PROBLEMA DE LAS TAREAS

Qué hacer cuando la tarea escolar está afectando a tu familia

LAS GUERRAS CIVILES CON la tarea hacen que las noches de escuela sean miserables para toda la familia. Las batallas por la tarea escolar pueden durar 1, 2, 3 o 4 horas. La gente comienza a temer la tarde, las relaciones se vuelven tensas y el niño en cuestión aprende a odiar la tarea más y más. El hermano está en la mesa de la cocina viendo por la ventana con una mirada agria. La hermana del niño, que terminó su tarea hace años, se sienta en el otro cuarto, viendo la televisión con aire de suficiencia. Mamá y papá van a la cocina cada 5 o 10 minutos para ver cómo va el niño. Conclusión, un día echado a perder.

¿Cómo puedes hacer que la hora de la tarea sea tolerable y eficiente?

¡Sin peticiones espontáneas!

Antes que nada, lo peor que puedes hacer es preguntarle a tu hijo—cada vez que se te ocurre—si tiene tarea. Éste es un ejemplo de una petición espontánea, y es probable que tu pregunta genere hostilidad. La tarea debe ser una rutina diaria que se realiza a la misma hora y en el mismo lugar, dentro de lo posible.

Una de las mejores formas de establecer una rutina buena es dejar que el niño juegue durante 30 o 45 minutos después de comer, y luego se siente en un lugar tranquilo para terminar su tarea antes de las 18:00 horas. Así tendrá lo que queda de la tarde libre—y también estará libre de peleas por tareas para ti. Para muchos niños es mejor hacer la tarea en la tarde en lugar de en la noche porque tienen más energía.

No permitas que tu joven estudiante realice su tarea con la televisión prendida. La televisión siempre es un distractor. Lo creas o no, la música de un CD o iPod está permitida. Para algunos niños y adolescentes, la música les brinda un ruido de fondo consistente que bloquea cualquier otra distracción.

Estrategias útiles para la tarea

Consecuencias naturales

Si es la primera vez que tienes problemas con que tu hijo haga su tarea, prueba primero con el método de las consecuencias naturales. Eso significa que no haces nada. Mantente callado y ve si la maestra y tu hijo pueden resolver el problema. Muchos padres se preocupan demasiado pronto por el desempeño de su hijo con las tareas escolares, con el resultado de que el adulto se encarga de la situación y no permite que el niño aprenda—y ejercite—la responsabilidad.

Deja que tu hija, por ejemplo, le explique a su maestra por qué no terminó la tarea. Y cuando más tarde se queje tu hija sobre lo enojada que estaba su maestra con ella por no entregar la tarea, en vez de decir: "Te lo dije," di: "Debió haber sido vergonzoso para ti, pero estoy segura de que lo harás mejor." Si este acercamiento no funciona después de unas semanas, entonces cambia por alguna otra alternativa de las que veremos a continuación.

Si has tenido problemas con la tarea año tras año, obviamente no puedes depender de las consecuencias naturales para resolver el comportamiento. Con problemas crónicos, tendrás que analizar con cuidado por qué tu hijo está teniendo tanta dificultad. Los niños con problemas de aprendizaje y déficit de atención, por ejemplo, no sólo necesitan una buena rutina de tareas, quizá sea necesario un tutor, algún tratamiento u otro tipo de escuela.

Hojas de tarea

Las hojas o libretas tarea pueden ser extremadamente útiles para los niños que tienen problemas con su tarea. Las libretas de tarea te dicen exactamente qué tarea hay por cada materia, lo que—entre otros beneficios—ayuda a prevenir que tu hijo mienta sobre qué tiene que hacer. Muchas escuelas hoy en día dejan las actividades por intranet, donde los niños olvidadizos pueden acceder después de la escuela y revisar su tarea.

Parte de la idea de la hoja de tarea, por supuesto, es que después de que el niño realice la tarea, los padres pueden compararla con la lista de cosas por hacer. Si estás considerando utilizar este método, debes incluir rutinariamente nuestros siguientes dos procedimientos: el método PNP y el Chequeo a detalle.

El método PNP

Imagina que tu hija hizo su preexamen de *Spelling* de media semana. Hay diez palabras en la lista, de las cuales deletreó nueve correctamente y una mal. Cuando te lleva su examen lo primero, naturalmente, es señalar la palabra que deletreó mal. ¿Correcto?

¡Incorrecto! PNP significa "Positivo–Negativo–Positivo." Cada vez que tu hijo te lleve un trabajo o examen, lo primero que debes decir es algo positivo—algún elogio. Podrías elogiar que tu hija se acordara de enseñarte su trabajo. Después de decir algo positivo sobre el esfuerzo del niño, podrías hacer un comentario negativo, sólo si es absolutamente necesario.

Finalmente, debes concluir tus observaciones con otro comentario positivo. Así que el procedimiento sería Positivo-Negativo (en caso de ser necesario)-Positivo.

El Chequeo a detalle

Nuestra siguiente idea, el Chequeo a detalle, te ayudará a que tus tardes sean más placenteras. Este método está basado en el hecho de que las 20:00 horas, no es momento de esperar perfección escolar. Trabajaste todo el día de tiempo completo—¡antes de siquiera empezar con la tarea!

Al menos de que haya una indicación para lo contrario, si la tarea de tu hijo está 80% ordenada, correcta y completa, considera el trabajo hecho. Deja que tu hijo y la maestra revisen la tarea mañana.

Este consejo es doblemente cierto para niños con TDAH o problemas de aprendizaje, quienes están de por sí teniendo dificultades en la escuela. También puedes ajustar tu criterio para el Chequeo a detalle de acuerdo con su desempeño general. Si, por ejemplo, tu hijo es normalmente un excelente alumno (10 o 9 de promedio), puedes considerar elevar el porcentaje de la tarea a 90% o más ordenada, correcta y completa.

Entendí esté consejo de la manera difícil. Una vez vino a verme una mamá a mi consultorio y me dijo que su hijo de 12 años estaba cada vez más deprimido, más irritable y más distante con los demás integrantes de la familia. Resulta que la tarea era un gran problema para este niño cada noche. Cuando terminaba, se la llevaba a su papá para revisión. Esas eran las buenas noticias. Las malas noticias era que si su trabajo no estaba absolutamente perfecto, ¡el papá rompía la tarea y el niño tenía que volverla a hacer!

Así que, si la tarea de tu hijo está en general ordenada, correcta y completa—pero no perfecta—considera el método PNP. No le digas que su tarea es excelente, porque no lo es. Simplemente dile que su trabajo es bueno y reconoce partes específicas de lo que ha hecho. Los padres perfeccionistas que se infartan con esta sugerencia necesitan estar en contacto con la realidad emocional de la niñez y el valor de establecer expectativas reales para sus hijos.

Tablas para la tarea

Un sistema diario de tablas puede ser de gran ayuda para mejorar el trabajo académico y disminuir la hostilidad de las tareas. Esto es especialmente cierto cuando las tablas se combinan con el Chequeo a detalle y el método Positivo-Negativo-Positivo, y cuando se evitan las peticiones espontáneas.

Dado que los niños mayores son generalmente los que tienen dificultad con la tarea, una escala de 5 puntos puede ser utilizada en la tabla en lugar de estampas. 5 es la calificación más alta y 1 la más baja. El niño puede ganar 1 punto por cada una de las siguientes cosas:

Tip Útil

Lo primero que debes decir cuando tu hijo te muestra su tarea es algo positivo—aunque sea sólo reconocer que te enseñó su tarea. Y recuerda: las 20:00 horas no es momento de esperar perfección académica.

Ordenada:	1 punto
Correcta:	1 punto
Completa:	1 punto
Sin quejas:	1 punto
Empezar por sí solo en la hora acordada sin necesidad de recordatorios:	1 punto
PUNTUACIÓN TOTAL POSIBLE:	5 puntos

Los niños pueden obtener los primeros 3 puntos al tener un mejor desempeño que el porcentaje de ordenado, correcto y completo que hayas solicitado de acuerdo con tus reglas del Chequeo a detalle. El punto de no quejarse se gana si el niño no gime o lloriquea sobre tener que hacer la tarea.

El último punto es crucial. Algunas veces llamamos al punto 5 "punto mágico," porque si puedes hacer que un niño comience su tarea por sí solo, a cierta hora y sin necesidad de recordarle, ¡la batalla está más que

Tip Útil

Cuando hagas tablas para las tareas utilizando el sistema de los 5 puntos, el quinto es el "punto mágico". Un niño se gana el último punto si comienza su tarea en el horario establecido sin la necesidad de que alguien le recuerde. ¡Ésa es la mitad de la batalla!

ganada! También puedes programar juegos de incentivos amigables con este último punto. Por ejemplo, tres días seguidos de empezar su tarea por sí solo en el horario establecido es igual a 1 punto extra. O empezar 15 minutos antes y terminar en un tiempo razonable es igual a 2 puntos extras.

Recuerda que, para algunos niños con problemas de aprendizaje, tendrás que utilizar reforzadores artificiales para motivarlos durante todo el proceso de hacer la tarea. Tu exitoso estudiante podrá ganar una comida especial contigo, adelantar parte de su mesada o tiempo extra en un nuevo videojuego por obtener cierta cantidad de puntos durante la semana. Cada recompensa requerirá de diferente cantidad de puntos. Revisa nuestra lista de posibles elogios en el Capítulo 12.

Tampoco olvides el temporizador cuando lidies con problemas de tarea. Una táctica efectiva es utilizar el aparato para dividir el trabajo en lapsos más pequeños y manejables de tiempo (15-20 minutos). El temporizador también ayuda a que los niños se mantengan haciendo su tarea. Si tu hijo se queja de que el sonido del temporizador le estorba, usa un reloj de arena, una computadora o un cronómetro digital.

Hacer del tiempo de la tarea una rutina manejable puede hacer maravillas con tus hijos y contigo. La tarea no se volverá necesariamente divertida, pero no será una batalla diaria entre tu hijo y tú. Si has intentado las tácticas que sugerimos por cuatro o seis semanas y aún así sientes que las cosas no han mejorado, tal vez sea tiempo de que busques una evaluación profesional o una evaluación por parte de la escuela. Las dificultades de visión y audición, los problemas de aprendizaje específicos, déficits de atención y muchos problemas más, pueden hacer que la tarea sea muy difícil para algunos niños. Es recomendable un diagnóstico cuando el niño tiene problemas académicos en la escuela y batalla con las tareas en la casa.

RESUMEN DEL CAPÍTULO

Facilitadores de tarea

1. ¡No peticiones espontáneas!
2. Consecuencias naturales
3. El método Positivo-Negativo-Positivo (PNP)
4. El Chequeo a detalle
5. Tablas

¡Utiliza las mismas tácticas para las prácticas de instrumentos musicales!

17

HORA DE DORMIR

Cómo lidiar con la pesadilla de la hora de dormir

PARA MUCHAS FAMILIAS, ACOSTAR a los niños es una pesadilla diaria. Aunque técnicamente la hora de dormir es a las 21:00, a las 22:30 los niños aún están paseando por la casa pidiendo agua, diciendo que oyeron un ruido afuera o yendo al baño por veintava ocasión. Esta "rutina" puede estar acompañada de discusiones, lo cual sólo asegura que todos se queden despiertos hasta terminar el episodio.

Con un poco de ingenio, esta mala forma de terminar tu día podría evitarse, tus días laborales son suficientemente largos. Muchas de nuestras tácticas de comportamiento de Inicio pueden ser utilizadas para la hora de dormir. Reúne las estrategias y tendrás rutinas maravillosas y útiles para lidiar con la hora de dormir—enviarlos a su cama, que se queden en su cama y que no se despierten en la noche. ¡Sin expresión de deseos por parte de los padres!

El método básico para la hora de dormir

Antes que nada, establece un horario de dormir y respétalo. La hora de dormir puede variar, por supuesto, dependiendo de si es una noche de escuela o fin de semana, semestre escolar o verano. Pero las excepciones deben ser mínimas. De otro modo, la hora de dormir estará abierta a negociación cada noche, y después a pruebas y manipulación.

Digamos que tienes un hijo de 9 años, y decidiste que su hora de dormir será a las 21:00 entre semana. El método básico para la hora de dormir funciona así. A las 20:30 pones el temporizador en 30 minutos y le dices a tu hijo que es hora de alistarse para dormir. Esto significa que tiene que hacer todo lo necesario para irse a dormir (baño, dientes, piyama y demás actividades)—por sí solo—y luego avisarte. Haz perfectamente clara la rutina de preparación. Si tu hijo tuviera 2, 3 o 4 años, tendrías que ayudarlo a alistarse, pero aplican las mismas recompensas y consecuencias.

Cuando el niño ha completado las actividades necesarias, te debe avisar. Si cumplió con todo, elogia sus esfuerzos. Y la recompensa es que el tiempo que sobra entre las 20:30 y las 21:00 es para ustedes dos, pueden leer un cuento o simplemente platicar. Los niños aman el tiempo uno a uno con los padres. Quédense en la habitación y no hagan cosas muy emocionantes.

Este tiempo especial cumple con tres propósitos. Primero, es un reforzador inmediato para que el niño se aliste por sí solo para ir a dormir. Segundo, los minutos restantes antes de la hora son un momento agradable para ambos. Y finalmente, este momento contigo ayuda a que el niño se relaje y esté en un estado adecuado—físico y mental—para dormir.

Si tienes dificultades para hacer una lista de lo que tu hijo necesita hacer antes de dormirse, sólo piensa en todo lo que tu hijo

> **Tip Útil**
>
> El método básico para la hora de dormir te ahorrará muchas molestias en la noche. El primer requisito es que escojas una hora de dormir—¡y la respetes! La hora de dormir no puede negociarse cada noche.

generalmente te dice que le falta hacer después de que lo acostaste, y tendrás una lista de inmediato:

"Tengo hambre y quiero agua."

"Tengo miedo."

"Necesito ir al baño."

"La piyama pica."

"Hay un ladrón en la cocina."

Y así, continúa. Cada elemento de la lista debe ser atendida como sea posible antes de que tu hijo se meta en la cama. Una advertencia, no te acuestes en la cama. Parece como si existiera una ley biológica que dice: si tienes más de 25 años, y ya son más de las 20:00 horas, y te pones en una posición horizontal por más de 3 minutos, te quedarás dormido inmediatamente. ¡Y a los niños les encantará! Disfrutarán la comodidad y novedad de que duermas junto a ellos, pero pronto se volverán dependientes de este acuerdo y esperarán—o demandarán— tu presencia cada noche.

Y ahora, el gran final. Cuando sean las 21:00, mete al niño a la cama, dale un beso de buenas noches y sal del cuarto. Habrás tenido un gran momento con él y tu trabajo de crianza habrá terminado por el día.

¿Correcto? Tal vez no. A estas alturas algunos padres dicen: "Que ingenuo eres. ¡Cuando salgo del cuarto me sigue inmediatamente!" O: "Si bajo a la cocina, es seguro que aparezca en menos de 3 minutos." ¿Qué hacer si tu hijo no se queda en la cama después de la hora acordada?

Salirse de la cama

Algunos niños simplemente no se pueden quedar en su cama. Cuando intentas hacer tus cosas, siempre se les ocurren pretextos para salirse de la cama. ¿Por qué? Generalmente es porque 1. tienen miedo, 2. están aburridos, o 3. ambas.

Cuando mi hijo tenía 8 meses de nacido, se salió de su cuna por primera vez. Mi esposa y yo estábamos sentados en la sala de nuestra casa, relajados y pensando que el día ya había terminado, cuando apareció este tierno niño, sonriendo de oreja a oreja y muy orgulloso de que se había salido de su cuna por sí solo por primera vez en su vida. Como padres jóvenes, interpretamos este evento como el fin del mundo que conocíamos. Tuvimos visiones de nuestro pequeño levantándose en la madrugada, llamando a sus amigos, asando bombones en la estufa o peor.

En desesperación—y olvidando temporalmente que soy un psicólogo clínico infantil—encontré algunos restos de madera y cordón y construí 30 cm más altos todos los lados de la cuna. El artilugio duró dos noches.

A la tercera noche nuestro niño descubrió una manera de escalar estas nuevas alturas y escapar de su cuna otra vez. Así que tuvimos que idear un nuevo plan. Razonar con un niño de 8 meses habría sido inútil. No sólo eso, ahora nuestro hijo consideraba un reto salirse de su cuna. Así que mi esposa y yo decidimos que nuestra única opción era entrenar a nuestro hijo para que se quedara en su cama—o al menos en su habitación.

Pusimos una silla en la puerta de su cuarto, y después de terminar la preparación para dormir, uno de los dos (nos turnamos) se sentaba en la silla mirando el pasillo. Dejamos un lado de su cuna abajo, porque alzarla era inútil y prendimos un ventilador de piso para que generara ruido blanco. No decíamos nada después de la hora de dormir. Si nuestro hijo se salía de la cama, lo regresábamos. Después de un rato, nos dimos por vencidos de regresarlo a su cama, y simplemente se quedaba dormido en la alfombra. Lo tapábamos con una cobija y salíamos del cuarto, porque si tratábamos de regresarlo a la cama se despertaba.

La estrategia para lidiar con los niños que se salen de su cama está basada en un principio psicológico básico: "Si un niño se sale de su cama después de la hora de dormir, mientras más tiempo se quede levantado, mayor será el reforzador de su comportamiento." Y cuanto más va a querer seguir levantándose en el futuro. La conclusión esencial es que debes cortar el paso de la puerta de la habitación. Esta táctica no es divertida para los padres, pero la hora de dormir no es momento para ilusiones. Tampoco es momento para conversaciones ridículas con niños pequeños sobre por qué deberían quedarse en su cama.

Si tu hijo tiene más de 5 o 6 años, puedes usar tablas para alentarlo a quedarse en su cama. Si utilizas tablas para la hora de dormir no podrás decirle inmediatamente a tu hijo cómo lo hizo, porque si lo hace bien, no estará despierto. Por lo tanto habrá un gran retraso—hasta la mañana siguiente—antes de que descubra cómo lo calificaste. Sin embargo, las tablas pueden funcionar, así que no las descartes.

> ## Advertencia
>
> Nunca olvides un hecho muy importante: "Si un niño no quiere quedarse en su cama a la hora de dormir, mientras más tiempo pase levantado y mientras más lejos de su cuarto llegue, mayor será el reforzador de su comportamiento." ¿Tu trabajo? No dejes que pase de la puerta de su cuarto.

Vigilia nocturna

Algunos niños se despiertan en la noche, hace un poco de ruido y se vuelven a dormir. ¡No hay problema! Otros niños pasarán por etapas donde se aparecen junto a tu cama a la mitad de la noche con una petición vaga por tu ayuda. Esto puede pasar una docena de veces por noche o más. ¡Gran problema!

Los problemas relacionados con la hora de dormir son los más complicados de tratar, porque a la mitad de la noche la mayoría de los padres no están en su sano juicio—y tampoco los niños. También puede ser muy molesto ser despertado de un sueño profundo, haciendo que sea más difícil para ti responder adecuadamente.

Cuando nuestra hija tenía 7 años, pasó por una fase en donde se aparecía junto a nuestra cama a la mitad de la noche. Cuando le pre-

guntábamos cuál era el problema, ella contestaba algo extraño como: "El elefante se escapó." Por supuesto, en la madrugada nadie piensa claramente, así que respondíamos con algo igual de ridículo, como: "¿A dónde se fue?" Estos episodios extraños duraron varios meses hasta que utilizamos el procedimiento de vigilia nocturna que describiré a continuación.

Más adelante hay una serie de pasos que han

probado ser efectivos para responder a los episodios de la hora de dormir. Cuando estos pasos son llevados a cabo calmada y consistentemente, la mayoría de los niños regresarán a dormir toda la noche en pocas semanas. Recuerda: si alguna vez hubo un momento para nuestras reglas "No hablar" y "Sin emoción," ¡es a la mitad de la noche!

Pasos para lidiar con la vigilia nocturna

1. **Acepta que un poco de vigilia es normal.** Trata la vigilia nocturna periódica como un escenario temporal. Esta forma de pensar te ayudará a estar menos molesto. Por supuesto, si el problema lleva cuatro años, no es una etapa temporal y deberías hablar con tu pediatra sobre el problema.

2. **No vayas al cuarto del niño a menos que sea necesario.** ¿Cuándo tienes que ir al cuarto de tus hijos durante la noche? Si está realmente alterado o no se tranquiliza, es mejor que revises qué sucede. Por otro lado, algunos niños harán un poco de ruido, irán de aquí para allá un rato y luego regresarán a dormir. Dales chance de hacer eso.

3. **No hablar y sin emoción.** Estas reglas calmantes aplican el doble para los incidentes relacionados con la hora de dormir, porque el hablar y la emoción—especialmente el enojo—despiertan a todos. ¿Alguna vez has intentando dormir cuando estás furioso? No puedes. A la mitad de la noche, incluso preguntarle al niño qué sucede es por lo general inútil, porque el niño está atontado y no puede decirte mucho que sea útil.

4. **Asume que el niño tiene que ir al baño.** Tu hijo se acerca a tu cama en la madrugada mascullando incoherentemente. Es probable que alguien se tenga que levantar. Ésta es una situación interesante, una en la que ciertas personas podrían ganar premios por sus actuaciones de dormir. El ronquido de papá se vuelve más fuerte y las cobijas cubren su cara. Aunque no puedan o quieran decirlo, muchos niños se despiertan porque quieren ir al baño. Pero están tan adormilados que no pueden expresar la

sensación física. Así que trata de llevarlos o cargarlos al baño y ve qué sucede.

5. **Sé gentil y callado.** Maneja y guía a los niños en voz baja mientras caminas en la oscuridad. No los presiones aunque estés irritado. Quieres que sigan adormilados.

6. **¡No luces!** Las luces despiertan tanto a los papás como a los niños muy rápido, lo que complica que los niños se vuelvan a dormir. Tus ojos deberían adaptarse a la oscuridad a la mitad de la noche, así que muévete tan bien como puedas en la oscuridad.

7. **No permitas que regularmente el niño duerma contigo.** Que tu hijo duerma en tu cama se puede volver un hábito difícil de romper. Desafortunadamente, dejar que el niño se suba a la cama contigo es la forma más sencilla de calmarlo. Además, quedarse en la cama ciertamente es tentador, pero pagarás por estos momentos de debilidad de dos formas. Primero, lo pagarás inmediatamente si el niño en realidad quería ir al baño, porque se moverá mucho. Segundo, lo pagarás después cuando no puedas hacer que el niño regrese a su cuarto sin hacer un berrinche.

Una excepción a esta regla es: si hay una tormenta fuerte, con truenos y rayos, podría ser beneficioso dejar que el niño duerma en el piso junto a tu cama, con bolsas de dormir y almohadas, porque apreciarán el bienestar psicológico. Nosotros teníamos este acuerdo con nuestros hijos cuando eran pequeños. Durante cualquier noche de tormenta, a los 45 segundos del primer trueno, nuestra puerta del cuarto se abría y dos figuras pequeñas aparecían. Cada uno tenía una bolsa de dormir en una mano y su almohada en la otra. Era tierno. Sin decir una palabra, los niños se acomodaban en el piso y se quedaban dormidos inmediatamente, olvidándose de la tormenta. Para eso están los papás.

Historias de la vida real sobre la hora de dormir

Ahora, utilizando los siete pasos para la hora de dormir, veamos si podemos persuadir a algunos niños de regresar a su cama—y volverse dormir.

- **Josh, 9 años.** Josh ha estado durmiendo con regularidad duran-te toda la noche. El martes en la noche, sin embargo, ve una película de miedo en la televisión. A las 02:45 a.m. escuchas unas oraciones cortas, ansiosas y sin sentido. Esperas unos minu-tos para ver si se despierta o se levanta de su cama, pero no vas a su cuarto. Después de unos minutos se vuelve a dormir y des-cansa por el resto de la noche.
- **Rachel, 6 años.** Rachel ha estado inquieta en la cama por algu-nas noches consecutivas, pero no se ha levantado. Sin embargo, el jueves en la noche aparece junto a tu cama, mueve tu brazo y dice que tiene miedo. No dices nada, te levantas, pones tu brazo gentilmente alrededor de su hombro y la llevas al baño. Se sienta en el escusado por un momento con las luces apagadas. Rachel quería ir al baño. Cuando termina, la llevas calmadamente a su cama, la arropas y le das un beso. Esperas un segundo junto a su puerta para ver que se quede dormida, y después de que está callada por unos minutos, regresas a tu cama.
- **Jim, 4 años.** Jim se ha estado levantado varias veces de la cama en la noche. No regresa a dormir por sí solo y empie-za a hacer un escándalo si le dices que regrese a dormir. No sabes si está asustado o es algo más. Si lo llevas a su cuarto, llora o empieza a gritar cuando tratas de salir. Dice que quiere dormir contigo. Sabes que no está enfermo—acaba de hacerse un chequeo general.

La última situación es más difícil, obviamente, que los primeros dos ejemplos. No quieres que Jim despierte a todos en la casa, pero tampoco te gusta la idea de ceder a sus pruebas. ¿Qué debes hacer?

Cuando Jim aparece junto a tu cama, primero lo llevas al baño—sin luces y sin hablar. Sí quiere ir al baño. Después lo llevas a su cuarto, lo pones en la cama y lo arropas. Sabes que probablemente llore si intentas irte, así que antes de que tenga oportunidad de siquiera eno-jarse, toma una silla, quédate junto a su cama y espera a que se vuelva a dormir. Si has hecho bien lo principal—como no luces y no dis-cusiones—tu hijo debería seguir un poco adormilado. Aunque esta rutina no es divertida, pronto verás que la estrategia funciona. Jim se vuelve a dormir inmediatamente.

Con algunos niños este procedimiento debe ser repetido varias veces durante la noche por varias semanas antes de que el niño comience a dormir toda la noche, así que prepárate. De todas las familias que he visto en mi práctica, el récord para el mayor número de levantadas en una sola noche ¡es 17! Este caso involucraba a una niña de 3 años y logramos que durmiera toda la noche en tan sólo dos meses.

Si crees que necesitas quedarte al pie de cama de tu hijo después de arroparlo de nuevo durante la noche, ten lista tu silla de antemano. Entonces, después de una semana aproximadamente de usar este procedimiento, gradualmente comienza a alejar la silla de la cama.

Ahora veamos la **Historia de la vida real 3**. En *El caso del caos antes de dormir,* conocerás a una pequeña niña que estaba volviendo locos a sus papás por no quedarse en su cama. ¡También verás cómo los papás solucionaron el problema!

LA HORA DE DORMIR

Como has aprendido en el programa 1-2-3 por arte de magia, una gran parte del trabajo de crianza 2, fomentar el buen comportamiento, es establecer rutinas razonables y consistentes. Los niños lo hacen mucho mejor cuando las cosas que quieres que logren—como terminar su comida y hacer la  tarea—son llevadas a cabo todos los días a la misma hora y más o menos de la misma manera.

Una de las rutinas diarias más importantes es alistar a los niños para la hora de dormir—y hacer que se queden en su cama. Arruina este trabajo y todos lo pagarán muy caro, no sólo en la noche, también al día siguiente. Eso fue lo que nos pasó a nosotros. Tuvimos que aprender de la forma difícil cómo lidiar con la hora de dormir de nuestra pequeña, ¡pero qué alivio una vez que lo logramos!

Ésta es nuestra historia...

Yo me arrastraba todo el día porque estaba muy cansado. Mi esposa tenía problemas en el trabajo porque estaba muy cansada. Constantemente éramos oscos entre nosotros y temíamos la noche. ¿Por qué? Nuestra hija, Lucy, era tierna como un conejito, pero...

Nos enojamos, gritamos e impusimos reglas.

¡ES SUFICIENTE, JOVENCITA! ¡¡¡NO QUIERO VOLVER A VERTE FUERA DE TU CUARTO!!!

A la mañana siguiente, los dos estábamos exhaustos. Apenas y podíamos mantenernos despiertos en el trabajo.

ZZZ

Comenzamos a discutir más y más entre nosotros.

Tú acuéstala hoy.

¿Por qué yo? Trabajé tanto como tú.

¡BIEN! ¡FANTÁSTICO! ¡¡¡PARECE QUE TENGO QUE HACER TODO AQUÍ!!!

Nada parecía satisfacer a nuestra hija excepto que nos quedáramos en su cuarto hasta que ella se durmiera.

Z

Obviamente, esta rutina de ir a dormir era una que no podíamos mantener por mucho tiempo. Lo curioso fue que ya teníamos *1-2-3 por arte de magia*, y utilizábamos exitosamente la técnica del conteo con nuestra hija durante el día. Pero no veíamos cómo el conteo nos podía ayudar a mantener a nuestra pequeña en su cama.

¿Adivina qué? El conteo no se debe utilizar para este problema. El conteo se usa más bien para controlar el comportamiento desagradable. Ir a la cama y quedarse ahí es básicamente un comportamiento positivo que tiene que ser fomentado con otras tácticas. ¿Dónde encontraríamos esas estrategias?

¡Teníamos que terminar de leer *1-2-3 por arte de magia*! Estábamos tan encantados con los resultados del conteo que no habíamos continuado con el libro. Había un capítulo aparte llamado "Hora de dormir." Ahí aprendimos el método básico para la hora de dormir. Primero teníamos que elegir una hora de dormir y respetarla. Luego, media hora antes de la hora establecida, le informaríamos a Lucy que era momento de alistarse. Tenía que hacer todo para prepararse y luego avisarnos. El tiempo que quedara de esa media hora era para contarle un cuento o platicar uno a uno con nosotros. Luego se apagarían las luces.

¿Qué pasa con ella levantándose todo el tiempo? Algunos niños se levantan porque no quieren que la diversión del día se termine. Otros porque tienen miedo. El procedimiento de cortar el paso de la puerta de la habitación resolverá cualquiera de las dos posibilidades.

Cuando llegó la hora de dormir, le dimos su beso de buenas noches y encendimos la luz de noche y el ventilador de piso.

Uno de nosotros se sentó en la silla en el paso de la puerta (con un buen libro) con la espalda hacia nuestra hija.

Si decía algo, no le contestábamos.

Creo que hay un gorila en el clóset.

Si se levantaba, haríamos nuestra mirada severa y la acompañaríamos de regreso a su cama.

¡Las veces que fueran necesarias!

Las primeras noches no pudimos leer más que un par hojas de nuestro libro.

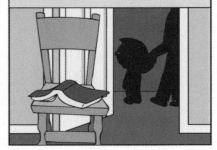

Después de algunas noches más, fuimos capaces de leer algunas páginas.

¡Tratamos de mantenernos callados y calmados!

Okey. Una vez más.

¡En dos semanas, podíamos arroparla y salir del cuarto! ¡Éxito total!

Recuperamos nuestra energía durante el día.

Y disfrutamos nuestra compañía de nuevo.

18

LIDIAR CON TUS EXPECTATIVAS

Qué puedes esperar de tu hijo y cuándo

YA HEMOS VISTO LOS comportamientos de Alto e Inicio, pero hay un problema subyacente. ¿Cuándo puedes esperar de forma realista (¿a qué edades?) que tus hijos controlen esfínteres, limpien sus cuartos, se sienten derechos o terminen su comida? La gran mayoría de los conflictos entre padres e hijos son causados no porque los niños se porten mal, sino porque los papás no saben exactamente cuándo pueden esperar qué de sus hijos. En otras palabras, los papás nos aceleramos y esperamos demasiado muy pronto. Cuando las expectativas erróneas operan en el cerebro de los padres, los problemas ocurren.

Tus hijos son pequeños. Su cuerpo y su cerebro siguen creciendo. Sin importar lo que esté haciendo tu hijo, su cerebro está trabajando para crear toneladas de nuevas vías de aprendizaje y procesando tres veces más fuerte que el cerebro de un adulto. De los 0 a los 5 años es el momento en el que la mayor cantidad de nuevos aprendizajes y conexiones cerebrales ocurren.

Así que es importante ser realista y no entrar en conflicto con tus hijos. La siguiente es una lista de nuestra "Docena sucia"[1]—las doce expectativas erróneas de los padres que causan más problemas. Sé justo contigo y tus hijos, y memoriza estos hitos del desarrollo. Hay muchos más. ¡Pero los niños de 2 años no leen novelas!

Un desglose de la Docena sucia

1. Berrinches

Expectativa errónea: los padres ven los berrinches de sus hijos como injustificados, innecesarios, malos, exagerados y una señal segura de un desorden mental.

La realidad: cerca de 20% de los niños de 2 y 3 años tienen berrinches diarios, y las crisis son igual de comunes en niños y en niñas. Los berrinches ocurren frecuentemente en niños entre 18 meses hasta los 5 años. Estas crisis son una forma en que los niños expresan su frustración cuando no obtienen lo que quieren o cuando se les pide que hagan algo que no quieren hacer. Los niños son más propensos a tener berrinches cuando están frustrados, cansados o enfermos.

Qué hacer: si tu hijo te ha pedido una cosa o una actividad, sé consciente de que pronto ocurrirá un berrinche. Dale lo que quiere, si se puede, pero si no puedes, finaliza tu veto rápido y ¡deja de hablar! Hablarle a un niño que está haciendo un berrinche es como vaciar gasolina en un fuego. Si el niño está seguro, deja que el colapso tome su curso y no interactúes. Sé amable, olvida el episodio y ¡sigue con tu vida!

2. ¡No escuchan!

Expectativa errónea: los padres esperan que los niños escuchen y les hagan caso a la primera cuando les solicitan algo.

---

1.   *The Dirty Dozen: Faulty Parental Expectations* fue escrito en coautoría con la doctora Sarah Levin Allen, neuropsicóloga pediátrica, Filadelfia, PA.

La realidad: los niños de todas las edades tienen problemas para escuchar y reaccionar a las peticiones de los padres. Sus mentes están legítimamente ocupadas con otras cosas. Mientras más pequeños sean los niños, más dificultad tendrán para dejar las otras cosas en su cabeza y enfocarse en lo que les pides.

Qué hacer: los padres hacen dos tipos de peticiones a sus hijos— para el comportamiento de Alto y para el comportamiento de Inicio. Utiliza tus tácticas de comportamiento de Inicio para establecer rutinas. Estas estrategias ayudan a calmar el ruido interno en la cabeza de los niños y permiten que empiecen la actividad deseada. El comportamiento de Alto también requiere un reinicio del cerebro. Para el comportamiento desagradable, recomendamos el conteo.

3. Rivalidad entre hermanos

Expectativa errónea: los padres esperan que sus hijos se lleven bien todo el tiempo sin la intervención de un adulto.

La realidad: todos los hermanos pelean. Los hermanos de entre 3 y 7 años pelean tres o cuatro veces por hora. Los niños más pequeños pueden pelear hasta seis veces por hora—una vez cada 10 minutos. Los niños de entre 10 y 15 años tienen la tasa más alta de rivalidad entre hermanos. Más de 75% de los niños han tenido peleas físicas con sus hermanos. Los niños tienden a pelear más físicamente, y las niñas más emocionalmente.

Qué hacer: cuando sea posible, no te involucres, a menos que haya riesgo de daño físico o emocional. Si las cosas se están saliendo de control, utiliza la estrategia de contar a ambos niños (se necesitan dos para pelear). Para prevenir conflictos entre ellos, asegúrate de que reciban aproximadamente el mismo tiempo con cada padre a solas.

4. ¡Hora de partir!

Expectativa errónea: los padres esperan que sus hijos sean capaces de moverse—fácil y rápidamente, y a la primera—de una actividad o lugar a otro.

La realidad: cuando están haciendo algo divertido, todos los niños tienen problemas significativos para cambiar a una nueva actividad. Los niños de 2 y 3 años son notoriamente malos para cambiar de lugar. Primero deben dejar de hacer la actividad divertida que están haciendo, luego cambiar su atención hacia donde se dirigen, luego controlar su decepción y moverse. Los cerebros de los niños trabajan en desarrollar estas habilidades de transición desde el nacimiento hasta los 20 años.

Qué hacer: ¡prepárate para que se resistan! Las transiciones son difíciles para los niños. Utiliza advertencias secuenciales y un temporizador. Dale a tu hijo advertencias de 2 minutos, 1 minuto y después 30 segundos de que es tiempo de dejar una actividad o de irse. Si las advertencias no ayudan, deja de hablar y simplemente acompaña o carga a tu hijo al siguiente lugar o actividad (¡y lee la primera sección sobre Berrinches!).

5. Control de esfínteres

Expectativa errónea: los padres esperan que sus hijos sean capaces de ir al baño a los 2 años.

La realidad: el porcentaje de niños de 2 años que controla los esfínteres es cerca de 4%. Sólo 60% de los niños han dominado el baño a los 36 meses. 52% de los niños están secos durante el día a la edad de 3 años y 93% están secos a los 4 años. La edad promedio para estar seco por las noches es alrededor de los 4 años. Hacer popó exitosamente se logra después de hacer pipí exitosamente. En general, los niños controlan sus esfínteres más tarde que las niñas, y estar seco en el día se logra antes de estar seco por las noches.

Qué hacer: busca señales de que tu hijo está listo. Las señales del control de esfínteres incluyen interés en el escusado, hacer pipí en el baño ocasionalmente, estar consistentemente seco entre cambios, y con más frecuencia que no, ir al baño a la hora del cambio. No sigas preguntando: "¿Tienes que ir al baño?" Si el niño repetidamente te dice que no. En su lugar, cuando tu hijo muestre señales de estar listo, ponlo en el escusado a intervalos regulares durante el día y elógialo si va al baño.

6. Dejarlos en la guardería

Expectativa errónea: los padres esperan que sus hijos se separen fácilmente de ellos cuando los dejan en la guardería o escuela.

La realidad: es común que los niños de 8 a 14 meses experimenten dificultad para separarse de sus padres. Lo creas o no, el llanto o berrinche de tu hijo cuando intentas dejarlo en la guardería u otro lugar puede ser una buena señal que indica que tienen un fuerte vínculo contigo. Los niños también pueden pasar por fases donde parecen "pegajosos," pero a los 6 años deben separarse cómodamente de ti.

Qué hacer: prepara a tu hijo para cuando lo dejes, haciendo que se sienta más en control en los eventos de la mañana o dándole algo para consolarlo durante el día, como una foto familiar o una manta especial. Luego conviértete en máster de las salidas rápidas. Dales un beso de despedida, diles cuándo los verás de nuevo y ¡sal de ahí! Llama a la guardería desde el trabajo y pregunta cuánto tiempo tardó tu hijo en calmarse.

7. Siestas

Expectativa errónea: a los padres les gustaría que sus hijos tomaran siestas de una o dos horas durante la tarde ¡hasta que tengan 10 u 11 años!

La realidad: cerca de 60% de los niños dejan de tomar siestas diarias a los 3 años; 80% a los 5 años. Conforme crecen, los niños duermen más tiempo en la noche y menos en el día. Verás que duermen más durante el día cuando pasan por periodos de crecimiento, se sienten mal o están trabajando duro física y cognitivamente.

Qué hacer: primero propicia un ambiente óptimo para la siesta con una rutina para calmarlos y un cuarto oscuro y tranquilo. Sé consistente en tu enfoque a la hora de la siesta. Los horarios para la siesta son diferentes para cada niño, así que busca signos de fatiga. Conforme tu hijo crece, en vez de pedirle que tome una siesta, pídele que pase un tiempo tranquilo en su habitación. Si está cansado, se dormirá. Si no lo está, se relajará y repondrá.

8. Mentiras

Expectativa errónea: los padres esperan que los niños de cualquier edad digan la verdad siempre.

La realidad: casi todo el mundo—niños y adultos—miente alguna vez. Algunas investigaciones indican que 20% de los niños de 2 años miente, así como 50% de los niños de 3 años, 90% de los de 4 años y 70% de los de 16 años. El incremento en los porcentajes en los niños de kínder refleja algo positivo—¡aumento de su capacidad intelectual! La razón más común para mentir es para encubrir un mal comportamiento.

Qué hacer: no trates la mentira como si fuera un crimen grave. Si ya sabes que tu hijo hizo algo mal, no lo "acorrales" preguntándole cosas que ya sabes sólo para ver si te dice la verdad. Castiga gentilmente a tu hijo por mentir en caso de que sea necesario. Más importante aún, si un niño miente constantemente sobre un problema de comportamiento (por ejemplo, no terminar su tarea), arregla el problema de fondo y el niño no necesitará mentir al respecto.

9. Limpiar su cuarto y alzar sus cosas

Expectativa errónea: los padres esperan que sus hijos sean capaces de cumplir inmediatamente la instrucción "limpia tu cuarto" o "recoge tus cosas."

La realidad: todos los niños disfrutan haciendo un desastre, pero son pocos los niños de cualquier edad que les gusta recoger. Por lo general, los niños de preescolar no pueden limpiar su habitación sin supervisión ni elogios. Para segundo o tercer grado, los niños pueden arreglar su habitación (con instrucciones específicas), así como hacer mandados o quehaceres. A los 6 años, los niños pueden completar tareas de hasta 20 minutos de duración y limpiar su habitación si se lo pides.

Qué hacer: para los niños menores de 4, modela el cumplimiento correcto de una tarea haciéndola junto a tu hijo en un principio. Dale una lista visual de lo que te gustaría que hiciera (como tablas o series de ilustraciones simples) y elogia sus logros. Para niños más grandes, considera la rutina de limpieza semanal, el método de la bolsa de basura o el sistema de pago por servicios.

10. La hora de la comida: sentarse y comer

Expectativa errónea: los padres esperan que sus hijos de todas las edades se sienten a la mesa, se terminen su comida antes del postre y luego pregunten si pueden retirarse.

La realidad: sorprendentemente, ¡sentarse a la mesa requiere de un gran esfuerzo mental para los niños! Si tienen hambre, la mayoría de los niños pueden sentarse derechitos y comer. Si no tienen hambre, nuestra regla "3 minutos por año" entra en acción. Los niños de 2 años que están llenos se sentarán por 6 minutos, los niños de 3 años por alrededor de 9 minutos, y los niños de 5 años por 15 minutos.

Algunos días los niños comerán mucho y otros no tanto, dependiendo de la cantidad de energía que gastaron.

Qué hacer: utiliza las estrategias propuestas por *1-2-3 por arte de magia* para la hora de la comida. Que las porciones sean modestas. Permite que los pequeños digan que están llenos y se levanten de la mesa. Si un niño está satisfecho y no quiere postre, ¡está bien! Puedes considerar quitar el postre o sólo ofrecerles opciones saludables durante la semana. Finalmente, ¡haz que la comida sea divertida! Juega un juego de adivinanzas, permite que tu hijo te ayude a preparar los alimentos y ofréceles opciones de utensilios.

11. La tarea

Expectativa errónea: los padres esperan que sus hijos de todas las edades inicien y completen su tarea independientemente.

La realidad: los niños de 6 y 7 años pueden hacer 10 minutos de tarea sin supervisión. Una expectativa útil es añadir más o menos 10 minutos extras por cada año adicional. Las investigaciones muestran que los niños a quienes les ayudan sus padres con la tarea se sienten mejor consigo y tienen mejor relación con sus maestros.

Qué hacer: mantener una rutina de tareas por la tarde en un horario y lugar específico. Permite que tu hijo elija el orden en el que quiere hacer la tarea. Considera utilizar tablas para la tarea. Incluye un punto por no quejarse y un punto por iniciar por sí solo, sin necesidad de recordarle. Muestra interés en la tarea de tu hijo.

12. Hora de dormir

Expectativa errónea: los padres esperan que sus hijos sean capaces de irse a dormir y permanecer dormidos por sí solos.

La realidad: un sueño adecuado afecta profundamente el desarrollo, las emociones, la atención y el rendimiento escolar de los niños. Generalmente, los niños menores de 5 años no serán capaces de irse a la cama ni dormirse por sí mismos. A los preescolares a menudo les da miedo y les parce aburrido ir a la cama.

Qué hacer: 20 o 30 minutos de tu tiempo serán requeridos cada noche para que ayudes a los pequeños a través de un ritual consistente, tranquilizador y calmante. Determina la hora de dormir consultando un gráfico de "requisitos típicos de sueño para diferentes grupos de edad," luego calcula los tiempos de acuerdo con la hora en que el niño se tiene que levantar por la mañana. Utiliza "El método básico para la hora de dormir" y corta el paso de la puerta de la habitación cuando sea necesario.

RESUMEN DEL CAPÍTULO

Este capítulo es muy similar a "Desafiar la suposición del pequeño adulto," ¿verdad? Si entiendes lo que los niños son capaces de hacer a diferentes edades es menos probable que, por un lado, pienses que los niños intentan hacerte daño. Y, por otro, entender lo que es normal te hace comprender que el comportamiento de los niños no es tu culpa. Gentilmente entrena y ayuda a los más pequeños a dominar nuevos comportamientos y el autocontrol.

19

ESCUCHA COMPRENSIVA

Por qué es importante escuchar lo que tus hijos tienen que decir

AHORA VEREMOS EL ÚLTIMO trabajo de crianza: fortalecer el vínculo con tus hijos. Algunas personas le llaman "vincularse." Si te vinculas bien con tus hijos, los primeros dos trabajos de crianza se vuelven más sencillos. Si haces bien los primeros dos trabajos de crianza, el vínculo se formará naturalmente. Veremos las dos tácticas más poderosas para fortalecer relaciones—escucha comprensiva y diversión uno a uno—en los siguientes dos capítulos.

Sé un buen escucha

Tu hijo te sorprenderá frecuentemente con algunas de las cosas que dice, y tu primer impulso a menudo será responder negativamente. Por ejemplo, tu hijo de 10 años, Tom, llega corriendo a la puerta después de la escuela gritando: "¡Mi maestro de música es un idiota!" ¿Qué deberías hacer? Tal vez quieras decir: "¡Ésas no son maneras de hablar!" Puedes empezar a contar—después de todo, el niño está gritando.

Pero piensa por un segundo, no te está gritando y está molesto por algo que todavía no sabes qué es. ¿Tu prioridad? Descubrir qué pasó y darle apoyo al niño. Estar enojado no es un crimen, y su explosión no puede ser una prueba o manipulación, porque no hiciste nada para frustrarlo. Es momento de una escucha comprensiva. La conversación sería algo así:

Tom: "¡Mi maestro de música es un idiota!"

Mamá: "Cuéntame qué pasó."

Tom: "Me hizo cantar enfrente de toda la estúpida clase, y sólo otro niño tuvo que hacerlo también. ¡Todos mis amigos se rieron de mí!"

Mamá: "¿Qué te hizo cantar?"

Tom: "No sé, un tonto himno o algo así."

Mamá: "Eso debió ser terriblemente vergonzoso."

Tom: "Voy a reprobar su clase—¡a propósito!"

Mamá: "¡Hace mucho que no te veía así de enojado! ¿Qué pasó cuando tuviste que cantar?"

Tom: "Me hizo pasar frente a todo el grupo, luego tocó su estúpido piano ¡y ni siquiera me sabía la letra! Pude ver que Dave soltaba risitas tratando de no reírse. ¡Me gustaría ver que lo haga!"

Mamá: "Así que sentiste que no era justo que te hiciera cantar cuando nadie más tuvo que hacerlo."

Tom: "Exacto. ¿Por qué siempre me están molestando? Qué escuela más ignorante." *(Tom va por un snack.)*

La escucha comprensiva es una forma de hablar con alguien con simpatía o empatía. (La distinción entre las dos no es importante aquí.) Escuchar es muy respetuoso de los pensamientos y sentimientos del otro, porque el oyente no sólo se sienta ahí, sino que intenta ver el mundo a través de los ojos de la otra persona.

Cuando estás escuchando a tu hijo, estás—como la madre del ejemplo—olvidando tus propias opiniones por un momento, dejando de lado los juicios y comprometiéndote a entender completamente cómo el niño vio una situación particular. (No tienes que estar de acuerdo con él.) En el ejemplo, la mamá no está asumiendo que su hijo está siendo irrespetuoso o que causó el problema. Tampoco está formulado su propia respuesta.

Es por eso que la escucha comprensiva debe ser utilizada para lograr dos cosas: 1. entender lo que la otra persona está diciendo y pensando—desde su punto de vista—, y 2. para comunicarte de vuelta y comprobar ese entendimiento con la persona que está hablando. El escucha es un participante activo en la conversación, no alguien que sólo se sienta y asiente de vez en cuando (¡aunque eso no está mal cuando estás agotado!).

La escucha comprensiva no es sencilla para los padres. Una vez que superas el sentirte artificial o pasivo, algunas veces puedes sorprender a tus hijos con su disposición a escuchar sus preocupaciones y su versión de los hechos. Escuchar es una excelente manera de iniciar una conversación larga y seria, y ser escuchado respetuosamente es muy bueno para construir la autoestima de los niños.

> **Tip Útil**
>
> La escucha comprensiva es muy respetuosa con los pensamientos y emociones de tu hijo. Pero escuchar no es sencillo—debes aprender a dejar de lado tus opiniones por un momento.

¿Cómo se hace la escucha comprensiva?

Hay varios pasos para lograr la escucha comprensiva. Primero, debes ponerte en un estado de ánimo apropiado: "Voy a escuchar a este niño—aunque me cueste trabajo—y descubrir exactamente lo que piensa." Luego hay varios enfoques diferentes que se pueden usar, y una vez que te acostumbras a ellos, todo el proceso debe sentirse muy natural. Tus estrategias de escucha incluyen iniciadores, preguntas sin prejuicios, reflejar sentimientos y revisiones o resúmenes.

Iniciadores

Puedes empezar con lo que llamamos "iniciadores"—breves comentarios o preguntas diseñadas para obtener más información de tu hijo. Estos comentarios a menudo requieren autocontrol y son especialmente difíciles cuando te toman por sorpresa. Los iniciadores pueden parecerte increíblemente pasivos, pero recuerda que la escucha parental debe preceder a cualquier discusión de resolución de problemas.

Si la disciplina u otras medidas son necesarias, preocúpate después de haber obtenido los hechos.

Los iniciadores pueden ser muy simples, como: "¡Ah!" "¡Guau!" "Sí." "¿Qué?" Puede ser cualquier cosa que comunique que estás listo y dispuesto a escuchar comprensivamente, incluyendo comportamiento no verbal, como sentarse junto a tu hijo o dejar los papeles para verlo a él. En el ejemplo anterior, el iniciador de la mamá fue: "Cuéntame qué pasó."

Preguntas sin prejuicios

Después de los iniciadores, las preguntas son a menudo necesarias para avanzar en tu comprensión de lo que está hablando el niño. Para ser efectivo, estas preguntas no deben estar cargadas o ser prejuiciosas. "¿Por qué hiciste algo estúpido cómo eso?" "¿Cuál es tu problema hoy?" "¿Por qué me molestas con esto?" Son ejemplos de preguntas inadecuadas que generarán discusiones o silencio.

Aquí hay algunas preguntas mejores para mantener la conversación y avanzar en tu entendimiento: "¿Qué crees que te hizo hacer eso?" "¿Qué pasaba por tu mente en ese momento?" En el ejemplo, la mamá preguntó: "¿Qué pasó cuando tuviste que cantar?" Ésa fue una buena pregunta.

Reflejar sentimientos

Una tercera estrategia para la escucha comprensiva es "reflejar sentimientos." Si le vas a decir a alguien que crees que lo entiendes, tratar de hacerle saber que puedes imaginar lo que debe haber sentido en esas circunstancias. Algunas veces, cuando reflejas sentimientos, los niños mayores te pueden decir que suenas un poco como un psiquiatra. Si ése es el caso, sólo di: "Lo siento, sólo estoy tratando de asegurarme de que entiendo de qué estás hablando."

En el ejemplo, la mamá reflejó sentimientos en dos ocasiones: "Eso debió ser terriblemente vergonzoso." Y: "¡Hace mucho que no te veía así de enojado!" Otros ejemplos de reflejar sentimientos podrían incluir: "Suenas realmente desanimado al respecto." "¡Eso debió haber sido muy divertido!" "Estabas muy enojado conmigo."

El proceso de reflejar sentimientos logra varias cosas. Primero, deja saber al niño que lo que está sintiendo está bien. (Es lo que puede hacer al respecto que puede estar bien o mal.) Segundo, la respuesta reflejada refuerza la autoestima y la independencia. Y tercero, reflejar sentimientos también ayuda a difuminar las emociones negativas para que no se reflejen en otro lugar. Puedes apostar que si la mamá de Tom hubiera dicho primero: "¡Ésa no es forma de hablar de tus maestros!" Su enojo habría sido redireccionado hacia ella inmediatamente.

Revisiones o resúmenes

De vez en cuando durante la plática, es útil revisar si estás entendiendo o no lo que tu hijo está diciendo. Dar breves resúmenes de vez en cuando le permite saber que realmente estás escuchando y tratando de ver el mundo a través de sus ojos.

Algunos ejemplos de revisiones o resúmenes son: "Suena a que estás diciendo que nuestras reglas para los quehaceres favorecen a tu hermana." "Sentiste que fue tu peor día en la escuela este año." "¿Desearías que no estuviera fuera tanto tiempo para que pudiéramos hacer más cosas juntos?" En el ejemplo anterior, el resumen de la mamá fue éste: "Así que sentiste que no era justo que te hiciera cantar cuando nadie más tuvo que hacerlo." Ése fue un comentario amable y empático.

La buena escucha es una habilidad de comunicación, pero también es una actitud. Tu actitud, no la de tu hijo. Es la actitud de sinceramente tratar de entender lo que la otra persona está pensando aunque no estés de acuerdo. Esto, por supuesto, es un trabajo totalmente diferente si está hablando con un niño de 2 o 10 años. Te darás cuenta de que si escuchas correctamente, aprenderás mucho sobre lo que piensan tus hijos sobre la vida. Eso es importante mientras monitoreas su crecimiento psicológico y

Tip Útil

La escucha es una habilidad, pero también es una actitud—de tu parte. Aprenderás mucho sobre lo que piensan tus hijos sobre la vida. Es mejor comenzar a escuchar ahorita, ¡porque definitivamente querrás saber lo que tus hijos están pensando cuando sean adolescentes!

emocional. Comienza a escuchar ahora, ¡porque probablemente quieras mantenerte en contacto con tus hijos cuando sean adolescentes!

Escucha comprensiva y el conteo

La escucha te ayuda a entender a tu hijo y a difundir emociones negativas. Eso está bien, pero si escuchas *todo el tiempo*, no sería ningún tipo de disciplina. La escucha comprensiva por sí sola tiene muy poco que ver con establecer límites y cumplir reglas. Imagina esta escena:

Advertencia

1. Eres un buen escucha si, mientras tu hijo está hablando, estás tratando sinceramente de entender lo que dice.
2. Eres un mal escucha si, mientras tu hijo está hablando, estás preparando tu refutación.

Hijo: "Mamá, ¡eres una idiota! ¡Mi mejor playera sigue en la lavadora!"

Mamá: "Te estás sintiendo muy frustrado conmigo."

La respuesta de esta mamá es inapropiada. La falta de respeto del hijo estuvo fuera de proporción para la situación y debe ser confrontada, probablemente utilizando el conteo.

Por otro lado, si contaras *todo el tiempo* cada vez que los niños estuvieran molestos, no serían un padre comprensivo. Tus hijos te percibirían como sólo un instrumento de disciplina–o peor.

Imagina este escenario de verano:

"Estoy aburrido."

"Va 1."

Esa respuesta es muy insensible e innecesaria. Seguramente tus hijos no querrán hablar contigo muy seguido. Entonces, ¿cómo se supone que los padres sepan cuándo escuchar y cuándo contar? Algunas veces esta decisión es fácil, pero a menudo no lo es. Nuestra guía general es ésta: comenta los problemas, cuenta los ataques.

Comenta los problemas

Cuando un niño está molesto con algo pero no está siendo irrespetuoso contigo, es momento de escuchar y comentar el problema. "Mamá, mi mejor playera sigue en la lavadora" puede llevar a una discusión práctica sobre qué hacer con la escasez de ropa.

O prueba esto. En el coche, de camino al entrenamiento de futbol, tu hijo de 11 años dice: "Nuestra familia es muy aburrida." Quizá quieras decir: "Tú tampoco eres tan divertido." Error. Deberías escuchar y ser empático. "Nunca te había oído decir eso. ¿Qué sucede?" Es una mejor respuesta.

Algunos comentarios de los niños te pueden afectar, pero no son realmente un ataque. Si el padre utiliza un poco de escucha activa, la emoción se disipará:

"¿Por qué me haces hacer esta estúpida tarea ahorita?"

"La tarea es un verdadero fastidio, ¿no es así?" (Reflejar sentimiento.)

"Ni te imaginas." *(El niño comienza su tarea con un suspiro.)*

Un final feliz para el padre; semifeliz para el niño.

Cuenta los ataques

"Mamá, ¡eres una idiota! ¡Mi mejor playera sigue en la lavadora!" Es un ataque desde el principio, y muchos padres darían un 3 inmediato por la grosería.

Algunas veces la escucha no funciona tan bien como quisieras. Mantén la estrategia del conteo a la mano. La conversación sobre la tarea del ejemplo anterior podría haber ido así:

"¿Por qué me haces hacer esta estúpida tarea ahorita?"

"La tarea es un verdadero fastidio, ¿no es así?" (Reflejar)

"¡Sí, la odio!"

"Realmente no te gusta, ¿verdad?" (Reflejar)

"Podría estar patinando con Jason."

"Realmente prefieres estar afuera jugando." (Resumen)

"¡No repitas todo lo que digo!"

"Va 1."

ESCUCHA COMPRENSIVA

Una gran parte del trabajo de crianza 3, fortalecer el vínculo con tus hijos, es escuchar lo que tus hijos tienen que decir. Quieres ser un buen escucha cuando tus hijos están contentos y emocionados, pero también es importante estar ahí para ellos cuando están frustrados, tristes o molestos.

Desafortunadamente, la escucha comprensiva es más fácil de decir que de hacer. Algunas veces no tenemos tiempo para escuchar. Otras veces, simplemente no nos acordamos de tomarnos el tiempo cuando realmente podríamos.

En nuestra Historia de la vida real 4, *El caso de los amigos volubles*, me verás manejar mal una situación en la que mi hijo estaba temporalmente molesto con uno de sus amigos vecinos. En la parte de la historia llamada **Forma incorrecta**, me verás ser un escucha pésimo. En **Pensarlo bien**, veremos en qué me equivoqué. Luego te daremos la oportunidad de evaluar tus propias habilidades de escucha con tus hijos.

Finalmente, la sección **Forma correcta** me dará una oportunidad de deshacer mi error—¡una oportunidad que no siempre sucede en la vida real!

EL CASO DE LOS AMIGOS VOLUBLES

Cuando mi esposa y yo compramos nuestra primera casa, estábamos encantados. No sólo tendríamos nuestro propio jardín, sino que nuestros hijos también tendrían amigos vecinos con quienes jugar, lo que no fue tan emocionante, sin embargo, fue nuestra introducción al nuevo y desconocido mundo de las políticas del tiempo de juego.

Mientras veía a mi hijo alejarse, comprendí que me había equivocado. Aunque me tomó por sorpresa, lo que dije e hice simplemente empeoró la situación.

No me molestes con eso. Encuentra algo más qué hacer.

Él estaba buscando un poco de tranquilidad y apoyo, pero yo estaba demasiado ocupado y molesto para dárselos.

Para empeorar la situación, utilicé mal la estrategia del conteo. ¡No fui muy empático!

Deja de quejarte. Va l.

Caramba, gracias papá.

Escuchar a tus hijos es importante. Es importante para su autoestima y para que tú sepas lo que están pensando. Revisemos El caso de los amigos volubles y dame una segunda oportunidad de hacerlo bien.

Estar enojado no es un crimen.

Una pregunta empática fue una mejor forma de empezar.

Aquí me di la vuelta y me tomé un momento para escucharlo. Le di a mi hijo apoyo emocional, pero al mismo tiempo lo dejé resolver su problema.

Un mejor final. David está menos enojado, yo estoy menos enojado—más importante aún—no estamos enojados el uno con el otro.
¡BUEN TRABAJO, PAPÁ!

RESUMEN DEL CAPÍTULO

La escucha comprensiva es una actividad parental maravillosa por varias razones. Primero, es algo muy lindo de hacer para tus hijos. Segundo, te hace puerto seguro para ellos—alguien a quien recurren cuando están molestos. Y finalmente, tener buenas herramientas de escucha significa que te mantendrás en contacto con los pensamientos y sentimientos de tus hijos. ¡La adolescencia está cerca!

20

EL PELIGRO DE LA SOBREPATERNIDAD

Saber cuándo dejar que tus hijos piensen por ellos mismos

OTRA BUENA FORMA DE fortalecer tu relación con tu hijo es evitar lo que llamamos sobrepaternidad. La sobrepaternidad consiste en comentarios innecesarios sobre correcciones, advertencias o disciplina, y puede resultar en que el padre force comentarios innecesarios en su hijo, haciéndolo sentir irritado e inferior. Mientras que la escucha comprensiva alienta la independencia, la sobrepaternidad la desalienta. El padre habla, el niño "escucha."

Hace tiempo, estaba en una tienda de abarrotes parado frente al anaquel de productos lácteos. Mientras decidía qué tipo de leche comprar, noté a una mamá con su hija, como de 9 años, quien empujaba un carrito hacia mí. Conforme se acercaban. La madre dijo en voz alta y ansiosamente: "¡Cuidado con el señor que está allá!"

Soy un hombre de complexión media; no había forma de que esta niña no me viera. Aunque fuera a una velocidad de 60 kilómetros por hora, hubiera tenido espacio suficiente para parar antes de atropellarme. El comentario de la mamá fue un ejemplo de sobrepaternidad. Los adultos que aplican la sobrepaternidad generalmente lo hacen repetidamente, y la sobrepaternidad tiene efectos predecibles y negativos en los niños. La primera reacción negativa es lo que llamamos el síndrome "Padre ansioso, niño enojado." Expresar preocupación innecesaria constantemente sobre los niños a ellos los irrita porque es un insulto para los niños. El mensaje básico del padre es: "Tengo que preocuparme tanto por ti porque eres incompetente. No hay mucho que puedas hacer tú solo sin mi supervisión y dirección." A ningún niño le gusta que lo hagan menos. Los comentarios de la sobrepaternidad son innecesarios por varias razones:

1. El niño ya tiene la habilidad necesaria para lidiar con la situación. Por ejemplo: la niña del ejemplo de la tienda de abarrotes.

2. Incluso cuando el niño no tiene todas las habilidades necesarias para lidiar con la situación, sería preferible que aprendiera directamente de la experiencia. Cuando nos mudamos a nuestra primera casa, los niños tenían 2 y 4 años. Los veía jugar afuera con los otros niños, y cada 5 minutos más o menos veía una pelea que requería mi intervención. Un día mi esposa me preguntó cómo creía que los niños sobrevivían todo el día mientras estaba en el trabajo. No había ojos salidos, brazos rotos o muertes. Eso me dejó callado. Había estado aplicando la sobrepaternidad con todo el vecindario.

3. La situación no es lo suficientemente importante para garantizar la intervención de los papás. Por ejemplo, Mike y Jimmy están en el jardín frontal jugando con una pelota de beisbol. El papá de Jimmy lava el auto en la calle, mientras su vecino, el Sr. Smith, poda su jardín al lado. Mike pierde el lanzamiento de Jimmy y la pelota rueda hacia el Sr. Smith, quien sonríe y la lanza de regreso. El papá de Jimmy le dice a ambos niños que tienen que jugar en otro lado o dejar de jugar. ¿Debió mantenerse callado el papá? Sí. Debió dejar que los niños resolvieran su situación con el Sr. Smith, en caso de ser necesario. Los niños estaban

teniendo diversión inocente y constructiva, y probablemente el Sr. Smith disfrutó probando su brazo de lanzamiento de nuevo.

Por supuesto que quieres que tus hijos cumplan con las reglas de la casa, pero a medida que pasan los años, quieres algo más para ellos: *independencia*. Tus hijos se independizarán en algún momento y debes ayudarlos a prepararse para ese gran evento. Ser un buen escucha y evitar la sobrepaternidad son excelentes formas de ayudar a tus hijos a preparase para la adultez.

Independencia y autoestima

Buscas dos cosas importantes en tus hijos conforme crecen. Una es que cooperen –obedezcan las reglas, limiten el comportamiento desagradable y hagan lo que les corresponde.

Pero otro rasgo igualmente importante que quieres de ellos—lo creas o no—es independencia. ¿De quién? ¡De ti! Tus hijos se irán de la casa en algún punto, y cuando lo hagan, quieres que sean capaces de pensar por sí mismos, tomar sus propias decisiones y manejar su vida.

La creciente autonomía es una de las características de los niños que contribuye en una manera muy grande a su autoestima. Un niño busca—y pide—independencia muy asertivamente, ¡como todo padre de un niño de 2 años sabe!

Al limitar directamente, socavar o incluso atacar el poderoso impulso de un niño por su autonomía los padres involuntariamente harán un hueco enorme en la autoestima emergente de su hijo.

RESUMEN DEL CAPÍTULO

Con frecuencia la sobrepaternidad es simplemente una respuesta ansiosa e instintiva de un padre. Los niños se pueden llegar a cansar de sentirse insultados. Antes de abrir la boca, haz una reflexión brutalmente honesta sobre si tu opinión es realmente necesaria o no.

21

MAGIA DE VERDAD: DIVERSIÓN UNO A UNO

Lo mejor que puedes hacer por tus hijos

MUÉSTRAME DOS PERSONAS QUE se diviertan juntos frecuentemente y te mostraré una buena relación. La diversión compartida proporciona la nutrición necesaria para una relación personal. Ya sean jóvenes o mayores, las personas que se divierten juntas regularmente tienden a agradarse mutuamente. Para muchas familias hoy en día, sin embargo, esta muy necesitada diversión uno a uno queda en un segundo plano debido al desafortunado enfoque en dos cosas: trabajo y actividades familiares.

Trabajo, trabajo, trabajo

¿Recuerdas cómo te casaste? La mayoría de nosotros comenzamos saliendo con una persona. Por mucho, eso significaba pasarla bien. Las citas implicaban ir al cine, comer en restaurantes, pláticas interminables para conocerse, viajes, compras, fiestas con amigos y muchas actividades más.

Luego pasamos hacer la que sería quizá la decisión más ilógica de nuestra existencia. Razonamos de este modo: piensa en toda la diversión que tenemos y ni siquiera estamos casados. Sólo estamos juntos la mitad del tiempo. Una vez que estemos juntos todo el tiempo, ¡nuestros buenos momentos se duplicarán!

Eso es lo que creíamos. Lo que era ilógico en ese pensamiento tiene que ver con el hecho de que casarse es fundamentalmente una decisión de *trabajar juntos*. Planear la boda, conseguir trabajos, tener un bebé, comprar una casa, decorar la casa. La diversión anterior queda reducida a trabajo. Gradualmente te das cuenta de que tu relación se vuelve más tensa, y miras a tu pareja un día y piensas: "No eres tan divertido como solías ser."

A la larga, por supuesto, el matrimonio es una mezcla entre diversión y trabajo. Las parejas exitosas son aquellas que encuentran el balance entre ambos. Pero dado que el trabajo ocupa la mayor parte de nuestro tiempo, encontrar ese balance realmente se reduce a tener tiempo suficiente para la diversión compartida. Si me preguntas qué es más importante en una relación duradera, comunicación o diversión compartida, te diría "diversión."

Lo mismo aplica para la relación con tus hijos. Para querer a tus hijos, debes disfrutar estar con ellos constantemente. Y para que ellos respondan bien a tu disciplina, deben disfrutar estar contigo y quererte. Sí, hay trabajo por hacer, pero es absolutamente crítico que encuentres tiempo para jugar.

Desafortunadamente, en el ir y venir de cada día, muchos de los encuentros diarios entre padres e hijos son algo así:

"Hora de levantarse."

"Aquí está tu desayuno. No hay tele hasta que termines."

"¿Tienes tu mochila de la escuela?"

"No tienes tiempo de jugar con el perro."

"Apúrate, ¡tenemos prisa!"

> **Tip Útil**
>
> Para que te agraden tus hijos debes disfrutarlos constantemente. Y para que ellos respondan bien a tu disciplina, deben disfrutar estar contigo y quererte. Esto significa una cosa: ¡es mejor que encuentres tiempo para jugar con tus hijos!

"No olvides tu abrigo."

"Te amo, adiós."

El padre ve al hijo como un bonche de tareas desagradable y el hijo ve al padre como un bonche de instrucciones desagradables. *Ninguna* relación se mantendrá sana cuando este tipo de interacciones son lo único que la nutre.

El problema con el enfoque en las actividades familiares

Prepárate para una mala noticia: la diversión familiar hoy en día está sobrevalorada. Frecuentemente escuchamos, por ejemplo, que cenar en familia cada noche es una manera segura de prevenir la delincuencia, el abuso de drogas, el bajo rendimiento académico, los embarazos en adolescentes y un montón de otros problemas sociales.

Pero algunas veces salir con toda la familia no es color de rosa por tres razones. La primera es rivalidad entre hermanos. Mamá y papá están en la playa, por ejemplo. Su hijo de 6 años le dice algo grosero a su hermana de 8, quien como respuesta le avienta un hot dog, su hermano se ríe mientras lo esquiva. Ahora ambos niños se están gritando, y todos en la playa observan. Eso no es divertido.

La segunda razón por la que la diversión en familia no siempre funciona es porque mientras más gente reúnas en un mismo lugar, habrá más posibilidades de diferencias de opinión y conflicto. Por la mañana, en el segundo día de las vacaciones familiares, por ejemplo, Mark quiere ir al Castillo de las manualidades, Cynthia ir a la alberca, mamá tomar una relajante taza de café y papá correr 5 kilómetros.

La última razón por la que la diversión familiar está sobrevalorada es porque la mejor vinculación entre padre e hijo ocurre en las interacciones uno a uno. Los niños aprecian el tiempo a solas con su mamá o papá, sin la presencia de sus hermanos. Se abren, se sienten libres y florecen de cierto modo. Sería una pena que rara vez—o nunca—experimentaras este tipo de vinculación con cada uno de tus hijos individualmente.

Juega con tus hijos

Es muy importante que convivas con tus hijos, uno a la vez, y hagan regularmente algo que ambos disfruten. Es más tranquilo porque no hay peleas entre hermanos y coordinar diferentes agendas no es problema porque sólo son ustedes dos.

Las posibilidades para la diversión uno a uno son infinitas. A muchos padres con los que he trabajado a lo largo de los años les gusta llevar un hijo fuera a cenar entre semana, mientras todos los demás se quedan en casa. Ir al cine, de compras, andar en bicicleta o dar un paseo en el coche también son actividades positivas que pueden hacer juntos. Una de las cosas buenas de salir de la casa es que nadie puede interrumpirte. A tus hijos les gustará si apagas tu celular mientras estás con ellos.

La diversión uno a uno no tiene que involucrar salir de casa, ni tampoco gastar dinero. La diversión compartida puede venir en pequeños momentos durante el día. Los momentos de diversión pueden ser compartidos y disfrutados mientras estás platicando, escuchando, expresando afecto o contando chistes. La mayoría de los niños aman poder quedarse despiertos 20 minutos más entre semana de vez en cuando para hacer algo especial con mamá o papá. Ese algo puede ser leer, platicar o que tu hijo te enseñe a jugar un videojuego.

¿La moraleja de este capítulo? Por todos los medios realicen actividades familiares, pero asegúrate de que esos momentos sean lo más agradable posible. Si las actividades familiares se convierten en momentos miserables, ¡arréglalo! Pero hagas lo que hagas sobre la diversión familiar, asegúrate de que tus días y semanas incluyan regularmente diversión uno a uno con cada uno de tus hijos.

RESUMEN DEL CAPÍTULO

Tiempo uno a uno

La mejor vinculación entre padre e hijo ocurre durante los momentos divertidos uno a uno. ¿Por qué? Para los niños, ¡te tienen para ellos solos! Y para ti, no hay forma de que haya rivalidad entre hermanos. ¡Es una fórmula para el éxito!

22

RESOLVER PROBLEMAS JUNTOS

Por qué es mejor trabajar como equipo

CUANDO TUS HIJOS SON pequeños, tú debes ser el jefe. Tu crianza debe ser una especie de dictadura benevolente donde tú tomes la mayoría de las decisiones, eres el juez y el jurado, y eres gentil y amable. Tus hijos no decidirán cada día qué quieren de cenar, a qué hora se dormirán o si quieren o no ir al kínder en la mañana.

Conforme tus pequeños crecen, sin embargo, el arreglo debe cambiar gradualmente. Cuando tus hijos tienen 17 años, la familia debe ser casi una democracia, pero no del todo. Casi una democracia significa que tus adolescentes pueden opinar más sobre las reglas y políticas que los afectan. Esto también significa que a medida que los años han pasado, les has estado dando a tus hijos más y más independencia. Idealmente, los adolescentes deben tomar sus propias decisiones sobre tareas, hora de dormir, amistades, ropa y—en gran medida—su alimentación. *Alentar la creciente independencia de los niños* es uno de los retos más importantes para los padres.

¿Cómo le haces para apoyar la independencia de tus hijos? Primero, evita la sobrepaternidad y, segundo, involucra a tus hijos en las actividades de resolución de problemas a través de reuniones familiares y reuniones uno a uno entre padre e hijo.

Estas reuniones son buena idea por varias razones. Conforme el niño crece tiene sentido que cada vez opinen más sobre los asuntos que tienen que ver con ellos. Además, los niños cooperarán mejor con una decisión o política cuando tienen que ver en la desarrollo de esa idea. Y finalmente, los niños necesitan de la experiencia de las negociaciones familiares para prepararse para manejar sus propias familias y matrimonios. Desafortunadamente, demasiados adultos casados aprenden del modo difícil—cuando ya es muy tarde—que necesitan trabajar en sus propias habilidades de negociación.

Un buen momento para empezar las reuniones familiares uno a uno es cuando los niños están en primero de primaria. No intentes las reuniones cuando los niños tienen 3 o 4 años, ya que serán muy jóvenes para entender el proceso. La reunión familiar puede ser tan frecuentemente como desees, una o dos veces por semana es lo ideal. Las conferencias uno a uno deben ser menos frecuentes, o cuando se necesiten. Pueden convocar reuniones especiales cada vez que un problema único ocurra, y tus hijos podrán solicitar también una reunión.

Cómo llevar a cabo una reunión familiar

El formato para la reunión familiar es simple. Un padre es por lo general el que lleva la reunión y tiene la responsabilidad de mantener el orden y el enfoque de la plática. Los niños mayores pueden intentar llevar la reunión de vez en cuando si crees que pueden hacer el trabajo. El encargado revisa que la agenda se cumpla, que todos puedan participar y que los demás escuchen sin interrumpir.

¿Qué es la agenda? Cada miembro de la familia lleva a la reunión un problema que quiera resolver. Luego, con cada asunto, el encargado de la reunión guía al grupo a través de estos pasos:

1. El primer orador describe el problema que quiere resolver.
2. Uno por uno, los otros integrantes dicen lo que piensan y sienten respecto a ese tema. Los demás escuchan atentamente.
3. La mesa está abierta a propuestas para solucionar el problema; cualquiera puede hablar pero sólo uno a la vez.
4. Se acuerda una solución a implementar. Esta idea final puede combinar aspectos de diferentes sugerencias de varias personas. Si hay desacuerdos, mamá y papá tienen la decisión final.
5. La solución se escribe en la computadora y se pone una copia en el refrigerador.
6. Siguiente persona, siguiente problema; los pasos 2-5 se repiten.

La mayoría de la soluciones son consideradas experimentales, especialmente si el plan es complejo y existen diferencias de opinión. Si la propuesta de resolución no funciona, será revisada en la siguiente reunión familiar. Aunque las propuestas deben ser concretas, específicas y prácticas, ¡no dudes en hacerla flexibles e imaginativas! (Ve *El caso del refresco desaparecido* más adelante.)

Aguantar hasta el final de estas reuniones familiares no es sencillo. Si esperas que sean experiencias cálidas, no lo son. De hecho, las reuniones familiares suelen ser más bien molestas, por lo que es buena idea que no duren más de 1 hora. Antes de nuestras reuniones familiares, nuestros hijos se derrumbaban y nos decían que sus amigos pensaban que mi esposa y yo éramos raros. Pero una vez que iniciaba la reunión, ¡ninguno dudaba en expresar sus ideas!

El caso del refresco desaparecido

Cuando mi hija tenía 9 años, presentó este problema en nuestras reuniones familiares bisemanales. Explicó que normalmente comprábamos un paquete de ocho latas de refresco, y había cuatro personas en la familia. El problema era que ella no estaba recibiendo sus dos latas. ¡Nunca quedaba una! Todos escuchamos su descripción del problema, luego dimos nuestra opinión.

Después de darle varias vueltas al asunto encontramos una solución. Cuando llegara a la casa el paquete de refrescos, las latas serían marcadas con plumón con la inicial de cada miembro de la familia: 2 para mamá, 2 para papá, 2 para ella y 2 para su hermano. Si te tomabas tus dos latas, tendrías que esperar hasta que el siguiente paquete llegara. Si aun así querías más refresco, primero tenías que revisar si quedaba alguna lata en el refrigerador. Si quedaba alguna, podías comprársela a su dueño por cierta cantidad. Si la persona se negaba a vender, no se permitían pruebas ni manipulación. Este acuerdo se puso en el refrigerador y funcionó a la perfección.

Tip Útil

Muchos padres coinciden en que las reuniones familiares son una de las cosas más molestas pero más efectivas que puedes hacer con tus hijos. ¡Nunca esperes que quieran asistir por gusto!

Cómo hacer reuniones uno a uno

Imagina que te preocupa el modo en que tu hijo de 8 años ha tratado a sus amigos cuando vienen a jugar a la casa. Dos cosas te molestan: 1. se burla de los otros niños, y 2. sólo juega lo que él quiere y no escucha ninguna sugerencia.

¿Qué debes hacer? Una cita con tu hijo para, calmada y brevemente, decirle lo que te preocupa. Por ejemplo: "Estoy preocupado por la forma en que has estado jugando con Mark y Kyle. Reunámonos para platicar del tema." Luego se reúnen, sólo ustedes dos, y siguen el formato de las reuniones familiares que vimos al principio del capítulo.

1. **Describe el problema.** Sé breve—sin regaños ni lecciones. "Estoy preocupado de que te burles de tus amigos y que no los dejes hacer lo que quieren cuando están en tu casa."
2. **Pregúntale su opinión sobre la situación.** "¿Qué piensas de esto?" Haz tu mejor escucha comprensiva.
3. **Genera algunas soluciones.** "¿Qué podemos hacer al respecto, y cómo puedo ayudarte?" Espera a que tu hijo proponga algunas ideas primero. Si no puede o se niega, entonces sugiere tus propias ideas.

4. **Acuerden.** Una solución que probarán y sé muy específico.

No debes poner la solución en la computadora a menos que tu hijo esté conforme. Prueba tus ideas, elogia su cooperación y afina el acuerdo en futuras reuniones. Consejos útiles: antes de la reunión asegúrate de estar de buenas; durante la reunión escucha comprensivamente y después de la reunión prueba con un poco de diversión uno a uno. ¡Suerte!

RESUMEN DEL CAPÍTULO

Las reuniones familiares y las reuniones uno a uno no siempre son divertidas. Pero ayudan a preparar a tus hijos para uno de los retos más importantes de la vida... ¡vivir con alguien más!

23

MANTENER LA CONSTANCIA

Cometerás algunos errores—
¡y eso está bien!

PARA ESTAS ALTURAS DEL libro debes estar bien adaptado a tus tres trabajos de crianza. Estás controlando el comportamiento desagradable con el conteo; estás utilizando las siete tácticas para el comportamiento de Inicio para establecer rutinas positivas y estás trabajando constantemente en fortalecer tu relación con cada uno de sus hijos. El programa *1-2-3 por arte de magia* es conocido por dar resultados. Funciona—y generalmente en muy poco tiempo. Sin magia. Sólo la aplicación lógica y consistente de ciertos principios básicos de crianza de los hijos a la enésima potencia. Pero como cualquier cosa buena, el programa toma un poco de trabajo y de pensamiento para mantenerlo en marcha.

Cayéndose del vagón

Los padres son seres humanos que tienen días buenos y días malos. Mucha gente ha utilizado el programa rigurosamente durante años y años. Para otros cuidadores es un problema mantenerse consistentes y recordar lo que supuestamente deben estar haciendo.

El problema al que nos referimos se llama "desliz" o caerse del vagón. Significa que inicias bien con el programa, educas a los niños, pero luego regresas de nuevo a tus antiguas formas improductivas de crianza. El interruptor de *1-2-3 por arte de magia* se apaga. El antiguo *status quo* tiene una manera desagradable de colarse de nuevo en nuestra cabeza. Caerse del vagón puede suceder de repente en un mal día, o el desliz puede suceder gradualmente a lo largo de los meses o años.

En el transcurso de un día siempre suceden muchas cosas. Tienes que ir al trabajo, llevar a tus hijos a sus actividades, alimentar a la familia, responder llamadas, ayudar con la tarea, llamar a tu madre y encontrar un breve momento para leer el periódico. Cuando estás haciendo nueve cosas a la vez, ¿quién puede recordar las reglas "No hablar" y "Sin emoción"?

¡Tú puedes! No siempre es sencillo, pero es mejor que discutir y gritar, que sólo se suman a tus problemas y te hacen sentir enojado y con culpa después. Recuerda: *1-2-3 por arte de magia* fue escrito para padres ocupados como tú, quienes inevitablemente se enfadarán de vez en cuando.

> **Tip Útil**
>
> Cuando estás haciendo nueve cosas a la vez, ¿quién puede recordar las reglas "No hablar" y "Sin emoción"? ¡Tú puedes!

A la larga. El desliz puede ocurrir por varias razones. Las causas más frecuentes son visitas, enfermedad, viajes, nuevos bebés y simple olvido. Gradualmente te descubres hablando mucho, olvidando tus rutinas para el comportamiento de Inicio y ya no disfrutando a tus hijos. Luego una noche, despiertas en la madrugada y te preguntas: "¿Qué pasó con el programa *1-2-3 por arte de magia*?"

Obstáculos emocionales

El desliz también puede ocurrir en ciertas situaciones donde tus pensamientos y emociones conspiran para sacarte del camino. En estas situaciones, no se trata de que hayas olvidado lo que debes hacer. En su lugar, fuerzas emocionales dentro de ti, causadas por un pensamiento loco, te empujan a una mala respuesta de disciplina.

¿Cómo controlas estas pruebas no deseadas de tu voluntad? Se requiere de un pensamiento claro—combinado con un poco de esfuerzo y coraje. Veamos algunos ejemplos.

Ansiedad: ¿Qué piensa la gente?

Forma incorrecta: tienen otras dos parejas invitadas a cenar, y están sentados a la mesa con ellos y con su hijo y su hija, de 6 y 8 años. Los niños comienzan a molestarse. La hermana empuja a su hermano y dice: "¡Déjame en paz!" Uno de tus invitados se ríe y dice nerviosamente: "Bueno, los niños son siempre niños. ¿A poco no?" Tú piensas: "No quiero avergonzarme ni avergonzar a los demás al disciplinar a mis hijos en la mesa." Te unes a la risa de tu amigo.

Forma correcta: piensas: "Nuestros amigos quizá se pregunten qué estoy haciendo, pero es mejor que termine esta pelea de una vez." Dices: "Niños, ambos están en 1." Después brevemente les explicas el conteo a tus invitados.

Enojo: Trayendo tu trabajo a casa

Forma incorrecta: tuviste un día terrible en el trabajo, cometiste dos graves errores e irritase a tu jefe tremendamente. Cuando entras por la puerta, tus hijos están viendo la televisión y el piso del cuarto de estar se encuentra cubierto de libros, papeles, plumones, juguetes y basura en general. Piensas: "¿Por qué nunca pueden guardar nada?" Gritas: "¡Qué les sucede! ESTO NO ES UNA POCILGA, SE SUPONE QUE ES UNA CASA."

Forma correcta: piensas: "Soy una bomba andante que en cualquier momento puede explotar. Los niños son sólo niños, y nos ocuparemos de recoger a las 20:00 horas como todos los días." Dices: "Hola, niños. He tenido un día terrible y necesito un poco de espacio por algunos minutos."

Culpa: ¡Pobre niño!

Forma incorrecta: son las 14:30 horas de un largo y aburrido día de verano. Tu hijo de 9 años te pide que le compres el nuevo videojuego. No es muy caro. Respondes: "Hoy no." Se queja: "Nunca me das nada. ¡Este verano apesta!" Piensas: "Nunca me gustó el modo en que me trataron mis padres. Pobre niño. ¿Por qué estoy siendo tan egoísta?" Dices: "Está bien, pero es todo lo que vamos a comprar. ¡Tengo trabajo por hacer!"

Forma correcta: piensas: "Su queja es la táctica de prueba 4, martirio. Necesita desarrollar formas más constructivas de entretenerse." Guardas silencio.

Tristeza: Pobre de mí

Forma incorrecta: hace dos semanas tu mejor amigo desde hace 14 años se mudó a otra ciudad. Son las 21:15 horas, cuando generalmente le lees un cuento a tu hija de 8 años, es una parte de su rutina básica para la hora de dormir. Pero en el último par de semanas te has saltado la hora del cuento en tres ocasiones y ella se ha ido a dormir sola. Escuchas: "¿Mamá, vas a subir?" Piensas: "¿Para qué? Estoy cansada. Ella puede dormirse sola." Dices: "Hoy no, cariño."

Forma correcta: piensas: "He sido descuidada últimamente con su hora de dormir a causa de cosas que suceden en mi vida. El mantenimiento de la rutina y nuestro tiempo juntos es importante. También me sentiré mejor leyéndole a ella que sentándome aquí abajo deprimida." Dices: "Subiré en un segundo."

Recuperándose de un desliz

¿Qué haces cuando te descubres—en el corto o largo plazo—regresando a tus viejas costumbres? Primero que nada, *acepta el desliz como algo normal.* Nadie es perfecto, incluso tú, y no deberías esperar serlo. La vida—especialmente con niños—es bastante más compleja, desordenada y desafiante de lo que cualquiera imaginaba.

Segundo, es *regresar a lo básico.* A menudo, cuando los padres se me acercan y me dicen: "El programa ya no está funcionando," lo que seguramente sucede es una violación de las reglas "No hablar" y "Sin emoción." El siguiente contratiempo más común es olvidar el Trabajo de crianza 3, "Fortalecer el vínculo." Así que nos sentamos y revisamos el programa cuidadosamente. Este breve recordatorio por lo general se encarga del problema.

El hecho de que hayas utilizado el programa una vez y te desviaras un poco, no hace daño a la eficacia del programa la segunda vez. Enciende de nuevo el interruptor de *1-2-3 por arte de magia.*

Cuando te descubras retrocediendo, puedes decirle a tus hijos algo así: "Niños, no estoy haciendo bien mi trabajo. Me frustraron, y estoy gritando y hablando demasiado. Regresaremos al conteo." Cuando hayas retrocedido un periodo más largo, considera rehacer la conversación de inicio.

Durante el transcurso del crecimiento de tus hijos en tu casa, podrás pasar por varios deslices y recuperaciones—diario, mensual o anualmente. Cada vez que te descubras siendo descuidado, toma una respiración profunda, y vuelve a lo que sabes que funciona mejor.

RESUMEN DEL CAPÍTULO

Una de las cosas buenas de *1-2-3 por arte de magia* es que es muy fácil de retomar. ¡La cosa más importante es no hablar demás! Recuerda: tropezarse es humano, recuperarse es divino.

24

TU FAMILIA FELIZ Y SANA

Cómo 1-2-3 por arte de magia cambiará tu vida

¿QUÉ PUEDES ESPERAR DEL programa *1-2-3 por arte de magia*? Puedes esperar una familia más pacífica, menos discusiones y menos momentos de enojo. Puedes esperar tener más diversión, y el afecto vendrá más fácilmente. La autoestima de tu hijo mejorará al igual que la tuya. Te sentirás más en control y sabrás que estás manejando lo retos de la paternidad correctamente.

Todo se resume en esto: ¿Cómo quieres pasar el tiempo con tus hijos? Una opción es que puedes pasar el tiempo así:

ANTES DE
1-2-3 por arte
de magia

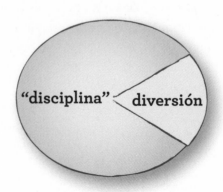

En este escenario, los niños te vuelven loco la mayor parte del tiempo. Estás atrapado en frecuentes pero vacíos intentos de "disciplina." Hay poco tiempo para disfrutar a tus hijos, educarlos o incluso quererlos.

Por otro lado, puedes poner un poco de pensamiento y esfuerzo real en el establecer el programa en tu familia y pasar tu tiempo de esta manera:

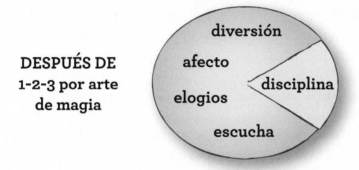

DESPUÉS DE
1-2-3 por arte
de magia

diversión

afecto

disciplina

elogios

escucha

"1-2-3 por arte de magia salvó mi matrimonio"

Nunca olvidaré la siguiente historia que me contó una mamá hace muchos años. *1-2-3 por arte de magia* reúne a las familias—los niños se llevan mejor con sus hermanos, y los padres se llevan mejor entre ellos.

Michelle y su esposo Jack tenían estilos de crianza muy diferentes. Él utilizaba las nalgadas y ella las palabras. Tenían diferencias sobre cuáles comportamientos disciplinar y cómo. Michelle tendía a ser muy suave y Jack muy duro. Cada uno intentaba sobrecompensar por el otro. Era un desastre.

Michelle me dijo que ella y Jack discutían con frecuencia sobre otras cosas en lugar de la verdadera cuestión. Si su esposo era muy duro con su hijo de 8 años, Kyle, mientras hacía la tarea, por ejemplo, Michelle se quejaría de la ropa sucia. Si su esposo pensaba que ella era muy suave con la tarea, se pondría insolente con los platos sucios. Ninguno de los dos hablaba sobre el verdadero problema, y en las raras ocasiones que lo hacían, se generaba una gran pelea.

Una vez en la tienda de abarrotes, Michelle se separó temporalmente de Kyle y su papá. Cuando los reencontró, los ojos de Kyle estaban rojos y se sobaba sus pompas.

"¿Qué pasó?" Preguntó Michelle mientras miraba a su esposo.

"¡Papá me dio una nalgada!" Kyle lloriqueó.

"¿Por qué te pegó tu papá?" Preguntó Michelle.

Jack, interrumpió: "Se alejó de mí y no podía encontrarlo."

Michelle le dio a su esposo su mejor mirada de: "Estoy muy molesta contigo."

Luego caminaron en la tienda peleando frente a su hijo. Su conversación fue algo así:

"Si tan sólo me dejaras disciplinarlo, no se escaparía de ese modo."

"Si lo cuidaras mejor, no tendría que escaparse."

"Si no fueras tan suave con él, escucharía a la primera."

"Si no le pegaras, no querría escaparse."

Esta pareja no estaba llegando a ningún lado. Un día, su pediatra les recomendó el programa *1-2-3 por arte de magia*. Michelle leyó el libro y persuadió a Jack para que viera el DVD. Después de eso, las cosas cambiaron rápidamente.

Como dijo Michelle: "Cuando empezamos el programa, nuestros temas de crianza se juntaron. Y algo más sorprendente sucedió. Había mucho menos disputas sobre la ropa y los platos. No peleábamos tanto como solíamos. Desde que aplicamos el programa, nuestro matrimonio es más fuerte y nuestra crianza de los hijos es simple y comprensiva."

Buena suerte!

No gastes ni un día más atrapado en irritación inútil. Toma el control de tu hogar hoy—¡y comienza a divertirte con tus hijos!

Las diferencias en las tácticas de crianza de los hijos entre mamá y papá pueden poner una terrible tensión en los matrimonios. Como dijo Michelle: "Ahora las expectativas son las mismas para ambos, y las diferencias en nuestro matrimonio (como en la crianza de nuestro hijo) han sido maravillosas."

APÉNDICE

Lecturas recomendadas y recursos

Inteligencia emocional

Borba, Michele. *Building Moral Intelligence: The Seven Essential Virtues That Teach to Do the Right Thing.* San Francisco: Jossey-Bass, 2002.

Goleman, Daniel. *Emotional Intelligence: Why It can Matter More than IQ.* Nueva York: Bantam Books, 2005.

Escucha activa y resolución de problemas

Faber, Adele y Elaine Mazlish. *How to Talk So Kids Will Listen and Listen So Kids Will Talk.* Nueva York: Scribner, 2012.

Ginott, Haim. *Between Parent and Child.* Revisado y actualizado por Alice Ginott y H. Wallace Goddard. Nueva York: Crown Publishing, 2003.

Problemas emocionales de la infancia

Chansky, Tamar E. *Freeing Your Child from Anxiety: Powerful, Practical Solutions to Overcome Your Child's Fears, Worries, and Phobias.* Nueva York: Crown Publishing, 2014.

Coloroso, Barbara. *The Bully, the Bullied, and the Bystander: From Preschool to High School – How Parents and Teachers Can Help Break the Cycle.* Nueva York: William Morrow Paperbacks, 2009.

Turecki, Stanley y Sarah Warnick. *The Emotional Problems of Normal Children; How Parents Can Understand and Help.* Nueva York: Bantam Books, 1994.

Separación y divorcio

Philyaw, Deesha y Michael D. Thomas. *Co-Parenting 101: Helping Your Kids Thrive in Two Households after Divorce.* Oakland, CA: New Harbinger, 2013.

Ricci, Isolina. *The CoParenting Toolkit: The Essential Supplement for Mom's House, Dad's House.* La Vergne, TN: Lightning Source, 2015.

Tecnología y medios de comunicación

Awareness Technologies. WebWatcherKids website, webwatcherkids.com (*Information on monitoring software*)

Common Sense Media website, commonsensemedia.org (*One-stop shop for reviews on TV, movies, music, games, books, and websites – excellent resource*)

McAfee. InternetSafety website, internetsafety.com (*Safe Eyes Internert filter*)

National Center for Missing and Exploited Children. NetSmartz website, netsmartz.org (*Very popular safety site used by educators, law enforcement, and parents*)

WiredSafety website, wiredsafety.org (*Internet safety site*)

Estilos de crianza

Cohen, Lawrence J. *The Opposite of Worry: The Playful Parenting Approach to Childhood Anxieties and Fears*. Nueva York: Ballantine Books, 2013.

Miles, Karen. *The Power of Loving Discipline*. Nueva York: Penguin, 2006.

Semmelroth, Carl. *The Anger Habit in Parenting: A New Approach to Understanding and Resolving Family Conflict*. Naperville, IL: Sourcebooks, 2005.

Stiffelman, Susan. *Parenting with Presence: Practices for Raising Conscious, Confident, Caring Kids*. Novato, CA: New World Library, 2105.

Temperamento del niño

Borsky, Bari. *Authentic Parenting: A Four Temperaments Guide to Understanding Your Child – And Yourself!* Herndon, VA: SteinerBooks, 2013.

Dodson, James C. *The New Strong-Willed Child*. Carol Stream, IL: Tyndale Momentum, 2014.

Otras alternativas de disciplina

Faber, Adele y Elaine Mazlish. *Siblings without Rivalry: How to Help Your Children Live Togeather So You Can Live Too*. Nueva York; W. W. Norton & Company, 2012.

Leman, Kevin. *Have a New Kid by Friday! How to Change Your Child's Attitude, Behavior & Character in 5 Days*. Grand Rapids, MI: Revell, 2012.

MacKenzie, Robert J. *Setting Limits with Your Strong-Willed Child: Eliminating Conflict by Establishing Clear, Firm, and Respectful Boundaries*. Nueva York: Three Rivers Press, 2013.

Markham, Laura. *Peaceful Parent, Happy Kids: How to Stop Yelling and Start Connecting*. Nueva York: Perigee, 2012.

Investigación sobre 1-2-3 por arte de magia

Allen, Sharon M., Roy H. Thompson y Jane Drapeaux. "Successful Methods for Increasing and Improving Parent and Child Interactions." Documento presentado en la 24ª Conferencia anual de entrenamiento de la National Head Start Association, Boston, 25-31 de mayo, 1997.

Bradley, Susan, Darryle-Anne Jadaa, Joel Brody, Sarah Landry, Susan E. Tallett, William Watson, Barbara Shea et al. "Brief Psychoeducational Parenting Program: An Evaluation and 1-Year Follow-Up." *Journal of the American Academy of Child and Adolescent Psychiatry* 42, no. 10 (octubre de 2013): 1171–78. doi: 10.1097 /01.chi.0000081823.25107.75.

Elgar, Frank J. y Patrick J. McGrath. "Self-Administered Psychosocial Treatments for Children and Families." *Journal of Clinical Psychology* 59, no. 3 (2003): 321-39. doi: 10.1002/jclp. 10132.

Norcross, John C., Linda F. Campbell, John M. Gohol, John W. Santrock, Florin Selagea y Robert Sommer. *Self-Help That Works: Resources to Improve Emotional Health and Strengthen Relationships,* 162, 165. Nueva York: Oxford University Press, 2013.

Porzig-Drummond, Renata, Richard J. Stevenson y Carol Stevenson. "The 1-2-3 Magic Parenting Program and Its Effect on Child Problem Behaviors and Dysfunctional Parenting: A Randomized Controlled Trial." *Behaviour Research and Therapy* 58C (mayo de 2014): 52-64. doi: 10.1016/j.brat.2014.05.004.

Salehpour, Yeganeh. "1-2-3 Magic Part 1: Its Effectiveness on Parental Function in Child Discipline with Preschool Children." Abstract. *Dissertation Abstracts International,* Sección A: Hummanities & Social Sciences 57, no. 3-A (septiembre de 1996): 1009.

Tutty, Steve, Harlan Gephart y Katie Wurzbacher. "Enhancing Behavioral and Social Skill Functioning in Children Newly Diagnosed with Attention Deficit Hyperactivity Disorder in a Pediatric Setting." *Developmental and Behavioral Pediatrics* 24, no. 1 (febrero de 2003): 51-57.

THOMAS W. PHELAN es un expert y conferenciante de fama internacional sobre la disciplina del niño y el desorden de deficiencia de atención. Aparece con frecuencia en la television y la radio y viene ejerciendo su profesión desde 1972. Phelan es un psicólogo clínico con doctorado y fundó la Asociación de Illinois de Hiperactividad y el Desordan de Deficiencia de Atención.

IF YOU ENJOYED
1-2-3 MAGIA...

check out these other products from
Thomas W. Phelan, PhD

1-2-3 Magia para niños
Ayudando a sus hijos a entender las nuevas reglas

1-2-3 Magia DVD
Disciplina efectiva para niños de 2 a 12

More 1-2-3 Magic DVD
Encouraging Good Behavior, Independence, and Self-Esteem

1-2-3 Magic Workbook
A user-friendly, illustrated companion to the *1-2-3 Magic* book that includes case studies, self-evaluation questions, and exercises

1-2-3 Magic in the Classroom
Effective Discipline for Pre-K through Grade 8

1-2-3 Magic for Teachers DVD
Effective Classroom Discipline Pre-K through Grade 8

1-2-3 Parenting with Heart Book and Workbook
Effective Discipline for Children 2–12

1-2-3 Magic Starter Kit
Accessories to help you get started with the 1-2-3 Magic program

Tantrums! Book and DVD
Managing Meltdowns in Public and Private

1-2-3 Magic Teen
Communicate, Connect, and Guide Your Teen to Adulthood

All About ADHD
A Family Resource for Helping Your Child Succeed with ADHD

Visit 123magic.com

Other Books on Africa by Basil Davidson

Report on Southern Africa (1952)
The New West Africa: Problems of Independence (1953)
(edited with Adenekan Ademola)
The African Awakening (1955)
The Lost Cities of Africa (1959)
Black Mother: The African Slave Trade (1961)
Which Way Africa? The Search for a New Society (1964)
A History of West Africa, 1000–1800 (1965)
(with F.K. Buah)
African Kingdoms (1966)
(with the Editors of Time-Life Books)
*A History of East and Central Africa to the
Late 19th Century* (1967)
(with J.E.F. Mhina)
Africa in History: Themes and Outlines (1968)
The Liberation of Guiné (1969)
*The African Genius: An Introduction to African Social
and Cultural History* (1969)
In the Eye of the Storm: Angola's People (1972)
*Black Star: A View of the Life and Times of
Kwame Nkrumah* (1973)
*Can Africa Survive? Arguments Against Growth Without
Development* (1974)
Let Freedom Come: Africa in Modern History (1978)
No Fist Is Big Enough to Hide the Sky (1981)
The People's Cause: A History of Guerrillas in Africa (1981)
The Story of Africa (1984)
The Long Struggle of Eritrea (1988)
(edited with Lionel Cliffe)
The Fortunate Isles (1989)
Modern Africa (1990)
African Civilization Revisited (1991)

THE
BLACK MAN'S
BURDEN

THE
BLACK MAN'S
BURDEN

Africa and the
Curse of
the Nation-State

BASIL DAVIDSON

Library of Congress Cataloging-in-Publication Data

Davidson, Basil
The Black man's burden : Africa and the
curse of the nation-state / Basil Davidson.—1st ed.
p.   cm.
Includes index.
ISBN 0-8129-1998-X
1. Africa—Politics and government—1960–   2. National state.
3. Africa—Ethnic relations.   I. Title.
DT30.5.D37   1992
320.96—dc20   91-38427

Manufactured in the United States of America
9 8 7 6 5 4 3 2
First Edition

Oloun paapaa ko gbon to . . .
Not even God is wise enough . . .
—Yoruba proverb

Acknowledgments

I want to record my thanks to many persons in many lands for discussions and advice on the themes of this book, for patience and hospitality, for tolerance and affection, and sometimes for acutely productive disagreement. All that pertains to many years, but on this occasion I want especially to acknowledge the help of the Center of African Studies and the Africana Library of Northwestern University for critically useful assistance in finding books and papers, and in affording me the opportunity to read them.

To Steve Wasserman, editorial director of Times Books, I owe my heartfelt thanks for creative inspiration and editorial skill, as well as for the title I could not find.

Contents

THE
BLACK MAN'S
BURDEN

Introduction

How and why does one get oneself into a long and difficult work, even a life's work: trying to understand and tell truths, in my case, about a huge and hugely complex continent? It must be hard to say, because it can happen, I suppose, for countless reasons of chance and change; and yet as I look back through the years, I can see that my involvement with Africa had its start, its strange beginning, somewhat in the manner of the young man Marlow in Joseph Conrad's novella, an unforgettable story, called "Youth": of the ever-hopeful Marlow saving himself from shipwreck in the seas of the East, in the ocean lapping Indonesia, and his sighting the East for the first time from a small boat "like faint mist at noon: a jagged wall of purple at sunset"—with a puff of wind that brought the odors of strange blossoms and aromatic wood, "impalpable and enslaving, like a charm, like a whispered promise of mysterious delight."

I don't mean to claim that my seeing Africa for the first time was quite that much of an epiphany. But I think the effect was much the same and that, in essence, so was the experience. Later years and long acquaintance have drowned out Marlow's echoes of romance, even if a certain mystery and sense of them remain; but my first experience has stayed with me, and the course of my life seems repeatedly to have insisted that it should. Let me tell you how it came about. It came about in the terrible year of 1941. That was a year, for us, when everything we loved and cared for seemed likely to be lost.

I was then a captain in the British army, and I was twenty-six. I arrived at my epiphany, if that is what it was, not after shipwreck as Conrad's Marlow did, but after a catastrophe which seemed, at the time, rather much as bad. Months earlier I had been on military duty in southeastern Europe, in Yugoslavia when that Balkan land was overwhelmed by Nazi-Fascist invasion, the Germans and Italians being seconded by the Bulgars and Hungarians. With a few others in the same service I fell into Italian military imprisonment and was confined in Italy; and the chances of getting out of that confinement were certainly no better, in May 1941, than Marlow's of getting to dry land. But the blessed ancestors who were preparing my epiphany, as I am ready to believe, chose this moment to intervene. They arranged that British forces then clearing Mussolini's Fascist Italian armies out of eastern Africa—out of Somalia and Eritrea and Ethiopia—should capture the Italian commander-in-chief, who was the duke of Aosta.

Now this duke of Aosta was cousin to the king of Italy, and the king of Italy got hold of a suitable intermediary and asked the British government to send his cousin back to him. "Nothing doing," said the British government, "you don't have any important prisoners of ours to give us in return." But the British

4

government relented, kings being kings, and agreed to give back the duke of Aosta in exchange for one hundred men of ours whom they held, including several very junior officers; and the ancestors (bless them) decided that I should be among the latter. Being reckoned in value as no more than one percent of a duke might not be flattering, but I was in no position to object.

Returned to England by one route or another, I was granted ten days' leave to see my mother, who found the whole thing very puzzling, for the story of the duke of Aosta came out only later, but also very pleasing; and then I was sent back to my unit in the Middle East, in Egypt, and more exactly near the legendary city of Cairo. But at once it became apparent that the ancestors still had their eye on me. By enormous privilege I was spared the long sea journey around the Cape of Good Hope and flown from embattled England in a grand new Boeing flying boat. This was a wonderful machine, almost magical in those days, that performed with superb confidence as a military ferry up and down the east Atlantic seaboard. It carried me and some others to Portugal without the slightest hesitation, and then far south to Bathurst (Banjul today) in the Gambia, a mere curtain of rain as I remember it, of pelting rain like they had in the movies those days, and then eastward to the port of Lagos on the coast of Nigeria. From there a transport plane was to carry me far across the Sahara Desert and its confines to Khartoum on the Upper Nile, and thence I would get to Cairo. And all this duly came about, if you can believe it, with practically no delay.

The first refueling stop on that improbable journey from the Niger to the Nile was to be "somewhere in the north of Nigeria," an unknown point on an atlas map, as far as I could find out. But the port of Lagos already seemed to me, as it still does, a perfectly horrible place to be, and anywhere else would be better. In Lagos there was nothing but damp and squalor; and if Lagos was in Africa, there was nothing to prove it. Happily, the ancestors were still around to speed me on my way, and were able to persuade the army authorities even down to the local transport department. Within a day or perhaps two I was being flown northward to that "somewhere in the north of Nigeria." And that is where I saw Africa for the first time.

Of type and name I have long forgotten, the plane from Lagos yawed and buzzed and shook for a couple of hours and more, and then slid down into a landscape of sand as flat and featureless as the eye could ever see, and utterly empty of anyone or anything. Thus arrived nowhere, we got out of the plane and a wall of sodden heat rushed against me like a fearsome animal. But after a while, gulping for breath, I saw that I was wrong about this place being empty: sitting in the middle distance were two huts of tin and timber, and these were the airport terminal.

But they were not all, even if they seemed so. I walked across the intervening sand with our navigator sergeant, a brisk lad from my mother's county, which is Lancashire; and as we walked, he raised a pointing arm to the horizon and confided, "There's a city over there, a big African city nobody's ever heard of." I had to believe him, for he'd flown this trans-African ferry route before. But there was nothing I could see.

We paused and stared. And as I stared, there came to me— I am not inventing, this is how it came to me—the intimation of a glance into the past that was also, to me, a foretelling of the future. Who knows? Such moments happen, and are not to be explained. There came to me through that distance the out-line of a presence, of a wall both tall and long, a city wall. Very big was this wall, said our navigator-sergeant. It was built of mud and timber, and it went right round a city lost in this African nowhere. One day, he said, he was going to get himself inside that city. All he could tell about it, meanwhile, was its name. "Kano, K-a-n-o. Ever heard of it? Of course you haven't. It's there, though."

He spat into the sand but with a certain respect. "It's old, they say. Five hundred years old, they claim. Don't see how it can be, though."

I found out later. Kano was seven hundred years old, if not a lot more. But even five hundred years meant history, and there wasn't any history in Africa, as far as I'd ever been taught. Perhaps one should find out. Perhaps, but now there was the war.

That day was long ago, and the tides of life have flowed between. All the same, this moment of glimpsing the walls of Kano, half-guessed through midday haze and heat, has stayed with me. The odors that came on the puff of wind, although I doubt if there was any wind, were not of strange blossoms and aromatic wood. They were of bone-dry sand and the oven-scorched air of the savannah. Yet they brought with them, infallibly as it seemed to me, a challenge to learn: a challenge to know what was so much unknown that it could appear to me, as it did that day, as though nobody anywhere had ever seen those walls before me.

The war went on with millions for company, and me among them. Years of army service followed, passed in my case mostly with anti-Nazi irregular forces in Yugoslavia and Italy until, blessedly in 1945, another plane took me home again. When that lovely survival arrived, I went back to my prewar trade of journalism and, more testing still, a youthful ambition to write history. This would be, as I thought, the history of Eastern Europe, where I had wandered in student times and soldiered during the war, and any thought of Africa and the challenge of the walls of Kano retired to the back of my mind or was forgotten. At about then, however, Eastern Europe also vanished behind the barricades of the Cold War, and seemed in all probability bound to stay there. What I had thought could be my life's working plan vanished with it. But the vision of Africa in 1941 was still with me, and in 1951 I would embark on African studies that would hold me for the rest of my life. I traveled and listened and learned; and gradually I began to ask of history those questions that had first come drifting over the horizon of my consciousness ten years earlier.

Since then I have continued to learn about Africa: enough, at least, to have reached the point of understanding that there must always be areas of knowledge that I have not entered and may never enter. Yet you can only do so much in a lifetime and must be grateful for that. Here in this book I present in summary and perspective whatever wisdom I have gathered in these forty-odd years of African study; and in this sense, a vital one to me, these pages offer the conclusions of a lifetime.

What follows, essentially, is a meditation on the nature of the African experience but, centrally, since Africans began to emerge from foreign rule, from colonial rule, in the 1950s. This has been an experience which inspired high hopes and promised liberating freedoms, and these were justified and real in their results. They gave new life to a continent of peoples long reduced to silence and subjection. That this should be so cannot surprise the historian, for the history of Africa's self-development, before foreign rule began, has shown that these peoples achieved much in the past, and will in all likelihood achieve much again.

But the actual and present condition of Africa is one of deep trouble, sometimes a deeper trouble than the worst imposed during the colonial years. For some time now, deserts have widened year by year. Broad savannahs and their communities have lost all means of existence, or else are sorely threatened. Tropical forests such as the world will never see again have fed the export maw. Cities that barely deserve the name have spawned plagues of poverty on a scale never known in earlier times, or even dreamed of. Harsh governments or dictatorships rule over peoples who distrust them to the point of hatred, and usually for good and sufficient reason; and all too often one dismal tyranny gives way to a worse one. Despair rots civil society, the state becomes an enemy, bandits flourish. Meanwhile the "developed" world, the industrialized world, has continued to take its cut of Africa's dwindling wealth. Transfers of this wealth to the "developed" countries of Europe and America have annually expanded in value: in 1988, for example, to what was then a record figure, an immense figure, paid out to "developed" creditors.[1] And multitudes starved.

And so the historian, emerging from the study of past centuries when Africa generally knew no such misery and crisis but, generally, a slow expansion of wealth and self-development, meets questions not to be avoided. What explains this degradation from the hopes and freedoms of newly regained independence? How has this come about? Where did the liberators go astray?

9

No doubt human blunders and corruption can supply some easy answers, and have their abrasive part in the story. Yet human failures are always with us. They can seldom reveal the root of the matter. Africa's crisis of society derives from many upsets and conflicts, but the root of the problem is different from these: different and more difficult to analyze. The more one ponders this matter the more clearly is it seen to arise from the social and political institutions within which decolonized Africans have lived and tried to survive. Primarily, this is a crisis of institutions.

Which institutions? To this the answer is easier. We have to be concerned here with the nationalism which produced the nation-states of newly independent Africa after the colonial period: with the nationalism that became nation-statism. This nation-statism looked like a liberation, and really began as one. But it did not continue as a liberation. In practice, it was not a restoration of Africa to Africa's own history, but the onset of a new period of indirect subjection to the history of Europe. The fifty or so states of the colonial partition, each formed and governed as though their peoples possessed no history of their own, became fifty or so nation-states formed and governed on European models, chiefly the models of Britain and France. Liberation thus produced its own denial. Liberation led to alienation.

The questions multiply. This result in alienation was certainly not intended. Did it come about because Africa really had no past experience of its own self-governing institutions? How true is it that old Africa, precolonial Africa, never developed a nationalism that could evolve and maintain a civil society within accepted frontiers? Europeans of the nineteenth century believed that Africans had never built nations but, at best, only tribes. Europeans have often continued to affirm that "tribalism" has been, and is now, Africa's bane. But what was this tribalism? What is it today?

A meditation of this kind provokes knotty questions, and tribalism is one of them. A terrain full of pitfalls opens out beyond it. In a large historical sense tribalism has been used to express the solidarity and common loyalties of people who share among themselves a country and a culture. In this important sense, tribalism in Africa or anywhere else has "always" existed and has often been a force for good, a force creating a civil society dependent on laws and the rule of law. This meaning of "tribalism" is hard to distinguish in practice from the meaning of "nationalism." Before the period of modern imperialism Europeans visiting and reporting on Africa seldom drew any such distinction.

But the "tribalism" that we see today is evidently quite another thing. This modern tribalism flourishes on disorder, is utterly destructive of civil society, makes hay of morality, flouts the rule of law. It is the reverse of the civil society revealed by the records of history increasingly and intensively inspected, since the 1950s, by historians from many cultures and countries. This was the civil society undermined and finally brought down by the decades of alien rule after Africa's imperialist partition in the 1880s, leaving as it seemed no valid structures for the future. And this of course was why British colonial policy claimed that its task in Africa was "nation building," it being supposed in London that the task had been beyond the capacity of Africans themselves. At first, the British set themselves to the work of inventing tribes for Africans to belong to; later, with possible independence looming ahead, they turned to building nation-states. Because, according to the British, there were no African models, these states would have to be built on European models. So these, being alien models, failed to achieve legitimacy in the eyes of a majority of African citizens, and soon proved unable to protect and promote the interests of those citizens, save for a privileged few.

Left with the shells of a fragile and fallible civil society, the majority have sought ways of defending themselves. The principal way they have found of doing this is through "tribalism," perhaps more accurately, clientelism: a kind of Tammany Hall–style patronage, dependent on personal, family, and similar networks of local interest. Insofar as it is a "system," clientelism has become the way politics in Africa largely operates. Its rivalries naturally sow chaos. Like the economic misery now afflicting much of Africa, this tribalism—the term is always slippery—"reflects, in significant part, pathological characteristics of the contemporary [African] state": of the postcolonial or, as some prefer to call it, the "neocolonial" nation-state which came from decolonization.[2]

These quoted words are Crawford Young's, and here he was thinking especially of the neocolonial nation-state of Zaire, once the Belgian Congo. But his words apply widely, as we shall discover. Next door to Zaire, in the republic of Chad (although the description of Chad as a republic had become absurd), another observer found in 1989 that "the vexatious feuds of the warlords have troubled the whole continent, embarrassed the Organization of African Unity, burnt the fingers of all but the most resilient peace-makers, and provided endless opportunities for international mischief-makers to dabble to their hearts' content." Chad was now "a shell of a country"; yet this same Chad, "with its petty and violent political conflicts, its drought and its under-development, and its systematic self-handicapping, sometimes seems a paradigm of Africa's dilemma."[3]

Other African voices speak the same warning. Africa may have "space, people, natural resources," says one of them, "but Africa is nothing, does nothing, nor can do anything"; and this was not the voice of some crude chauvinist but that of Edem Kodjo, a secretary-general of the Organization of African Unity.[4] As to the supposedly sacred frontiers of this nation-statism, added Kodjo, "the people trample them underfoot." And this was even welcomed, as overwhelming evidence could also show. For by this time "there may be few African frontiers today, certainly in West Africa, across which, day by day or night by night, people do not take themselves and their goods in more or less complete defiance of the constitutional law."[5] Alienation of people from the state could not go much further.

So an analysis of Africa's troubles has also to be an inquiry into the process—the process, largely, of nationalism—that has crystallized the division of Africa's many hundreds of peoples and cultures into a few dozen nation-states, each claiming sovereignty against the others, and all of them sorely in trouble.

Then what may happen in Africa save even worse disaster? This great question of the early 1990s prompted others no less awkward. Other new nation-states were also on the rocks, but this time in Europe itself, the Europe which had vanished behind the barricades of the Cold War but was now quite suddenly freed from those barricades.

These were the product of imperial systems internal to Europe, initially those of Ottoman Turkey, Habsburg Austria, and tsarist Russia; and their shipwreck in the democratic storms of 1989, when their Stalinist overlord in Moscow lost power to protests and huge overturns, was impressively complete. They too were countries that were not or no longer colonies, but nonetheless had been obliged to accept foreign control in all major policy matters. They too, Romania and Hungary and neighbors such as Czechoslovakia and Poland, had ceased to live within their own history. They too suffered an acute alienation.

Basic parallels between these two great zones of imperial and postimperial involvement, African and European, might be obvious enough. But were there parallels beyond the obvious? What could be learned from the difficult and delicate attempt at historical comparison?

A buzz of questions: perhaps best handled, to begin with, by stripping customary verbiage from the rhetoric of nationalism, and taking a look at the spiny contradictions that evidently lie beneath. For if nationalism has been and can be a liberating force, why then has it so often become the reverse?

For reasons that also have their personal angle, I shall begin with the Hungarians. They are a people long and sometimes brilliantly concerned with national history and identity, with what has been often called national spirit. So I propose to start with scenes in a modest urban square, in shape a truncated triangle rather than a square, that opens along the broad Danube promenade of Budapest, Hungary's national capital, just before you reach the Margaret Bridge across that famous river.

This square in Budapest can barely hold five hundred persons when tightly packed, as it sometimes is for reasons that will emerge. Although not much to look at, the square makes a fine place to look out from. I lived in an apartment alongside it many years ago, and every day looked out across the mud-brown flow of the Danube to city heights which climbed then, and perhaps still do, into noble streets of palaces and mansions above the wide Hungarian plain.

More to the point, this square beside the mighty river has been a place of history. Witness to that is a monumental plinth in the middle of the square and, raised on this plinth, the statue of Sándor Petőfi, poet of Hungary's national freedom. Here it was, in 1956, that dissident Hungarian writers bravely met to launch their rebellion against the Stalinist dictatorship of Mátyás Rákosi and his infamous acolytes; this was where they made their challenge that would explode into an outraged people's insurrection.

They met in Petőfi Square and declaimed their verses and spoke their protest because it had been Petőfi who long before had found the well-remembered words they needed. For October 1956 was a time, though by no means past the worst of it, when the freedom of the Hungarians was forfeit to the tyranny of a foreign power, locally manned but not locally commanded: the power, that is, of the empire ruled from Moscow. Hungary was not a colony but its regime, in the language of African nationalism, was certainly neocolonial. The effect was much the same. So the poets of 1956 met and recited Petőfi's promise of a century earlier:

> Eszkesünk, eszkesünk,
> Rovák tovább nem leszünk!

15

This we swear, this we swear,
Slaves we will no longer be!

Their insurrection was put down in blood by the Soviet armed forces. Another thirty-three years had to pass before history was able to reward those rebels of 1956, or the few of them still living, with a clear proof that they had been in the right and that their rising, however stifled, had been a prelude to liberation. Hungarians in 1990 were at last on their way to recovering the power to make their own history, and to trying once more to govern themselves in civic freedom.

But here, too, nationalism has shown itself a contradictory creature. Its brutalities have outmatched its mercies, its losses have effaced its gains, and several times over. Petőfi's poetic spirit, hovering above his effigy in stone upon its plinth beside the Danube, can recall occasions of another kind from that of the dissidents' brave gathering of 1956. I recall one of them myself, because I happen to have known Petőfi Square on one of those occasions. This was during the grim wartime year of 1941, facing a different tyranny (and, since I have already mentioned 1941, a little earlier than my misfortunes in invaded Yugoslavia).

The Danube's deep winter ice had mostly cleared, as I recall it, leaving the river for once almost as blue as the old romantic song says it is; and spring was on the threshold. But there was no glimmer of springtime in the air that day. Instead, peering across the river from Petőfi Square on that chill March morning of 1941, I saw marching troops and army transports heading south along the quayside; and I knew that Hungary's fragile bid for neutrality between the Democratic powers and the Nazi-Fascist "Axis" (as they liked to call it, even if the wheels squeaked badly) was at an end. They were troops and trucks of Hitler's Wehrmacht on their way to invade a Yugoslavia which, from being neutral, had suddenly become recalcitrant to Hitler's will. And with those German units there were Hungarian troops and trucks bound on the same mission of destruction.

These Hungarian regiments in Germany's service would crash into Yugoslavia a few days later. They would assist the Nazi forces in the reduction of that country to a reeking shambles; and in due course they would seize and kill all the Jewish people they could lay their hands on as well as slaughtering countless other people too. Petöfi that March morning watched them on their way; and so did I, but briefly. A young man caught in the maul of catastrophe, I as yet understood little of its implications. But I understood the implications of those troops and trucks. I bid farewell to Petöfi; and I ran for my life.

Now this Hungarian assault upon a then peaceful neighbor was made for various reasons. The chief of these reasons was that the Hungarians who were then in government would not reject Hitler's demand for their submission and assistance. This was not because they were much in favor of obeying Hitler, simply that they foresaw that disobeying him must have painful consequences. This was political calculation. But the reasons that were given out, then and later, were quite different; they were the reasons of high-flown nationalism. Hungary should recover lands lost to Yugoslavia at the end of the First World War; Hungarians should arise and awaken to their national duty. So Hungarian troops marched southward to the thrum of national anthems and the flourish of national flags; and any hapless person who stood in their way was thrust into jail as a traitor to a holy cause, or else, of course, taken aside and shot.

They went south and assisted in the dismemberment of Yugoslavia, their next-door neighbor, into satellite zones of German or Italian or other military subjection. At the same time, they helped themselves to a handsome slice of Yugoslavia for the greater glory of the Hungarian nation-state, declaring meanwhile that they were acting in the sacred name of national fame and self-respect. Petöfi continued to stand in icy calm upon his plinth beside the Danube, while the emancipated "slaves" of his unforgotten song thrust other peoples into slavery.

The war continued; and before the war was over the Hungarian people would have to pay a terrible price for their nationalism. All this became part of the endless tragedy of those years, affecting millions, countless millions. Meanwhile, for me this was an unforgettable introduction to the perversities of nationalism, to the Janus-like nature of the "national spirit" that demands freedom with one face and denies it with the other. But whatever may be found to explain this resolute two-facedness, it remains that the nation-state in Eastern Europe—but just as in Africa—has failed to meet the high claims of its promoters and the promises of its propagandists.

There must be reasons for this general and continental failure, and at this point in time, with fresh and hopeful solutions so urgently needed, these are reasons that we have to know about. It may be fairly easy to understand that new nation-states, emerging from imperial or colonial oppression, have to modernize their institutions, their modes of government, their political and economic structures. Very well. But why then adopt models from those very countries or systems that have oppressed and despised you? Why not modernize from the models of your own history, or invent new models?

In Africa, just as in Central and Eastern Europe, the search for answers has to begin nearly a century and a half ago: that is, around the 1850s. This takes us back to times both terrible and dramatic: in the African case, to the Atlantic slave trade during years when that great persecution was at last being chased and harried to its end. It takes us, however unexpectedly, to the decks of a British warship named the *Bonetta* in the year 1848, and to men and women, more dead than alive, who were rowed ashore from the *Bonetta* and somehow managed to stay alive.

Africa Without History

THEY CAME ashore in nakedness and hunger, but were lucky to be alive. The months before had been a living nightmare; for many now the deliverance from that nightmare would be a brief prelude to death itself. The slave trade had begun to kill them; disease would finish the job. And whatever the survivors would then remember could be only a series of jagged and traumatic sufferings. Seized in their villages along the West African coastland, these once able-bodied men and women had been dragged to slave prisons on the coast itself, infamous barracoons where, well guarded by their captors, they had lingered for weeks, even months, until a slaving ship bound for the Americas at last came by, and anchored for just long enough to buy them from their captors.

Once they were aboard the ship for the Americas, their misery became worse. Privations had been bad in the "old days" of the Atlantic slave trade, before the trade began to be made illegal early in the nineteenth century: according to such statistics as may be found, about one in seven of all the captives shipped for the Americas were dead before the voyage was over. But now, in the middle years of the nineteenth century, the mortality was higher still, for the old "close packing" of the legal slave trade, horrible enough as that had been, had given way to the dense packing of the smuggling trade. There had once been "regulations" for the treatment of captives; even these flimsy protections had now vanished.

"The form of stowage," wrote an eyewitness who was a British naval officer in 1849, one among many such who carried out his government's orders to stop and suppress this smuggling slave trade along the African seaboard, "is, that the poor wretch shall be seated on his hams, and the head thrust between the knees, and so close that when one moves the mass must." Because of this "stowage," reported this Lieutenant Patrick Forbes, captain of HMS *Bonetta*, in an account characteristic of such reports, the body of the victim "becomes contracted into the deformity of the position, and some that die during the night, stiffen in a sitting posture; others, who outlive the voyage, are crippled for life. . . ." By the 1840s, in this smuggling trade, a three-foot head clearance was considered to be normal. The head clearance on the slave decks "sometimes measure four feet six inches; while, on the other hand, that of the *Tragas Millas* [a slave smuggler overhauled and captured by the *Bonetta*] was fourteen [inches], and of the *Pharafoel* [another smuggler stopped and taken by the *Bonetta*] eighteen inches, intended for children only. One of these hellish nurseries," adds Lieutenant Forbes, who had seen them, "was taken in 1842 by HMS *Fantome*. She measured eighteen tons and had, beside a crew of five Spaniards, one hundred and five slaves (with one exception, a girl of fourteen) under nine and over four years of age."[1]

Forbes's eyewitness account of slave ship conditions is only one among many made by officers of the British naval blockade instituted after 1807, when Britain had banned the further conduct in British ships of the slave trade that an earlier Britain had done so much to extend and profit from. The blockade continued into the 1860s, when smuggling at last petered out; and while the fate of the victims of the trade was unbelievably harsh, it was often sad for the naval crews as well. But naval employment was hard to find in the years after the defeat of Napoleon and France, and Forbes no doubt counted himself fortunate to be given command of the *Bonetta*. She was a ninety-foot brig converted to a brigantine—that is, to a two-masted sailing ship rigged square on the forward mast and fore-and-aft on the main mast, so as to give greater maneuverability; and she had three guns, with a crew of fifty to sixty men. Not a great command, and a service under conditions perilous to health, but evidently better than half pay or no pay ashore.

So the captives taken out of slave ships by the British naval patrols had reason to be grateful. Instead of being hijacked to the Americas under terrible conditions for the many weeks of the ocean crossing, they had only a few days of sailing to the port of Freetown in the colony of Sierra Leone, and there they were set free. But the naval patrols were few and far between; many slave ships evaded them. Lieutenant Forbes had no illusions about this. He thought that the blockade was a mercy for those who were saved, but after six months' service on the patrol he knew that most victims were not being saved. The smuggling slave trade being "a vast speculation," capable of yielding "vast gains" to the slave merchant ashore, "the profitable result is pretty well calculated by the merchant, and although it is a lottery to the people employed, he is safe enough. He fits out four, and expects to lose three vessels; if he should lose only two, he would consider himself lucky."

Forbes's calculations were of little comfort to the anti-slave-trade campaigners at home. Using such official statistics as there were, he estimated that the blockade, however admirable when it succeeded, could never be of much use in the suppression of the trade. "During 26 years," he found from the figures that he had (and we know now that they gave a broadly true picture), "103,000 slaves have been emancipated" by the warships of the naval blockade, "while in the same period, 1,795,000 slaves were actually landed in the Americas." The task was simply too big for the scale of measures used. In the 1840s each slow-moving warship had to patrol some forty miles of coastline. The chances of escaping capture were many for the slavers, no matter what their victims might have to suffer in consequence.

Even so, it is certain that many more than 50,000 captives were taken out of slave ships by men-of-war like the *Bonetta* and put ashore at Freetown, capital of the little West African colony formed years earlier for free blacks from Britain.[2] Most of these captives had been seized, as prospective slaves in the Americas, not far from the coastland of the countries that are now Ghana, the Ivory Coast, Togo, and Nigeria. But many came from much more distant lands, and a few even from the coasts of East Africa as far north as the Kenya of today. Once taken out of slave ships by their naval rescuers, they were known as "recaptives" in the curious language of those times: captives, that is, taken into slavery for shipment to the Americas, but "recaptured" and set free by the crews of the naval blockade. In the same decades a few thousand other recaptives were likewise set ashore at Monrovia, capital of America's colony for free blacks, Liberia.

A large though unknown number of these recaptives died within months or a few years of being set ashore; but a substantial core of survivors stubbornly remained. Coming from distant homelands along the coast, at first speaking a multitude of mutually incomprehensible languages, this unique community of rescued people rose gradually from great wretchedness in their new land to become a people with a notable history ahead of it. Save in Liberia and two or three free black communities in the New World, there was no other people like them. They had been liberated from the destiny of enslavement across the seas. At the same time, they were now cut sharply adrift from their own homeland cultures, and in the circumstances could not rejoin those cultures. They had to build a new life for themselves, and necessarily within a culture which they must forge for themselves. Ashore in Sierra Leone, settled in villages around Freetown or in Freetown itself, they little by little created a common language, a modified English known as Krio (Creole in English), invented forms of self-administration or adapted those they remembered from home, and at the same time embraced an ardent Christianity in place of their native religions.

The recaptives were all absolutely African in their origins; and yet they were divided from Africa by an acute experience of alienation. Africa had sent them into slavery. Europe, but especially Britain, had rescued and set them free. Converted to

Christianity by the campaigning missionaries of the nineteenth century, the liberated victims naturally looked to Britain as the shrine of salvation. Banding together, the recaptive villages around Freetown saw that freedom was a mercy to be used. They went into local business, local politics, local administration. They took jobs in government, and in time "a small, prosperous bourgeoisie emerged among people who had arrived in Freetown naked and penniless from the slave ships."[3]

Of the peoples of the vast interior lands behind the coast, they knew and could know little or nothing. They saw themselves in any case as the agents of Christian civilization in an Africa sorely in need, as they thought they knew from their own experience, of every form of salvation. Hardworking and self-improving, the recaptive community in due course produced theologians, political thinkers, men of capable action and, increasingly, men of relative wealth. And for a while, before the racist constrictions of a new age of imperialism struck at them in the 1890s, these men and women felt the winds of a liberating history in their sails; and they prospered. By the 1860s the list of their distinguished citizens, as medical doctors and teachers and writers and administrators, was already a long one. Whatever Europeans could do, these adopted Europeans would prove that they could do as well or, if necessary, better.

So it was, however unforeseeably, that rural Africans put ashore from warships like the *Bonetta* became, in an important and even decisive sense, the literate intellectuals of early colonial Africa. It was through them, and their educated colleagues in towns like Cape Coast who had not been captured and "recaptured," that the political ideas of nineteenth-century Britain took root on African soil. Nationalism, and its manifest destiny in the sovereign nation-state, was foremost among these ideas. Alienation, one may say, thus became naturalized.

It would be easy and popular, long afterward, for patriotic Africans to think harshly of the recaptives and their influence upon the shape of things to come. With Christianity and Constitution as their watchwords, the recaptive thinkers held that Africa needed to be saved, and salvation must come from outside the continent. So their influence during the early colonial period was procolonial, and during the late colonial period would help to frame the structures of political sovereignty within which most colonies were to achieve their independence. This was an influence which took it for granted that a more or less total alienation from Africa's own past was entirely desirable since, as it was argued, no progress could otherwise become possible.

The principal agents of Christianity and Constitution lived in various towns and ports along the West Coast. Freetown in Sierra Leone was the earliest colony of modernizing literacy, and perhaps in the long run the most influential; but others soon emerged, the work not of recaptives but of men (as yet, of very few women) who were never victims of the slave trade: at Cape Coast in the Gold Coast (modern Ghana), on Lagos Island and Abeokuta, Nigeria, at Bathurst (Banjul) in the Gambia, and one or two other points of burgeoning urbanism as well, of course, as Monrovia in America's "Black Star" colony of Liberia.

As their influence widened, its principal missionaries became those whose homelands, or whose parents' homelands, had been in what was to become Nigeria, and whose original cultures were Yoruba and Igbo. Known as Saro or Aku, they had the

27

enterprise and courage to return to their homelands, where, as they thought, their duty must be to introduce the light of civilization to an unregenerate paganism, and the advantages of British democracy to a savage despotism. Not surprisingly, they were received with no joy. But they persevered. Interlopers with a self-appointed mission to preach abrasively in these southern towns of what was not yet Nigeria, they were allowed the rights of residence, but with no enthusiasm.

"In all the towns where they were admitted," Professor E. A. Ayandele, a leading historian of Nigeria, would remind a modern audience some eighty years later, "the Saro were treated like a separate class, an aberration, that should not be integrated into [local] society." They should be tolerated, for after all they were fellow Yoruba, "but the essence of the matter is that they were culturally and, in their disposition, fifth columnists who would mentally and ideologically team up with the British invaders [then pushing in, *manu militari*, from Lagos Island, annexed in 1861] rather than sympathise with the unlettered masses."[4]

They would thus be seen, and rightly, as willing and conscious agents of the great colonial enclosure of the last years of the nineteenth century. Vividly eloquent spokesmen for the colonial Pax Britannica, "they were essentially co-operationists," in a judgment of Ayodele Langley's—and Langley is another West African historian whose voice commands respect—"with exceedingly limited political objectives." As it transpired, "a subelite whose interests generally coincided with, and were in fact protected by, the foreign rulers they were agitating against."[5] In short, the descendants of the recaptives and their nonrecaptive colleagues constituted the core of that "nationalist petty bourgeoisie" whose unhappy destiny in postcolonial Africa was to play out the role of an otherwise nonexistent bourgeoisie on British or French lines. In the tragic melodrama of postcolonial Africa, they were to portray the missing prince of Denmark.

Yet their ranks included talented and admirable men; and what else should they have done? Back in the mid-nineteenth century, all conceivable present and future power seemed to reside in Europe, but more particularly in imperial Britain; and without this power they or their fathers or mothers would have died in the infamous and stinking decks of slave ships, or else would have joined nameless legions in plantation slavery across the seas. They were enthusiastic about that imperial Britain and its navy; and they saw it as their dual task to assimilate the culture and intentions of their liberators and to transmit these to their fellow Africans.

They thought about the future of the countries that were now their own, of what that future might be in terms of progress and self-development; and, at least in the early years of their activity, the conclusions to which they came chimed closely and naturally with the trend of British official thought on the same subject, and could seem likely to be realized. Were they not a pioneering leadership in these lands so sorely in need of redemption? The Saro and their colleagues thought they knew what the British had in mind; and they approved of it.

What did the British have in mind? In the 1860s, however unexpectedly in the light of what was actually going to happen, the men in charge in London had come around to the belief that Britain should abandon her colonial enterprise on the West Coast of Africa, and withdraw from the little "settlements" she had formed there. The furious rivalries of late-nineteenth-century imperialism had yet to rise and dominate the scene. Meanwhile, to hold unprofitable territories abroad was an offense to Britain's doctrines of "free trade" and "the open door." Besides, the West African "settlements" were giving more trouble than they were worth. Now that there was no more need for shore stations such as Freetown to support the naval blockade against slaving—shore stations, in any case, where British officials died of fevers almost as soon as they got there—the "settlements" should be handed over to the locals. The Saro and their like were accordingly led to believe that some kind of African self-government, even political independence, was on the way.

Could anything be more sensible? The "settlements" were small and of small value. The British had the mouth of the Gambia River, Freetown farther east, some forts on the Gold Coast and, east again, a handful of footholds on the coast of the Bight of Benin; the French had fewer still, the Portuguese one or two paltry possessions, and that was about all. But small though they were, these places gave trouble, and they even cost money. Why bother to keep them?

In 1856, with such sentiments gaining ground, some of the British "settlements" threw up a flurry of tax disputes, always a fertile source of colonial trouble; and the imperial government in London sent out a Major Orde to report and advise the Colonial Office. He was followed by a former governor, Sir Benjamin Pine. Much was said, and very much was written in pen and ink laboriously transcribed. But decisions proved difficult. What seemed simple at a distance became, as invariably in colonial experience, complex and tiresome at first hand.

In 1865, baffled by conflicting detail, the men in London gathered from their cabs and carriages and arrived at the usual imperial solution of insoluble problems. They decided to appoint a Select Committee of the House of Commons which, in due course, would report, and then the report could be noted and filed, and life would continue as before. But on this occasion the Select Committee decided to put the cat among the pigeons. It concluded, to surprise and even uproar in fashionable circles, that the acknowledged African chiefs, in this case of the Gold Coast "settlements," should best be "left to their own jurisdiction, with only an appeal, when necessary, to the British magistracy."[6]

This was going to raise another difficulty, as we shall see, and a big one at that. To the Saro and their recaptive colleagues, meanwhile, it appeared to promise self-government in the foreseeable future. For it said that "the object of our policy should be to encourage the natives in the exercise of those qualities which may render it possible"—the prose was nothing if not prudent, and yet sufficiently clear—"for us more and more to transfer to them the administration" of all political and bureaucratic power, "with a view to our ultimate withdrawal from all [settlements] except, probably, Sierra Leone." Just how ultimate was "ultimate" seemed secondary: here was a blueprint for the years immediately ahead. In the committee chairman's own words, the British had got themselves into "a scrape" in undertaking to govern West African countries, and should now get themselves out of it "as speedily as we honourably can, leaving the tribes in a fair way of being able to hold their own and govern themselves."

Of course, it was not going to happen that way. Precisely the reverse was going to happen. Fewer than ten years would pass before the policy of armed invasion and permanent colonial dominion overhauled and sank, for long years ahead, any policy of peaceful withdrawal. The "scrape" would now become Britannia's mighty enterprise of empire building in Africa. Not for another century would withdrawal come to seem, for patriotic Englishmen or persons claiming to be such, anything less than dastardly betrayal of the national mission, no doubt promoted and paid for by the French or, after 1917, by the Russians.

Yet the Select Committee had its brief moment of patriotic fame. It advanced the conviction that free-born Englishmen could never stand by and consent to or applaud the subjection of foreign peoples. It reflected the liberal enthusiasm which, only five years earlier, had encouraged and enabled a British government to help Italians to liberate Italy from the odious tyranny of non-British empires. It was another victory, however rapidly denied by events, for the radical campaigns against slavery and the slave trade. Short-winded, this liberal enthusiasm fell away as times changed and imperialism followed. Yet the Select Committee's recommendations were to remain important for African politics. They wrote into British imperial doctrine that the ultimate future in West Africa must always lie in a restored African sovereignty. This was a thought that took root and remained alive through all the colonial years that came after. At the time, this briefly surviving policy of withdrawal proved strong enough to raise, and insist upon, a crucial question for West Africans, who were becoming aware that a new history was being made around them. As and when the British packed their official bags, and went, who were to be Britain's residuary legatees in Africa? Who could and should then take power, and within what structures of government?

This was going to be a great dispute. It signaled to the future, moreover, an enormous dissidence. Its outcome even today is still unresolved.

The Select Committee had said that power should be returned to acknowledged African chiefs and kings; and these, notably in the Gold Coast, were by no means the fevered apparitions of colonial invention or promotion. On the contrary, they were often persons of genuine authority and expertise who drew their status and prestige from a long precolonial history, in itself one of successive changes and developments. To reject their claims to take over from the British when Britain withdrew must be tantamount to rejecting the claims of Africa's self-development through countless centuries. In that case the institutions of renewed African independence would have to evolve out of a void, or rather out of the utterly different history of England.

To the recaptives and their colleagues—the latter, mostly, in Cape Coast and on Lagos Island—this "defence of the traditional rulers" as the proper legatees of the British could be nothing but an argument in favor of the unrepentant savagery which, as they rather understandably saw it, had delivered their parents to the slaving ships and enslavement in the Americas. By this time, around the 1860s, the literate groups along the seaboard from Lagos Island to the Gambia were sending sons and sometimes daughters to graze in the learned pastures of London's law schools and courts, fount and teacher of all sophisticated wisdom. These alumni came home with a reinforced conviction that the job to be done, after British withdrawal, could not possibly be entrusted to "tradition."

Postcolonial independence would have to be in the hands of literate and civilized men who understood constitutional law and practice, and could move around at ease in the world of nation-statist sovereignties. However few in number they might be, they were self-selected as an elite as much by their capacity for hard work as by their educational advantages. While the new nations took shape from British withdrawal, the Western-educated elites would substitute themselves for the eventually elective people, and steer the right course until the people, at some time or other, would have learned to do it for themselves. Nation-states had to be formed. They were the men who knew how to form them.

The "acknowledged African chiefs" found this deeply offensive and obviously perverse. Their forms of government might need to be modernized, their institutions reformed, their powers redefined. They could admit as much, and they had plenty of experience, like their forebears, in finding new solutions to new problems. Besides, the more eloquent among them could not easily be written off as old-style "reactionaries" or quaint survivors of a past better forgotten. Far from that, some of them had been or remained pioneering members of associations devoted to the cause of self-improvement as for example of the Aborigines Rights Protection Society, which was also, in its way, a forerunner of the nationalism of later times.

At the old and important "settlement" town of Cape Coast, eastward from Freetown along the seaboard of the Gold Coast, where some of the old tin-roofed houses can still be seen clustering beneath the walls of the grim castle of slaving times, and the ancient guns still point out to sea, the offense to tradition seemed especially great. Here was where the venerable partnership in trade between African chiefs and European mariners had long given rise to mutual acceptance and respect. In the 1860s the chiefs' principal spokesman was a certain King Aggrey.

And when the great dispute came up, this local but well-seated monarch went so far in defense of the rights that he conceived as being inherent to his kingship as to cause the British to send him into exile. He thought, as did his friends, that justice and good sense alike pointed to the "acknowledged chiefs" as those who should inherit British power, because it had been British power which had disinherited the chiefs and kings of past days.

So who was going to win, the "traditionalists" or the "modernizers"? The question lies at the heart of the whole matter of Africa's emergence in the modern world, even though, however ardently disputed along the West Coast or elsewhere in colonial Africa, it was a question little noticed in London or in other capitals where the modern world was run. As to the final answer, we scarcely have it even today. During the colonial period that followed after the 1880s, it was to be the acknowledged chiefs and kings who might have seemed to be winning the argument. But when independence at last came again, it was they who were the losers: but losers who could and did argue that the "modernizers" were bound to make a mess of it.

It was not really a battle between tradition and modernization. Enterprising chiefs and kings were as eager as anyone else to assimilate the fruits of modernization, so long as these could be made digestible to accustomed ritual and historical custom; while the best of the modernizers well understood that there must be some accommodation with tradition. The ideological war as it developed—and a war it soon became—stood on different and more principled issues. No matter how much they spoke in defense of the virtues of Africa's cultures, the "modernizers" were necessarily standing on the ground of European culture. When it came right down to it, the Inns of Court or the Palace of Westminster or their "foreign" simulacra would always know better; and to the "modernizers" this seemed as obvious as it did to the British. The notable case of James Africanus Horton makes the point.

Horton's father had been take captive by slavers in eastern Nigeria. Sold at the coast some time during the 1820s, and then "recaptured," he was put ashore at Freetown in the usual rags and misery of a new recaptive. Joining other Igbo recaptives who lived in a village on Freetown's outskirts, Horton's father became a skilled joiner and a self-respecting Christian citizen of the Sierra Leone colony. He adopted the name of a British missionary and was married with Christian rites. His son James was born in 1835 and was sent to school. James proved to be a brilliant pupil, and would add the name Africanus to his own in proud assertion of his African origins.

The mid-nineteenth century was an age of vigorous self-improvement and therefore of strong belief in the values of literate education. Urged on by his carpenter father, James got himself by diligence and talent into the missionary Fourah Bay Institution (later, College and, eventually, University) and was soon able to make his mark. "After a year there," his biographer Christopher Fyfe records, "he was chosen, with two others, to go to Britain to study medicine: the War Office, alarmed at the high mortality rate among white army medical officers, had decided as an experiment to try training Africans."[7] So the carpenter's son was admitted to King's College, London, where he took a medical degree, and then went to Edinburgh University, where he took another. His medical career brought him back to West Africa and raised him before retirement to the rank of lieutenant colonel in the British army's medical service.

So far, so good. His case was exceptional but not so rare. In the mid-nineteenth century there was little racism in the British colonial service: in the 1840s "almost every senior official post including governor and chief justice [was] held by a man of part-African [most of them Caribbean] descent." That began to change in the 1860s, and Horton, in his turn, would then become the victim of the racism that imperialism brought in its train. Meanwhile, as it seemed, the case for Africa could and should be argued. Horton set himself to arguing that case in books and articles as well as in the circle of his friends. He had triumphed over every obstacle in his personal path and won admiration even from those in London whose prejudices were strong. Now he devoted himself to the political modernization of the Africa he knew.

His line of thought, admirably developed in his book of 1868, *West African Countries and Peoples*, was that Africans must be free to develop themselves.[8] Given this freedom, they would show themselves as capable as any people anywhere. For this, however, they would need Christianity and British example, since the necessary tools of progress, literacy, and the discipline of learning would otherwise lie beyond them. To this extent, and it was a large one, Horton rejected "tradition." The "acknowledged chiefs" to whom the great Select Committee of 1865 had awarded responsibility for the future must have their place, but within entirely new and non-African structures. Horton examined the territories where Britain claimed supremacy in West Africa, traveled in them, studied their condition, and prescribed for each of them in turn.

There should be independence for each of these territories, but within constitutions framed on British lines and administered with paternalist authority. On the whole, Horton preferred the structures of monarchy, and wherever local kings had genuine claims in local history, for example among the Fanti of the Gold Coast, he thought that an authoritative monarchy should be installed. Elsewhere, if conditions fitted, there could be republics, as for example among the Ga to the east of the Fanti. But salvation had to come from outside. Otherwise there would be disaster. Whatever Africa might have achieved in the past could not avail: left to govern themselves as they were, he wrote, "the base being rotten, the whole fabric will, within a very short time, tumble to the ground. Confusion, massacre, and bloodshed would be the inevitable result."

From this it followed that "before the people be given up to govern themselves a new order of things must be established . . . under the auspices of the British Government," and protected, whenever necessary, by Britannia's guardian hand. Never less than thorough, Horton went into detail. Enlightened administrations under British guidance would be legitimized by manhood suffrage and equipped with modern services in health and education; in due course these new kingdoms and republics of British creation would grow into the prosperous and fruitful products of a new civilization. Africa would be free: except, of course, that in terms of political and literate culture, Africa would cease to be Africa.

And this is largely what was going to happen in all those British colonies where there were no large white settler minorities to make distracting uproar. "Nation building," as Horton and his colleagues were to conceive it, would move from one stage of cultural alienation to another, and would eventually reap a harvest in political futility, a fate that could not be foreseen at the time. What was foreseen by Horton and his colleagues, during his lifetime and later, was that Africa's peoples would be transformed into nation-states on the British or another European model. Thus, they would become civilized at last, because "civilization must come from abroad."

This conviction that "no nation can civilize itself" was to be the governing thought in the anticolonial drama, however contradictory that may seem. The point was made repeatedly. One who made it clearly but was not himself of recaptive descent was the Gold Coast clergyman Attoh Ahuma in a book of 1911, nearly half a century after Horton's principal work was published. Ahuma was among those who argued that Africans must be proud of their continent and its cultures. And he had himself renounced his given name of Solomon for a local African name. But in his *Gold Coast Nation and National Consciousness*, he nonetheless urged that it was the task of enlightened Africans to "help one another to find a way out of Darkest Africa. The impenetrable jungle around us"—and you can see its fringes from Ahuma's hometown of Cape Coast, closing down the northern horizon—"is not darker than the dark primeval forest of the human mind uncultured." Therefore, "we must emerge from the savage backwoods and come into the open where nations are made."[9]

This was paying homage to Africa while preaching "traditional" Africa's incompetence to help itself; and the more perceptive writers, like Ahuma, were spasmodically aware of the problem this raised. They accepted the need for modernization of structures if independence was to be fruitful, and argued, reasonably enough, that a "foreign model" could be made to fit provided that Africans did the fitting. At any rate, after their attention was drawn to Japanese resurgence, with Japan's defeat of Russia in the war of 1904, they pondered a possible comparison. How did a nonwhite people defeat a strong white power?

It is probable that men such as Horton were aware, if distantly, of the innovative reforms of the Japanese Meiji period in and after 1867. What is certain is that reforming moves in the Gold Coast—above all the famous Fanti Confederation of that same year of 1867—were soon being seen as similar to Japan's modernizing reforms. Ahuma even suggested that the Ga people of Accra could be compared with Japanese contemporaries. Another member of the Gold Coast literate group, John Mensah Sarbah, argued with great clarity just where the comparison could be shown to fit.

In forming their self-defensive federation or bond of 1867, wrote Sarbah in 1910, "Fanti patriots, and the Japanese emperor with his statesmen, were both striving to raise up their respective countries by the proper education and efficient training of their people. The same laudable object was before them both. The African's attempt was ruthlessly crushed and his plans frustrated."[10] Colonial usurpation, in short, had taken over. But Japan had not been invaded and subjected to the imposition of a totally external culture. Japan had remained independent. Standing on this independence, Japan had been able to look to the West and gradually take from the West whatever might be useful, rejecting what was not useful. Modernization, in other words, did not have to mean alienation.

But in Africa—and the case became general—modernization had to mean precisely that. In the 1870s the British, and the

French still more, turned sharply to military enclosure. Armies marched and colonies were defined, filling up the "empty map." And with this there came by the end of the century a stifling tide of Eurocentrism, of the racism that held that Europeans are naturally and inherently superior to Africans, with lesser codicils assuring that Englishmen are superior to Frenchmen (or the reverse), and so on down the line. The crude and inchoate prejudices of the slaving centuries were gathered together in a skein of racist ideology, while on the ground, out there in Africa, the old acceptance of innate equality between all human beings was thrown overboard. Africans would do what they were told, and their countries would be "developed" for them.

Such views, we should remember, were sincerely held and strictly applied in practice. As Christopher Fyfe, the authoritative historian of Sierra Leone, writing of this new dispensation throughout this new colonial Africa, has observed: "In the large new protectorates that were tacked on to existing small British colonies in West Africa," as the imperial powers carved up the continent and drew lines across the little-known interior, "there was no place for literate Africans. There, whites ruled and blacks obeyed. Inexorably, the racial rule of the protectorates seeped into the colonies"—the initially enclosed coastal enclaves— "where, as the twentieth century advanced, Africans were squeezed out of the senior official posts they had held in Horton's day, and replaced by Europeans."[11]

So it came about that by 1912 Africans in Sierra Leone, for example, held only one in six of the senior official posts, whereas as recently as 1892 they had still held nearly half of those posts. Such plans as Horton's, for African self-adjustment to the challenges of the West, went by the board: constitutions were

41

to be London's initiative, work, and decision. The contrast with Japan after 1867 could really not be more acute. Japan was able to accept "Westernization" on its own terms, at its own speed, and with its own reservations, ensuring as far as possible that new technology and organization were assimilated by Japanese thinkers and teachers without dishonor to ancestral shrines and gods. Japanese self-confidence could be salvaged. Such an outcome was impossible in dispossessed Africa.

In retrospect, the whole great European project in Africa, stretching over more than a hundred years, can only seem a vast obstacle thrust across every reasonable avenue of African progress out of preliterate and prescientific societies into the "modern world." It achieved the reverse of what occurred in a Japan made aware of the need to "catch up with the West." It taught that nothing useful could develop without denying Africa's past, without a ruthless severing from Africa's roots and a slavish acceptance of models drawn from entirely different histories.

The children of the recaptives reflected the full force of this alienation, for it was Africa, after all, that had consigned their parents to the damnations of slavery. But the same alienation invaded all those West Coast and other Africans who now began to receive the benefits of literate education in mission schools in several colonies. Above the entrance to every school there was an invisible but always insistent directive to those who passed within the magic gate to the "white man's world": ABANDON AFRICA, ALL YE WHO ENTER HERE. There would be a vigorous reply to that, later on, when an African Christianity arose to claim its moral birthright. But this would be a protest in response to what was already an established order.

"Those who are instructed in the English language," the Afro-Caribbean diplomat and civil servant Edward Wilmot Blyden wrote to a sympathetic Mary Kingsley in 1900, "are taught by those from whom they have received their training that all native institutions are, in their character, darkness and depravity, and in their effects only evil and evil continually. . . . The Christianised Negro looks away from his Native heath. He is under the curse of an insatiable ambition for imitation of foreign ideas and foreign customs."[12] Whatever messages came from "outside" seemed only to reinforce this ambition as a necessary road to salvation.

Africa's own experience and achievement could teach nothing: it was "only evil and evil continually." And this was a lesson that gathered behind it the full force of whatever the outside world, with all its technical skills and military power, seemed able to teach. It was an alienation displayed in its purest form by transatlantic black people who had come to develop their freedom in Sierra Leone's "sister territory" of Liberia. They were sure, in the words of the famous black American surgeon Dr. Martin Delany, writing in 1859 after a visit to the Niger, that "the claims of no people are respected until they are presented in a national capacity."[13] Since Africans themselves were thought to have produced no such capacity, the liberators must do it for them. Those newly educated Africans along the coast who were not recaptives, notably at Cape Coast, were still close enough to native roots to retain some respect for those roots. But the American Liberians had no such reservations. They meant to build a "national capacity" on entirely non-African lines, convinced that nothing else was possible or, if possible, desirable.

There is the striking case of Alexander Crummell (1810–98) of Monrovia. His grandfather had been a chief in Sierra Leone, a chief in the "savage backwoods" before the slave trade hijacked him to North America. Grandson Alexander, resettled in Liberia from New York as a free American, considered reasonably enough that the land from which his ancestor had been driven as a slave was, in Alexander's words of 1870, "a seat of ancient despotism and bloody superstition." There could be no question of reforming its own institutions: these must simply be abolished so as to make way for the importation and exercise of "the genius of free government."

And if it were to be objected that "we have no right to command, or press such regulations upon our native population"—upon all those in the "savage backwoods" now governed by American Liberians—then the answer could not be in doubt. "Both our position and our circumstances make us the guardians, the protectors, and the teachers of our heathen tribes."[14] With some differences in language, it was precisely what the white settlers would say, in their more solemn moments, about their duties to the "savage backwoods" in colonies such as Rhodesia, Kenya, Madagascar, or wherever else white settler communities had the whip hand. The results in misgovernment would be much the same.

It could easily seem then, and perhaps it still does, that this enterprise of civilizing Africa by alienating Africa from itself had become necessary to meeting the challenge of self-rule in the modern world. Wasn't Africa's own world, wherever the grim decades and centuries of the slave trade and slavery had done their work, now far advanced in moral and political decay? Hadn't Africa failed signally to "save itself"? Such questions became pressing in those times, and the problem of answering them without confirming their expected reply was repeatedly enlarged by the educated groups' response to the increasing racism of the colonial enclosures. The whole white establishment, in contrast with earlier years, multiplied its sneers and contempt for literate Africans, "useless visionaries, detestable clerks" as one colonial governor called them in speaking the mind of other colonial governors.[15] But the sneers seem only to have encouraged the visionaries and clerks into trying to prove that the sneers were not deserved.

It was bound to be a losing game. While white officials and their wives looked down their noses, the educated men and their wives abounded in the very proofs of "progress" that were certain to stretch the noses further. They formed learned societies. They presided over racecourses. They founded musical circles, debating clubs, charitable exercises. Above all, they started newspapers—several dozen in British West Africa alone—and wrote in them with the fire and fury of a true literary vocation. They promoted more constitutions that stayed on paper. They elaborated federal projects that met the same fate. Nothing abashed, they showed themselves masters of British law and science. They read voraciously. They knew everything.

It did them no good. The more they proved they knew, and the more artfully they argued their case for admission to equality of status, the less they were listened to. Better by far, pestered officials were bound to think, the "uncorrupted child of nature" than these wretchedly "Europeanized Negroes." But the latter still held fast to their belief in liberation by the imperial model, and persistently buttressed their case by polite behavior. As late as 1896, to pick from the records only one choice flower of this behavior, there was the marriage at Freetown, a brilliance well remembered, of City Councillor C. C. Nicholls and Miss Laura Henrietta Thomas. It occurred "with all the pomp and splendour," wrote the *Sierra Leone Times* of December 12 in that year, "which such an occasion fully justified." The bride was "richly attired in a costume of Duchesse Satin, made in the style of Mary Stuart, embroidered with pearls and trimmed with Chiffon and Orange blossom. The train, which measured 5½ yards, hung gracefully from the right shoulder," while "the Bridesmaids had on salmon pink" and "wore large picture hats trimmed with white ostrich plumes."[16]

Who could do better, who could do as well? If money was the test of civilization, there was obviously plenty of that, and as for polite behavior, the whole affair "presented an imposing and brilliant scene that has hardly been excelled before."

But it scarcely helped. Imperial racism proceeded as before. Only a few years after these grand nuptials, African doctors in the tradition of James Africanus Horton were excluded from the newly reorganized West African Medical Service. Twenty of them had qualified from the West Coast by the turn of the new century; and some of them, like Dr. J. F. C. Easmon, had made important contributions to medical science. Easmon's had been in the difficult field of research into blackwater fever. None of that did any good either. Despite solid evidence to the contrary, a departmental committee in London, reporting in 1909 on the condition of the medical service, found itself "strongly of the opinion that it is in general inadvisable to employ natives of West Africa as medical officers in the Government service." There was indeed no effective evidence save racist prejudice that the committee should arrive at this unanimous opinion: but the opinion was not seriously questioned except, of course, by the African medical men.

"In any case," pursued the same report as if admitting a clandestine doubt, "the Committee are certainly of the opinion that if natives either of West Africa or of India are employed, they should be put on a separate roster . . . and European officers should in no circumstances be placed under their orders."[17] This notion that Europeans should never be obliged to serve under Africans, no matter what degrees of competence there might be to advise that they should precisely so serve, became the touchstone of all imperialist culture. It was, in this large and decisive sense, the European response to African acceptance of colonial alienation. Yes, to become civilized Africans they must cease to be Africans, but in order to ensure that this should duly and completely happen, they should never be allowed to become Europeans. They should wander in some no-man's-land of their own until the trumpet of destiny, at some unthinkable time in the future, should swing wide the doors of civilization and let them in.

The British were the most systematic in imposing this sentence to nowhere, but at least they were less hypocritical than others. They held out no empty promise of "assimilation" to the white man's condition, and they gave rather few lectures on the universal rights of man. Indulging in both, the French were just as systematic in their racism while camouflaging its reality behind Jacobin verbiage that promised much and meant, in practice, remarkably little. The Belgians took their line from the French, although with less verbiage, while the Italians, Portuguese, and Spanish (with the Germans out of the picture after

1918) generally retired behind a miasmic fog of Christian beatitude which none of them intended to honor, or even thought they should honor.

The consequences that flowed from this were many and profound. For one thing, they seemed to confirm the educated groups' conviction that nothing in Africa's experience could be valid for the future. This racism of imperial government went hand in hand with a growing reliance on the "savage backwoods" for the purposes of colonial rule. Nothing, it seemed, was to change except that the "acknowledged chiefs" were now the agents of foreign domination instead of being, as in the past, the guardians of African tradition and self-respect. There was simply no place, as Christopher Fyfe has observed, for literate Africans except as clerks and policemen. Thinkers, ideologues, debaters of possible alternatives, were no more than a nuisance or, after the Russian Revolution of 1917 and the great panic about Communism of the 1920s (exceeded in dimensions only by the similar great panic of the late 1940s), they were subversives to be watched, followed, pushed around and, when necessary, exiled. As those years went by, the gap between the educated groups and the "savage backwoods" grew ever wider, leaving the educated groups to insist vainly upon their relevance or founder in their futility.

Another consequence was added. All the lessons of imperialism, as the colonial years went by, seemed to agree that Martin Delany, back in the 1850s, had been right: that "the claims of no people are respected until they are presented in a national capacity." That was what the British imperial rulers were also saying, even if they showed no sign of listening to those claims: "nation building" was now the great British slogan. Then the educated men would come into their own. So the aims of nation-alism must be right; and this must be the nationalism that could produce the nation-state on the British model. Nothing else would be practicable; no other instrument of liberation was thinkable. None of the abrasions of European racism could ob-scure this evident certainty.

Nationalism thus acquired an irresistible virtue. Doubts about the desirability of multiplying the number of nation-states might be voiced in the homeland of the nation-state, but the homeland could afford such luxuries, seeing how little the doubts would count for. The stately Lord Acton did indeed observe in Horton's time that nationalism was a bad thing, since "nationality does not aim at liberty or prosperity, both of which it sacrifices to the imperative necessity of making the Nation the mould and measure of the State." He believed that the course of nationalism "will be marked with material as well as moral ruin." But that kind of liberal self-indulgence was all very well for the *beati possidentes*, comfortably installed in their power and wealth while apprehensive of upstart rivals. Outside the portals of the National Liberal Club, it had less appeal. To colonized Africans, told repeatedly that they were not free because they were not nations, it had no appeal at all.

The resultant poverty of speculative thought, in this political context, reached down the years. And speculative thought was made poorer still by the barricades raised against it, as imperial powers saw that looming ghost of the first half of the twentieth century, socialism in one or other of its forms, and tried in every way to exorcise it. There would in effect be no speculative thought on the crucial subject of structural alternatives until well after the Second World War or even, more widely, until the collapse of the postcolonial nation-state in the 1980s. There were some exceptions, notably in the minds of revolutionary thinkers such as Amílcar Cabral (1924–73), but these thinkers were to have small chance of demonstrating what they meant.

One may think, even so, that the largest and most serious consequence of this ideological poverty lay in the general acceptance by literate Africans, at least down to the 1970s and perhaps beyond, of their necessary self-alienation from Africa's roots. What Horton and others had argued in the 1860s, but from a sensitive understanding of what the "savage backwoods" really were, and of the capacities and potentials to be found there, became ever more vulgarized and narrowed to an unthinking truism. This necessary self-alienation was preached from every kind of pulpit, and repeated to the point of arriving at simple nonsense. So we find, in 1963, a solemn essay by an accredited authority, American in this case, who tells us that "in building the newest nations, most of the population [of Africa, in this statement] cannot be taught overnight, or even in a few generations, the skills necessary to participate meaningfully and effectively in politics."[18]

The statement might be absurd, but it said only what was widely seen as obvious. Learned scholarly foundations, great international banking agencies, a host of specialized institutes devoted to "aid for Africa," have all abounded in versions of the same nonsense: a successful nation-statism in Africa must dispense with, or better still ignore, every experience of the past. Tradition in Africa must be seen as synonymous with stagnation. The ballast of past centuries must be jettisoned as containing nothing of value to the present. And yet these convictions were never seriously questioned, at the level of policy, until it would at last be seen, and even could no longer not be seen, that the imported model was a dismal failure.

Is there then anything useful to be said, at this late date, about the nonimported model, the essentially native African model of community self-government? No people can ever return to its past, of course, but there is value in considering what the past can say about its own models, even if only to suggest an experience helpful to the way ahead. In short, were there no nations or nation-states in Africa's precolonial history?

The Road Not Taken

ONE OF the achievements of our bloodstained century, if it may be called an achievement, is so clearly to have revealed the two faces of nationalism: its capacity for enlarging freedom, and its potential for destroying freedom. The rise and havoc of Fascist nationalism in one or other of its forms were a mortal threat to millions of people, and the threat was made good. But for colonized peoples, however much they incidentally suffered in the Second World War, the reality of Fascist nationalism produced the opposed reality of anti-Fascism; and anti-Fascism, unstoppable as it proved, became antiracism; and antiracism led in due course to an end of colonization.

Among the liberating effects of this antiracist nationalism was a denial, in our context here, of the Africa-has-no-history assertion that had helped to justify the colonial mission and its dispossessions. After 1945 this denial was placed on the ground of proven or well-attested fact instead of standing, as it had done, on the ground of imagination and romance. Among the earliest solid results was a book of 1956, *Trade and Politics in the Niger Delta* by the late Onwuka Dike of Nigeria.[1] He had decided, against orthodox advice, to write his thesis from the standpoint not of the "expansion of Europe," a safe one to adopt in those days, but from the standpoint of resistance to that expansion. He saw, as others were beginning to see, that an African self-assertion could never hold its own, intellectually, unless it could stand on Africa's own history. The following thirty years or so saw Africa's own history placed on firm ground.

With much else, this called for a reassessment of whatever had been known, or was thought to be known, about the precolonial past. In Europe quite a bit was then seen to have been known, but generally forgotten; while if memories had survived "in the bush," these had, in the professional view, been downgraded more often than not to the rank of ornamental folklore. There were exceptions, and especially with these exceptions the work of reassessment would produce results.

Once upon a time, around 1690 or so, the great tropical forestland behind the West African seaboard, known to seafaring Europeans as the Gold Coast, was inhabited by various groups or clans of a people called Akan. These groups were usually at peace with one another but suffered from being subject to other clans, who were also Akan, to whom they were obliged to pay tribute. If they could unite their forces, they might throw off this subjection and, should matters then go well, turn the tables on their stronger neighbors. But they had not been able to unite: clan rivalries had prevented them.

There came to them a man called Agyei Frimpon. He was a man they knew by reputation, for in living among their strong neighbors he had acquired spiritual insights and power. They welcomed him and named him *Okomfo* Anokye, *okomfo* meaning, in the Twi language of the Akan, a priest or guardian of ancestral shrines. Priest Anokye let them know that he had come with a mission. This was to make the clans in question, those of Asante (or Ashanti in a more familiar English usage), into a powerful nation. In short, he wanted to enable them to unite against their neighbors.

Word got through to the leading man of these clans, King Osei Tutu, and Tutu, clearly well briefed, called a great gathering of chiefs and elders and queen mothers—for the Akan gave and still give great value to the influence of women—at his forest capital of Kumase, "Under the Kuma Tree." And there, as local memory recalls it (and recalled it for the benefit of a friendly European, Captain R. S. Rattray, about 230 years later), Priest Anokye drew upon his spiritual power "and brought down from the sky, in a black cloud and among rumblings, and in air thick with white dust, a wooden stool with three supports and partly covered with gold." It was, in fact, a stool of the kind upon which leading Akan sat in council, or at other times in everyday circumstance. But this was a special stool brought down from the heaven of the Akan high god Onyame, and with the mission conferred by Onyame upon Priest Anokye.[2]

The multitude that day watched in pent silence as this Golden Stool, Sika Dwa, descended from its black cloud and came to rest not upon the ground but upon the knees of King Osei Tutu. Whereupon Priest Anokye "told Osei Tutu and all the people that this stool contained the *sunsum* (soul or spirit) of the Asante nation, and that their power, their health, their bravery, their welfare were all in this stool." The stool was never to be sat upon by anyone, not even by the king, or ever allowed to be seized by hostile agency, much less destroyed, because in that case "the Asante nation [would] sicken and die."[3]

Myth or reality? Both, of course; but the myth was a function of the reality, not the reverse. This arrival of the Sika Dwa in the midst of a great assembly had no doubt been preceded by appropriate discussions and arrangements, all of them tending to agreement on the need for interclan unity; and King Osei Tutu and Priest Anokye were in any case historical persons. What remained was the need not only for a symbol that could embody the idea of unity where no unity had existed before, but no less for a symbol acceptable to Akan concepts of ritual for change. Akan persons of authority had sat on stools made for them since times beyond memory, and new aspects of authority, introduced to meet this or that contingency of social change, had required the making of new stools for new wielders of authority. Such stools possessed the prestige of custom and clan solidarity, but they did not come down from heaven in a black cloud or any other sort of cloud. They belonged to the person in authority who had the right to sit on them, and were of bureaucratic rather than mystical importance.

The Golden Stool thus produced was different not because it was unique, although unique it was, but because it could belong to no living person. It stood for the spiritual power that commanded all persons and all things, and commanded, in this case, the clans of the Asante and their fortunes and their fate. One may compare its power and meaning with the power and meaning of the English Crown: not the crown the monarch wears, any more than the Sika Dwa was or is the stool on which the king of the Asante sits, but the Crown which no one has ever

seen or ever can see: the initiating symbol of the English nation's unity and welfare, ritually acquired and ineffably empowered by convenience, coercion, and the manifold accretions of
history. The Golden Stool, like the English Crown or comparable symbols, embodied a transcendental power beyond its material existence.

Yet the Golden Stool, however mystically descended, was
above all an artifact of practical statesmanship. Having produced
the symbol and seen it accepted, Anokye was at once ready with
its mandatory charter. This consisted in a unifying constitution
expressed in seventy-seven laws. These laws, in the sociologist
Naomi Chazan's accurate words, "set out the structure of the
government [and] the divisions of labour, and the main elements
of early Asante political culture."[4] The clans thus unified were
to abandon their separate charters of origin and legitimacy or
else consign these to silence. Henceforth, their legitimacy would
be drawn from the charter of the Golden Stool.

These unifying laws were accepted as wise and desirable by
the clans situated nearest to Kumase, where Osei Tutu reigned,
and then by clans more distant, and eventually under initial
coercion by other peoples who fell within the Asante nation's
widening power. Meanwhile, the Sika Dwa remained true to its
origin: it remained an artifact of statesmanship used or abused
according to the ups and downs of Asante history and the wisdom or foolishness of their rulers. All this has much to say
about the manner of formation of ancient communities in Africa, although the Asante case of the Sika Dwa has rare virtues
in its dramatic clarity of demonstration. It may be seen as a
paradigm of the sociopolitical process; and this is the sense in
which Ivor Wilks has described Asante self-assertion as "a

model of early change."[5] No one aware of this history, or its manifold parallels, is likely to suppose that Africans have lacked the skills necessary "to participate meaningfully and effectively in politics."[6]

What had happened to the Asante clans before the coming of the Golden Stool is less well known but can be broadly sketched. Their remote ancestors had lived in the lands north of the Gold Coast seaboard (in modern Ghana) from time immemorial, certainly for many centuries. Gathering forest food and hunting game, they had secured for themselves a steady but slow increase in their numbers. Extended families had grown into clans, and their clans, by the time the earliest Europeans dropped anchor along their seaboard late in the fifteenth century, were developing into small but structured states. Of these, by 1620, the Portuguese who came here thought there might be as many as twenty. At this point these people, the Akan, embarked on major changes in their way of life, the most important of which was a concentration of effort upon the cultivation of food. They began clearing forests for new farms and fields, and gradually achieved a successful tropical agriculture. Scholars are divided about the reasons for this development. Some see it as the climax in a movement to tropical farming. Others put emphasis on the arrival of new crops from tropical America, crops deriving from plants brought across the Atlantic in ships that were now, increasingly, a transoceanic link in Europe's maritime trade. Both explanations are clearly valid. New crops did arrive— manioc (cassava), pineapples, and others—but the skills to cultivate them were already present.

The Akan in any case felt the need for more land to clear and use for farming. Looking for it, they moved steadily northward into the forest. Clearing more land, they needed more labor. Given their stage of economic development, this had to be wage-less labor as in nearly all neighboring African societies. In practice, this had to mean subjected labor: in one local form or another, slave labor. This was not, of course, the chattel slavery of transatlantic plantations but the coercive means by which a clan or other unit could enlarge its labor force. It was not, as in chattel slavery, an irreversible rejection from the society that employed it: on the contrary, it supposed an organic absorption of subjected persons into the society that used them. Slaves bought or captured for farming work were normally accepted into the family or other unit for which they toiled. They could found families of their own but also inherit within that unit. In a short time, according to Rattray, they "merged and intermarried with the owner's kinsmen"—or rather, given Akan matrilin-earity, with the owner's kinswomen, but Rattray was writing before gender liberation became an issue—to the point "that only a few would know their origin." They became, in short, citizens of the Golden Stool.

Osei Tutu, the first of the Asante kings to be chartered by the Golden Stool, is thought to have been born around 1645. This was then the threshold of the time when the Asante clans of the Akan had developed to a point of wealth and confidence at which subjection to neighboring states such as Denkyira was becoming an unacceptable burden. After the unity forged by Priest Anokye, Osei Tutu organized an army that was able, notwithstanding some defeats, to throw off the burden and make Asante into a nation-state. But is the term permissible?

Like all such terms, "nation-state" tends in application to be what you think it is. The Europeans who first came in close contact with Asante, increasingly in the nineteenth century, certainly thought and wrote of Asante as a nation-state, even if they only used for it the term "nation," because it had all the attributes that justified the label. It had a given territory, known territorial limits, a central government with police and army, a national language and law, and, beyond these, a constitutional embodiment in the form of a council called the Asanteman, even if, during the nineteenth century, the charter of the Golden Stool remained a secret to outsiders. Moreover, as is now more clearly understood, Asante possessed a history of its own state formation, processual and perfectly understandable once you knew the salient facts.

Besides this, the Asante polity proceeded to behave in the best accredited manner of the European nation-state. Having achieved its own unity and independence, it went to war with neighbors and subdued them, obliged them to pay tribute, and otherwise bullied them as and when its rulers felt best or able. By 1750 this powerful nation-state had secured effective control of the whole of what would become, two centuries later, the republic of modern Ghana. The Asante nation-state had become an empire-state.

All this, in continuing terms of being able to "participate meaningfully and effectively in politics," brought corresponding changes in structure and systems of control. But the principles which had guided the charter of the Golden Stool, it seems, generally held firm. For example, while the concept of a national unity framed upon an overarching rule of law was modified to the extent of allowing non-Akan subject peoples to maintain their own separate charters of identity, the acknowledged spokesmen of these subject peoples were obliged to recognize the supremacy of the Golden Stool and its inherent charter. They had to attend the *odwira*, or annual yam festival, this being a means of insisting on the primacy of national over subnational or regional rights and obligations, and, in Wilks's phrase, performed as an embodiment of the "overriding national purpose."[7]

This enshrinement of unity of purpose as a necessary condition of political health was buttressed, here and elsewhere in precolonial Africa, by other principles of good government. The yam festival was an occasion for music and display, for the luxury of expensive gowns and cloaks, the brilliance of great umbrellas twirled above the heads of those who could claim to deserve them, or the banging away of countless muskets, along with much persiflage and courtly intrigue, diplomatic or merely personal. But its celebration of Asante union was carefully accompanied by a down-to-earth insistence on the power sharing that sustained unity of purpose. The festival coincided with the annual meeting of the Asantemanhyiamu, the representative assembly of the Asanteman or Asante nation. This was "a kind of parliament," wrote a British observer in 1886, at which "all matters of political and judicial administration are discussed by the King and Chiefs in Council, and where the latter answer all questions relating to their respective provinces, and are subject to the consequences of appeals, from their local Judicial Courts, to the Supreme Court of the King in Council."[8]

There must be a unifying force, but this had to depend upon a system of participation that must not only work, but must publicly be seen to work. And to these two principles applied since the initial act of union, one may add a third, again characteristic of precolonial political institutions in every African region where stable societies produced one or other form of central government. This third principle may be called a systemic distrust of power. It took a multitude of different forms. The Asante system, for example, had markedly aristocratic tendencies in that power resided in chiefs by ascription as well as in chiefs by appointment. Asante government could be severely autocratic no matter what the laws laid down by Priest Anokye might command. But the Asante were not a people, at least by present observation, greatly given to any modest shrinking from the public eye. They have not feared to shine. Their laws and customs have registered the fact.

"Tell him," the assembled people will admonish (or, at any rate, used to admonish) a newly enstooled person of authority:

> "Tell him that
> We do not wish for greediness
> We do not wish that his ears should be hard of hearing
> We do not wish that he should act on his own initiative . . ."

but he should consult with representatives of the people, and pay attention to other useful maxims of the like import.[9]

The subject here is a large one, but the drift of the evidence all goes one way. Power was exercised by powerful persons, but with constitutional checks and balances tending to prevent abuse of power. Despots certainly arose; they were dethroned as soon as could be. Between ruler and people—one can say between state and people—there was an acknowledged recognition of ties of mutual obligation and respect. Centralized power, at least within the limits of human frailty, was exercised within structures that were devolutionary in their intention and usually in their effect. Asante had well-policed main roads for foot messengers and a complex network of administrative communications, and was altogether a powerful state. Yet its executive power derived from the degree in which its founding principles were observed: in the rule of law, in the diffusion of executive power, and in the encasing of that power within political and legal checks upon its use, just as Asante's blunders and disasters came from failure to maintain those principles.

I shall not be thought to be asking, I hope, for any belief in a smooth and regular process of stability and compromise. Humanity seems not to work in that way. The detailed history of Asante, available at least from about 1700, shows that the system had to absorb repeated and sometimes abrasive adjustment to ambitions, corruptions, careers, and circumstances that threatened uproar and upset, and not seldom produced disgraceful setbacks to law and order. What is significant, in our context here, is that this polity had found the means and ability to weather such storms. Up until the late nineteenth century and a time of momentous change on the eve of colonial enclosure, the system proved self-adjusting even in moments of catastrophe. Over at least two centuries there had been nothing that in the least resembled the structural crisis that was to follow colonial enclosure.

Was Asante exceptional in these respects? The records and analyses now in hand for many other polities suggest generally that it was not. In many ways, no doubt, Asante was peculiar to itself. Yet it functioned on principles of constitutionalized delegation and devolution of executive power, and of inherent checks and balances, such as may be seen at work under different appearances in the history of a whole range of contemporary polities. Of those, for example, of the Mossi, of the Yoruba, of the Mandinka, and of others in West Africa and of polities in other regions of the continent. If one were to make a comparative listing of political structures in precolonial Africa, the result would confirm that precolonial political cultures undoubtedly displayed a great diversity, but an even greater unity of underlying concept.

So much nonsense has been written over the last hundred years about the arbitrary and unpredictable nature of precolonial African political communities and their modes of existence that their systemic regularities, and the reasons for these realities, have become hugely obscured. Those communities about which we now have copious information, perhaps some sixty or so out of several hundred, can be seen to have operated according to established charters of self-identity that are comparable with each other, and even, in their substantial objectives, identical with each other. They supposed, for their good operation, an accepted manipulation of the symbols of institutional power. The Asante case is particularly interesting concerning this manipulation of power through manipulation of the symbols of power, but this is probably only because we know a lot about it.[10] All these systems had to depend upon intelligent manipulation or, if they were unfortunate, had to suffer from stupid manipulation. Symbols far greater than the Sika Dwa have shown us the same outcome: the Crown of England for one example, the Cross of Christ on a continental scale.

The political sociology of Africa, in brief, has been peculiar to itself but peculiar in no other sense. Its seeming eccentricity or inexplicability or unpredictability has existed only in the eyes of those who have not really looked.

* * *

The Asante polity could apparently adjust, and rather well, to new problems raised within its own culture and circumstances. But why, it may be asked, did that mature Asante of the late nineteenth century seem unable to adjust to problems raised by external challenges—above all, by the challenges of European modernization? Why, for example, was there no strong development of merchant capitalism to meet the thrust of European companies and corporations? Why no innovating initiatives to help defend Asante's interests against this restless world now lapping at Africa's shores of consciousness?

These are reasonable questions even while they imply an unwillingness to innovate that was never really present; and the answers are crucially important to an understanding of today as well as yesterday. This is because the whole weight of argument for "technical aid to Africa" has rested on a false assumption that the societies of Africa, or at any rate of tropical Africa, have survived without possessing an efficient rationale of "marginal advantage": they have not, in other words, operated by asking in a given situation what is better and what is worse. They have simply, on this general assumption, wandered through their history on a purely hit-and-miss trajectory.

Cohorts of "technical aiders" of one sort or another, often with a certain measure of idealism, have sought in Africa to solve indigenous problems, notably in matters concerning the production of food, that Africans have not been thought to have solved or even been able to solve. The same order of assumption has been applied to problems of a political or sociopolitical nature. Incapable of building its own nations or nation-states— the two terms seem often to be used interchangeably—these people must be shown how. Once shown how, naturally on the findings of European experience and example, then all must be well.

Complacent assumptions of this kind have lately taken some hard knocks, but this is not to say that they have vanished from the scene. It is still worth asking why leading polities in West Africa, by 1850 in contact and sometimes close contact with Europe for three or four centuries, should have failed to make adjustments in their modes of production and exchange, adjustments that could have helped them to meet the external challenge of imperialism. One answer is that there was in fact no sufficient chance for adjustment. The long trading contact, opened after about 1450 along the western seaboard, had remained culturally narrow and was successively narrowed again and again by the reductive influence of the slave trade after the British and the French got into it. Then came, very suddenly, the colonial enclosure, and with that enclosure all contact was reduced to a master-and-servant relationship.

The Japanese example is once more instructive. What would have happened in and to Japan if the Western world had made Japan a target for colonial enclosure and dispossession in the second half of the nineteenth century? Precisely at the time, that is, when Japan was entering a period of radical and internally directed reform of structures and commercial habits? Supposing that Western enclosure and dispossession could have succeeded and did succeed, and rule by Western agencies—in the event, undoubtedly rule by racist discrimination—had taken from the Japanese all scope for their own initiative and enterprise? One may reasonably reply that in this case the modernizing revolution of Japan could not have been carried through:

repression and stagnation would have replaced all those self-adjustments comprised in and after the Meiji reforms that brought Japan into the modern world on its own feet. Western judgments would surely then have said of Japan what the late Professor H. E. Egerton was to say in 1922 of colonized Africa: that what had happened there, with the imposition of Western rule, was "the introduction of order into blank, uninteresting, brutal barbarism."[11]

Japan is not Africa, of course, and I will pursue the comparison no further. But there is another answer to the "no-adjustment" argument. Let us take a brief look, in this context, at what was really happening in Asante—even though other examples would be perfectly possible and relevant—when the British policy of enclosure and dispossession was being decided upon.

Asante in the 1880s was undoubtedly strong in its power and structure but was also in the throes of structural change. Its rulers faced a growing threat from British power along the coast, and the more perceptive of them now understood that this threat was in the nature of an imperial ambition which they probably could no longer or not much longer meet in military terms. Earlier in the century they had tried a policy of military self-defense and had managed to prevail or at least to force a stalemate. But British military pressure had continued, and had then been able to show, in Britain's invasion of 1874, that the military balance had shifted to the British side.

After that invasion, and Britain's brief occupation by force of the Asante capital of Kumase, there were those in Asante, or at least in Kumase, who thought that peaceful compromise must now be the right course. The British had withdrawn from Kumase, true enough, but they had inflicted harsh losses. In

W.E.F. Ward's description, "the fall of Kumase had shaken the Asante state to its roots, and many of the great feudatories"— the senior officeholders, or *amanhene*, though few have agreed that their relationship with their king was feudal in its nature— "were thinking of breaking away" from the unity of the Golden Stool.[12] Yet the British had nonetheless withdrawn, glad to extract their forces from what their veteran commander, Sir Garnet Wolseley, called the worst of the many colonial wars in which he had fought; and a new Asantehene could set about restoring royal authority and reducing breakaways.

For some twenty years, after 1874, the politics of the Asante state swung between one internal pressure and another. But those who were for structural change as a means of adjustment to the British threat, and all it implied, gained in strength. Not only in Asante: a sense of necessary internal change, as part of the answer to facing external challenges increasingly perceived if far from clearly understood, had begun to acquire a wide presence some years before the invading European armies marched. Kings and great chiefs saw a new danger. What they now began to fear, as well as outright military invasion, was that European pressure and example would undermine their political power by reducing their economic power: by curtailing royal monopolies, promoting discontented subjects, and fomenting rebellions against tradition.

At least in coastal and near-coastal Africa, much had been changing. With the virtual end of transatlantic demands for slave labor, internal wars and raids induced by the hunt for enslaveable captives had gone out of fashion. In the widening peace before the 1890s, new kinds of trade were possible and, as enterprising merchants rapidly discovered, were increasingly desirable. For those brief years, before European trading companies followed invading flags in order to build their own monopolies, there appeared to be a real chance that African trading companies would continue to prosper and, in prospering, inspire those economic reforms whereby Africa should be enabled to meet the commercial challenges of capitalism.

Thrusting African merchants along the western seaboard, men such as King Ja Ja of Opobo, who now soared to commercial power on the export of palm oil, began to induce the rise of a capital-owning and -investing group that might have hope, given time, of becoming a middle class of nation builders in the European sense of the term. But they were not given time. They were at once found inconvenient and, being stubbornly competitive with European merchants, they were soon found intolerable. Ja Ja and his kind were all attacked, expropriated, exiled, or otherwise done away with as the European dispossession continued. It remains that the potential they had represented, in terms of structural adjustment, was in substance no different from the potential realized by the Japanese after 1867.

The potential they had represented was not small. In that brief interval before expropriation, perhaps twenty or thirty years, Asante had seen the rise of a "new class," in Ivor Wilks's term, a new group of "wealthy persons," the *asikafo*, or men of commercial enterprise, eager to take advantage of opportunities they saw ahead of them. By the 1880s such persons "should properly be regarded as constituting a small but growing bourgeois middle class with distinct interests and aspirations transcending loyalties and allegiances of a traditional kind."[13] Here again, but now in terms substantially economic, was rivalry between Tradition and Progress. In England's history, that was a rivalry settled by forty or so years of internal strife and civil war after 1642, leaving England in 1688 with a Glorious Revolution to open wide the gates to private enterprise and capitalist supremacy. Two centuries later something of the same complex process, working its way slowly to the surface of events, was clearly going forward in parts of Africa. Asante was one of those parts.

Until now the Asante polity had relied for its commercial operation upon state enterprise controlled and monopolized by the king and his appointed agents. It had relied, that is, on "mercantilist" policies to which the *asikafo*, the new "private enterprisers," were understandably hostile. The *asikafo*, in this comparison, stood for the City of London against the English king's royal prerogative: they were for the opening up of Asante by whatever means of private enterprise that might come to hand. If this should damage the interests of the king and his court, that was the price of progress; if instead it brought wealth to the *asikafo*, that would be the reward of enterprise. The issues would scarcely have presented themselves to the Asantehene and his chiefs on one side, or the *asikafo* on the other, in quite these terms. But it would not be rewriting history to use such terms in explaining this rivalry. Consciously or not, the *asikafo* were for "moving with the times," while the king and his court were not.

Wherever European pressures had appeared, this rivalry was not in fact a new one. As many as four centuries earlier, the king of the royal state of Benin, afterward part of southern Nigeria, had created new chieftainships for the benefit of better relationships with European sea traders while, at the same time, taking care to prevent these new chiefs from going into business on their own account.[14] In the Asante case, under the conditions of the 1880s, the king and his administrative stool holders saw their route to self-defense in measures to extend the royal monopoly but this time in partnership with a British royal monopoly. Their bid for self-adjustment took the form of offering the British monarch, Queen Victoria, a huge commercial concession. This was no less than acceptance of British commercial invasion in order to dissuade British military invasion. Britain should be asked to develop Asante in return for golden prizes, but the development should in no way undermine the royal power.

The implications, insofar as these were thought through, were breathtaking. Far away in southern Africa, when this extraordinary offer was made in 1895, a British company chartered by the Crown had acquired extensive mining and commercial rights from another African monarch sorely threatened by British military invasion. This was Cecil Rhodes's British South Africa Company, and the concession was intended by King Lobengula of the Ndebele to dissuade the British from a war of dispossession. It would in fact do nothing of the kind, and the Ndebele were duly and completely dispossessed. Yet the king of Asante's ambassadors then in London offered the British a concession, they explained, which would give a British chartered company "the same extensive rights as at present enjoyed by the British South Africa Company" in the lands that would become Rhodesia.[15]

Now it might be thought that the British government, eager to acquire a monopoly of commercial control over wide West African lands, but far less eager to meet an almost certain high cost of conquest, would have jumped at this offer. But the

British ministers in charge at home now wanted more than monopolist commercial control; they wanted territorial ownership. Partly in order to keep out the French, then pressing down from the interior lands of the Western Sudan, but even more, as most of the evidence seems to show, because a demand for territorial ownership had become an imperial obsession and even a popular cause. Rejecting the offer of commercial domination of Asante without cost or warfare, another British army marched on Kumase. This time the British did not withdraw. Asante was enclosed as a "protectorate" of the Crown in 1901 and, in practice, a region of the Gold Coast Colony. The financial cost of much of this was then quietly shunted onto the invaded people.

But with this, as events have shown, the whole scope for possible development into modernizing structures was stopped dead, and could not be started again so long as colonial dispossession continued. What might have happened if the Asante offer had been accepted by the British government, and a chartered company on Rhodesian lines installed in Asante, is open to anyone's guess. There would at least have been no British or other white farming settlers, or so one may suppose; but the end result, otherwise, is likely to have been much the same. All roads, in those days, led to dispossession, but the *asikafo* had at least demonstrated their capacity for self-adjustment. As it was, they remained alive, but not their chances of enterprise. They, too, were expropriated in one way or another. Everyplace that wealth could be extracted by commercial means fell within the scope of European companies, mostly British, based along the coast.

These took control of the export trade, fixed prices, and milked producers at the rates thus fixed. Government in all matters was reserved for Europeans acting as servants of the British Crown. The grandchildren and great-grandchildren of the recaptives and other Westernizing educated groups, for long so prominent in government and its services, were removed from all positions of authority. Every last shred of their argument of being empowered to lead the "West African settlements" to self-government under African rulers but British institutions—every last bit, that is, of Horton's policy of the 1860s—was torn up and thrown away.

The irony of this was to be very sharp. No more than sixty years or so after preferring to invade Asante with military force rather than accept the Asante offer of a more or less unfettered commercial control of that country and its wealth—a control, moreover, that would cost next to nothing in administrative terms, since Asante would continue to administer itself—British imperial government found that it had little to gain, after all, from territorial possession and reverted to the policy of withdrawal set forth in 1865. They turned back to a policy of "decolonization" within British institutions, just as Horton had recommended. But if Horton's spirit got to hear of this, circling as an adopted ancestor above the roofs of the University of Edinburgh, whose first African graduate he had become a hundred years earlier, he could scarcely have approved. In terms of political and structural development, these had been, for the most part, wasted years.

Wasted years because, in every crucial field of life, the British had frozen the indigenous institutions while at the same time robbed colonized peoples of every scope and freedom for self-development. Horton had foreseen, and rightly, that renewed independence within the African institutions of the 1860s would not be able to meet the challenge of an outside world, a Western world of which Africans knew little or nothing, and that there must be a developmental period of adjustment. His recommendations had been intended to provide for that.

No such period followed colonial invasion. What did follow was an ever-widening conflict of sympathy and purpose between the old nationalists, standing for the resurrection of precolonial powers and prerogatives, and new nationalists for whom the old powers and prerogatives had no more value, but were mere obstructions to modernizing progress. Left to their old privileges and restored to power, the chiefs and kings could only be a drag on liberated Africa. So the new nationalists argued; and what they argued seemed manifestly true. It remained that in jettisoning the heritage of chiefs and kings, the new nationalists were obliged to accept another heritage, that of the nation-statism which came from Europe. They were obliged to accept the alienation they had set themselves to oppose and reject.

When the Gold Coast Colony and Protectorate eventually became independent Ghana in 1957, the celebrations were both vivid and popular. But the king of Asante was not present at them. He refused to attend the great festivities of Independence Day. For him, as for others of his kind, this independence could only be a perverse denial of the old independence, and the new nationalists no more than usurpers of the legacy of Africa's own development. The royal absence was little remarked at the time. But it was to cast ahead a shadow that would be long and dark.

Shadows of Neglected Ancestors

As IT was to turn out, the nationalists of most of the colonies were to hustle themselves or be hustled during and after the 1950s into British or French political institutions, and had little time or opportunity to consider what the further implications might then be. Liberation from colonial rule, all too clearly and as it seemed urgently, had to go hand in hand with liberation from whatever was or seemed to be "traditional": from all those "savage backwoods" that the pioneering nationalists, receptive in origin or not, had condemned as useless or deplorable. For how, after all, were independence campaigns to be conducted, still more independent constitutions to be framed, by men trained neither in literacy nor in law? The answer seemed obvious, so obvious that it was scarcely raised. The whole question of structural and cultural alienation, so pressing an issue even by the 1970s, had to go after 1945 practically by default. What European and American experts and legislators held to be patently true—that precolonial Africa had acquired no experience relevant and valid to any process of self-government—was simply accepted.

One of the consequences of this acceptance became a general debasement of the argument about institutions to the level of what was said to be "democracy versus tribalism" or some comparable dichotomy, rather as though Africa's problem in becoming independent from colonial rule was not to modernize its own institutions—see again Japan—but to suppose there had been none, or none of any relevance. The problem, on this generally accepted view, was for Africans to overcome an atavistic tendency to live in "tribes" and to begin living in "nations." Much was written on the supposed miseries of this incorrigible "tribalism," and most of what was written, as may now be seen, completely missed the point. Not until years later, when a lot of damage had been done, was it understood that precolonial tribalism was no more peculiar to Africa than nineteenth century nationalism was to Europe. The one, like the other, might be useful and progressive; or, according to circumstance, it might be neither.

Then it was seen, among much else, that a host of foreign constitution makers and commentators had been wrong. The history of precolonial tribalism (by no means necessarily the same thing as later forms of tribalism) was in every objective sense a history of nationalism: of sociopolitical categories, that is, corresponding to the origins and development of unifying community formation in one terminology or another. This was a history indigenous to the continent and specific to itself, and Asante was only one case in point, even if a singularly clear one.

However "exotic" Asante might appear in its African guise, it was manifestly a national state on its way toward becoming a nation-state with every attribute ascribed to a West European nation-state, even if some of these attributes had still to reach maturity. It possessed known boundaries, a central government with police and army, consequent law and order, an accepted national language; and beyond these it even possessed, by the 1880s, an emergent middle class capable of envisaging the role of capitalist entrepreneur. Thereupon its whole dynamic and potentials were suddenly dispossessed by colonial takeover, and all indigenous development stopped. In the measure that development began again—as with the development of indigenous cocoa farming—this had to occur within the constricting limits of foreign dispossession. Not until independence were there any serious efforts, for example, to provide development capital to this capital-demanding cocoa industry.

What might have happened if indigenous development could have continued, and precolonial structures had remained free to mature into modern structures, can indeed be anyone's guess. Suppose that the sovereignty of Asante had not been hijacked, and the *asikafo* had continued to grow in wealth and numbers to the point of being able to install a liberal-capitalist structure of self-government. Could then the resultant Asante nation-state have answered to the needs of the twentieth century? Would it have acted as a magnet of progress for its neighbors? Or would it have become a curse and a burden?

We shall get further in another direction of thought. Now in the 1990s, with disaster having followed on colonial dispossession, it must be useful to look at what was seldom or never discussed before: at the possibly permanent and surviving value of the experience that came *before* dispossession. Not as colorful folklore, nor as banal assertion of Africa's possessing a history of its own, but as a value that may be relevant to the concerns and crises of today.

A first point in any such discussion has to insist that Asante was not an exception but an example of a general process, an immensely long and complex process, of political self-development across much of the continent.

Africa's history can be said to have begun, as a record or description of that process, with the onset and spread of farming after the seventh millennium before the Christian era: after, say, about 6000 B.C. It then entered a new phase, ancestral to modern times, with the introduction of iron-bladed tools, above all iron-bladed hoes, around 500 B.C. This second major spur to social and productive development, again a long and complex process, was that of metal technology—the mining, smelting, and forging of iron ore, and of some other minerals—and it began first in the grasslands of the Central and Western Sudan as well as in those of the upper Nile Valley. This ushered in a period, many centuries long, of sociopolitical growth and corresponding structural development.

Historians have generally called this long period the African Iron Age. It saw the spread of metal technology right across the continent: by the fourth century of the Christian era, as far as the lands of what are now the southeastern provinces of South Africa. This Iron Age established polities and economies capable of a steady expansion of population and the command of environment. It fathered most of those diversities of African culture that we think of as "traditional." It functioned as the great "central period" of African development. And it came to an end in the nineteenth century of our era by reason partly of its own success, producing demands that Iron Age structures could no longer satisfy, but much more by reason of European dispossession.

It is therefore right to think of the African Iron Age, although the term itself is reductive since much was involved besides the technology of metals, as the period in which Africa's peoples completed the mastery of their continent at a preindustrial level of production. Every habitable region was made to yield a slowly increasing supply of food for a slowly increasing population; and to that end were applied a range of productive techniques from elementary soil analysis through irrigation to forms of fertilization and food storage. Intraregional marketing developed as settlements grew in size and number. Conflicts remained small in scale. Sacred or profane, the acts of life evolved.

What actual sizes of population carried through this "taming of a continent," as I have elsewhere ventured to call it, is impossible to say. In 1977 an impressive seminar of demographers at the University of Edinburgh looked at this particular question, and found that "no overall estimates for the population of Africa at given periods in the past could be more than vaguely approximate." But even the vaguely approximate can be useful in default of anything at all precise, and the experts present also found that they could probably agree with several broad propositions.[1]

One of these was that "from the period of the Early Iron Age the agricultural populations of Africa seem to have grown gradually from very small numbers, though perhaps in fluctuating cycles rather than steadily, up to the onset of the colonial period" in about 1880.[2] Other guesses have suggested that the total population outside the lower valley of the Nile, some two thousand years ago, was on the order of three or four million. Around 1850, still intelligently guessing, one might put the total population as being between 100 and 150 million, with probability around the lower end of the range.

This increase is interesting in that it seems generally to have been in line with the expansion of productive capacity. Famines there must have been, but as exceptions and not as indicating a surplus of population such as normally could not be fed, and even fed well. On the contrary, the dual increase of people and food seems to have been fully self-sustainable, save in times of cyclical climatic drought, and was perhaps an optimum for preindustrial societies.

All this had equally to allow for the frictions and servitudes that came with the demand for exploitable labor when the Iron Age, no doubt early in its life, duly slammed shut the gates of Eden. The myths and legends that have come down to us from that remote past certainly speak of competitive warfare in this grand adventure of settlement in lands unknown amid the solitude of far horizons. But they speak as much or more of dramas of the spirit that were afterward rehearsed in ritual dance and song, celebrating human survival against every mystery of death; and these are dramas of the psyche, calling up the freedoms and coercions of archetypal consciousness, whether of blessing or of curse, that belong to the realm of the ancestors. Behind those dramas may be glimpsed the challenges of this long development as few persons became many persons, as methods of work diversified, as new problems of community sponsored new kinds of authority, and as all these asked for the creation of new modes of psychological reassurance. The language of legend spoke in the idiom of saints and heroes, while mediators became priests and lineage leaders became kings.

These were societies, in other words, self-governed by a rule of law. This was a fact exceedingly hard for the outside world or at any rate for Europeans and North Americans, becoming aware of Africa in the last decades of the nineteenth century, to recognize and accept. To most overseas travelers and chance observers, Africa seemed to live in a malevolent condition of chaos; and for this almost universal conclusion among Europeans and North Americans, we can now ascribe several reasons. One was that the impression was partly true. After about 1850 travelers and observers in East Africa began to enter lands ravaged by a relatively new slave trade; and they found, from the Swahili coast westward to the great lakes, or from the Southern Sudan southward through Mozambique, appalling evidence of death and devastation because of this slave trade. Travelers elsewhere in Africa, especially West Africa, found no such situation, save here and there as the older West Coast slave trade gradually vanished; but they saw societies which had been ravaged in earlier years by the same slaving curse and were now trying, with difficulty, to regain stability.

A more important reason for misunderstanding, at least in years long after the slave trades were banished, lay in the appearance of this rule of law. It had to take what the modern world, the industrialized world which is also a largely secularized world, has seen as a purely religious guise. Each of these evolving societies, from lineage group to clan to cluster of clans, had to shape its behavior to fit its environment, its possible resources in food and shelter, its scope for political development. Otherwise it would perish; and no doubt many such evolving societies, failing to adjust successfully, did perish. But the successful ones, those whose ancestors we hear of now, had to follow rules that were explanatory as well as mandatory.

The rules had to be explanatory so that people, knowing the reasons for them, would understand why survival depended upon following them. They had to explain from hard experience what was possible, as well as desirable, for a given community in its place and circumstance. Therefore, they had to be the fruit of painstaking observation and analysis of soils and seasons and all the manifest diversities of nature, including human nature. In short, they had to be severely reasonable within their own cultures, the very reverse of the blind dictates of superstition that nineteenth-century Europeans supposed to reign supreme on the "dark continent."

But explanation, given the frailties of human nature, could not be enough. The rules had to be mandatory as well. They had to possess the coercive force of a "system" of rewards and punishments. Obey the rules for social survival, and you will prosper. Break them, and suffering will befall. But why, and through what means? The substantial answer, as in all preindustrial societies, had to come from spiritual agencies: from the reservoirs of belief that feed and preserve social consciousness and cohesion. This rule of law, one may say, had to be the complex product of a process of trial and error in search of survival and expansion. Duly codified and modified and taught from one generation to the next, it had to rely for its effectiveness upon the psychological supports of Good and Evil, of reward and punishment, whereby survival and expansion could alone be possible.

More than twenty years ago, I concluded a long inquiry into the nature of Africa's religions by writing: "Religion appears in all its varied African garb as the projection and affirmation of certain norms which govern the evolution of society. It is the selective codification, for its impact on everyday life, of a 'two-way' network of moral pressure: of the workings of the principle of Good in its positive sense, on behalf of whatever supports or guards a specific social system; and of the workings of the same principle in a negative sense—the sense of Evil which promotes or provokes, chiefly as one form or other of punishment or deterrent, whatever may go against that system."[3] I find no need to amend that conclusion in the light of much of value on this subject written by others later.

Now this rule of law, these codes of acceptable behavior, whether social or personal, had also to allow for the problem of change and initiative. This could be no simple problem, nor, so far as we know, was it ever comfortably solved; and we can easily see why. Once a community had achieved stability within its environment, each of these evolving African societies had to stick closely to its rules for survival. It had to be severely conservative. Yet at the same time it had to allow for its own success: for the changes, that is, which must follow the growth of a community from few to many, from small to large, from old needs to new needs, such as its stability could no longer absorb. In this long process of settlement and migration across these endless lands south of the Equator, the rules had to provide, among much else, for arrivals and departures. So there had to be rules—accepted customs duly empowered by accepted rituals—so that newcomers could be made welcome and absorbed or, in the same process, younger sons and families permitted to leave and seek new land elsewhere and form new units duly sanctioned by appropriate rules. This dichotomy of conservatism and change was in these societies the great provider of emotive tension, just as, under different labels and appearances, it may be in every living society.

What the "white man's world" has so often seen as the mystifications of mumbo jumbo and the gibberings of witchcraft, the "black man's world," knowing its own reality, has recognized as, typically, the codified guarantee of survival and expansion in an immense process of continental growth and settlement. One can, of course, transcribe this guarantee in a variety of ways. Allowing for myriad diversities of appearance in creed and custom, it is for instance possible, as I have suggested earlier in this book, to conceive of this rule of law in terms of a number of guiding principles of social behavior.

One of these concerned a principle of conservation. A successful balance with nature had to be a stable balance: rocked severely by internal rivalries, these little "ships of state" would be all too liable to sink with no hope of being saved. Excessive greed could be one means of sinking the boat, for slender resources must be sensibly shared, as for example in Max Gluckman's story of wild bees' nests in Bembaland. Finding one nest is good fortune because honey is a blessing, finding two is better still, but persisting in your search for bees' nests that are never plentiful and finding three—that is the work of witchcraft: it is the influence of greed, for which the powers of Evil will find a way to punish you. You will then miss your aim in hunting a leopard and narrowly escape a wound as the leopard strikes back. But the miss by your thrown spear will not be accidental: it will be the punishment called up by your greed. Restitution is compensation and therefore conservation, whichever way you have to take it. Homicide is a crime, but the killing of one person may not be best answered by the killing of the killer: it may be better answered by providing the deprived family with a person to take the place of the lost person. Broadly, this principle of "leveling compensation" was a norm of African judicial practice, even while it must have been often breached in everyday life; and this norm was applied to all situations of imbalance caused by infringements of the given community's rule of law.

The old English maxim that "power corrupts" accordingly had its place in these societies. Ruling powers tend by their nature to become oppressive powers: powers which therefore threaten the balance of social stability. Chiefs and kings were consequently bound to offend the rules and lead to trouble, sooner or later, because greed and egotism would attend their power and even the best would fall by the wayside. A regulatory principle must accordingly express a permanent distrust of power. This regulatory principle is well attested in evidence from many African peoples in precolonial times. But in reading of these matters one should bear well in mind, as Gwyn Prins and others have insisted, that descriptive accounts of state structures have been "types of traditions invented for particular purposes at particular times."[4] The essence of history being process, what we have learned about structures can never be a final outcome, rounded and complete, but always only an imprint of changing circumstance and pressure.

So it has come about, or it used to come about, that accounts brought back by external researchers (or, often, internal informants) tended to assert that the state structures they had looked at possessed some immutable quality of permanence. Because People X do this now, we may infer that they did it then: yet circumstances may have meanwhile changed and, with circumstances, so may the rules governing behavior. A cheerful skepticism is needed. But with this warning it may be said that what we now know about African societies in the precolonial past does seem to be sufficient, and sufficiently tested, to allow the generalizations I have been making here.

This inbuilt distrust of executive power is part of that evidence. Again, in Zambia (Northern Rhodesia as he knew it, and as it was before 1964) Max Gluckman found that the Barotse, who lived and still live near the headwaters of the Zambezi River, and have long had a kingship and corresponding chiefly powers, "are apparently terrified of giving away power [meaning executive power of any kind, and] always think of the dual pressures of the ambivalence of power on an individual to whom power comes or in whom power is vested."[5] The concept repeatedly recurs in other societies, and may be said, with due precaution not to write it into rigid doctrine, to have formed a constant element in their chartered systems of social coherence, or, in familiar jargon, in the ideologies (or religions) of these systems. Power from inheritance should be balanced by power from appointment. Power from spiritual authority should be shared: among constituent interest groups, and through the operation of chartered checks and balances.

The outcome, perhaps needless to say, could never be a final and congealed harmony but was always a process of invention and adjustment according to the pressures and accidents of life. Yet it was a process that embodied the essence of principles such as those I have touched upon here: a rule of law derived from experience and experiment in a given ecological and social situation, but turned into myth and thereby given mandatory force by attribution to ancestral and therefore spiritual powers whose authority derived in turn from God. This distrust of the executive capacity as being all too able to upset the acquired balance with nature, or with society, marched together with an insistence on the distribution of executive power. In other words, a well-built polity had to be a participatory polity. No participation had to mean no stability. In "traditional" Africa this concept of an indispensable participation formed the hearthstone of statesmanship. Standing on that, power would prosper; but not otherwise.

This has been obvious in all "segmentary societies" where delegation of powers to chiefly persons was limited or minimal or nonexistent. The community met as equals and decided things accordingly. This was how the numerous Igbo communities of eastern Nigeria are said to have behaved whenever they had refused, as most did, to agree to chiefs and kings. Across the river Niger, among the Yoruba, it was different. There they created chiefs and kings in a big way. Their hierarchical and aristocratic society—or societies, for the Yoruba have had many different communities—has often been described; here I am using Naomi Chazan's recent observations. The Yoruba "myth of origin" has been "essentially, a charter for the rulers, the descendants of Oduduwa," God's agent in forming the Yoruba, indeed all humankind; and this myth "provides legitimacy for the distribution of power on a regional basis" as between one

Yoruba community and other Yoruba communities. Similarly, the myth of origin "regulates the types of relationship between ruler and ruled."[6]

This might suggest a rigid structure with no allowance for the process of change or for checks on executive power. It seems to me that the Yoruba structure really has been rigid; but it is certainly very old and its evolution over many centuries has clearly allowed both for the process of change and for checks on the executive. One such check on the executive power of Yoruba kings lay in controls invested in dependent councils of chiefs, but also in other and nondependent councils. Thus, the *alafin*, or king, of the powerful Yoruba state of Oyo made state policy and took state decisions, but in company with his senior office-holders, the *oyo mesi*, who were drawn from the acknowledged leaders of constituent lineages: "big men" from "big families."

Yet the *oyo mesi*, all too likely as Yoruba aristocrats to throw their weight about, were flanked by an association called the Ogboni that was aimed at tying together "all individuals in the polity regardless of their social, economic, or political standing."[7] This was what allowed for historical process, so that newly emerged interests or groupings, "not specifically accounted for in the myths, did develop," in Chazan's words, "side by side with existing structures." The "ideal model" of Yoruba community, articulated by hierarchies of power and obligation provided by sanction of the myths of origin, was thus made viable over time (over a great deal of time) by "articulators of solidarity"—we can think of them as claimants to equality of rights—provided by associations like the Ogboni.

The point here is a general one. These precolonial societies, or those that endured for centuries and were successful in mastering their historical process, and about which we consequently know a good deal, were centrally concerned in securing and sustaining their legitimacy in the eyes of their peoples. They endured because they were accepted. And they were accepted because their rules of operation were found to be sufficiently reasonable in providing explanation, and sufficiently persuasive in extracting obedience. What this says, in tremendous contrast with times during and after colonialism, is that these communities achieved an accountability of rulers to ruled and, quite persistently, the other way around as well. Dissidence and protest might be frequent. The structures of accountability could well enough absorb them.

Sometimes we can follow all this in fascinating detail, as with Asante during its great epoch of the eighteenth and nineteenth centuries. In other cases we can only note the results. Such was the case with Ufipa, a little-considered and yet notable example.[8]

Ufipa today is a place rather than a state. The place is an upland area of Tanzania, southeast of Lake Tanganyika; and its inhabitants, the Fipa, are or rather were members of a cluster of loosely related communities organized in states or, as some may prefer it, "protostates." Its extent measures some 25,000 square miles, about that of the republic of Ireland or half of the state of Arkansas: not a very big country, but not a very small one either. It may have had about 100,000 inhabitants when its first European visitor, the explorer-missionary David Livingstone, managed to walk there in the middle years of the nineteenth century.

Utterly unknown to the European world (in the event, imperial Germany) that was about to invade and dispossess it, Ufipa had been important to the wider life of East Central Africa. Like some of their neighbors, the Fipa were inventive and productive. One of their admired skills was the smelting and forging of iron, mostly for hoe blades. They produced these in forced-draught kilns built of hard-packed earth. About ten feet in height, each being normally packed with about seventy square feet of ore and fifty of charcoal with some wood for firing it, such kilns, according to Roy Willis, could reach, with the aid of bellows, a temperature of between 1,200°C. and 1,400°C. The iron thus smelted was then resmelted in a smaller furnace, for purposes of hardening into what was a form of steel; and forging followed. Though slow and laborious, the method was as good as any known before industrial times, and had been widely used throughout Europe and Asia, if with many variations of practice. Roy Willis estimates that some eleven thousand hoe blades were being produced annually after about 1800, half for Fipa farming use and half for trade, Fipa hoe blades being then used as a currency in the regional marketing system.

The origins of a Fipa state, a clan-structured community on its way toward functional unity of material interests and moral loyalties, is dated by Willis to soon after 1500. For various reasons that need no discussion here, this was generally a time when early forms of state in East Africa, usually in terms of a kingship, began to crystallize from segmentary lineages. What actually happened was dependent upon ecology, opportunity, and the accidents of human nature. But it seems clear that the Fipa, for their part, entered after 1500 on a long period of transition to what Willis has defined as an "exchange-based state": a unified power structure, that is, adjusted to the values and concerns of Fipa commodity production.

89

This developmental process is said to have lasted "anywhere from about 150 to 350 years," a period in which developmental details begin to elude us. The severe upheavals of the nineteenth century through East Africa—an onset of severe drought, spread of the tsetse fly and consequent sleeping sickness in people or comparable disease in cattle, and finally colonial encroachment and then invasion—eventually consigned the Fipa and their neighbors, some of them sorely smitten by these various plagues, to German and eventually to British rule in what was to be the colony of Tanganyika (Tanzania after 1964). After that the history of Ufipa frays into silence.

Barring the absent detail, however, it remains clear that Ufipa became a viable state at least by 1700. Its development, even in the bare outline that we have, shows it as the outcome of a process in which tolerance of change was an essential feature. But what it did not acquire was a tolerance of dispossession. In this it was like other precolonial states. Degraded under colonial rule to the status of migrant workers, often as semislave laborers for colonial settlers near and far, the productive force of Ufipa dwindled and died. Ufipa's self-identity as a state, as the arena of a living community, withered and vanished. Not until 1953, with the late colonial rise of what were called "tribal unions" or "tribal associations," which then became the parent of nationalist associations, would Fipa people think it useful or meaningful to reassert their existence as a community distinct in themselves.

But if Ufipa was clearly a state, both stable and dynamic, did the Fipa constitute a nation? If not, were they on their way to becoming one before the disasters of a dispossession which their state could neither absorb nor survive? Where, in any case, runs the dividing line between nation and nation-state? Applying labels to historical communities along the track of nationalism soon gets you into trouble. We shall look at what nineteenth-century Europeans were making of the problem of labels, mostly a puzzle and confusion. But what, at least, was or is "national consciousness"? If the answer should be that national consciousness embodies a shared loyalty to a distinctive culture, language, set of beliefs and so forth, the evidence still gives no certain guide.

"England," according to J. R. Strayer, writing in 1963, "was clearly a nation-state in the fifteenth century, when France was not." And why not? Because "this was a time when a French prince (the Duke of Burgundy) could still hope to split off provinces from France and combine them with his holdings in the Low Countries to make a new kingdom."[9] This scarcely helps us. If France was not yet a nation-state because it was about to be reduced in size, losing French-speaking Burgundians but retaining Bretons and Basques and Occitans, what was the magic wand that had to be waved to convert France the nation into France the nation-state? The developmental answer, as we shall find, came with the rise of social strata capable of making the great revolution of functional unification which began in 1789. But those same social strata had yet to exist in the England of the fifteenth century, nonetheless held by Strayer to have already become a nation-state. Such labeling may raise good questions. It seldom provides good answers.

Of course, writers on nationalism during the nineteenth century never looked at the African evidence, remaining unaware of it or even of the possibility of its actually existing. Like Hegel, they thought that the African evidence belonged only to a time before history, and was altogether beneath their notice. It was in fact nothing of the kind. Consider only the case of labeling in relation to medieval empires.

After the collapse of the western Roman Empire toward A.D. 500, much of it became enclosed within new "empires"; and I place the word between quotation marks simply to emphasize the difficulty of knowing just what these sprawling political formations really were. They were labeled at the time or soon after as *regna*, the plural of *regnum*, or kingdom. Now a kingdom ought surely to be in some proper sense a state: but no, according to Strayer, "the barbarian *regnum* was certainly not a state," not a state in any sense at all, although, Strayer hastens to add, "it is rather difficult to say just what it was." For while "the ruler often took an ethnic title (*rex Anglorum, rex Francorum*, and so on), most of the *regna* were not ethnic units. The usual pattern was a dominant warrior group." Having no ethnic boundaries, since these *regna* enclosed several or many ethnicities, "a *regnum* had to be defined in terms of its king or, better, its royal family."

If this is right, and surely it is, how extraordinary, then, that writers about Africa exactly contemporary with Strayer should tell us that Africans have known no effective and meaningful participation in their own politics. How odd that the Regius Professor of History at Oxford University, in that same year of 1963, should have told us that Africa's history was only a tale of barbarous tribal gyrations.[10] For the African evidence, if actually examined, provides an exact parallel with the European *regna*, and in almost exactly the same historical time.

Getting to grips with labeling, Ibn Khaldun, the great North

African historian of the late fourteenth century, came to the conclusion that "people cannot persist in a condition of anarchy, and need a person to restrain them. He is their ruler. Royal authority is an institution natural to mankind."[11] Hence the undoubtedly functional states of the Maghrib did not evolve into nations but remained *regna* remembered to this day by the names of their ruling dynasties: Almoravids, Almohads, Hafsids, and so on down a long line, including rulers of empires such as the Fatimids of Tunisia who seized all of Egypt at the end of the tenth century.

Applied to the big political formations south of the Sahara in medieval times, this fits exceedingly well. Ancient Ghana, Mali, Songhay, Kanem: each of these geographically huge but functionally strong state formations were precisely *regna* in the European medieval sense. Each was the product of an ambitious "core people"—Soninke in Ghana, Malinke in Mali, Songhay in Songhay, Kanuri in Kanem—and each was able, just like the Normans in the empire of the Franks or the Germans in the Holy Roman Empire, to enclose a vast area within its rule and to extract from it both tax and tribute. Each was open to developmental influence from outside its *regnum*, notably the influence of Islamic law and literacy, but none of them appears to have produced any idea of forming a national identity, much less a national consciousness.

It is important to emphasize that the object of the core peoples of these *regna*, whether in Europe or in Africa, was in no sense to advance the cultural unities out of which nations grow, but to enrich themselves from tribute and taxation. Of course, their rulers might argue, or might have argued if one could imagine the point being put to them, that in exchange for their unifying

93

warfare and profiteering they opened wide regions to the expansion and improvement of trade and production for trade. They did do this; and this undoubtedly could be a general gain.

Courts and cavalry in either case, royal hospitality and waste, princely power and its assertion, the support of scholarship and the advance of literacy and learning: all this and much else gave glory to these imperial rulers, in Africa as in Europe. But it all had to be paid for, and the laboring masses were those who paid, whether as serfs or slaves, feudal villeins or subject clans; and whenever one great dynasty declined and a successor took its place, the price had again to be paid in renewed subjection. "God having overthrown the emperor of Mali to the benefit of the emperor of Songhay," in the words of Mahmoud Kati, the seventeenth-century historian of Timbuktu, in his *Tarikh al-Fettash*, "the latter ravaged the empire of Mali, carried off its children into captivity, and seized all the goods of the vassal peoples." Compare European wars of much the same period.

A modern historian has put all this in familiar language. The "phase of domination" by medieval states in the Western and Central Sudan through all of seven centuries, Claude Meillassoux explains, "corresponded to that of the constitution and domination of a military class, which grew out of plundering warfare";[12] and it is this concept of "class," we shall increasingly find, that offers a key to the puzzle of this apparently so arbitrary "labeling."

But did these medieval *regna*, meanwhile, exercise a civilizing function on behalf of their subject peoples as well as their ruling peoples? The answer is yes. In Africa as in Europe (and one could of course extend the parallels to Asia), the core peoples of the *regna* fostered trade and production for commerce, and therefore in due course technological and innovative change, and thus new arts and sciences: "the simultaneous propagation of military conquest, state administration, commerce and Islam, favoured the civilisation of the subjected peoples, and thus their incorporation as subjects of the political formations."[13]

But what the core peoples of the *regna* did not favor was nationalism. They could not have the slightest interest in promoting or provoking ethnic self-assertion, including their own. They simply stretched their rule over many ethnic groups, extracted tax and tribute, and left it at that. George Bernard Shaw in his play *Saint Joan*, first seen in New York in 1923, explained this *regnum* business in a brilliant mockery of the earl of Warwick's chauvinistic chaplain at the time of the Anglo-French wars of the fifteenth century. Besieging Orléans, held by the French, the English nobleman explains to his chaplain that Dunois, the French king's commander in Orléans, is a hard nut to crack:

Chaplain: He is only a Frenchman, my lord.

Nobleman: A Frenchman! Where did you pick up that expression? Are these Burgundians and Bretons and Picards and Gascons beginning to call themselves Frenchmen, just as our fellows are beginning to call themselves Englishmen? They actually talk of France and England as their countries. Theirs, if you please! What is to become of me and you if that way of thinking comes into fashion?

Chaplain: Why, my lord? Can it hurt us?

Nobleman: Men cannot serve two masters. If this cant of serving their country once takes hold of them, goodbye to the authority of their feudal lords, and goodbye to the authority of the Church.

The *regna* therefore had little concern with "ethnic minorities." Once these many subject peoples toed the line of imperial policy and interest, the *regna* likewise had no interest in suppressing them or pretending that they did not exist. On the contrary, they seem to have given free rein to ethnic diversities, provided that the overall power of the *regnum* was not placed at risk. Several centuries have been required to conceive, although not yet to achieve, a comparable tolerance in large political formations, today in a very different set of circumstances and, as we begin to see, in necessarily federalistic terms. Nothing in this context remains more depressing, however, than the incapacity of European states at the end of the twentieth century to accommodate the reasonable expectations of ethnic diversity: as shown, to offer only one recent and demeaning example, by the Romanian inability to accommodate its ancient Hungarian minority in a supposedly democratic Romanian nation-state.

When the African *regna* in due course fell apart and disappeared from history, pretty well by the beginning of the seventeenth century, their subject peoples—just as in Europe—by no means followed them into the void. What became of them? They survived as well as they could, and often better than before. The examples are legion. The Dogon of the Bandiagara hills, south of the great middle bend of the Niger River (in what is Mali today), were "discovered" by ethnologists during the colonial period, but had clearly conserved their intricate and philosophically rich culture of belief and intuition from ancient times. This was an orally transmitted culture, be it noted, but one in no way less effective in its sociopsychological matrix than the literate though Muslim cultures of their former overlords.

Or what happened to the once-famous core peoples of the *regna?* They, too, survived, though in a new obscurity. The lordly Soninke, who had once and for centuries ruled the *regnum* of ancient Ghana with a pomp and circumstance that won the admiration even of Córdoba, that most civilized of medieval cities, might seem to have "vanished from history." But the chroniclers of the colonial partition, only "yesterday," found the Soninke safely tucked away in the colony of Senegal, along the south bank of the river of that name; and this is where they live today. If the Soninke sometimes ponder the glories of their imperial past, there is little to show that it keeps them awake at night. If they have new aspirations to nation-statehood, they have not so far said anything on the subject, being in this respect differently motivated—or advantaged?—than the "forgotten nationalities" of once-imperial Europe.

Yet even a superficial acquaintance with the Soninke today tells one that they remain in their own thinking a distinctive people and culture, possessing a vigorous "national conscious-ness," whatever this may precisely mean, and a valid though little-written language. Their case is one among many, it seems to me, that underline the cultural misery of the whole nation-statist project. For postcolonial nation-statism in policy and rhetoric has preferred to talk down "ethnic survivals" like the Soninke—every reader may supply his or her own example from a host of candidates—as deplorably illegitimate and best

97

forgotten, because, not having formed nation-states and therefore not being admitted to be nations, they have no right or reason to remain alive.

So it is that the ideology of nation-statism, here in Africa as in Europe, becomes appallingly reductive, rather as though a wealth of cultures were really an impoverishment. Much ink of mockery has been spilled in deploring the polyglotism of the Tower of Babel, even while the beauties of imperial monoglotism, of "world language," leave so much to be desired. Here again we have one of the impoverishments left in legacy by the nineteenth century.

Tribalism and the
New Nationalism

IF THE ethnic diversities of Africa outlived the long medieval period of the *regna*, many subsequent revolutions and reorganizations, and finally the manifold upheavals of the nineteenth century, these diversities then found it relatively easy to live through the colonial period—as ethnic diversities, that is, though sorely often not as persons or constituent communities. The new nationalists of the 1950s would then embrace nation-statism as the only available escape from colonial domination. Striving to transform colonial territories into national territories, they would find Africa's wealth of ethnic cultures both distracting and hard to absorb into their schemes. They would fall back into the colonial mentality of regarding it as "tribalism," and, as such, retrogressive. This diversity, it seemed, had to be just another hangover from an unregenerate past. It should at least be on its way to museum shelves, and should be meanwhile handled as a temporary nuisance. That was to prove difficult. The nuisance was found, as in the earliest days of nation-statist debate in centers such as Cape Coast during the 1860s, to be stubbornly insistent. It refused to disappear into museums.

This was scarcely surprising: most of these precolonial political formations were communities with a venerable past rooted in popular acceptance. In the public mind they were living realities; they were identities to which people strongly held. Dismissing them as the regrettable phenomena of "tribalism" might comfort those, British or others, who preferred to think of precolonial Africa as a kind of savage backwoods, rather as the notion of a Scottish nation or a Welsh nation had long become an antiquarian absurdity to average English opinion. But that is not how the "tribesmen" were prepared to see it.

Out of this came confusion. For there was also at work, from quite early in the colonial dispossessions, another meaning for "tribalism." This was the new product of "divide-and-rule" policies, perhaps the only African political invention of those times that did or even could succeed, and was well promoted by the British and the French, major colonial powers, as a useful administrative instrument. Let related ethnic "units" band together and become "tribes"—a term probably applied in the African context by officials educated in the classical tradition of Caesar's Gallic wars—because, if they banded together, the costs of European administration would be that much less.[1]

Segments or even substantial communities in more or less closely related communities, though historically separate and distinct from one another, now declared themselves a single people; and new tribes, such as the Sukuma and Nyakusa, rose fully formed from the mysterious workings of "tradition." Not being worried by such workings, whatever Europeans supposed them to be, such coagulated clans and segments do not seem to have minded becoming "tribes" with exotic names—Sukuma, for example, is a word borrowed from the neighboring people of Unyamwezi—but rather pleased about it. A single agreed spokesman against the claims and demands of colonial power was easily seen to wield more argumentative clout than a mob of spokesmen from smaller units. And then, of course, there were appropriate personal ambitions. According to John Iliffe, whose description of this process in Tanganyika is exemplary, "many Africans had strong personal motives for creating new units which they could lead. Europeans believed Africans belonged to tribes: Africans built tribes to belong to." And the effort to create such "tribes," Iliffe goes on to remind us, "was as honest and constructive" in those circumstances of apparently permanent foreign rule as the later effort, when that appearance of permanence was gone, to create a Tanganyikan nation. "Both were attempts to build societies in which men could live well in the modern world."[2]

This was one situation. And as Africans from rural areas moved, ever more in the 1940s, toward the "melting pot" of periurban slums and shantytowns, this "tribalism" that was a genuine product of African diversity but also an invented weapon of self-defense, became a potent factor in opening the route to nationalism. "Tribal unions" and "tribal associations," or other such manifestations of solidarity, began to flourish in the 1940s, and were to be powerful influences in the building of nation-statist politics. Their nature, of course, meant that they were destined to become divisive of national unities. They would then play the role, after independence, of opposing "tribe" to "nation." But that was still for the future. For the present these "tribal unions" were able to rephrase and reabsorb

Africa's own history in times of great political change and challenge.

Elsewhere, contrasting situations developed. In West Africa, for example, the cultural diversities of African life were no fewer than in East Africa; if anything, they were more numerous. They were many hundreds, very old, and sometimes encased in venerable historical institutions. The Asante example, which we have briefly inspected, was a relatively recent one. The kingship of the ancient state of Benin in Nigeria (not to be confused with the modern republic of Benin) was several centuries older; so was the kingship of the Mossi. Others could rival them in antiquity. But "recaptive" politics—the politics of Freetown and Monrovia, or of educated (but not recaptive) groups in Accra and Cape Coast and other such places—were in no state of mind to accept these diversities as useful or constructive.

Broadly, the educated elites in West Africa—for a long time, it would be much the same in South Africa—saw Africa's own history as irrelevant and useless. The issue has been contradictory because so was their stance. They saw that the assertion of Africa's having a history of its own must be part of their case against colonialist racism. They presented this assertion in books they wrote about Africa's past glories. They lectured on the subject, composed brilliant and poetic evocations of great moments in Africa's past. If they were clergymen, they recalled the Christian African bishops of Byzantine descent. If they were lawyers, they praised the writings of classical Greece in praise of Homer's "blameless Ethiopians." If they were politicians, they did their best to square the circle.

But when it came down to brass tacks, to the question of who should take over from the British when the British withdrew, they demanded a more or less complete flattening of the ethnic landscape. All that history then belonged to what Attoh Ahuma, back in 1911 in his book *The Gold Coast Nation and National Consciousness*, had found no difficulty in calling the "savage backwoods." Deplorable in the past, it could do nothing for the present; and the future would forget it. As the gathering force of nation-statism in its guise of liberating ideology began to reap the fruits of argument and agitation around mid-century, what David Kimble has called the clash between "the inherited privileges of chieftaincy" and the "acquired privileges of education"—meaning Western education, and its derivatives—became acute and would soon become violent.[3]

Stereotyped as a conflict of rivalry between the makers of Progress and the upholders of Tradition, this contradiction was to be vividly dramatized in the political campaigning that climaxed and followed the struggle for indigenous power, but perhaps most clearly of all in the Gold Coast (modern Ghana) after 1947. To the upholders of Tradition, well able to speak their minds because they also had sometimes grazed in London's Inns of Court, the new nationalists led by Kwame Nkrumah were dangerous and irresponsible purveyors of destruction, "verandah boys" greedy for the spoils of office but not deserving any spoils, and often enough little better than crooks or con men. Great chiefs such as Nana Ofori Atta, splendidly equipped himself, found it obviously right that he should despise these would-be usurpers of an executive power which ought in all equity and good sense to revert to himself and his peers. Even greater chiefs, the king of Asante for one, gathered their robes about them and made ready to resist. Yet to dismiss these men as "tribalists" would be a misuse of language.

They, too, were caught in a contradiction of their own making. In their own context they were for African advancement, and some of their spokesmen, notably J. B. Danquah, valiantly argued the case for that advancement. On the other hand, they were the favored recipients, almost to the last days of British rule, of official approval and support. All through Nkrumah's severely testing campaign for independence, after 1947, he had to face the malice and intrigue of opponents such as Kofi Busia, always running to the British and then the Americans to complain against the new nationalists, while governors almost to the last saw these new nationalists as disgusting "trouble-makers."

Meanwhile, the British for their part were likewise caught in a contradiction of these years. In West Africa, up to the end of the 1940s, they redoubled their efforts to launch their colonies down that same slipway of chiefly rule which their own colonialism had previously done its best to undermine. Titled honors were duly handed around to suitable chiefly recipients. Red carpets were appropriately laid for chiefly feet. Hard-pressed district officers were urged to invent new ways in which the authority of chiefs, now that Britain was to withdraw, could be reinforced by prudent measures of administrative devolution, notably in the matter of "native tax" and "native treasuries." A painstaking survey of these matters commissioned by the British government from an acknowledged British authority, Lord Hailey, and afterward completed in several volumes, dealt with the new nationalism simply by ignoring it.[4]

So the cleavage between Africa's own history and Africa's borrowed nation-statism was made complete in West Africa, and widened elsewhere. For none of these "traditionalist" caperings, and British arguments in praise of them, could seem anything but obstructive and reactionary to the new nationalists. As the self-appointed champions of Progress, a cause they were also ready to suffer for—and sometimes fatally—they saw every such maneuver as one way or other of conserving an African inferiority of status, as a resurrection of incompetence, or as good evidence that any conceded independence was intended to be scarcely worth the name.

To the new nationalists, and increasingly when genuine "tribunes of the people"—for one example, Sékou Touré in French Guinea, Abdoulaye Diallou in Soudan (Mali) for another—joined their ranks and led their emergent parties, the challenge was to confront and disarm a hostile hierarchy of "ancestral powers" hand in hand with colonial policemen and their bosses. And here one has to bear in mind, against a certain historical hindsight which has liked to suggest that the British and the French were amiably ready to pack up and go, that the new nationalists had to meet, almost to the last moment, an acute and even harsh hostility. There was not much in those last years of colonial rule that was amiable about the attitude and actions of colonial officialdom. Whatever might be said in London and Paris, the officials "on the spot" had few warm feelings about the new nationalism.

One needs to bear in mind, furthermore, the general sterility and helplessness of imperial attitudes concerning the issues raised by winding up colonial empires. The British in West Africa brought a handful of the "educated elite" into legislative councils, but avoided as far as they could any who spoke in the language of the new nationalism, preferring "reasonable men" who would not rock the colonial boat. This indulgence in "advisory democracy" had almost no influence on the upheavals that were about to take place. The French, for their part, simply fought a rearguard action in defense of a chiefly power which they thought, quite mistakenly as it was to prove, could be relied upon as a convenient partner. As the new nationalists in French Guinea were to show, such "native partners" were easily swept away, often leaving no trace behind.

Eager to get rid of colonial rule along the only route now open to them—the route of nation-statism on the European model—the new nationalists were in any case left to conduct their struggle on their own. Some of the best of them, during the 1950s, saw the dangers of this "neocolonialist" nation-statism. They argued and pressed for interterritorial federalism. They tried to devise ways of rejecting the carapace of the colonial frontiers. They formed ambitious interterritorial movements— for example, the multiterritorial Rassemblement Démocratique Africain in the French West and Equatorial territories, the Pan-African Freedom Movement in the British East and Central territories—but they formed them in vain. Neither the imperial powers nor ambitions unleashed among the new nationalists themselves were ready for such visionary initiatives, while the imperial powers, just in case the vision might become real, positively worked for their destruction.

Being left on their own, the new nationalists had to make the best of things. This was at least difficult, besides being often dangerous. It could mean being shot at by police or army. It could mean long terms of imprisonment. It could mean torture or quiet murder behind doors, as in the Portuguese colonies. It had often to defy a skeptical, mocking, or contemptuous outside world taught by decades of imperialist ideology that Africans were really, if the truth be told, primitive beings incapable of knowing what was best for themselves, let alone for anyone else.

Being a new nationalist made huge demands. He had to be a "modernizer" in every sense of the word. These new nationalists had to be fluent in writing as well as speaking at least one European language. They had to be widely read in the culture and history of that language. They had to know how to move with self-confidence, real or assumed, among the traps and idioms of European—and soon American—politics and manners. They had to reduce vague aspirations into coherent paragraphs of constitutional programming couched in the concepts of European law and precedent. They had to do a lot of other things besides.

The idea that old-fashioned, barely literate, and in any case many-wived traditional worthies could do these things with any hope of success seemed so obviously impossible as to preclude serious denial. All the same, it was denied. "As we have noted," wrote Obafemi Awolowo, the highly articulate Yoruba pioneer of west Nigerian nationalism in 1947, when the battle for independence was just beginning, "only an insignificant minority [of Nigerians] have any political awareness." This in itself was an astonishing statement, given Yoruba political history over the previous several centuries, but it was entirely characteristic of the pioneers of Progress in the recaptive tradition. And Awolowo went on to underline his point. "It is this minority that always clamours for change. . . . Are we to take our cue from this clamant minority?" Certainly we are, proclaimed Awolowo, himself a member of that minority and later to make a great political career with the new nationalism: "The answer is an emphatic 'Yes.' It must be realised now and for all time that this articulate minority are destined to rule the country. It is their heritage."[5]

But Awolowo, like others of his kind, was to find that matters were not so simple. When push came to shove, as it did in the 1950s, the ignorant "masses" who were in Awolowo's superior eyes indifferent as to "how they are governed or who governs them," were found indispensable to nationalism's success. Having formed their parties of national liberation, the educated elite had to chase their voters. And so they did, penetrating places never before seen, crossing rivers never before encountered, confronting languages never before learned, and all this with the help of local enthusiasts somehow recruited. They thus made contact with these "masses" quite often with only the assistance of aged Land Rovers able, with their four-wheeled drive, to go where no other wheeled vehicles had ever been, but only just able, and not seldom abandoned by the way.

One's memories of those years are of jubilant young men (as yet, rarely young women, although these came along as soon as the men would let them) setting out on endless journeys delayed and harassed by endless troubles and upsets, lack of petrol, spare parts, cash, and even food. Mostly these journeys have been long forgotten, but a few records survive. Thus it was that young men of the National Council of Nigeria and the Cameroons (NCNC) set out upon a journey of this kind that lasted eight whole months. By whatever transport they could find, on foot or horseback, in truck or "mammy wagon," their arrival was often "accompanied by brass bands, flute bands, cowhorn bands and dancers" in places never visited before. Meeting the "masses" in "schoolrooms, compounds, cinemas and churches, they touched the lives of hundreds of isolated communities in a way never known before."[6] There was no successful party of the new nationalism in those days that did not do as much or much the same, from the far north to the southern bastions of white settler rule; and even within those bastions they somehow managed to do it too.

Wherever there were well-implanted traditional authorities buttressed by colonial officials, the new nationalists had to provoke and exploit the often concealed realities of social conflict. So it was that the pioneers of the new nationalism had to react in hierarchical Northern Nigeria, where the British stood behind (and usually very close behind) the emirate princes. "All parties," declared the Northern Elements Progressive Union (NEPU, or Jam'iyya Namnan Sawaba) in its radical manifesto of 1950, "are but the expression of class interests, and as the interest of the Talakawa ["commoners" in Hausa usage] is diametrically opposed to the interest of all sections of the master class"—the Hausa-Fulani emirs and their henchmen—"the party seeking the emancipation of the Talakawa must naturally be hostile to the party of the oppressors."

To officials and visiting "experts" all this could sound like very desperate talk; and in those years of sharpening Cold War propaganda, it was often traced to Soviet or Communist influence, as surviving police archives, whether in English or in French (and no doubt in Portuguese and Spanish, but those archives I have not inspected), sufficiently though quite foolishly attest. There were no Russians in Africa in those years, save for one or two elderly "white" refugees from the revolution of 1917, and the relevant European Communist parties had only the flimsiest of contacts with tropical Africa. This was well known but failed to assuage the grim suspicions of the Cold War. In 1952 I visited the house in Kano of the then still youthful but already widely admired founder of Northern Nigeria's "commoners' party," NEPU, who was Mallam (afterward Alhaji) Aminu Kano, officially reputed to be "very radical," and was able to make this visit only when accompanied by a British district officer. This D.O. was a nice man, however, and agreed to my request that he remain outside. It was seldom like that. Visitors contacting nationalists in the 1950s were all too likely to find themselves asked to leave the territory, and not return. The P.I.—prohibited immigrant—list soon grew to formidable dimensions.

Misunderstandings therefore multiplied. Few of the new nationalists thought in terms of revolutionary change, and even if they talked of socialism or comparable horrors, it was rarely after giving thought to what these terms might mean or ask of them. What they wanted, in most cases, was simply the inheritance of which Awolowo had lately written. But for this, of course, they needed the pressure of the "masses," while the "masses," beyond any doubt, looked to independence for large if also vague social changes in their favor. Later on, when American support became possible as well as desirable, all talk of socialism was an embarrassment to nationalists striving for their colonial inheritance. Some of them invented an amiable creature called "African socialism," which meant precisely nothing but sounded good. Others, if they were francophone, followed the classicist Léopold Sédar Senghor, of Senegal, into the pleasant groves of *négritude*, which sounded even better and meant even less.

Even so, the substantial point was gained. The elites needed the masses, and took steps to recruit them. With or without flutes, gongs, and aged Land Rovers, the effort was successful. In the name of social change and improvement, the "masses" surged into politics. By the late 1950s the whole colonial continent, even in the solitudes of the vast mainland colonies of Portugal or the forgotten zones of Spain, trembled or thudded with hopes of social change, everyday change, that ranged from sober calculation to dreams of messianic glory.

At this point, as would be rapidly seen in the aftermath, things began to change. As long as the principal colonial powers had not withdrawn, the ideas and aims of the "social conflict" held their primacy over those of the "national conflict"; and "tribalism," in that context, retained its positive value. In Nigeria, for example, the Igbo National Union, as a "tribal association," played a crucial role in the formation (1944) of a party of nation-statist independence, the National Council of Nigeria and the Cameroons launched by Herbert Macaulay and Nnamdi Azikiwe. So did other such associations elsewhere, most notably in Nigeria the Action Group (1950) whose "tribal" strength derived from the Yoruba "national union," Egbe Omo Oduduwa (1948).

Such new political parties drew authentic and sometimes overwhelming popular support from their ethnic roots: the Egbe Omo Oduduwa, for example, wrote its inspiring call for Yoruba resurgence in the terms and language of foundation myths and beliefs that everyone had learned to respect at their mothers' knees. Such beliefs were powerful instruments in raising mass expectations of a better life after colonial rule was over.

But once colonial rule *was* over, or would obviously soon be over, the leaders of the new nationalism became the potential or actual leaders of their newly independent colony. From being instruments of pressure against foreign rulers, the new parties at once became instruments of rivalry within the nation-statist political arena. The competing interests of the "elites," as they began to be called by sociologists and others, took primacy over the combined interests of the "masses." The "social conflict," one may say, was subordinated to the "national conflict"; and "tribal unions" such as the Igbo National Union and the Yoruba Egbe were in a different posture. They were now divisive of that national unity, initially empowered by a social unity behind social aspirations, which the whole independence project was supposed to be about.

Not, of course, everywhere or to the same extent. In the Tanganyikan (Tanzanian) case, for example, the multiplicity of fairly numerous ethnic groups, coupled with the strongly unifying influence of a single major nationalist movement, the Tanganyika African National Union (TANU), was able to keep the "social conflict" near the center of the picture. Where the elitist politicians of multiparty Nigeria went for the spoils of office or each others' throats, usually the same target, those of Tanganyika, or most of them, remained more or less acutely aware of their duty to promote postcolonial social change. They functioned within a power-monopolist TANU, raised to national authority in 1961, as companions rather than as rivals; and this progressive outcome of one-party rule, afterward sorely abused when postcolonial poverty had duly opened every door to postcolonial corruption, was undoubtedly a great factor for good at the start of independence.

* * *

Events moved fast in the 1950s. Once the major colonial powers had digested the difficult thought that actual territorial possession was no longer useful to them, one phase of "tribalism" and its like shifted almost imperceptibly into another. In the case of Britain, for example, the many Nigerian students living there by the end of the 1940s had transformed their own union, the West African Students' Union (WASU), into an agitational pressure group in which all its members acted in the name of Nigeria. By late in the 1950s, with nationalist parties on the scene and increasingly in rivalry with one another, WASU's members suddenly became Yoruba or Igbo or Hausa and so on, much to the discomfort of British sympathizers, their nationalist friends having taught them to regard such ethnic loyalties as belonging to colonialist artifact.

But however fast things moved, and no matter what unexpected paths they took, two principles were now in any case established. The first principle, universally accepted like the second, was that advancement toward the nation-state was the only feasible route of escape from the colonial condition. The recaptive descendants of Freetown and Monrovia, like their Western-educated friends at Cape Coast, Accra, and Lagos, had clearly been right about this. For the British, and then the French, would hear of nothing else. Those who argued for interterritorial federalism or its equivalent, pointing out the obstacles to progress adhering in the colonial frontiers, were ignored or pushed aside. Any such large and constructive reorganization of frontiers could never suit the imperial powers, eager still to retain "neocolonialist" levers of interest and influence. Nor could they suit the nationalist leaders, now increasingly impa-

tient for the fruits of power, and rightly aware that interterritorial reorganization must delay and perhaps threaten their
enjoyment of these fruits. So the colonial territories and states
had to be accepted, as they were: taken over, and renamed with
the titles and prerogatives of as many new nation-states as there
had been colonies.

The second principle, servant of the first, was that the "national conflict," embodied in the rivalries for executive power
between contending groups or individuals among the "elites,"
must continue to take priority over a "social conflict" concerned
with the interests of most of the inhabitants of these new nation-
states. Anything else would slow up access to full political independence, sow frightful suspicions of "radicalism" in London
and Paris, and therefore threaten the financial and other forms
of aid upon which the "elites," once in executive power, found
that they were advised to depend.

So these men and women, no few of whom had paid dearly
for the success of their anticolonial agitations, pressed eagerly
along this chosen path to power, feeling themselves beckoned
by destiny and all the gods as well as urged on by families and
dependents. And the frontiers of the colonial partition, however
inappropriate to an independent Africa, became the sacred frontiers which it must be treason to question or deny.

It was difficult in that haste and hurly-burly of risk and
ferment to see how little was being thought of and foreseen;
and perhaps it was impossible. The prestige and power of the
imperialist project and achievement had been so great, so immensely hard to confront and overcome, often so hopeless to
contemplate; and the cards in the hands of the nationalists, save
for stubbornness and courage, were few and feeble. After the

Second World War the weakness of the imperial powers had allowed the opening of gates to colonial freedom, but those powers were still very much present and well able to defend their interests. In later times it might seem to have been easy to challenge those powers, almost a going along with what was going to happen anyway. At the time it could be a hazardous enterprise, to be embarked on only by the rash or the blindly romantic, and all too possibly ending in ruin.

That so little was foreseen is easy to understand. Any questioning of nationalism, of the credentials of nation-statism as the only feasible route of escape, had to seem very close to betrayal of the anticolonial cause. To warn of nation-statism's likely disaster in the future of Africa, just as it had lately been in the past of much of Europe, was what no one, but no one anywhere, appears to have thought sensible until years later. Besides this, the record of nation-statism in recent Europe— above all in Central and Eastern Europe—was little known or not known at all: Africans who studied in Europe before 1939 seldom went to Central or Eastern Europe. If they had done so, the parallels in nation-statist experience could still not have struck them as interesting, for it was not until the 1970s that the nation-statist route of escape began to seem, just possibly, a dead end.

Lately, no doubt, nationalism has increasingly gotten itself a bad name, and the nation-statist project—the attempt to turn colonially formed territories into nation-statist territories— looks increasingly like a mistake, like a "shackle" on good sense and policy in Edem Kodjo's memorable phrase. That is easily acceptable in and for Europe in the wake of Fascism, Nazism, and Stalinism, under whose ideological impetus more crimes and horrors have been committed in the name of one or another kind of nationalist glory than will ever be counted or even remembered. But for the nationalists of Africa the matter had to look quite otherwise.

Men of their time, the pioneering nationalists were intensely conscious of the history they had lived through. They scrutinized the news with all the seriousness of those who have had to struggle hard for enlightenment and who, having found it, look only for that. They studied the portents and examined the entrails of Europe's nation-liberating struggles; and they found in them sure prophesies for colonial Africa and for the nations that Africa must build if it was to realize its destiny.

Their every experience had confirmed it. Whether or not they were the descendants of recaptives or of others like Edward Wilmot Blyden, the West Indian of Hausa parentage who became in the 1890s a beloved and famous spokesman for Africa's claims, they knew what happened to persons "without a nation."[7] With Blyden their experience of European racism easily confirmed for them that nationality has to be "an ordinance of nature; and no people can rise to an influential position among the nations without a distinct and efficient nationality." Colonized and despised Africa, as the Gold Coaster Attoh Ahuma would write in 1911, must "come into the open where nations are made": new nations, that is, which had yet to reach existence.

And this was a conviction that held firm through later years. It was a conviction formed in a nineteenth-century Africa whose intellectuals were acutely aware of the drive and promise of national liberation in contemporary Europe. Their self-assurance could scarcely have been otherwise. For they had lived through a time when nationalism glowed with the brilliance of a manifest destiny, and spoke with the tongues of angels. The legacy of this conviction, in a large sense the legacy of the 1860s, was to retain its force, a force that had come from Europe with the breadth and surge of a grandly liberating adventure.

It is time to look at that adventure, and the light it may cast on much later developments in Europe but, also, as we may find, in Africa.

The Rise of the Nation-State

As TO the nature of nationalism and its embodiment in the nation-state, it has been customary among our historians to begin with the French Revolution of 1789 or with England's Glorious Revolution of a century earlier, because each in its way set the rising "middle classes" on their path to state power and economic primacy. From that standpoint, which has been generally accepted, those great events shaped the process by which nationalism was to become embodied in the nation-state, and whereby the structures of the resultant European nation-state, accepted as being entirely necessary to civilized progress, were to be awarded the priority of whatever was thought "right and natural."

Yet the actual process of embodiment of the pressures of nationalism in those nation-statist structures, and the passions that were thus engendered, are better seen and felt in later events, lesser perhaps but stirring and tremendous, that are also nearer to our own time. The nineteenth century in Europe, above all its middle years, were the nation-state's great gestation period; and the births that would follow were many. In 1919, after the Wilsonian nation-statist settlement at the end of the First World War, there were to be twenty-seven nation-states in Europe, with more to come. In the 1850s there had been the merest handful.

But the high adventure of nationalism on its way to state power was already, in those 1850s, an issue of the most vivid public concern, every bit as emotive as great ideological debates in more recent times about capitalism and socialism. And the same concern, in the context of my themes here, was certainly prevalent and hotly discussed among the political philosophers of Freetown and Cape Coast: those who became the fathers of the same nation-state–forming process in a future Africa. Horton and his friends, recaptive descendants or not, might be immensely far away from Europe in "journey time"; but they knew the place, watched it carefully, and kept their scouts and informants on the spot.

What does it all look like, glancing back? The affair of Sir James Lacaita and Lord John Russell is a little-known but excellent case to begin with. It can take us straight into the high temperatures of nineteenth-century nationalism; and there it can show us, at those temperatures, how political smelting of the crude ores of a longing for liberty among the oppressed, or else of liberal subversion when seen from the standpoint of the oppressors, was made to produce the abrasive metal of the nation-state, in this case the Italian nation-state.

The scene is Chesham Place in London on a wet July day in 1860. A visitor with a bad cold stands shivering and ringing the bell of a tall gray mansion. He is a gentleman of Apulia, in southern Italy, and by trade a former lawyer of Naples in the south Italian kingdom of that name. His name is Sir James Lacaita, his knighthood being for services rendered to Britain, which is his adopted country since the king of Naples drove him into exile from his native country. The bell he is ringing is that of the London house of Britain's foreign secretary, Lord John Russell. They are old friends and often meet, but today of all days there is a problem.

Mopping his nose as best he can, for his cold is at its climax, Sir James Lacaita is relieved when a servant answers the bell. But the servant, who also knows him well, feels unable to be helpful.

"Is Lord John at home?"

"Not at home, Sir James."

Lacaita receives this answer as though it were terrible news. He becomes a little frantic.

"Is he out or only busy?"

"He's engaged, most particular, Sir James, with the French ambassador . . ."

But this news is evidently even worse. Lacaita looks desperate.[1]

To savor the drama of the astonishing scene which then unfolded, and the hugely decisive events to which it was to contribute, a little background will be helpful. It has to do with the unification of an Italy then divided into half a dozen different sovereignties and state loyalties. As a country, Italy had not been unified since Roman times. Its situation in the 1850s was for the most part one of pitiful subordination to various foreign powers. The Austrian emperor held great provinces such as

Lombardy under heavily garrisoned direct rule. All the central provinces were divided into a cluster of small states subordinate to the temporal power of the pope in Rome, who, though Italian, ruled with the strong protection of the Austrian emperor and the emperor of the French, Louis Napoleon. South of these papal states was the large kingdom of Naples, including the island of Sicily; and King Ferdinand II of Naples, though Italian, was also protected by the emperors.

Italy was not a country, then, but an idea: the idea, precisely, of persons who longed for Italian unity and independence. Among these persons were the king of Savoy, largely that part of Italy known today simply as Piedmont, and his leading minister, Count Cavour. This little kingdom was well organized and independent, and the king and Cavour wanted to make it the core of a united Italy. But making it the core of an independent Italy was going to be difficult.

King Victor Emmanuel II of Savoy and Count Cavour saw that to achieve their aim they must somehow knock over their opponents one by one, beginning with the least dangerous of them, the Bourbon king of Naples. Yet to make headway with this aim they could, in practice, use only such men and methods as the king and Cavour could at need disavow; otherwise the Austrians or the French, or both, would turn and rend the whole endeavor. The man Cavour turned to, or rather turned a blind eye to, was Giuseppe Garibaldi, a former seaman of intensely patriotic loyalties who had made a great name for himself in old guerrilla wars in South America. Eleven years earlier, in 1849, Garibaldi had also led a bold expedition to liberate Rome from the pope and his French imperial protector. He had failed, but the exploits of this leader and his men, his Garibaldini, had inspired a passionate admiration in every liberal heart in Europe and America.

Now in 1860, in another desperate effort to set the liberation of all Italy in train, Garibaldi had secretly sailed with 1,150 volunteers—the famous "Thousand" as they were to be known—from the north Italian port of Genoa to liberate Sicily, far in the south, from the grip of the Bourbon kingdom's police and army. If Sicily could be liberated, southern Italy could be next; and if the Bourbon kingdom could be overthrown, then the unification of a liberated Italy might come within sight.

All this would come to pass, although only by a combination of reckless courage, shrewd calculation, and amazing strokes of favorable fortune. The Thousand sailed in purloined steamships with one antiquated cannon and a stock of almost useless firearms, got ashore in western Sicily by sheer effrontery and good luck, and went on to defeat the Bourbon armies in Sicily, vastly superior though these were in arms, training, and number of troops. These successes against all odds and expectations rang from one end of Europe to the other; and they were applauded in America. For these memorable victories had given Garibaldi and his men, somewhat reinforced from the kingdom of Savoy (in practice, from Piedmont), a full command of the whole island of Sicily, and brought them to the brink of the narrow strait, at Messina, that divides Sicily from the mainland of southern Italy. But could Garibaldi get his men across this water?

It seemed unlikely. Patrolling the decisive strait was a strong and active Bourbon navy. To evade those warships would be possible for a few men, but scarcely for many. Besides this, there was a great likelihood that the French emperor's navy would come to the assistance of his Bourbon client, King Ferdinand of Naples; and if this were to happen, then Garibaldi's chances must be reduced effectively to nil. Bottled up in Sicily, his slender forces would face eventual destruction.

But Cavour, back in the king of Savoy's north Italian city of Turin, thought of a stratagem to reduce the chances of French intervention against Garibaldi. Cavour's friend Lord John Russell had lately become England's foreign minister and was known to be in discreet sympathy with Cavour's aims and those of King Victor Emmanuel. On the advice of the British diplomatic representative in Turin, Cavour sent a message to his friend Sir James Lacaita in London, asking the latter to visit Russell secretly and explain the desperate nature of the moment. Cavour knew that the French emperor was actively thinking of sending the French navy to sink Garibaldi and all the Italian hopes vested in him. But he also knew that the emperor would probably not do this unless the British government were to agree with the intervention and join in it.

Russell on his own, though likely to want to oppose any such intervention against Garibaldi, could scarcely decide British policy, powerful though great ministers were in those days. But the famous William Ewart Gladstone was a leading member of the same British government, and Gladstone, if consulted, would be a most persuasive ally against intervention on behalf of Naples. Here we have to jump back ten years for a moment.

Gladstone in 1860 was not a newcomer to the problems of Naples. Ten years earlier, at first a tourist, he had sojourned in Naples. Though a staunch Conservative, having then not the slightest thought of its being possibly right to subvert the established imperial powers in Italy and liberate the country, he was outraged by the miseries and tortures of life in Bourbon Naples. Given chapter and verse on these by Italian friends, notably the Giacomo Lacaita who was later to be Sir James, Gladstone decided that he must see for himself. He asked for official permission to visit the Vicaria prison where it was known that criminal and political prisoners were indiscriminately held but, it was said, under relatively good conditions. Perhaps supposing that an English Conservative would be no likely or inconvenient witness, the Neapolitan government consented. It reckoned without the visitor.

Gladstone was moved to great disgust and protest by what he saw and heard in the Vicaria, and proceeded with his investigation. He next visited the island prison of Nisida, where prominent "politicals" were also held, and there he was shaken to the roots. When he published his impressions back in England, there were people who said that he exaggerated, and that prison conditions could never be as bestial as those that he described. But Gladstone had no doubt that he had told the truth, and that the truth must become widely known. It must be used to alleviate the sufferings he had witnessed.

In our own times we have become familiar with such sufferings, but in those days the impact on the public of what Gladstone had to tell was both profound and effective. "It is not," he said of the state and government of the Neapolitan Bourbon kingdom, "mere imperfection, not corruption in low quarters, not occasional severity that I am about to describe; it is incessant, systematic . . . violation of the law by the power appointed to watch over and maintain it. . . . It is the perfect prostitution of the judicial office." He thundered: "I have seen and heard the strong and too true expression used, 'This is the negation of God erected into a system of government.' " He was believed.[2]

In the years that followed, much more was learned and published in condemnation of the miseries of the kingdom of Naples, and British opinion grew well prepared to see in Garibaldi a liberating hero who deserved its ardent support. When Lacaita stood on the pavement of Chesham Place in July 1860 he knew all this. But he also knew that the French government was now embarked on a diplomatic effort to persuade the British government to oppose Garibaldi and, immediately, to prevent Garibaldi from getting across the Strait of Messina. So the whole chance for the liberation of Italy from dictators and secret police was at stake when Lacaita, having rung the bell at Chesham Place, was told that Russell was busy in conference with the French ambassador. The French had proposed a treaty bearing on intervention against Garibaldi: was this conference not the prelude to its signature? If so, Garibaldi and his cause were lost.

"He's engaged, most particular, Sir James, with the French ambassador," the servant told him. "I've turned away the Turkish ambassador, and I've strict orders to let in no one except the minister for Naples."

This was the crunch. "There's no time to lose," Lacaita was later said to have thought (as the story has come down to us from reliable witnesses), and then inquired:

"Is Lady John at home, then?"

"She's in bed, Sir James, ill."

Then Lacaita took out a card and wrote upon it, "For the love you bear the memory of your father," a man well known for his admiration of things Italian, "see me this instant," and sent up this strange message to the lady of the house. The lady at once received him in her bedroom, listened to his tale, and sent a message to her husband. Thinking to find his wife suddenly taken worse, the British foreign minister left the French ambassador in his study and rushed upstairs.

Lacaita assailed Russell with a flood of passionate appeal. If Garibaldi crossed the Strait of Messina now, Italy would be made. If he was stopped, reaction and ruin would prevail. Recovering from his surprise, Russell listened patiently, and said to the coughing and sneezing Lacaita, "Go to bed, and don't be so sure that I am going to sign the treaty yet." And the treaty was not signed, and Garibaldi got across the Strait of Messina, and months later the cause of a liberated and unified Italy was made secure.

The story of Lacaita's lucky visit to Chesham Place came out years later, but the exploits of the Garibaldini and their chief, outfacing every discouragement and risk, were heard and welcomed from one end of Europe to the other, and across the seas in North America and among the exiles of the southern pampas. Garibaldi himself seemed to epitomize everything that brave patriots can do in defense of their country and their cause; and the song that had been written for him and his men, before the hard-won battles of Calatafimi and Milazzo that opened the way to victory, rang with that note of high romance in which the national cause, burdened as it was with memories of those who had died for it, was heard and celebrated:

Si scopron le tombe, si levano i morti . . .

The tombs are uncovered, the dead come from far:
The ghosts of our martyrs are rising to war,

With swords in their hands, and with laurels of fame,
And dead hearts still glowing with Italy's name . . .

But the heroism of the Garibaldini was not the only force that made Italy; there was also, and crucially important, the well-trained army of the king of Savoy and his social and political establishment. Victor Emmanuel and his royal army came in and completed what Garibaldi had begun, and in doing so they presented the full equivocation of nationalism: a cause devoted to freedom, but also a cause capable of becoming the reverse. After the unification of Italy in 1861 the new Italian nation-state would turn quite shamelessly to colonial enterprises in Africa. The very steamship company whose boats had carried the Thousand to Sicily would be foremost in Italian colonialism; and Garibaldi himself would speak in favor of loading on Africans the chains of servitude that Italy had struck from itself. But in 1860, for a little while, the two aspects of nationalism—the "national" and the "social"—were in happy unison.

Nothing showed this better than the circumstances of Garibaldi's visit to England in 1864. Crowds of a size and fervor never seen before came out to welcome him, because "to the common people" of England "it was an unexampled privilege to carry one of themselves in triumph through London streets." The four-horse carriage in which he rode, wearing his famous red shirt and gray blanket, "struggled in the course of six hours through five miles of London streets, amid half a million of our people who had turned out to greet him"; and everywhere he went it was the same. The English people had found a hero, and they knew what to do about it.

But, continued G. M. Trevelyan, the English historian of Garibaldi's campaigns, he had "won, no less, the hearts of the English upper classes, at that time heartily antagonistic to continental clericalism and despotism." The carriage that he rode in for his triumphal entry to London belonged to the duke of Sutherland, whose amiable wife afterward "drove [Garibaldi] into [the] School-yard at Eton, followed by boys and masters shouting after him as if he had just won them the match against Harrow." Titled ladies vied to have this guerrilla warrior as their guest. All the great men of the land were at one in praising him.[3]

This was the England much to be admired for helping to free Italy from rank reaction and clerical rule. But it was the same England that was about to fall on Africa with all the weight of its own imperialism; and a later generation of the English governing classes, asked to sympathize with the same cause of national liberation in African colonies, was going to take a different view of the matter. Then it would be found a scandalous evil that Englishmen or anyone else should toil and protest on behalf of "mischief makers" in Africa who sought to overturn the eternal verities of empire. Nationalism in Africa would be seen as a wretched subversion, and altogether a matter for the police.

In retrospect, the equivocation looks easy enough to explain, since this or that policy toward nationalism was an issue of *raison d'état* even if the nongoverning classes might see things otherwise. Yet there remains a mystery at the seat of all these vivid passions and clamors that filled so many years of the nineteenth century, and would duly fill many more in the twentieth. Where did European nationalism find its reservoirs of loyalty and conviction? How did it come about, in due course, that European nationalism would sponsor its reflection in Africa, and promote that curious but compellingly emotive contradiction in terms, the concept of "national liberation"? We can usefully turn back a little and consider the doctrine as it evolved in nineteenth-century Europe.

The process of forming nation-states in Europe, raising the number of these from perhaps half a dozen eventually to thirty or more, was generally thought and multifariously reported as the burgeoning of something called "national consciousness," a theme to which I must briefly return. The Divine Will, concerned not with sordid calculations of dynastic advantage but with the sovereign beauties of the "national principle," fount and foundation of all future community, was generally seen as urging each culture to realize itself as a nation, and then as a sovereign nation-state. This might be mysterious, because hard to explain as a necessity of social development; nonetheless, it remained the great and central fact of all morally viable political action. Here we may note that the democratic revolutions of the North American states took an altogether different and constructive federal course; but this great and hopeful result would still leave open, in its own way, space for the equivocations of North American nationalism in its dealings with South America.

In Europe by the end of the nineteenth century it appeared obvious that that continent's manifest supremacy of power derived from this God-directed work of forming nations from cultures, and nation-states from nations. That is what all the political philosophers had taught in the aftermath of the French

Revolution. This nationalism, in Elie Kedourie's words, was "a doctrine invented in Europe at the beginning of the nineteenth century."[4] Here was Europe, after 1800, in the throes of completely reforming itself and its loyalties by appeal to the absolute authority of the "national ideal," a concept that nobody in the Europe of earlier times had seriously considered or even heard of.

Seen thus, the grand adventure of individual courage and gamble—as, for example, Garibaldi's—acquired the merits and status of a glorious crusade; the acting-out of a moral imperative which drew its power from the unfolding potential of humanity's divinely gifted mission and, as such, an enterprise justified in whatever it might command men (or women) to do. European history in due course, most grimly in the murderous battles of the First World War or the Holocaust of the Second, would show where this kind of thing could lead. It had in fact been leading there for a long time.

In 1832, explained a new German nationalist called P. J. Siebenpfeiffer, the path of German nationalism—the welding together of the successor states in Germany of the defunct Holy Roman Empire of the German Nation—was already pointing to the concept of German domination. "The day will come," he said, "when sublime Germania shall stand on the bronze pedestal of liberty and justice, bearing in one hand the torch of enlightenment . . . and in the other the arbiter's balance." Then the last shall be first, as God has willed it, for "the people will beg [Germania] to settle their disputes: those very people"— the French, the British, the Russians, whoever—"who now show us that might is right, and kick us with the jackboot of scornful contempt."[5]

And in 1832 Siebenpfeiffer was already standing on well-trodden ground. More than thirty years earlier the German theologian Friedrich Schleiermacher had sketched the defining of that ground in words which other "rising nation-states" would echo in their own way. "How little worthy of respect," he exclaimed, "is the man who roams about hither and thither without the anchor of national ideal and love of fatherland; . . . how the greatest source of pride is lost by the woman that cannot feel that she also bore children for her fatherland, and brought them up for it, and that her house and all the petty things that fill up most of her time belong to a greater whole and take their place in the union of her people!"[6]

Such proclamations—and those written in Germany were exceptional only in their naïveté and fervor—must seem bizarre in the wake of twentieth-century nationalist holocausts and miseries. They were widely accepted at the time. They embodied the mysteries of "national consciousness" in a language and ideology that swept whole multitudes, "lower" or "upper" or "middle" in class affiliation, into reckless obedience. This was how God willed it. That was how things had to be. The dealings between and among different peoples were no longer to be measured by the slow and prudent fusion and erosion of interests and advantages, promoting a consensus that recognized the needs and rights of diversity. All such dealings were to be crammed within the iron shell of the sovereign nation-state, reduced to the service of that state (and its bureaucracy by appointment or inheritance), and concentrated on the advancement of its power against necessarily rival nation-states. Every tolerant rule of Mother Nature, allowing as she does for infinite variety within a life common to all, was to be condemned as inefficient, thrown out as an enfeeblement, and thrust behind "modern history" as an unregenerate dross of sin.

Such attitudes have remained influential. They have launched fearful policies of oppression. They have directed furious efforts to excuse the nature of this nationalist beast. They still inspire frenzied latter-day nationalists in every part of the world, not least in a Europe which should, above all, have learned better. They even live in the words of political philosophers who, certainly in themselves, have not had the slightest wish to promote or excuse nation-statist frenzies. A much-reprinted work by Hans Kohn, writing in the United States during the early 1940s, at a time when European frenzies of this kind plumbed new and unspeakable depths in the Germany of National Socialism and the Italy of Fascism, offers an explanation.

"Nationalism is first and foremost a state of mind," he tells us, "an act of consciousness."[7] Deriving in some evidently occult way from the existence of nationalities, it shares their impalpable nature. For nationalities "defy exact definition." We cannot quite say what they are. We cannot penetrate, it seems, the temples of their birth. But they come into existence, along with the distinctive languages which express them, and which give them the lineaments of everyday life. And with this gift of separate tongues, each to be developed into a supremacy and made "more real" by ejecting as impure words borrowed from abroad—so that *bank*, a typical example, this time Hungarian, has to become *pénztar*, and *bahnhof* has to be *pályaudvar*—the nationalities become ever more divisive. So the trouble starts. As Hans Kohn concludes, this is when "nationalism demands the nation-state." Then this "creation of the nation-state

THE RISE OF THE NATION-STATE

strengthens nationalism." And the gas chambers already loom ahead.

Of course, Hans Kohn was faithfully telling us what has in fact happened. However formed, nationalities in Europe did become nations, and the nations duly encased themselves in sovereign states, or at least in states intending to be sovereign; and these, one after another, have torn each other to pieces. Unfortunately for the prophets of the Siebenpfeiffer sort, they have done this without for a moment standing, at least when seen from their victims' view, on "the bronze pedestal of liberty and justice." More often, they have been wielding the scythe of indiscriminate slaughter. It is all the more surprising, in retrospect, that the fact of these nation-states should have been so often taken for granted to the point of supposing that they have existed from the dawn of time. A newly formed nation-state, moreover, seems at once to present itself, in some unexplained but altogether persuasive sense, as having always existed, and arrogates to itself an untouchable sanctity of rights and conduct.

The explanation, no doubt, is that this irresistible nation-statism took its rise in a period when economic development in Europe fostered and required the presence in society of acutely stratified classes. This has been the line of thought followed by materialist and other philosophers of various loyalties. In the years after Schleiermacher had instructed the German woman on the supreme blessing of being a servant, these philosophers were awkward heretics. They found the high-flown verbiage of *Deutsch-Nationalismus*, or its equivalents elsewhere, wanting in its intellectual credentials. To get at the origins of nationalism

they thought it more useful to ask the question *Cui bono?*—
Whose interests are being served? Nineteenth-century nationalism could best be understood, they argued, by perceiving it as
a struggle for state power by social classes crystallized, or in the
course of becoming crystallized, in the economic and technological developments following England's industrial and France's
political revolutions.

Looked at in this way, as it increasingly has been by nonmate-
rialists as well as materialists, the rise of nationalism in its
nineteenth-century context was the outcome of a combination
of effort between rising "middle classes," few in numbers and
weak in the power to impose themselves, and the multitudinous
masses of the "lower orders." After gaining power, of course,
the "middle orders" would abandon the "lower orders"—just
as, in the Italian case, most of the survivors of Garibaldi's Thousand were demobilized into poverty or unemployment—and
the equivocation would then explode into civil strife.

But that would be later: meanwhile, nationalism could advance boldly under the banners of populist democracy. Indispensable to nation-statist success in all the many upheavals of
the nineteenth century, as E. J. Hobsbawm has insisted, were
the agitations and uprisings of peasants and urban workers.
These were "lower orders" which had until now played no role
on the widening stage of statist claims and conflicts. But now it
was the "labouring poor" who died on the democratic barricades
of Europe's great "year of revolutions," in 1848, against aristocratic and tyrannical power.[8] It was "workmen of the towns"
who filled half the ranks of Garibaldi's Thousand twelve years
later,[9] while Garibaldi himself was by origin a lowly seaman of
Nice when it was still Nizza. Was not this climactic year "the

springtime of the peoples"? Yes indeed. But who exactly were "the peoples"?

Broadly, the lawyers and doctors and students wanted national power, while the "lower orders" wanted social power; and the two aims for a while could march together because the "middle strata" could never win without the massive supporting pressure of the "lower orders." This is why we find that all the political revolutions which reduced Europe to nation-states were "in fact or immediate anticipation, social revolutions of the labouring poor."[10] In the desperate Berlin uprising of 1848 only some 15 representatives of the educated classes were among the 300 or so who died in the fighting. In the much bigger Milan uprising of that year, aimed at the overthrow of Austrian imperial power, there were, notes Hobsbawm, "only twelve students, white-collar workers or landlords among the 350 dead of the insurrection."

This is the background against which one sees the relevance of an apparently crazy claim advanced in 1847, but much noticed only later, by a youthful Karl Marx and his friend Friedrich Engels: that "a spectre is haunting Europe, the spectre of Communism." The specter was real, even if the label was fantasy. Moreover, wrote those two young men, "all the powers of old Europe have"—as indeed they had—"entered into a holy alliance to exorcise this spectre: Pope and Tsar, Metternich and Guizot, French Radicals and German police spies. Where is the party in opposition [to ruling powers] that has not been described as communistic by its opponents?" We can all offer much more recent examples from the "holy alliance" of the Cold War years.

What prevailed after 1848 was "old prejudice and old reaction": the real alliance, not the specter. The "labouring poor" scared the life out of the lawyers and their kind, and the democratic constitutions shriveled away. There were some gains for the poor. "Old reaction" had to make a few concessions, at least on a temporary basis. Hungarian landlords, assembled in their parliament of 1848, heard or thought they heard the thundering march of those uprisen slaves to whom Sándor Petöfi had dedicated his famous vow: "This we swear, this we swear, slaves we will no longer be." Hungarian serfdom was hastily abolished. But all the democratic revolutions of 1848 were crushed. The nation-states that came eventually to birth were to be the political work of "middle strata" who prudently survived aristocratic reprisals, while the "labouring poor" paid the price of defeat in persecution, exile, or renewed subjection. Nation-state Europe began in the bloodshed that would stay with nation-state Europe. As was dryly remarked at the time, the goddess of history would surely drink the nectar of progressive change, but only "from the skulls of the slain."

This triumph of the "middle strata," empowered with the surging rise of capitalist economies and technological expansion, was the achievement of the remainder of the nineteenth century. Obstructions were thrust in its way by papal or aristocratic reaction. Wars, banditries, and various outbursts of human folly added to these obstructions. None of them was more than a temporary nuisance. The great caravan of bourgeois supremacy rattled onward through it all. The culture and command of bourgeois Europe took power and primacy in all the arts and exercises of everyday life.

Solidly implanted in their new mansions, the "middle strata" of the capitals of Europe, as of provincial cities aping the capitals, looked from their tall windows at a world that seemed, after the 1850s, eternally theirs to rule. Admired by Church and State, they forgot the skulduggery of their recent ancestors and forgave themselves their wealth. Balzac's *comédie humaine* of the 1830s, so acidly dramatic in its novelistic ironies and all-embracing in its social travels, gave way after the 1850s to increasingly comfortable five-volume canters through the pastures of the privileged and rich; and the "middle strata," drawing aside their skirts from the "labouring poor," saw that God was in his heaven and all was right with the world:

> The rich man in his castle, the poor man at his gate:
> God made the rich and lowly, and ordered their estate.

The arts were tamed, speculative thought thrust out of sight, things-as-they-were raised to the unchangeable. And to great majorities at the time, it seemed no more than the workings of the Divine Will and dispensation.

So it came about that the doctrine of nation-statism, here too, became enshrined as the supreme problem-solving formula for peoples emerging from the dead hand of tyrannical and foreign rule, whether Austrian or Russian or Turkish or other.

When this happened, the ideologists of this enormous success were going to put the doctrinal cart before the horse. They were going to say that it was a preexisting and dominant "national consciousness" which had demanded this enshrinement in the nation-state; whereas in fact the power that made enshrinement possible, the power of the "lower orders" in their multitudes and willingness to fight and die, was almost always fixed on social and not on national objectives.

But the "middle strata," some of whom also did their share of fighting and dying, needed to seat their legitimacy as rulers on something more solid and respectable than class ambition. This "something," moreover, had already begun to exist, if vaguely, as a "national consciousness" in their own narrow ranks. They understandably projected the same consciousness across their nation-state. They presented their nation-state as the product of a national consciousness rather than a class consciousness. In this way the emergent state seemed to be the product of nationalism, whereas in truth it was nearly always the other way around. As it was going to be in Africa in the twentieth century, it was the European state in the nineteenth that demanded the nation.

Having managed to win free from old and wicked empires, poets and constitution makers hastened to invest the new nation-states in the garments of manifest destiny, rather as though, in some ineffable reality, these nation-states had "always" existed. Were they not the gift of an eternal force of freedom? And freedom, Garibaldi had promised in the furies of battle for the Italian nation-state, would not betray "those who want her": *Libertà non tradisce i volenti!* The promise was going to be promptly broken, but the sentiment and the sense behind it retained their power to inspire. They seemed to descend from the shrines of truth itself.

The breaking of the promise of freedom was the outcome, as is easily understood now, of the victory of the "national" over the "social." This was going to form the central problematic of these European nation-states. It would equally form the central problematic of Africa's new states after the 1950s, however different the conditions and appearances might be. Here is where the parallels take hold and yield conclusions.

They do so, of course, on a considerably different time scale. When in about 1690 Priest Anokye assembled the lords of the Akan, proclaimed the destiny that was now Asante, and provided divine blessings for their new kingdom, there was altogether absent any sharp sense of there being possibly a difference, a conflict, between the good of the nation and that of the people. But when the nation, after a century and a half or slightly more, had gathered such wealth and power in the hands of the king and his chiefs as their ancestors had never dreamed of, this sense of difference, of opposed interests, was clearly on the near horizon. Sharpening awareness of this conflict of interests would then be delayed and blunted by the distractions of foreign dispossession; and would become obvious and painful only in the wake of those distractions, perhaps only in the 1970s.

But in the nineteenth-century Europe of new or prospective nation-states, this fact of conflict and this awareness of opposed interests became almost immediately apparent. With the turning wheels of industrialism and an ever more ingenious and daring use and abuse of finance capital, events moved fast, fractures split wide, protest flared into violence, "things fell apart." The parallels with colonized Africa still hold good, but within a much-hastened time scale.

It will be useful to probe into all this a little more closely. Here, then, are two European examples for the period between about 1850 and the end of the First World War when the old European internal empires, whether Russian, Austro-

139

Hungarian, or Ottoman, perished and gave new space for nations: for the emergence, as it was sometimes said, of "forgotten nationalities" smothered till now beneath those empires. One example is Romania; the other is a richly illustrative region of the country that in 1919 became Yugoslavia, the kingdom of the South Slavs. This region is called the Vojvodina.

Of the detailed route by which the kingdom of Romania emerged in 1880 as a formally independent nation-state recognized by the ruling powers of Europe—in effect, Germany, Russia, Austria, France, and Britain—little need be said here. This largely followed the liberation from Turkish rule—an indirect rule exercised by Greeks known as Phanariots—of the ancient provinces of Moldavia and Wallachia; and this took place in the wake of various wars in which, give or take a few disasters, Austria and Russia prevailed. What was called "the concert of Europe," meaning the chief military and economic powers, managed with some hiccups to absorb this new kingdom on the remote banks of the lower Danube River into its structure of diplomatic compromise. And the new rulers of this Romania at once proceeded to discover prestigious ancestors so as to lend it—and therefore themselves—a veneer of "natural right." The Romans had once formed a province in these lower Danube lands, and the literate Romanian language reconstructed in the nineteenth century could be shown to have a clear relationship with Latin. After the Romans, true enough, there had come a long series of "barbarian invasions" by peoples of the East— Goths and then Slavs, Avars and Serbs and Croats—but the influence of Byzantine Christianity together with the "Roman heritage" was able to compose a respectable legacy of civilization.

The vast majority of the population of Moldavia and Wallachia, when Romania was born from those lands, were peasants for whom the concept of nationalism and the fact of "national consciousness" had no meaning or existence. In so far as they possessed a political consciousness, this was an understanding confined within their village boundaries. Viewed from a nationalist standpoint, the peasants had no politics: they were, in the words of a British observer in 1820, in this respect "a dead and helpless mass." This observer was a British consul, a certain William Wilkinson who explained what this meant and why it was so. He thought there was no other people anywhere so burdened by despotic oppression as were the peasants of Wallachia and Moldavia, nor any who would bear half that weight of oppression "with the same patience and seeming resignation."

"The habitual depression of their minds has become a sort of natural stupor and apathy, which renders them equally indifferent to the enjoyments of life and insensible to happiness," Wilkinson concluded.[11] This was the kind of thing that European visitors to a somewhat later Africa were going to write or say about a great many Africans they found; but in the case of the nineteenth-century Wallachia and Moldavia that became Romania in 1880, there was some excuse. In contrast with the culture and everyday life of most African peasants in that period, those of Romania were sunk to a parlous condition of helpless misery and ignorance. Bonded serfs or "lost communities" without any legal or even customary rights, possessing not so much as a tradition of having once owned such rights, these

Romanian rural people lived on the margins of a land-owning princely culture which had long abandoned them to squalor and inertia.

To the outside eye, and evidently to their own as well, these peasants had no civic existence, nor any ties save those of blind obedience to the persons or powers that stood above them. Their ways were obscure, ignored, or despised by the landlords and city folk who lived from the profits of peasant labor. No known society in any part of Africa was thus abused and subjected. In Asante (to stay with the same example as before) much labor was performed by persons called slaves and having slave status, but that was a status, however humble, entirely different from the status of Romanian serf. In Asante a slave who worked well could expect to inherit some of his master's property and marry his master's daughter if feelings worked that way; he was, in practice, a junior member of the master's family, and even female slaves had some comparable rights. No such relationships were as much as thinkable in nineteenth-century Romania.

To the rising Romanian "middle strata," sparse handfuls of educated men looking to nationalism as a way to escape foreign rule, the peasantry in its mass could scarcely be said to be there at all. These "middle strata" were at first pitifully weak in self-confidence as in numbers, and were made weaker still, after about 1840, by their indulgence in a ferociously anti-Jewish mentality of prejudice and hate. The Jews of Romania, as it happened, were for various reasons connected with Jewish history, a community of unusual enlightenment and love of education. These attitudes were rewarded in everyday life with cultural and economic success. And this in turn made them a convenient target for the envy of an idle and indigent landowning "class," called boyars, who, when the need arose, found little problem in working up peasant envies as well. None of this seems to have existed to any serious degree before the middle of the century, but it existed ever more sharply after that, and increasingly deprived the "middle strata," through their own perversity, of valuable allies usually far more literate and industrious than they were themselves.[12]

That was one handicap on progress. There was another: the "middle strata" active in pioneering Romanian nationalism scarcely knew their own country. Often obliged to live in exile, with Paris the brilliant sun of their ambition, they consumed the midnight oil in philosophical debate and constitution-making ingenuity which had and could have almost no connection with sordid reality. They longed for democratic freedom, but freedom, as they conceived it, for a nation that was really constituted only by themselves. In 1842 their dominant spokesmen—speaking mostly for boyars who were squires and small landowners rather than great magnates—managed for the first time to elect themselves a leader; and this prince, educated in Paris and "already infected with romantic nationalism," looked forward to grand and revolutionary democratic upheavals.[13] Like their fellow "middle strata" in most of continental Europe, the prince and his friends were greatly inspired by hope but rather little by realism. When democratic tumult duly arrived in 1848, citizens' barricades against imperial cavalry and mercenary musketeers mostly collapsed as soon as built, save in the extraordinary case of Milan; and imperial powers were easily restored.

Then it was found, in the case of Romania, that the peasants certainly did exist and that nothing, furthermore, was going to be achieved without the peasants. For it was the peasants, initially those of Transylvania (then under Hungarian rule, but with a large Romanian population), who carried the "middle strata" to brief but eventually decisive power. The peasants rose in multitudes, ragged but much feared, wielding knives and pitchforks, and demanded justice. But what they meant by justice was found to have almost nothing to do with the ideas of the prince and his nationalist friends. The schemes of comfortable Romanian landowners, plotting to extract state power from foreign kings and potentates, seemed utterly unimportant to the peasants—in the measure, that is to say, that the peasants so much as heard of such schemes. Peasant needs were otherwise. As R. W. Seton-Watson's classic history of nineteenth-century Romania has it, "their whole aspirations centred on a single word, Land."[14] They wanted an end to their serfdom, which they said they felt as an outrageous slavery. Even more, they wanted to own the land they worked; they wanted to use the fruits of their labor for their own good.

Peasant anger simmered while the landlords promised, or seemed to promise, those eagerly desired concessions. At this point there is a record of a meeting of boyars deputed to discuss land reform with peasant spokesmen. And then quite suddenly, as it were, the "savage backwoods" of Romania are heard to speak their mind with pith and point. What difference, a peasant asks, is there "between a boyar and a thief?" If a boyar, says this man, "could have laid his hands on the sun, he would have seized it and sold to the peasants, for money, the light and the heat of God." No doubt an extremist view, but evidently well nourished, for the man goes on: "Your lands would bring you nothing if we were not there to fill your granaries with produce, and your houses with gold and silver. These riches are not the fruit of the work of your arms. They are made by the sweat of our brows under the blows of your whips, and that of your government."[15]

It might be so; but none of this would matter much to the trajectory of this nationalism. The rural multitudes could have their shout. But the rural multitudes would never be able to produce, from their own illiterate and savage ranks, leaders who could seize and hold control of the nation-state about to be born. Obafemi Awolowo would say it of Nigeria in 1947: it was the articulate and literate minority who could and would do that, for "it is their heritage." And that was how, in 1880, it was the Bratianus and the Sturdzas and their kind who would then be able to show, like their African descendants little more than half a century later, what they could do for and with the nation.

Having won their national struggle, as they thought, they at once lost all serious thought about the social struggle. In its natural resources Romania was among the splendidly fertile countries of Europe; a prosperous Romanian agriculture must have smiled upon an energetic farming population. But the desolate hand of an old imperialism cast a long shadow; and Seton-Watson could only conclude of that Romania of 1880 that "the peasant was sunk in misery and neglect, and had no say in the government of a country of which he was the real backbone."

Thus abandoned while the victorious "middle strata" sang their anthems of liberty and progress, and bought their clothes in Paris or wished they could, and waited for any chance there might be to demonstrate that Romania was well abreast of the latest Western styles, the peasants retreated from the scene. They give the impression of having turned their backs on a new state power whose authority they did not share, whose rulers they did not trust, and from whose politics they expected no benefit. They saw their self-proclaimed liberators, it seems, rather as though these were a new version of old oppressors, no doubt less dangerous than Turks or Russians but also no friendlier. Such written testimony comes to us mainly from educated Romanians living in cities, but it speaks a stern language. In 1904 a liberal academic in Bucharest warns of "a volcano trembling under our feet," and of a day coming "when fire will devour the palaces, the granaries and all the property of those who exploit the peasantry." Two years later another academic is urging that there must be land reform in favor of the peasants, "or the question will be solved by a dreadful *jacquerie*."

Nothing is done; instead, the *jacquerie* punctually arrives one year later. This peasant revolt of 1907 was a vast and desperate affair; but it failed. True to the style and form of the nineteenth century, the "romantic nationalists" in power came smartly to earth and called out the troops. And the troops were severely practical: they shot and bayoneted and disemboweled or otherwise destroyed a great number of peasants and burned whole villages to the ground. When good national order was restored, the toll of peasant dead was found to be about 10,000 persons.

Reports of all this crossed Europe, and were thought disgraceful in salons where the harvests of the guillotine, just over a hundred years before, were no longer much remembered. In England, or at any rate in London where news of a country as remote as Romania could at times be heard, there were those who felt that the poor peasants ought to be pitied as the victims of foreign incompetence: what else but irresponsible oppression could be looked for from a bunch of Romanian lawyers schooled, moreover, in Paris? A long time would have to pass, people said, before these new countries now released from the clutches of tsar and Turk could hope to achieve any reasonable level of civilization. Peasants should meanwhile not be slaughtered in thousands, but then one had to bear in mind that these were rude and rough countries. Strong rulers might well be required; they must in any case be tolerated. That the nation-state formula might somehow be astray, and much to blame, occurred to no one at this time.

Even so, there were doubts about nationalism, or at least about other people's nationalism. As early as 1844, an article in the then prestigious British literary journal, *Fraser's Magazine*, had already opined in the light of various upheavals in distant lands that "nationalism is another word for egotism." One sees what the writer was getting at; but there was more to be said. The Romanian nationalists, like others of their kind, saw generally in nationalism the only way to rescue their peoples from disunity and despair. They believed that divinity had chosen them as the rulers of the future; and this was only what the barest evidence seemed to support. Much that they said may come through as insincere rhetoric couched in rococo prose; much that they did cost them life or health or fortune. Garibaldi's famous exhortation to the handful still alive with him beneath the last crest of the hill at Calatafimi, when Bourbon fire poured down on them and seemed unstoppable, may sound impossibly romantic: "Italians, here we make Italy or we die!" But they took that crest and they made Italy, and only afterward did they carry down their dead.

To other circumstances less than heroic they had to bring the same spirit of stubborn persistence; and this was all the more true after the mid-century uprisings were crushed. Years of poverty in exile opened before them when hope was quenched and little remained save a dwindling will to survive. The bourgeois nation-states would eventually be built on a proper understanding of finance and commerce, to which the decorative arts were asked to bring suitable tributes and even, now and then, bohemian scandal. But somewhere in their foundations, buried deep and at moments wistfully remembered, lay the dreams and aspirations of youth "lost on the barricades."

Yet "the fate of the survivors was almost more grievous." The comment is Alexander Herzen's, written in years when defeat and demoralization seemed everywhere to prevail among those exiles. The illegitimate son of a great Russian nobleman, Herzen had early turned to protest against the tsarist autocracy, had been sent to the Urals, and had then gone to Western Europe as a permanent exile. He must have been an obvious model for the awkwardly protesting Pierre Bezukhov in Tolstoy's *War and Peace*. His extraordinary memoirs of political dissent, and of the dissenters themselves, have given us one of the great human documents of the century.[16] Herzen lived in the buzz and scurry of exile plots and conspiracies, and knew their authors from the inside. Escaping from police or prison, the exiles gathered in the relative freedom of Geneva, or fled in silence into England, or ran the gauntlet in a far from friendly France, or simply hid in cracks and crevices wherever "old reaction" still reigned supreme.

Their plight was what we know from political exiles of our own time. Somehow they had to keep faith with themselves while parrying the blows of implacable misfortune. If they grew strange and unmanageable, who could be surprised? "While absorbed in dissensions among themselves, in personal disputes, in melancholy self-delusion, and consumed with unbridled vanity," wrote Herzen without any obvious forcing of the tone, the political exiles "kept dwelling on their unexpected days of triumph, and were unwilling to take off their faded laurels. . . . Misfortunes, idleness and poverty induced intolerance, obstinacy, nervous irritability," and they "broke up into little groups, rallying not round principles but round names and hatreds. . . ." Yet "with all that, ideas did not move a step forward, thought slumbered."[17] All of them gave way in more or less severity, with Herzen among them, to the onset of a disease from which political exiles can scarcely ever escape, *dementia emigrantis*, the manic misery of those who must live on hope deferred, and meanwhile hate their fellow exiles because, from sheer frustration, they have come to hate themselves.

The experience of this nationalism in the formative years of its rise in Europe was and perhaps had to be a thing of extremes, ranging from petty miseries to moments of heaven-storming triumph. And if so much of that experience now looks shabby and even ignominious, it remains that nothing in its record can be understood without heeding the resonance of its call to freedom. That was a call sounded always in notes of different value. But centrally among those values, this inspiration of nationalism as a promise of liberation had to include the enjoyment and enlargement of one's own culture and language, of one's own inmost identity. In the Europe of those days this came to mean one enlargement above all: that of literacy. To write in one's own language was to demonstrate an equality

149

that could underpin all other freedoms, and prove a legitimacy of cultural development that nothing else could sufficiently attest.

It is easy nowadays to forget how new was this popular accent on literacy. Here among the insurgent peoples, the "forgotten" or "forbidden" nationalities under imperialist rule, the dominant civilization had been cast in Latin or else in one or other of the languages of imperial dominion. Nationalism had to begin by insisting on the cause of national literacy. And in this field there was almost everything to be done. Only a fortunate handful of peoples, French or English or Dutch or German, or new North Americans across the ocean, possessed a substantial number of literates. Most other Europeans were almost or completely nonliterate. Many of those who conducted business and public affairs did not even speak their own language, much less write it, but French or English or else Latin. The flowering of national languages and national literatures thus became, after the mid-century, an integral and influential aspect of the whole process of escape from imperialism. The Kenyan writer Ngugi wa Thiongo's insistence in our own time on the importance and value for Africans of writing in one's own language (in his case Kikuyu) has its origins here.

Language as a necessary defense against alienation, against loss of identity, can also illustrate the Janus-dialectic of the nation-forming process. To return for a moment to the Hungarians, they were a people installed in Europe by their raiding medieval ancestors. Coming from the east, they had settled on lands along the reaches of the middle Danube River and established their homeland in these plains, reaching from the pleasant western hills of their *alföld* to the horse-breeding levels of their *puszta* east of the river. Warring with Germans, Slavs, and Turks, they conserved their spoken language, an Asian tongue called Magyar, amid a sea of surrounding peoples who spoke languages of European ancestry. But their ruling class, noble families grown rich on quasi-feudal enclosures of land and marketable wealth, looked to Vienna and preferred to speak German, while usually writing in Latin whenever writing had to be done.

Having gathered strength early in the nineteenth century, Hungarian nationalism insisted on the resurrection of Magyar in a literate form. Under the insistence of new nationalist agitators, Lajos Kossuth prominent among them, they turned the writing and speaking of Magyar into a test of patriotism; and modernized Magyar became an official language, although Hungary would remain until 1918 a part of the great Habsburg empire ruled from Vienna. But what was sauce for the gander could not be admitted to be sauce for the goose. The many non-Hungarian peoples who were ruled within the empire from Budapest, above all the South Slavs along the middle Danube and the Romanians within Transylvania (also part of the empire then), were not to enjoy the same advancement. They certainly had their own languages, but these could not be recognized.

No one on this issue was more intransigent that Kossuth himself, prime example of liberator turned oppressor. Having struggled for Hungarian rights within the empire, Kossuth would in no way admit the "forbidden nationalities" to the same freedom. For him, standing at the source of Hungary's nation-statism, "the non-Hungarians were culturally inferior and must be so treated: it was intolerable that they should have the same status of equality with the ruling Hungarian nation. The suggestion that Romanians, Slovaks, or Serbs were nations, with a national culture of their own, was simply ridiculous."[18] Submerged in the grand onrush of imperial history, they had better stay submerged. As for the Jews, that awkward national- ity so hard to deny or to admit, they had better be removed from sight; anti-Jewish persecution became violent after about mid-century.

The submerged peoples, each in its own fashion, thought otherwise. Surprising only the front-runners in these national stakes, the more strenuously the Hungarian nationalists "cla- moured for Magyarisation, the more the Slovaks and Serbs and Romanians distrusted the Hungarians, and the fiercer became their own nationalism."[19] Strong words were said and shouted, and war followed. The case of the Serbs of the Vojvodina north of the Danube, inhabiting the broad plains of ancient Pannonia, has well displayed the drama. And drama it was. The briefly triumphant Hungarian "bourgeois revolution" of 1848—the one that abolished Hungarian serfdom—passed at once to anti- Serb repression. Many perished. The little Vojvodina capital of Novi Sad (Ujvidék in Magyar) was reduced to a population of few more than 7,000 from the 20,000 or so of previous years, and would not reach 20,000 again until late in the 1870s.[20]

But this Vojvodina peasantry was in a very different condi- tion, whether of body or mind, from that of nascent Romania. It looked back across the nineteenth century to a cultural heritage received from the Serbs of the long-independent kingdom of Serbia south of the Danube, and it would now draw fresh inspi- ration from a Serbian cultural renaissance. Moreover, this was a peasantry of fairly recent formation, and in circumstances much to its own advantage. Under the neglect and indifference of Ottoman Turkish rule, these wide and well-watered plains had fared badly. Settlements had been small, impoverished, and widely scattered. After the coming of the Turks and the fall of the medieval Serbian kingdom, explains a local historian, "these regions knew the passage of many armies fighting wars without number. Villages were abandoned, people thrust down into poverty and hunger. Travellers who came here in the Turkish time spoke vividly of this misery."[21] Both in the Bačka region west of the Tisza River and then in the Banat region to the east, after 1637 this land of farming plenty is described as a wilderness.

Having supplanted the Turks, the imperial Austrians embarked on a policy of peasant settlement in these impoverished and empty lands. They sent in German peasants after 1720, Hungarian peasants a little later, then Slovaks and Ruthenes and others. Meanwhile, the small existing Serbian population grew rapidly as it was joined by Serbian refugees from lands immediately south of the Danube: from Serbia itself and from Srem, the old Sirmium of the Roman Empire, both still threatened by the Turks. The number of these Serbian refugees moving north across the Danube was again increased after 1739, when Turkish armies retook Belgrade, the capital in Serbia. The majority population of the Vojvodina remained Serbian, and Novi Sad, as a provincial capital, grew into a city of Serbs.

Here, then, was a mosaic of ethnic diversities created by the push and pull of conflicts and rivalries enclosed within the Austro-Hungarian Empire but, generally, living under conditions notably better than those of the Romanian multitudes to the east. Here there had been no quasi-feudal expropriation of rights to land and its produce, or treading down of the poor and defenseless. These Vojvodina peasants farmed their lands as free peoples expected by Austrian imperial policy to act, if necessary, as the guardians of a military frontier against Turkish threats from south of the Danube. They knew their own value, and they respected it. Long after, during the great partisan risings against Nazi German occupation in the Second World War, the peasants of the Vojvodina would be among the first to raise fighting units. Provoked after 1848 by an imperious Hungarian attempt to "Magyarize" the culture of the Vojvodina, the Serbs here, as a majority population, embarked on community self-defense.

They had already begun to form "ethnic movements" of a "help each other" kind in which we can recognize the near equivalent of the "tribal associations" in a later colonial Africa. Their initial aim, in short, was not for national independence or even political autonomy, but intraethnic solidarity and mutual aid. In the one case as in the other, this took the characteristic forms of social dancing, music making and expressions of a folkloric style: the wearing of "traditional dress," whether genuinely handed down from the past or simply invented, and the organization of ties of friendship within communities. Nothing much specifically political, much less nationalist, might have evolved without the provocation offered by Hungarian claims to primacy and domination.

These developments were aspects of the social struggle. They arose from issues concerned with the competition for land, for equalities of marketing, generally for the defense or advancement of one's everyday culture against Hungarian or Austrian hegemony. They formed the reverse of a "melting pot," if the metaphor be allowed: people held strongly to their own communities, and if someone "married out," the case was not all that common. Right down to the Second World War, when much altogether changed, ethnically diverse communities in the Vojvodina kept to themselves, conserving their languages, their habits, their styles of village settlement and much else. If a hierarchy of ethnic "values" slowly emerged, with the German peasants invariably claiming primacy for whatever was done *bei uns* and the Hungarian peasants trying vainly to overtake the Germans, this was a ranking tolerated by the Slav communities but never accepted as having an inherent worth.

This social struggle was going to assume a consciously national form as and when the communities could produce educated men: persons who were at home in the ideology of nationalism as an anti-imperialism, as an anticolonialism, and eager to wield this ideology as a weapon of political advancement. When this began to happen in the Vojvodina, a preliterate people, such as this Serbian peasantry then was, discovered the need for an entirely new vehicle of written communication. Serbian possessed no written form save an antiquated "church Slavonic" that nobody used in current speech, and few outside the monasteries could understand. Everyday Serbian speech might be well enough served by adding German and Hungarian words to lexically deprived dialects. But the cultural nationalists, the modernizers, now required the development of a written Serbian based on everyday speech but capable of handling all the new range of political ideas and aims, artistic forms as well as technological innovations, that could express a Serbian "national consciousness."

Peasant Serbian in the Vojvodina might have a rich vocabulary of spoken terms for rural things—something like forty different words for the parts of a peasant cart (as I myself can painfully recall from 1943, being then expected to know them)—but what the new nationalists required was a written vocabulary of urban as well as rural things, and therefore an agreed spelling as well as an agreed syntax. Hence the enormous importance of the handful of scholarly men in these cultures who set themselves to enlarge and standardize national languages. Later on, in the African case (or the Latin American case), this was going to happen in anticolonialist nationalism wherever indigenous languages had acquired wide currency among neighboring peoples—as with kiSwahili in East Africa and Hausa in West Africa—or in rare cases of new literacy such as the writing of Somali in an alphabetic script. But it was not going to happen, apart from a few missionary endeavors, with the vast majority of African languages. All too often, Africa's nationalists were going to have to find their way ahead in languages not their own.

The Serbs, for their part, were fortunate. They produced innovators such as Dositej Obradović (1743–1811), who was "the first popular Serb author who refused to write in the old Slavonic language and used the spoken language," being thus "the first awakener of his people . . . the first with the vision of a modern [Serbian] nation." With Obradović came others in this cultural realm, above all Vuk Stefanović Karadžić (1787–1864), who went further in developing spoken Serbian into a literary language, publishing grammars and dictionaries, simplifying spelling, and unifying syntax.[22]

This evolving cultural nationalism was spurred on by Hungarian imperial attempts at suppressing it, and these attempts, in their turn, were themselves spurred on by Austrian efforts, within the empire, at extending the supremacy of the German language over Hungarian in public and literary life. The Serbs responded by defying or evading Hungarian laws which tended to the suppression of the Serbian language. As early as 1825, this led to the appearance of a literary journal for the South Slavs, the *Srpski Letopis*, and in following years of the first functioning instrument of Serbian cultural self-assertion. This was a publishing venture called *Matica Srpska* (The Serbian Beehive), which then moved its offices from Budapest, where it had been founded, to more hospitable quarters in Novi Sad.

The rest almost followed of itself, and much the same could be said of other "submerged nationalities" in those old empires where ethnic diversity now began to give vehement expression to a wealth of cultural development. Among Croats, Slovenes, Slovaks, Czechs, and a panoply of others, there emerged above the mournful seas of imperial orthodoxy a splendid cultural landscape hitherto lost or hidden. What happened in the modest streets of Novi Sad, along the middle Danube, happened elsewhere. In 1863 there was formed in Novi Sad a Serbian national theater with the aim of dramatizing, for the stage, parts of the Serbian *narodne pesme*, popular heroic songs composed long before and known to everyone. There was as yet no theater, and the players had to borrow hotel rooms as best they could, rather like the Yoruba actors and playwrights of the late colonial period in Nigeria. But they persisted, and in 1872 they acquired a permanent building for themselves.

These, too, were the years of emergent nationalist politics. Pioneers such as Svetozar Miletić arrived on the scene. In 1869 there appeared the first Serbian political party in the Vojvodina, a nationalist party which called for equality of rights and status among all the region's nationalities. This again was part of a broad trend: in 1848, for example, the Slovaks who were equally under Hungarian rule within the Austrian empire asked—vainly, as it would soon transpire—for a "parliament of nations": a parliament of all the nations in the empire, whose identities and language should have equal status with each other, with each nation having its own system of education and an assembly of its own, using its own language. The Serbs, meanwhile, hoped for unification with Serbia, and this they finally achieved in 1918 with the collapse of the Austrian empire. Serbian troops moved northward over the Danube, and the Vojvodina became part of a newly proclaimed kingdom: not of Serbia but of Triune Yugoslavia, the kingdom of the Serbs, Croats, and Slovenes. What befell them we shall see in the sequel.

It may be useful, meanwhile, to insist on the point that this South Slav nationalism, like others, was by origin in no sense a mysterious "demanding of the nation," but a practical reaction, increasingly a mass reaction, against the consequences of imperialist rule. In a substantive sense it was a reaction against the colonial status of second-rate citizenship or, as with the Romanian peasants, of no citizenship. It was a demand not for nationhood but for elementary justice. The demand for the nation came only when justice was repeatedly denied, mocked, or trodden into the ground.

But when that demand did come, it was the rural multitudes who gave it effective force. Obradović and Karadžić and their like—famous names in European history—were men of high vision as well as sterling courage, as were men like Svetozar Miletić who clothed their aspirations in political form, nationalist form. But they could never have prevailed without the power of wide communities. Later on, of course, and usually provoked by imperialist repression, these communities did acquire a "national consciousness"; and the new European nation-states lining up for recognition in 1919, as new African nation-states were to line up forty years or so later, would then appear as though they were the fruits of this consciousness, and as though they possessed a legitimacy founded in the noble history of a distant past.

No doubt there were some grounds for that claim: nothing in the entangled history of nationalism is all that simple. The ideology of nineteenth-century Polish nationalism was largely the product of a nobility which could draw on a long historical heritage and claim precedence over neighboring nationalisms. Given the absence of a law of property inheritance by primogeniture, sons and daughters of noble families all received aristocratic titles so that this noble class, the Polish *szlachta*, grew into a substantial fraction of the whole Polish-speaking community of Poland. It had an emphatic consciousness of Polish nationhood. Even so, one may doubt how far the bulk of Polish persons, peasants in the large majority, would have shared the sentiments of the *szlachta*, any more than the bulk of Hungarian peasants would have felt their hearts beat as one with their *meltoságosurok* who owned the land and colonized the towns and steered the public life of Hungary. Their own traditions of loyalty were likely to be of a very different kind.

With this peculiar chemistry of nation-state formation there was smuggled out of hearing, or simply censored out of sight, the dynamic element which so decisively transformed the social struggle of the masses into the national struggle of the "middle strata" (or the "educated elites," or however one prefers to label them). This element was the process of conflict, of class conflict as it would emerge, between the objectives of the few who could

159

understand and use state power, and the many, once power was thus seized, against whom it was going to be used.

That confrontation would become violent and even ruthless in its methods, whether in European cases or in African cases (or other such cases elsewhere in the world). But its development was gradual and often hard to perceive. In the South Slav case, the osmosis of "social" into "national" went by various and subtle routes including linguistic innovation. The word *naród* meant and means "people": in the process of nationalization, however, it much more compellingly came to mean "nation" as well. Even the internationalist appeal of socialism could also speak and act, as it would in Piłsudski's Poland of the 1920s, in the language of patriotic nationalism.

Little more than twenty-five years divided the birth of these European nation-states from the claims of anticolonial nationalism in Africa, while the interval of time between the respective pioneers of the nation-state-forming project in Eastern Europe and in Africa was shorter still. But such has been the culturally compartmentalizing power of imperialism that little or none of all this experience was shared, or even could be shared. Educated Africans in the period before the Second World War, so far as their writings and records show, had little or no awareness of what was happening to European peoples under imperialism. Nor would they have had any sufficient means of analyzing those events, even if they had possessed awareness of them.

African nationalist thinkers in the 1940s and 1950s, true enough, looked carefully ahead and sometimes shrewdly guessed at the traps that might lie hidden there. The European nationalists had done the same, but no more perceived the full horror of those traps than would their African companions later

160

on. Dositej Obradović had certainly not envisaged a Serbian nationalism that would turn patriotism into an all-purpose chauvinism and duly ruin every political structure to which it put its hand. The early nationalists of Croatia would assuredly have drawn back in loathing if they could have foreseen the murderous brutalities of the so-called Croatian Independent State, Nezavisna Država Hrvatska, set up in 1941 by Croat servants of German Nazism and Italian Fascism. Not even Lajos Kossuth in his most nationalistic mood would have thought so much as possible the mass murder of the Jews of the Vojvodina by Hungarians in and after that same terrible year of 1941.* But the traps were there, lying ahead; and in due course they were sprung.

Here we may turn to Africa again, and consider what happened there, during and after the Second World War, when the many began to find a great need for social justice in their everyday lives, and the few showed how that need could be given political form and force.

---

*One more appalling chapter of the Holocaust that still remains to be told in detail: in 1940 there were about 26,000 Jews living in the Vojvodina; in 1945 only 3,285 survived, according to official Vojvodina estimates assembled after the war. See *Vojvodina u Borbi* (Novi Sad, 1963), passim.

The Challenge of Nationalism

THE ACTIVISTS of the 1950s plunged into their chosen road of nationalism, seeing this as the only available guarantee of a route open to progress. They accepted the aim of building nation-states on the British model (or, later, on the French) because, as it seemed to them and as they were strongly advised, there could exist no other useful objective. Nkrumah's advice that they should seek the political kingdom, and all would then be added to them, expressed a central maxim of which the truth appeared self-evident: once sovereignty was seized by Africans no matter under what conditions, the road to freedom and development would be theirs to follow.

That this acceptance of the postcolonial nation-state meant acceptance of the legacy of the colonial partition, and of the moral and political practices of colonial rule in its institutional dimensions, was a handicap which the more perceptive of the activists well perceived. They foresaw some of its possible perils, and they warned against these perils. In accepting the British government's offer of 1951 to make him leader of a Gold Coast

(Ghana) government pledged to an eventual African independence—a long step forward at the time—Nkrumah told his voters that "there is a great risk in accepting office under this new constitution which still makes us half-slaves and half-free." There would be a great need for "vigilance and moral courage" to withstand the consequent temptations of "temporary personal advantage." This was because "bribery and corruption, both moral and factual, have eaten into the whole fabric of our society and these must be stamped out if we are to achieve any progress."[1]

No doubt it was inevitable that such warnings fell on deaf ears. Along with the nation-state as necessary aim and achievement, the legacy of the partition was transferred practically intact, partly because it seemed impossible to reject any significant part of that legacy, and partly, as one is bound to think in retrospect, because there was as yet no sufficient understanding of what the legacy implied. There were political thinkers, true enough, who understood that the colonial partition had inserted the continent into a framework of purely artificial and often positively harmful frontiers. There were others who perceived that a petty-bourgeois nationalism was bound to remain a nationalism subordinate to external powers organized on a capital-owning and capital-commanding basis. But they were few, and their voices feeble in the great resounding chorus of anticolonial agitations that was now heard on every side.

This chorus had little to say on the subject of nationalism. As a mobilizing and emotively compelling slogan, nationalism had small meaning in the Africa of the 1950s. Its history was as little known as its credentials. Outside the boundaries of thought in a few old nations like Asante, nobody was thinking about the implications of nationhood. The implications that counted were those that linked the slogans of nationalism to a removal of the colonial incubus, to the arrival in Africa of that dispensation of *uhuru*, of freedom, so warmly praised in the wartime propaganda of British imperial agencies. The war had become a *vita vya uhuru*, a war for freedom, and if *uhuru* meant anticolonial nationalism, then let it be so. The already veteran anticolonialist of Nigeria and later president Nnamdi Azikiwe put the matter well when speaking in Washington in 1949. Asked what forces had impelled the struggle of Africans for anticolonial independence, Azikiwe replied by quoting a comment of Eleanor Roosevelt's made during the Second World War. She had affirmed that "we are fighting a war today so that individuals all over the world may have freedom. This means an equal chance for every man to have food and shelter and a minimum of such things as spell happiness. Otherwise we fight for nothing of real value."

In its essence, this 1950s nationalism had far less to do with any national cause than with demands of a social nature and content. "One thing's certain," wrote Jacques Rabemananjara, the Malagasy nationalist, in 1958, "in today's political vocabulary the word nationalism means, generally, the unanimous movement of coloured peoples against Western domination. What does it matter if the word doesn't really describe the phenomenon to which we like to apply it?"[2] What fired the activists, in short, was never an imagined spectacle of the beauties of the sovereign nation-state, but the promise that the coming of the nation-state would strike away the chains of foreign rule and all that these had meant in social and moral deprivation. It has been in this large sense that the language of European nationalism, as applied to Africa, had been consistently misleading. Their poverty of thought about the implications of accepting the sovereign nation-state on the European pattern may be held against the activists; but this poverty was not without its advantages.

Generally, they remained free of the kind of millenarian romanticism which so monstrously inflamed the nationalists of Europe in the nineteenth century, above all in the German-speaking states. The violence and death so accurately forecast in the strange but influential writings of Heinrich von Kleist (1777–1811), portending dogmas of the "national will" that were going to end in mass murder, had no echo here. There might be good reason to fear that there would be nationalists in a future Europe who "will know nothing of reverence for anything," as the poet Heine warned against Kleistian thoughts, and "who will ravage without mercy, and riot with sword and axe";[3] and this prophecy was to be horribly realized a century later. Nationalism in Africa, or whatever was labeled as such, has since then led to plenty of horrors and miseries. But there is nothing in the African nationalist documentation, nor in one's memories of what was otherwise said or advised, to give any ground for grim disasters. African nationalism was the product not of a Kleistian chauvinism but of a mixture of antiracism and, which amounted in practice to the same thing, of anticolonialism. "Let freedom come," and freedom would bring its own good solutions.

This pragmatism, or if one prefers it this poverty of ideological thought, was the natural and direct fruit of African nationalism's being, all through its early and introductory phases, the impulse and achievement of what can broadly be called the "social struggle." Like the European movements of the 1840s, it was always the "labouring poor" whose involvement and effort in the 1950s gave the tribunes of the "national struggle," who were the educated elite in one manifestation or another, their ground to stand on. Without the mass pressure that surged into the streets of colonial cities and made its impact felt even in remote corners of the bush, the educated elite would have remained upon the sidelines of everyday life, genially teased and tolerated by colonial officials of a liberal sort, or else jeeringly ignored and pushed aside by officials of another kind.

As it was, the activists were given power by the pressure of a social struggle, with the ambitions of nationalism very much in second place; and this simplicity of "basic idea," in the familiar terminologies of European nationalism, may be seen as a blessing. It certainly helped to obscure the implications of the nation-statist legacy, but it also meant that African nationalism stayed quite largely immune to the eruptive territorial ambitions and rivalries that have sunk European nation-statism so often into pits of internecine bloodshed. With some minor exceptions, arising largely from claims determined by the arbitrary and inappropriate nature of the imposed frontiers, the record of the modern African nation-state over its forty or so years of life has not led to interstate warfare and, for reasons inherent in its nature that will become clear, is quite unlikely to do so in the future. In all essentials of mobilizing efficacy, African nationalism for long remained close to the social struggles that had given it scope for development.

And so long as this was so, of course, the activists of those times could feel that they need not fear the constricting embrace of a purely nationalist project. They could look beyond that project to the consummation of social struggles which should be far more liberating for their peoples. "Self-government will not necessarily lead to a paradise overnight," commented a Nigerian nationalist as early as 1950, "nor will it turn African nationalist leaders into angels. But it will have ended the rule of one race over another, with all the humiliation and exploitation which that implies. It can also pave the way for the internal social revolution that is required within each country" of a decolonized Africa.[4] The thought was not even a controversial one, as between left and right: all notable nationalists thought and said much the same thing, even if they often put it differently. The same meeting in England which heard the Nigerian I have just referred to was also warned by the staunchly conservative nationalist Dr. Kamuzu Banda of Nyasaland (later president of Malawi). He said, also in 1950, that imminent self-government "in Central Africa today would mean delivering the Africans into the hands of white minorities inspired by the same *Herrenvolk* ideas as the South African Nationalists," by which, of course, he was referring to the Afrikaner white National Party of apartheid. The immediate need was not self-government "but a quickening of educational and political development."

There was already, in short, a lively understanding of the critical nature of any "transfer of power" that might be in prospect for the 1950s and after. If the imperial governments really wished to move beyond the colonial structures, and the severely restricted political life that was narrowly possible within those structures, they must pay rapid and large attention to social advancement in schools, trade unions, and cooperative associations of rural producers. Only by thus reforming the

167

social structures of colonialism could there then be a transfer of power to colonized majorities, rather than a mere adjustment of imperial attitudes to educated minorities and to the personal or collective ambitions of these elites. Still strongly influenced by the pressure of the struggle for social change, nationalists thinking along these lines could have no use for obscure imaginings. Optimists in an anti-Hobbesian sense, they looked to the coming of the nation-state as the harbinger of all democratic benefits that people could wish for. There should be education for all, health services for all, opportunities for all; and these blessings would bind up the wounds of the colonial past and present, and bring a new life that must in every positive sense become a modern life. Why indulge in messianic ideologies of the "national will," whatever that might be? A little decent pragmatism would do quite well instead.

Accepting the nation-state that was offered to them, the pioneering nationalists saw no useful alternative and asked no further questions about its credentials or potentials.

And would the great "transferring powers," Britain and then France, have had useful answers to such questions, supposing that these had been posed? It seems not. The authoritative Lord Hailey in his majestic many-volumed survey of Africa and its administrative problems, published at various times between 1938 and 1950, had almost nothing to say about the nation-state and its potentials for good or evil. Lesser authorities did no better, and even those European parties of the left sympathetic to African aspirations, notably the British Labour Party, had little to offer save bromides of goodwill. For this they can scarcely be blamed, if only because knowledge of African realities, in those late colonial times, was in practice restricted to persons able to travel to distant colonies and then able, moreover, to gain access to administrative information. As such persons were never welcome, their coming was rare and their access rarer still.

Even so, in retrospect, it is bound to seem strange that the whole project of nation-statism, of promoting nationalism as a means of promoting nation-states, was so little inspected by British authorities. The French, of course, could and did argue that they were not promoting nation-statism in "their Africa," but the elevation of their colonies to membership in *la plus grande France*, so that the only nationalism that could count in those colonies would have to be French nationalism. But the British in authority ardently believed in the project of African nation-statism. "The objectives of our colonial policy have been summed up in a number of different formulae," affirmed Sir Hilton Poynton, a former administrative head of the British Colonial Office, speaking in 1978 after a long and successful career, "but the shortest and simplest is 'Nation-building.' "[5] And by this, Sir Hilton clearly meant the "building" of separate nation-states as the successors and inheritors of colonial states.

But would a multiplication of new nation-states be helpful to peace and progress? Nobody seems to have asked, much less answered. And yet the great "transferring powers" were singularly well placed to know that nationalism could "ravage without mercy and riot with sword or axe," as well as with weapons far more dreadful than any known in Heine's time. After all, Europe had just emerged from the latest horrors of nation-statist violence sung to the tunes of Hitler's favorite marching song: "Today Germany is ours, tomorrow the whole wide world." But all that seems to have been forgotten, or at any rate forgotten in African contexts; and in so far as the British took notice of nationalism in Africa, they followed their policy in India and treated it as a subversion better handled by the police until, toward the eleventh hour, they declared that promoting nationalism had been their policy all along.

In 1930, for one example among a legion, could the Gambian nationalist E. F. Small be accepted as honorary Liberian consul at the Gambian capital of Bathurst? Better not, for the man was "worse than an agitator," in fact, a "self-appointed champion of non-existing grievances felt by an imaginary body of citizens."[6] Small would later be one of the active forerunners of Gambian independence, and thus of the Gambian nation-state, and was eager then to gain as much international experience as he could, but meanwhile—or therefore?—he was dangerous. Explaining Small's unsuitability for honorary consulship, Acting Governor Workman wrote to Lord Passfield, then colonial secretary in London, that while "I am not aware whether Small has definitely joined the Communist Party [presumably in Britain, for there was none in West Africa], his attendance at meetings of the European Congress of Working Peasants in Berlin, and his correspondence with the League Against Imperialism, sufficiently indicate his attitude." This was quite enough, and Small was turned down, even though the evidence suggests that he was almost as far from being a Communist as from being a Working Peasant.

French colonial authorities had the same approach to African askers of unwanted questions. An indignant report in the Paris colonial police files, undated but evidently of 1929, notes that "nothing had been reported, to date, allowing one to conclude that the Marxist doctrine has been established in native circles. There nonetheless exists an annoying [*facheux*] state of mind among the half-civilized along the West [African] Coast. In daily contact with Europeans, they have acquired ideas about equality that sometimes take the form of demands expressed in an unacceptable tone [*sur un ton déplacé*]."[7] The natives, in short, were tending to get above themselves, and "the Marxist doctrine" was bound to be at the root of the trouble.

Hence there were abundant warnings and gnashings of teeth on the subject of international Communism, archenemy of civilized nationhood, but none at all, so far as the records indicate, against nation-statism. A few years later large segments of French society would reach the conclusion that while German and Italian nationalisms, now reorganized as Nazism and Fascism, were undesirable, anything smacking of Communism must be infinitely worse; if a choice between these had to be made (as it would have to be in 1940), then it must be for compromise (and then surrender) to German and Italian nationalisms. As to catastrophic potentials in nation-statism, little or nothing would be said in any African context, perhaps because memories of the French disasters of the Second World War were felt by the 1950s, and rather understandably, to be better not revived. It remains to add that the cause of Communism, in French as in British Africa, never won more than a handful of adherents.

Brought at last to accepting African nationalism—and therefore its development into African nation-statism—the "transferring powers" still had little interest in debating its potentials. As it happened, African nation-statism almost entirely escaped the turbulent hysterias of Europe: it was far too much concerned with earthy practicalities to be fired by metaphysical yearnings of the Kleistian sort. Yet one might still have expected the great trustee to draw the attention of his wards—and it was in these terms that British authority saw the colonial relationship—to the quaking ground on which they now proposed to tread. No such warning seems to have come to hand. On the contrary, after 1950 the British in power persisted with a remarkable complacency in shepherding the British colonies, not into a society of interrelated states such as the pioneering nationalists desired for their continent, but into an accumulation of newly invented and entirely separate nation-states, a very different thing.

This was thought to be in line with what were considered to be British national interests, as somewhat later another proliferation would be seen as being in line with French national interests; and the great question became, not whether this might be the best outcome, but how to ensure that the outcome continued to match with British (or French) interests. That being so, what was needed was to spot and promote candidates for suitably convenient African nation-statist leadership. American policy in Africa would in due course follow the same approach. Nothing could be more natural; but it helps to explain why alternatives to nation-statism were never discussed. Such candidates, duly tried and tested, should be *interlocuteurs valables*, in the handy French term that now came widely into use: in practice, persons worth negotiating with because, at the end of the day, they would accept the primacy of British or French or eventually American interests. But what was further desirable was that candidates should possess and retain great influence in their respective countries.

It was in this respect that the project so often failed. When it came to choosing *interlocuteurs* who could and did really speak for their peoples, and who were therefore likely to dominate the political scene after the "transfers of power," but for whom the primacy of external interests was not acceptable, the process went sorely astray from an imperial standpoint. This is a fact which also has its bearing on the poverty of political debate. Senior colonial officials during the 1950s were by far the best-informed actors on that scene. But once it came to weighing up the credentials of anticolonial Africans, and the ideas for the future that those Africans might have and mean to promote, the narrowness of these officials' powers of judgment became painfully apparent. Plunged with the advent of anticolonial nationalism into an unfamiliar world of politics, these senior officials had entered terrain they neither understood nor were qualified to measure.

This was found surprising, but should not have been. Much more often than not, senior officials tended to be shrewd and even genial observers of humanity. Their long experience, usually begun "at the bottom" of the ladder of promotion, discouraged snap judgments, just as their responsibilities inclined them to think twice. Several had a deep interest in Africa; a few were amateur historians or archaeologists whose work provided a valued groundwork for the scholarly professionalism of later years. Most were highly conscientious in their duty. Yet all their training and preparation had been military or administrative. Of practical politics they knew nothing, and on the whole desired to know nothing, for politics savored of public bars and brawls or, at least, of irresponsible know-it-alls on lightning visits from "home." Politics were what the police brought to the side door of Government House, leaving the stench outside. Of the politics of African independence, when in due course it arrived, the colonial "men at the top" had no more useful notion than the "man in the street at home"—often much less, in fact, for the "man in the street at home" was at least familiar with the democratic process.

What is bound to be surprising, in retrospect, is that an administrative apparatus pledged to "nation building," and to the instruction of Africans on "how to do it," should have been content with its political incompetence. Yet those in control of the "transfers of power" were in practice precisely those least able to measure the dangers ahead, and to advocate alternatives that might avoid such dangers or diminish them. It may be said that this was not their job, and that is true, especially when "decolonization" became a kind of *sauve qui peut* among administrations about to be disbanded. But political incompetence on the European side has as much a part in the story of decolonization as anything that can be attributed to the African side.

Some of the young entrants to the colonial service, during the 1950s before recruitment to it petered out, were later to have distinguished academic careers; but most of them would probably agree with remarks made by A.H.M. Kirk-Greene, who was one of them, about the deficiencies of their political preparation. He pointed out years later that "the colonial cadet was seldom if ever taught on his training course how to relate or interact with the representatives of that new phenomenon of the 1950s, the political party." More seriously, since bright young men and women learn fast if pointed in the right direction, they appear to have been invariably pointed in the wrong direction. " 'Politics' for the average British colonial administrator," writes Kirk-Greene in his fascinating retrospective of 1978, "was something of a dirty word, with 'politician' not far removed from 'trouble-maker.' "[8]

Or not really removed at all. On that same retrospective occasion, a conference of former colonial officials held at Oxford University, another notable senior official who had been deputy governor of Tanganyika (which became in 1964, with Zanzibar, the Union of Tanzania) recalled traveling there in 1957 with the then governor, Sir Edward Twining. Nineteen fifty-seven was just four years before Tanganyika became independent. It was a time, in short, when the credentials and potentials of African nation-statism, and those who would lead it, must have been, one might have thought, of the highest interest to colonial governors and their kind. During their travels together, the two men did indeed discuss the various persons and personalities who came within Governor Twining's interest and purview. Africans likely to become important as independence for Tanganyika now approached were considered in their talk, just as one would expect. So "Twining mentioned in passing a certain Julius Nyerere: 'a bit of a trouble-maker, I think,' he added. He told me [the official, that is, who was about to become deputy governor] that he [Twining] had let it be known among all his senior officers that he thought it would be best if they avoided contact with him [that is, with Nyerere] as far as possible, and did not receive him in their offices." But Nyerere was already the manifest high-flyer among Tanganyikan nationalists and, in 1961 at independence, would at once become their uncontested leader and spokesman. Yet it could not be said that Twining was an irresponsible or idle governor; on the contrary, he was then and afterward much praised, while the deputy governor in question told the Oxford conference that he regarded Twining as "a very great governor."[9]

If very great governors could not spot the difference between a "trouble-maker" and a future statesman of outstanding moral force and political sagacity, officials down the line were placed under a severe handicap. Again at that same conference of former officials, a senior officer in northern Nigeria told of his own initiation, as he put it, into the way that he should handle African politicians or persons of political importance. "One day the D[istrict] O[fficer] told me to get some practice and interview a local politician who had come to the Divisional Office. This was in one of the emirates [of Northern Nigeria]. The government messenger would be present to help me out. Learning from how I had seen the DO talk to political party members on previous occasions, I duly barked at the man, though by now my own knees were shaking as much as I hoped the politician's were. He slunk out of the office. 'Well,' I said triumphantly to the messenger, 'Will you tell the DO I did pretty well?' 'Not in the least,' came the reply, 'You forgot to order him to take his shoes off when coming into the DO's office.' "[10]

Given that the speaker could look back on a long career when recalling in 1978 this "initiation" into politics, the incident would have occurred during or soon after the Second World War, at a time, that is, when the advent of party politics in Africa was still some ten years ahead, at any rate in Northern Nigeria. Later, no doubt, politicians were no longer told to take their shoes off when visiting Britain's representative. But the British officials who made judgments and took decisions, while receiving local politicians with their shoes on, were officials whose training still belonged to the shoes-off period when politics had reeked in their nostrils. They found the adjustment understandably hard to make, added to which, in the new shoes-on period of "transfer of power" which began in the 1950s, one has the impression that senior officials generally nourished a more or less acrid resentment against Africans claiming to be competent in the mysteries of government. And this state of relationships "on the ground," more negative in some colonies, less so in others, goes some way to excusing the really extraordinary absence of any far-ranging debate, as between governors and governed, on the nature of the nation-statist future that now lay ahead.

If there was so little hard discussion about the future and its possible alternatives, this was essentially because there was no clear plan for imperial withdrawal. The imperial government generally in place in London was Conservative during most of the years before decolonization, and its personnel, like its voters, generally assumed that the empire was "forever." Colonial officials and advisers, better informed about reality, might have begun to canvass the idea that some of the colonies, at any rate in West Africa where there were no white settler minorities to muddy the waters, should probably move toward independence. But the day for that would still be distant. "Somewhere in West Africa within a century, within half a century, a new African state will be born," said an official report in 1945,[11] and there should be preparation for this improbable emergence. Little was made except, in the 1950s, under the pressure of events; and even this little was invariably couched in terms of a strategy of delay. "All the steps presented in a public relations manner as steps towards granting African independence," as was said somewhat later, "were in fact all steps argued for in private and taken on the ground that it was essential to do this to prolong colonial rule."[12] As for the French, they opposed every such step in their African empire until the very last.

What the "nation builders" of the British Colonial Office understood as a duty was the need to ensure "continuity" in any steps that might be promoted with African self-government in view. Given their assumptions, this was entirely understandable: one assumption was that they knew better the needs of the future than any African could possibly know them; another was that Britain's empire, however "reformed," would still have much to give the motherland. The first assumption, as it were, fed into the second. That being so, constitutional reform in the colonies "was seen," in the retrospective view of Dennis Austin, the well-known historian of Ghana and the Gold Coast, "as enabling colonial rule to be more effective, not as hastening its demise."[13] This explains the otherwise surprising fact that colonial government became more and not less intensive. Far from enlarging conditions for African direct experience in the problems of government, "between 1947 and 1957 recruitment into the colonial service increased by more than 59 percent," but the recruitment was of British, not African, personnel. Up to the very eve of its actually happening, in other words, "the prospect of independence for each and every territory was quite remote."

And so it remained. As late as 1959 the British colonial secretary, Lennox Boyd, could still declare that in respect of East Africa he was "unable to envisage a time when it will be possible for any British government to surrender their ultimate responsibilities for the destinies and well-being of Kenya," something that was nonetheless going to happen only four years later.[14]

We have seen the similar nature of official attitudes toward the nationalists of Tanganyika next door. The evidence lay all around.

Back in 1947, arguing for gradualist "reform," Colonial Office liberals had put the case for the development of African local government in provincial councils and the like; these would "prepare the ground" for wider concessions of power at some unstated point in the years ahead. To this modest proposal Sir Philip Mitchell, then governor of Kenya, answered with a rejection out of hand, berating the London liberals for their ignorance and naïveté. "How primitive the state of these people is," he wrote to them about the Kenya Africans he governed, "and how deplorable the spiritual, moral and social chaos in which they are adrift are things which can perhaps only be fully realised by those who are in close personal touch with the realities of the situation."[15] The "vulgarity of such rhetoric," in a comment of Cranford Pratt's, "was avoided by the other East African governors, but they nevertheless expressed their general agreement with Mitchell. They had no sense that they were, or would soon be, under any nationalist pressure."[16]

Even when that pressure got through to eminent governors and officials, the notion that a truly postcolonial continent might be desirable was never on any imperial agenda. In his 1947 dispatch to London, rejecting provincial councils, Mitchell also wrote that "we are not here to create a succession of Bulgarias, but to develop and civilise this continent as part of what I may call Western European civilisation and economics." Yet it rapidly became clear in the 1950s, with the setting in of what Dennis Austin has called "the rush to decolonise," that the creation of "Bulgarias"—of suitably subordinate nation-states—was precisely what the colonial governments were "here" for, even while it certainly never occurred to anyone in power that the "neocolonialist" nation-state network they had in mind could be properly comparable with Moscow's network.

What Mitchell thought a mere illusion was precisely what came about. By 1963 each of the three major East African territories had declared for independence as so many "Bulgarias": Tanganyika in 1961, Uganda in 1962, and Kenya in 1963. Nyasaland, as Malawi, followed suit in 1964, and so did Northern Rhodesia as Zambia. Elsewhere the French, having lost their war in Algeria after awarding independence to Morocco and Tunisia (in 1956), backed away from all previous schemes and forecasts; in 1960, almost overnight, they recognized the independence of fourteen sub-Saharan colonies.

This gave rise to understandable African rejoicing as huge inherent problems were swallowed or thrust aside. In the realm of Islam, for example, canon law might continue to recognize only one and indivisible *Umma Muhamadiyya*, one family of Islam; but separate and separatist nation-state-forming movements nonetheless made headway against it. They had to do this, in the prominent Arabist G. E. von Grunebaum's striking phrase, "as hostile children of the West,"[17] and would eventually provoke an Islamic "fundamentalism" of explosive and therefore blind reaction. But they still marched forward as though meanwhile they were the manifest legatees of all that was desirable and right.

It is consequently fruitless to believe that the end of political empire was a program arranged and designed to give colonized peoples "the best possible start" to their independence. Much was said and done, true enough, to present the imperial withdrawal as a process planned and prepared in advance, and any subsequent mishaps and miseries were to be explained as entirely the fault of Africans failing to carry out "the plan." But the full extent of any plan, most obviously in the French empire, was to conserve as much as possible of the colonial legacy; and even that much of a plan, when perceived, looks like mere opportunism.

In the great example of Nigeria, for instance, local historians well qualified to judge have reached the conclusion that "no conscious British initiative to liquidate the empire was apparent at the Nigerian end."[18] Successive steps and constitutions transferring power simply went with the winds and tides of momentary pressure. The spokesmen of nation-statism were given their head, earlier in the nonsettler colonies, later in those with significantly large white settler minorities. They were then left to make the best they could of the "existing units of territory" in such ways as to ensure that these units remained separate from each other, no matter what arguments there might be, or might have been, for restructuring or federalizing them. Against the 1950s leaders of nationalism, the real count is not that they failed to foresee the traps and snares that lay ahead, but that they all too easily accepted what was offered to them. They accepted the colonial legacy—whether of frontiers or of bureaucratic dictatorship—on the rash assumption that they could master it. But as things turned out, it mastered them.

Critics have said that the pioneering nationalists of the 1950s should have better considered where they were heading and should have understood that nation-states fashioned from the structures and relationships of colonial states, and thereby produced from European and not from African history, were bound to be heading for trouble. This is asking a great deal of men and women to whom the lessons and examples of European history had been invariably presented as the sum and summit of all useful experience; moreover, as far as the crucial economic structures and relationships were concerned, these in the 1950s were little understood anywhere. Thoughtful analysts in Europe such as the late Henry Collins might draw attention to the long-term consequences of adverse terms of trade for African producers.[19] But these were awkwardly objective analysts from whom the orthodox did not take their cue. Their voices were heard with difficulty or else not heard at all.

Such considerations apart, it is a misreading of the history of those years to suppose that the nationalists, or at any rate the best of them, nourished any great illusions as to the obstructive nature of the colonial legacy they were going to accept. Its economic implications may have largely escaped them, just as these escaped their imperial rulers; but they thoroughly understood its political and moral implications, for it was from those implications that they, as the objects of colonial rule, had suffered. At the same time it needs to be recalled that any informed "looking ahead" was difficult or impossible if only because, to the very last, colonial governments in all the empires hugged closely to their chests whatever sound information their administrative files might contain. They camouflaged their social and economic problems with clouds of condescending propaganda. Or they simply denied that these problems existed. They preferred among the nationalists the boneheads to the brilliant, or at least the convenient to the awkwardly questioning. And they

generally behaved as though every arrangement for decolonization must be expected in any case to end in tears.

No doubt one should bear in mind the poverty of nationalist
analysis and the shortage of long-term thinking: what Amílcar
Cabral, early in the 1960s, would deplore as a lack of ideological
thought. It counted for much, and it confirmed the eventual
crisis of the nation-statist project. Once again, though, one has
to remember the compelling weight and influence of that project. Like it or not, the leading nationalists found themselves
obliged by imperialist policies, fashioned in London and Paris,
"to seek independence within the existing power unit" of their
colony, rather than in any more rational or historically logical
territorial unit, in the view of the late James Coleman, among
the earliest and best of the American observers of the period.
This followed on "the realities of the power structure" and the
"practical necessity" which these imposed.[20] Each colony must
accept its own separate and sovereign independence: each, however improbably, must become its own nation-state, or at least
pretend to become it.

Some among the leading nationalists, as I have indicated earlier, demurred. They argued for a different destination in
multistate sovereignties of a regional or subregional nature.
This would be widely forgotten in the futile anarchy that began
to develop in the 1970s, and the anarchy would be laid at the
doors of a purely African irresponsibility or incompetence.
There would certainly be much of both, but not during the
1950s. It might be "trouble-making" for Julius Nyerere, years
before national flags were hoisted over new sovereign states, to
look ahead and recommend steps in preparation for an East

African federation of Uganda, Kenya, and Tanganyika. And it might be "idealist chatter" for nationalist movements in 1958 to launch a regional organization, the Pan-African Freedom Movement of East and Central Africa, aiming first at independence and then at federation. But these were nonetheless political initiatives of foresight and imagination. Nothing came of them. But with active official support and promotion, something might have come of them. That something, one can argue, might have averted a measure of the sorrows which came after.

It might be visionary in 1946 for nationalist delegates from twelve French colonies in West and Equatorial regions to meet in congress, at Bamako, and form a political movement dedicated to the realization of two large independent federations instead of twelve nation-states. It might be utopian for the constitution of independent Ghana (1957) and its near neighbor independent Guinea (1958) to allow for reductions of national sovereignty in favor of federal union; and certainly nothing came of that. Yet, again, something might have come of it if the British and the French had backed such tentative moves toward a restructuring of frontiers. But the British and the French could see no advantage in doing anything of that sort.

In reality, and in the light of all that has happened since, it appears that these gestures to federalism of one degree or another were neither visionary nor utopian—up to the point, that is, at which the separate sovereignties were fixed and declared, each with its attendant group of beneficiaries-in-waiting. After that point, as Nyerere duly warned, any reorganization of the territorial map would become ever more difficult and even impossible. Each group of beneficiaries-in-waiting would then stand firm on its own sovereignty. Each would shout loudly against any threat to the attendant rewards—or spoils—of power and office. This of course is what was going to happen. But the fact remains that it did not happen while the trend toward federation had strength and influence.

And it did not happen then because the social aspects of anticolonial struggle still had command of the national aspects. Down the line of agitation and organization, among the mass of rural and urban supporters of the anticolonial movements, there was small sign of any developing loyalty or attachment to this or that colony-turned-nation. What the multitudes wanted, by all the evidence, was not a flag for the people or an anthem for the people, nearly so much as they wanted bread for the people, and health and schools for the people, while caring precious little, as these same multitudes would overwhelmingly prove in the years ahead, about winning frontiers for the people. The jubilant crowds celebrating independence were not inspired by a "national consciousness" that "demanded the nation," any more than were the Romanian peasants and their coevals in the nation-states crystallized some decades earlier from Europe's old internal empires. They were inspired by the hope of more and better food and shelter.

As long as the "social" held its lead over the "national," this continued to be so. But it did not continue to hold that lead for long. Once the national sovereignties were declared, the arena was fixed for rivalry over the resources within that arena; and the rivalry was bound to become abrasive, and therefore divisive, if only because the resources were in short supply. This divisive rivalry was then discovered to be "tribalism": that is, the reinforcement of kinship or other local-scale alliances competing against other such alliances. It may of course be argued that a "race for the spoils" must have occurred in any case, and to some extent this must be true in newly formed states still weak in their structures. No conceivable postcolonial dispensation could ever have worked without a great deal of stress and strain, given Africa's condition after a century of violent dispossession. But the argument is itself weak. This postcolonial "tribalism" flourished less because the states were weak than because their organization into separatist nation-states gave full rein to elitist rivalries.

With separate and rival independences, the social soon ceased to prevail over the national in the dynamics of postcolonialism. With this, the rules of the game were changed and, once changed, could not be changed back again. Not for another thirty years or so would the sacred and immutable nature of this nation-statism begin to be seriously questioned. Meanwhile, the concert of beneficiaries, no longer in waiting, would make sure that its spokesmen, appropriately assembled after 1963 in an Organization of African Unity which, in practice, guaranteed disunity, were all assured of due access to power and privilege. The elites identified by Awolowo back in 1946 had only to proceed upon their way and assume their "birthright."

Of the other European empires in Africa there is nothing useful to be said in this context. Neither the Belgian nor the Portuguese nor the Spanish political establishments gave a single serious thought to issues of decolonization until these issues were thrust upon them at five minutes to midnight, or later still. Billed as Belgium's great national success and pride, the vast Congo territory was supposed to continue to be governed, as before, until some point in the future so remote as to be realistically unthinkable, or at any rate thought about. The

Portuguese and Spanish regimes were organs of systemic repression at home, and duly reproduced the same miseries in Africa, allowing few civic rights to their own citizens and none worth having to their "natives." Alternatives of policy or method could never be a matter for debate among them, but only a provocation of the political police.

All this was no doubt inherent in the difficulty of hauling the societies of Portugal and Spain into the twentieth century. But what may still remain surprising was the truly shameless self-righteousness with which the late colonial years were allowed to slide past, the bland complacency or outright cowardice of governors' reports or the gruesome fantasies of ministerial utterance: in short, the absence among those Iberian tyrants of any sense that history can be more than habitual stagnation. There, with a vengeance, the "national" had long since triumphed over the "social," and the donkey's bray of an extremist nationalism was just about all that was left.

With an end to these empires in Africa—a lengthy process, however, from the decolonization of Libya in 1951 to that of Namibia in 1990—there came about a refiguring of the continental map that was closely comparable in its structure, however greatly different in style and incident, with the refiguring of the map of Central and Eastern Europe after 1918, at the end of the Austrian, tsarist Russian, and Ottoman empires.

The peace treaties of Versailles and elsewhere likewise transformed the collapsed internal European empires into a plurality of nation-states. As it would be in Africa some forty years later, in each of these the euphorias of national liberation were splendidly rhetorical. But one may well think that resultant

187

problems were a good deal more difficult for the decolonized African peoples than for those of Europe. The new states of Central and Eastern Europe were often in some sense old states as well, states shaped and inspired by preimperialist and native histories of their own. That might not be true of all of them. But all of them could discover, in their cultures, the notion of a statelike identity, even those who, like the Slovaks or the Albanians, had lived for centuries under a more or less dismissive foreign rule.

Poles and Bulgarians and others could claim with reason that their new independences of 1919 were restorations of what had been taken from them by force, and demand guarantees that an old life could begin again. But the old states in Africa were swallowed entirely into new states as though these old states had never existed save as quaint survivals from the "savage backwoods" of a deplorable past. And this was done, as we have seen, to a point at which the concept or sense of nationalism, of nation-statism, was boosted as "Europe's last gift to Africa."[21]

One can't but think that Europe's "last gift," in fact, was in the nature of bad or incompetent advice. Nationalists about to take power, or already in the earliest years of having taken power, were obliged to apply for guidance to experts or specialists from the various "motherlands" of Europe. Specialists thereupon arrived, naturally with strong opinions of their own, and proceeded to apply their nostrums whether or not they had deeply thought about the problems these were supposed to solve. On top of this, the nationalists inherited a disconcerting situation in which what was said was rather seldom what was meant.

In Britain's case, for example, aid for "colonial development and welfare" was held to be a pledge of disinterested help. However mutilated by her immense war effort, Britain would come to the aid of her colonized peoples, would invest structural capital now that they were setting out on their own, and would stand by with disinterested counsel. The major investments, as it came about, were in projects intended primarily to meet British import needs. Perhaps by national bias, I doubt if the insistence on British generosity betokened insincerity. But it certainly betokened a naïve ignorance of reality and it led, as in the fruitless case of "Tanganyika groundnuts," to unavoidable incompetence and waste of assets, undertaken as it was in complete disregard of ecological realities, not least rainfall.

As for official and business France, the Cambridge economist David Fieldhouse tells us that "the essential feature of the post-1945 French imperial economy was that the French government was using the power of the state to enable the colonies to buy a range of French consumer goods for which there would have been no alternative overseas market"; and, he adds perhaps more damningly, to buy "capital goods which [the colonies] could probably have bought more cheaply elsewhere."[22] This artificial pushing of French exports might seem forgivable at a time when France was struggling to recover from four years of enemy occupation and spoliation, but it was done, in practice, by large injections of French taxpayers' money. These enabled the colonies to balance their budgets, according to Fieldhouse, "by artificially increasing the price that colonial producers could get in France," another effect of which was to enable colonial producers "to pay for the equally inflated price of French exports." The French taxpayer as distinct from the French investor was obliged to foot a massively "uneconomic" bill, sustaining

189

French enterprises "which might otherwise have been forced to modernise or get out of business." Whether African populations actually gained, on balance, is another question. One certainty, however, is that the colonial trading pattern thus reinforced was one in which African populations, in the little polities of francophone Africa, were to become increasingly at the mercy of export-import terms of trade settled on the world market without reference to African needs or potentials.

More generally, events in the 1950s revealed what had not been understood before: that the colonial legacy in its structural framework was not, as imperialist propaganda had invariably insisted, a blessing of benevolent paternalism but a coil of problems pregnant with serious (if as yet unadmitted) crises of malfunction. The "transfer of power," in short, was above all a transfer of crisis. For the 1940s had confirmed, especially during the harsh years of the Second World War, a "flight from the countryside" launched initially in the Depression years of the 1930s; and this implacable shift of population from countryside to urban periphery would soon be quickened and enlarged beyond all control by a rapidly rising rate of population growth. As the countryside increasingly emptied, the newly "urbanized" were consigned to shantytowns in places of largely waterless desolation on the fringes of European quarters; and "urban unemployment," meaning in practice a fight for survival at the lowest possible levels of subsistence, became the curse that would afterward spread an epidemic scourge of relentless poverty.

Here was a crisis of structural change that nothing seemed able to cope with. Thoughtful colonial officials saw it and were appalled but felt themselves, as much evidence confirms, like

King Canute and the advancing tide: they might order it to turn back and ebb, and this they were regularly instructed to do, but were perfectly aware that the waters would not listen. In the vast but otherwise not untypical case of the Belgian Congo, an enormous territory enclosing the whole central part of the continent, as many as one in six Africans were already living in 1946 outside the rural areas that had produced them;[23] by 1953 the proportion was one in four, and soon afterward it would be larger still. Africa was ceasing to be a rural continent, or rather, a continent in which rural interests were accepted as paramount.

What the nationalists of the 1950s inherited was thus a crisis of social disintegration. By 1955 it was already palpable: "There is no doubt of the disintegration," I wrote in *The African Awakening*. "It is patent in a thousand ways, in the breakdown of tribal customs, in the astonishing inflation of bride-price, in a vast spread of prostitution. It has painful results for African agriculture. It speeds the ruin of village life."[24] These observations were really an understatement, but the major consequence came clear a little later. By the early 1960s there had appeared on the scene a deepening structural malfunction—between an impoverished countryside and an indigent "urbanism"—that was to bulk ever more largely on the agenda of the 1970s.

Increasingly, it was going to be the urban areas that would settle the priorities of governmental policy: a still largely rural continent was going to become, steadily, the victim of irresistibly expanding urban populations. The consequences of this for continental food production were already seen as a possible danger for the future, even if the probable size of this danger was not yet evident. "Already, by the 1960s, Black Africa was having to import substantial quantities of basic foods . . . with a total cereal importation of 1,177,000 tons in 1961–63.''[25] Then it began to be said that Africa was in a crisis of "overpopulation." Yet Africa even in the 1980s, with some 450 million inhabitants, or at least triple the population of a century earlier, would still be relatively underpopulated when compared with other continents. What looked like a crisis of "overpopulation" was really a crisis of underproduction of food and maldistribution of goods. The reasons for this imbalance and incompetence cannot be explained without grappling with the colonial legacy.

Outside in the wide and "well-informed" world, such things were of course noticed. They could scarcely not be. But they were generally seen as aspects of a naturally difficult but unavoidable period of "transition." It was thus explained in Western Europe, and also for a long time in North America where, one might have thought, the problems inherent in preferring nation-statism to federalism might have been well perceived. Everywhere it was in any case assumed that the essential healthiness of the colonial economies—and all the colonial powers, even the Portuguese, had long assured themselves and each other of this essential healthiness—would maximize the gains of independence: how otherwise, after all, would the bounties of colonial rule become manifest? All that was required was prudent continuity.

In this advocacy of prudent continuity the general influence of the United States, whether by policy preference or academic recommendation, was in this period an unexpected source of coming disaster, not in terms of any direct administrative or military intervention along colonial lines of action, nor in terms of any lack of financial aid, for America was in this and in some other respects a generous and benign source of aid. What was increasingly destructive of new thought and initiative after 1950 was a growing tendency for official America, and certainly academic America, to see Africa's needs in terms of the global preferences of U.S. policy: in terms, that is, of America's fear of whatever might be seen or interpreted as radical innovation.

That the colonial powers opposed radical innovation, whether political or social or economic, could be no surprise to anyone; it was what they had always done in knee-jerk defense of their imperial interests. But that the United States should do this was something new, or certainly was received as something new, to which leading nationalists reacted with a puzzled obedience. It left them with a sense of disorientation. Wasn't America the great radical innovator of the nineteenth century? Weren't America's policies of innovation at the root of America's immense success and power as a civilization? Surely the answers were yes; and yet it was now seen, in practice, that continuity with colonial policy was America's preferred option. This would be confirmed most painfully later on, in America's long campaign of subversion against an Angolan republic classed as "radical"; but it was a clear enough tendency even in the late 1950s. Continuity in policy might mean continuity in underlying dislocations, evidenced already by falling food production, by a deepening conflict of interests between town and country and, soon enough, by a failure of existing political structures to cope with instabilities now increasingly flagrant. Yet the stronger claims of what was then known as "Cold War policy," essentially arising from U.S.-Soviet rivalries or what were perceived as such, continued to forbid any far-reaching innovation.

In so far as American policy-makers listened to European advice, and one may think that they listened more often than was wise, this was the European message they received. As late as 1961, with "Cold War policy" a dominant influence in London, a senior British Foreign Office official and adviser could affirm with every confidence that "in spite of our substantial commercial and other interests in Africa, the latter's chief political importance for the West derived from the Cold War."[26] What this came to mean, in practice, was a resolute determination to oppose and if possible prevent any development, whether political or economic, that could seem likely to undermine Africa's subordination to the "world market": that is, to the continued postcolonial primacy of the relationships of the colonial era. Only this adequately explains the almost frantic efforts that were made, from the time of Ghana's independence in 1957, to harry, isolate, and destroy any influence that went in a contrary direction.

This was done in the name of "keeping the Russians out." Whatever threatened or could seem to threaten continuity with the relationships of the later colonial era was labeled as a product of Soviet subversion. But the Russians, no matter how much they may have wished to upset Western ploys and policies, were in no position to do it. This was partly because Moscow was able to know almost nothing at first hand about Africa until the early 1960s, and even then it had to go through a learning period. But more important, Moscow's own policy was no less neocolonialist in its content, whether in terms of the commercial deals they now began to make, or in those of their "aid" agreements, or in their presumptions about the future. Africa, to save itself, would have to march along the "socialist" road laid down by an all-knowing authority in Moscow: even while the wiser heads in Moscow, some of them in the newly formed

Africa Institute of the Soviet Academy of Sciences, now began to see that realities in Africa were not at all the same as Moscow's textbooks said they were.

The real weakness of the Soviet position in Africa, and toward Africa, was never admitted at this time, either in the East or in the West. It could not be admitted in the East because this would have questioned the infallibility of Stalinist doctrine. And it could not be admitted in the West because admitting it would have undermined the assumptions of the Cold War and, in doing that, would have given fresh latitude for African questioning of the postcolonial dispensation. Once again, in other words, there was little ground for any open-minded debate on basic issues of decolonization. Later on, moving from its initial enterprise of investigating Africa, Soviet policy usually became a compromise between a more or less completely imperialist-minded KGB, operating as the subversive arm of Moscow's ambitions, and the requirements of a Stalinist theoretical orthodoxy which possessed no clear contact with the facts of everyday life. Even that degree of social idealism which had survived Stalinism, in other words, was vitiated by bureaucratic self-interest. All this helps explain the jagged shifts and contradictions in Moscow's dealings with Africa. Defense of an Angolan republic against the military aggressions of a racist South African government and army went hand in hand, in the very same years, with the buttressing of an Ethiopian militarist dictatorship which could only do immense damage to the whole of the Horn of Africa.

This is looking ahead a little from the beginnings of postcolonial independence. Meanwhile, as the old imperial flags came down, the mood was not euphoric but it was certainly optimistic. And there were many reasons for optimism. The old empires were falling fast and would not be restored. The social freedoms that had provided the real magnet behind nationalism were making themselves increasingly felt; and the grim silence of the colonial years was already shattered by a hubbub of plans and schemes for a more favorable future. People even talked of a "new Africa," and yet it did not sound absurd. A whole continent seemed to have come alive again, vividly real, bursting with creative energies, claiming its heritage in the human family, and unfolding ever more varied or surprising aspects of itself. The world became a larger and a happier place.

It was going to stay like that for a while. In a large sense it has continued like that: in the sense that not even the worst news has been able to cancel out the tremendous central gain of anticolonial independence, perhaps the only gain at the end of the day, which has sprung from the reaffirmation of Africa's humanity.

The Black Man's Burden

THE YEARS of the 1960s were a time of exciting self-discovery for all those persons in Africa—and they were by now a significant minority—for whom the nation-statist project not only promised a real social and political development, but did so with the force of an irrepressible encouragement. The barriers of colonial racism were thoroughly cast down, or were in the course of being so, and the sense of liberation from a grossly limiting bondage was real and expansive, even among those for whom the ideas of nationalism had small attraction.

Probably there was no single moment after which this optimism began to seem naïve, or perhaps as much as a little shameful, and was replaced by "disappointment" or "disillusionment" in the headline jargon of newspaper currency. In some countries that "moment" had well passed by early in the 1970s: in Nigeria, certainly, with the miseries of the civil war of 1967–70, in Ghana with self-destructions that ensued upon the overthrow of the Nkrumah regime in 1966, in Uganda with the spread of kinship "tribalism," and so on elsewhere. But in other countries

197

the notion of "disillusionment" in the 1970s could only seem absurd, and in truth was absurd. In the colonies of Portugal, for example, the 1960s seemed then, and I think will be so remembered, as a time of extraordinary and sometimes heroic achievement by nationalist pioneers who would win their anticolonial wars in 1974–75. In various circumstances the same was true of other white settler colonies, and it was certainly true of South Africa, where savage repression was already beginning to be the prelude to the emergence of new and more effective means of anticolonial struggle. The optimism of the 1960s had much to nourish it.

Looking back, one can easily see that this optimism nonetheless rested, and had to rest, on uncertain ground. There continued, for one thing, the general situation that had characterized the late colonial period, signaled above all by an insufficient analysis of everyday reality. There was much sociological or politicoscientific research and writing which intended to come to grips with that reality. But its practitioners were usually hampered, if they were orthodox adherents of the philosophies of "free enterprise," by the unwritten but often mandatory assumptions of the Cold War or, if they were Marxists of one kind or another, by comparable but opposite assumptions. With some partial exceptions, no peasant societies in Africa had been studied except in an anthropological dimension not concerned with developmental potentials; and it may not be an exaggeration to say that no such potentials were thought to exist in peasant societies. The newly sprawling towns, true enough, were beginning to be studied—by K. A. Busia, in a rare example even as early as 1950—but as problems for administrative correction rather than as real harbingers of structural change.[1]

Among the Western orthodox, perhaps most damagingly of all, there was little or no will or ability to come to grips with the facts of the colonial legacies from invasion and dispossession.

Given this inability, there was a generally accepted belief that the invasions and dispossessions, however morally regrettable they might be thought to have been, had at least made "development" possible for the first time. What was needed now was simply to democratize the colonial legacies and all would be well. This belief that "development" was now at last possible, the detritus of Africa's unregenerate past having been thoroughly if brutally swept away, may explain a good deal about the general conviction—whether among nationalist leaders, or among the burgeoning ranks of specialist advisers and planners now piling in from Europe or America—that rapid expansions of wealth and mass consumption were not only attainable but could be of an almost automatic nature. I agree with Fieldhouse in thinking that a basic proposition about the 1960s must be that "almost everyone expected too much." The very success and impetus of anticolonial struggles certainly gave strength to this expectation.

Historians may have had their doubts. If so, they were not listened to. Progress must depend, as every kind of plan and published perspective rapidly insisted, upon "modernization"; and "modernization," as it at once appeared, had to mean the wholesale import of non-African scenarios and solutions. The old receptive–Cape Coast perspective was agreed to have got it right: Africa would prosper upon condition of rejecting itself. The future was not to grow out of the past, organically and developmentally, but from an entirely alien dispensation. And the cultural contradiction in this, it must be said, was barely so much as noticed. While triumphal slogans of "Africa for the Africans" rang out from the rooftops, innovations were to be forms of self-alienation. Being such, their sociocultural penetration was to remain persistently shallow: as would be seen most tragically when warlord mayhem burst upon the scene in later years. The republic of Liberia may have been "civilized"—in perhaps the most tragic example—by a century and more of imported scenarios and solutions. But that same republic, in the 1980s, would duly produce scenes of unprecedented barbarism.

This has been a degradation which seemed unthinkable in the early years of postcolonial independence. As African reassertion thrust away the psychological and practical hang-ups created by invasion and dispossession over many decades, the progress of the "outside world" came flooding in, and the results were impressive. The new universities might be extreme forms of the British model, "ivory towers" of elitism suitably removed from the proletarian hubbub of city streets, and garbed in gowns and "high table" ritual; but still they were valid universities where none, save for the odd exception, had ever existed before. And they were fed by new secondary schools using new textbooks and teaching new lessons. Technical and vocational training became available for the first time. Literacy in English or French began to be the possession of large numbers of young people. Books and newspapers became a common thing. All this understandably nourished optimism.

Cities began to acquire some semblance of urbanity. Paved roads became many. Automobiles multiplied. Public services of valuable kinds, whether in health or the means of marketing goods and the provision of amenities, steadily improved. Businesses and banks began to emerge on native foundations and encouraged the belief that an independent African capitalism might be possible and even easy to achieve. Qualified men and women came forward to represent their professions at home and abroad, and often did it with notable distinction. That all this should increasingly divide the elites or beneficiaries from the bulk of the population seemed unavoidable, and seemed, moreover, not to matter. A "new Africa" had been prophesied, and a "new Africa" was surely on the threshold. The later notion that "independence had failed" would have seemed absurd if anyone had cared to advance it, but no one save colonial-minded nostalgics did advance it. The few had expected an easy ride to levels of "high mass consumption," and they might be disappointed. The many had hoped for no such thing but simply for some direct and practical improvement, or for chances of improvement, and they saw reason to feel moderately satisfied. If there was beginning to be noise and tumult, even this could seem a vast improvement on the silence of the colonial years.

So there was much to suggest that the nation-statist formula and pattern were proving a success. The presidential and bureaucratic self-inflations and cavortings were still to come; meanwhile, the introduction of Africa to world forums in the shape of nation-states, easily named and more or less easily identified, was a considerable and even necessary convenience. The "developed world," at least, was accustomed to peoples who belonged to nations, and it could only seem right and natural that Africans should now have built nations to belong to, even if the claim of these new nations to be nation-states on the European pattern had yet to be made good. But Rome was not built in a day, and time would do its work. What was meanwhile impressive, and increasingly felt to be so, was that these new nation-states appeared to have few serious quarrels among themselves. After the Organization of African Unity began its work in 1963, this favorable impression deepened. For apart from a few intractable territorial disputes, which could be regarded as exceptional, the new nation-states had settled easily into their colonial frontiers, however artificial and irrational these frontiers might once have been. This great proliferation of national sovereignties was apparently not going to be a source of strife, but rather the reverse.

I thought so myself, even while I should have known better. On the day the Gold Coast Colony and Protectorate became the sovereign nation-state of Ghana in 1957, I happened to be sitting in the marketplace of the city of Kumase. Seated beside me was a handsome man with the dignity of years and self-respect, shining black of skin as Africans seldom are, who, upon our falling into conversation, told me that he was an ivory trader from Douala in Cameroun. His business, he said, was far-ranging and took him as far as the upper waters of the Senegal River in the country of that name, almost half a continent distant from Douala. How many frontiers he had been obliged to cross in selling his ivory, how many customs posts and officials he had needed to evade! But now, I commented, all that will be different. Now the despised colonial frontiers are proper national frontiers, or soon will be, and people will respect them and the laws of sovereignty. "You will have to adjust your methods of trade." I remember his smile of pity for my innocence, but he simply said, "Ah, do you think so?"

His skepticism was to prove well justified. The official frontiers would be unofficially ignored, and with every good reason in historical equity. For the colonial frontiers had been carved through ancient zones of regional trade, and men had naturally found ways of evading their obstruction. This is what was going to happen again, and massively as the years went by. No matter how convenient it would be for nationalist elites and beneficiaries to present themselves as presiding over solidly constructed states, these states were going to be very leaky vessels. Smuggling, in many cases, was going to be an overwhelming factor in many of the new national economies. The point is worth insisting on.

"Like most frontiers in Africa today," comments Jean Suret-Canale, the leading historian of the republic of Guinea, formerly the French colony of that name, "those inherited by Guinea from the colonial partition are completely arbitrary. They do not reflect the limits of natural regions, nor the limits of separate ethnic groups. They were shaped in their detail by the chances of conquest or of compromise between colonial powers."[2] These Guinea frontiers might acquire a certain rationale along their central axis between the port of Conakry and the internal market center of Kankan; but large zones on either side of this north-south spine were, he adds, simply tacked on without really belonging to it. These tacked-on zones during the colonial period had been "ends of the world" where nothing happened or was supposed to happen, save that law and order insisted on the utter quiescence of their numerous inhabitants: which meant, in practice, their stagnation.

But then, after the Second World War and a shifting of the colonial logjam, there had come the "opening" of these peripheral zones with roads capable of taking motor vehicles, and the peripheral zones were drawn within the reach of economic development. Yet the centers of that economic development for these peripheral zones were not within the frontiers of Guinea:

they were Dakar, Senegal, for the westerly among them and, for the easterly, Monrovia, Liberia, or Abidjan in the Ivory Coast.

Rational development of the economy of the new nation-state of Guinea, regarded as a sovereign "unit of development," had to be accordingly difficult. To sever these peripheral zones from their natural but external partners asked, in practice, for the impossible. For "what control can be expected of a handful of customs officers deprived of motor vehicles or, if they have any, obliged to use them on the one road that goes through their frontier post: and this when they have to operate along hundreds of kilometres of frontier crossed only by footpaths?"[3] Nor could stiff disciplines of monetary control be much help. "After 1960," continues Suret-Canale, "inconvertibility of the Guinea currency," introduced in order to achieve control of smuggling, "lends a new force to illegal trade: capital savings which can no longer make their escape in cash simply do it in kind," and again there could be, in practice, no efficient check on this. Then why not call on the remedy of patriotism, and apply to the nationalist loyalties of all these numerous peoples in zones peripheral or otherwise? And this of course was tried: in Guinea, for example, by applying to village committees and youth organizations and local militias, and asking them to destroy those very networks of smuggling upon which their local welfare was known to depend. Reams of exhortation were written and spoken on the subject. But the thing could not be done. And Guinea, in this respect, was a widely and increasingly typical example.

The years of independence showed rapidly that the arbitrary nature of the colonial frontiers was in no primary sense a reason for structural frustration: they could be ignored, and usually they were. The roots of nation-statist discord lay elsewhere.

Once in power, the nationalist elites had to face a painful contradiction between theory and fact. Theory supposed that the surging tides of anticolonial nationalism, unquestionably democratic as they were in sentiment and composition, would flow quietly into "party-political" compartments provided by the approved parliamentary models of Britain and France. These compartments would be expected to contain and represent the diverse group-interests of the body politic, and resolve their different claims by appropriate alliance between parties or compromise between parties. Governments would rise and fall according to the rules of parliamentary tolerance. Human frailties might interrupt the due unfolding of events, but would be held reasonably in check by consensus of the general interest. That is what theory said.

But fact said otherwise. Fact said that the British and French models derived from, and were inseparable from, a society already divided into established social classes. Above all, these models were dependent for their effectiveness upon the hegemony of widely spread "middle strata" capable of dominating society and its economic sources of wealth; and these indispensable "middle strata"—whether "high bourgeois" or "middle bourgeois" or even "petty bourgeois"—were precisely what the histories of Britain and France had produced over the past 150 years. Latterly, these histories had also produced another class, the "working class." They had found great difficulty in fitting this "new class" into the parliamentary compromise; but this, too, they had more or less managed to achieve. Parliamentary government might shudder and tremble from time to time, but could survive and prevail.

Fact in Africa therefore had to quarrel with theory. For the history of Africa over the previous 150 years, or much more, had not produced a society divided into easily recognizable and operable social classes. This might have been about to begin to happen in precolonial states, or nation-states such as Asante where economic development, as we have seen, was in the early stages of promoting private capitalist enterprise. But such cases were rare, and in any case their degree of "class crystallization" was immature. What African history had much more clearly promoted, above all where trade with Europe had become a widely controlling influence, were regional and territorial rivalries or combinations of interest.

These regional or territorial interests were what now flowed into the "party-political" compartments of the parliamentary structure. Often, though not always, they assumed an ethnic guise, especially wherever ethnic groupings or nationalities were numerous and economically expansive. Largely by European misinterpretation, the resultant conflict or combination of interests was labeled tribalism: Europeans had supposed that Africans lived in "tribes"—a word of no certain meaning—and that "tribal loyalties" were the only, and primitive, stuff of African politics. Colonial rule had worked on this assumption, dividing Africans into "tribes" even when these "tribes" had to be invented. But appearances were misleading.

What rapidly developed was not the politics of tribalism, but something different and more divisive. This was the politics of clientelism. What tribalism had supposed was that each "tribe" recognized a common interest represented by common spokespersons, and there was thus the possibility of a "tribal unity" produced by agreement between "tribal representatives." But clientelism—the "Tammany Hall approach"—almost at once led to a dogfight for the spoils of political power, for it meant, as Chris Allen has neatly explained, that "politicians at regional and national level gained and reproduced the support of local leaders by allocating to them state resources over which [these politicans] had influence or control. Each attempted to maximise this support and his access to resources in competition with rival politicians."[4]

This kind of race for the spoils of power or of political office (usually the same thing) became the motive force of these supposedly parliamentary systems. That had once been equally the case in Britain and France: but in those cases the crystallization of society into nonregional and nonterritorial social classes, together with the structures of interclass compromise promoted by the passage of time and the hegemonic influence of capitalism, enabled the British and the French to build a multiparty system with a nationally legitimate character. This was to prove so little feasible in Africa that a Nigerian parliamentary constitution of 1990, seeking a way out of military rule but despairing of the multiparty systems of the clientelist dogfight, actually provided for Nigeria to have, by government decree, only two political parties: one to be in power, and one to be in opposition, with the presumption (far from widely shared) that Box would duly and peaceably alternate with Cox. Generally, the nation-states of Africa have had to endure clientelist "single-party rule" with all its openings to dictatorship, or else "multiparty rule," which has simply led to other forms of clientelist corruption.

Inherent conflicts of theory and fact were worsened by another contradiction for which the nationalists were in no way responsible, and about which they could in any case do little. Theory, as the new nation-states took shape, said that government was to be democratic. The people would meet, discuss, and decide; and government would reflect all this. But fact again said something altogether different: it said that for as long as these countries had been colonies, government had always been by rigid dictatorship. Fact said that colonial powers had invariably ruled by decree, and decree had been administered by an authoritarian bureaucracy to which any thought of people's participation was damnable subversion.

Fact went on to say that the new nation-states inherited the dictatorship and not the democracy, and that anyone who thought it wasn't so had better have his head examined. The systems that were "taken over" might vary in detail and culture, but all of them—from the British and French through to the Belgian and Portuguese and Spanish—supposed that the actual work of government, and all the crucial decisions depending on it and from it, would be exercised by a bureaucracy trained and tested in authoritarian habits and practices. And this acute rigidity was made all the more immovable by another fact: that no colonial government had ever, anywhere, devolved any noticeable quantity of power to democratic forms of local government. Chiefly hierarchies had here and there been given powers of local government, as in Northern Nigeria: but never as organs of democracy.

So the practical outcome, the factual outcome, had to be authoritarian even when the nationalists wished it to be democratic. Bureaucracy ruled together with clientelism, and gradually became much the same thing. With all this the actual political content of these nation-states narrowed into groups and persons with command over, or at least access to, income-yielding resources—against all those other groups and persons, a numerical majority, who could be milked of such resources. And this in turn meant, as things worked out, a deepening opposition between the interests of the cities and the interests of the rural areas. Effective political power sat in the cities, whether as the seat of clientelist leaders or as clients of those leaders, and this trend became ever stronger as the cities grew ever larger. In these circumstances, authoritarian state power went together with expanding bureaucracies: that is, with hugely increasing quantities of persons who in one way or another looked to the state for patronage; and the ideal became not so much to occupy a job as to occupy a wage.

The urban tail increasingly wagged the rural dog. States which relied for their notional solvency on foreign subventions all the more readily accepted the result. In the little equatorial republic of Congo—"Congo-Brazzaville" to distinguish it from its much bigger neighbor "Congo-Kinshasa" (ex–Belgian Congo, and later Zaire)—the size of the state-paid bureaucracy grew continuously. The case was typical. All such persons more or less clustered idly in the capital city or one of its satellites, together with armed forces far larger than required to meet any conceivable threat to the state. And all of these, directly or indirectly, lived off "foreign aid" and the surplus extracted from an increasingly impoverished rural community, whose interests were shoved ever more painfully to the end of the line.[5]

* * *

Patently obvious in the 1970s, and due to become excruciating in the 1980s, the results were destructive of the national unity that had been expected to produce a balanced progress. No matter what experiments were attempted, either as "capitalist" or as "socialist" or a mixture of the two, this evolving conflict of interests between city and countryside led to declining food production, whether through city-countryside terms of trade that advantaged the city consumer against the village producer, or through plain neglect of state investment in useful infrastructure such as rural feeder roads and the like. This was seen, condemned, and regretted. But the record shows how extremely difficult it was to reverse the trend.

For again the trend was part of the colonial inheritance. Ghana provided the classic example when still a colony. Through the mechanism of a state marketing board, the British in Ghana (then Gold Coast) had regularly milked the producers of cocoa, the country's most valuable export product, of a large part of their surplus: in other words, they had paid cocoa farmers notably less than the value of the cocoa when exported to the world market. This had been justified on the grounds that the difference between the price paid by the state marketing board to the farmer and the price received by the board from foreign buyers would be held in a "reserve" which could be drawn upon by the farmers whenever the world price fell in value. In practice, the "reserve" was simply added to Britain's sterling assets in London. But now it was said, after Ghana achieved internal self-government in 1951, that the accumulation of a "reserve" from cocoa sales should be maintained, but used for the benefit of infrastructural modernization, for "national development," notably in the promotion of urban industry. The farmers, in short, would continue to be milked of their surplus.

This could be wise policy, given the urgent need for infrastructural modernization after the ravaging colonial years, provided that it were moderately done, provided that the goose that laid the golden eggs of cocoa were kept in robust good health. But the newly autonomous government and its foreign (mainly British) advisers appear to have seen no virtue in such moderation. They continued as before. Between 1947 and 1954, for example, payments to cocoa farmers amounted in total to no more than 48.6 percent of the sums actually received for cocoa sold abroad. What the farmers were getting for their work amounted, in practice, to 37 percent of average world prices. Not being fools, the farmers objected. They agitated for a better price. But they did not receive it. In a crucial decision of 1954, the prelude to years of upheaval and eventual devastation of what had been the world's greatest cocoa-producing agriculture, the government insisted on freezing the price paid to farmers at 72 shillings a load, or less than half the price the farmers had asked for.[6]

It was a decision that was to symbolize the continuing and costly triumph of the "city" over the "village." Part of that price has had to be paid in a reliance on imports of foreign food into a continent which had always been self-sufficient in food. Disgusted by the state's indifference or hostility—that is, the city's indifference or hostility—countless rural producers have turned their backs on the state. They have contented themselves with growing food for purely local consumption. Or they have gone massively into the transfrontier smuggling trade.

So it came about that a reasonable and even necessary policy

of accumulating development capital from rural surpluses—
necessary because there were usually no other surpluses of significant size—was turned into a disaster; and this in the 1970s
became a general condition. Even apparently contrary cases illustrate it. In another West African republic, that of Senegal,
groundnuts had long played the role of Ghana's cocoa: they
were the country's greatest export asset, and the monocultural
basis of the state's economy. After independence in 1960 the
Senegalese state was careful to ensure that the interests of those
who delivered the groundnuts should be well protected. But
these deliverers, in an effective sense, were not the producers
of the nuts. In Ghana the producers were a multitude of small
and middle farmers, each owning land as individual operators
or members of a family network; in Senegal, by contrast, the
producers were often landless farmers working as ill-paid labor
for landlords, the latter being also religious personalities (*mara-
bouts*) or other influential entrepreneurs. Looking after the sell-
ers of nuts to the coast did not mean the same thing as looking
after the actual producers. The actual producers were not looked
after. They were systematically exploited and abused. They,
too, replied by turning their backs on the state and its exactions.

A severe rural crisis erupted in deepening anger and frustration. According to the historian Boubacar Barry, "In 1970 the
rural areas [of Senegal] were on the verge of an uprising as a
result of vexations perpetrated by the administrators [the
agents, that is, of the state bureaucracy in one form or another]
on peasants virtually unable to pay their debts"—unable to pay
because of low prices paid to them for their product, added to
drought and a cycle of bad harvests.[7] Ten years later, in
1980–81, the same crisis, still unresolved, had become acute.

"Famine settled in throughout the countryside, where the peasants systematically refused to pay their debts [debts, that is, incurred for the purchase of productive necessities]" and boycotted the purchase of fertilizer and equipment offered under the agricultural program, while refusing to market their crops through the official channel, writes Fieldhouse.[8] By this time the Senegalese economy was virtually stagnant and debt-ridden. In short, the groundnut producers upon whom the health of the nation-state economy depended turned to producing food for their own needs, or else grew groundnuts for sale on what now became known as the "parallel economy."

Smuggling of produce within frontiers and across frontiers became an almost universal rural response to the antirural discriminations of the official and city-based economy. All competent sources of information appear to agree on this. The volume of "parallel" and illegal—or, more bluntly, smuggling—trade naturally varied from republic to republic. In many cases it was very large. Peasant incomes in the small but naturally fertile republic of Benin (formerly Dahomey) fell continuously during the 1970s: in real terms, according to official figures, by as much as 2.6 percent a year. But who knows what the official figures were worth? They could take no official account of "unofficial" trade; and "unofficial" trade, according to well-advised estimates for 1982–84, reached the astonishing but believable proportion of *nine-tenths of all the trade* of the republic of Benin.[9]

In some large cases, such as Zaire, the position was no different. To the large and wealthy autonomous state of Kano in the Nigerian Federation, during 1988, there came the blessing of a bumper wheat harvest. It was thought to have produced some 285,000 tons. But the Nigerian Flour Milling Association affirmed that only some 15,000 tons, or 6 percent of this harvest, had reached the country's official mills.[10] "What happened to the rest," remarked one well-informed observer, "is anybody's guess." No doubt; but anybody's guess was almost certainly that the missing 94 percent of the wheat went quietly through illegal channels, a circumstance which surely surprised nobody and caused no surge of guilt.

Most of the smugglers will have been otherwise law-abiding and respectable citizens. For what this meant was not that Nigerians had become perversely given to economic crime; as it happens, they are a people with an ancient and sophisticated respect for law and contract. It meant that the Nigerian nation-state had lost its legitimacy in the eyes of a significantly large number of its people, perhaps even a majority if one takes account of the multifarious operations of the "parallel economy."

Here, in short, was another factor prompting disintegration. At the outset of independence there had been a narrow gap in trust and confidence between the bulk of the population and the beneficiaries or leaders of anticolonial nationalism. The social aspects of the anticolonial struggle still retained primacy of influence over all those aspects concerned with nation-statist self-identification. The welfare and advancement of the majority, one may even say, was still consciously accepted as an aim of policy more important than the interests of that necessarily small minority with access to political power and the economic fruits of political power. The gap existed but could be bridged if an attempt were made to bridge it. Now, after ten or twenty years, the gap had widened to an abyss: on one side, a great mass of resentful and impoverished rural people and, on the other, a small minority with quantities of wealth. Into that abyss there had plunged, more or less helplessly, the legitimacy and credit of the state which had allowed this gap to yawn.

No simple explanation of such phenomena can ever be adequate. In this enormous invitation to disaster there were many contributory strands of action or inaction. But they all came together, visibly in the 1980s, in destruction of the accountability of the state upon which the nation was supposedly built. One of these strands was the territorial awkwardness of the state formed by the colonial partition and "transferred" to African hands. Another, in this legacy, was the contradiction between continued state dictatorship and the expectations of state democracy. A third was the growth of illegal trade, itself a product of the contradiction between the interests of the few and the interests of the many: in general terms, between the city and the countryside. There were other factors of disintegration, all working in the same direction. One of these was what may be called the ecological inheritance, a second was the international context.

The ecological inheritance became much heavier, during the 1970s, with the arrival of cyclical drought in the savannah zones and the commercial devastation of tropical hardwoods in the rain forests. The effects of drought and commercial devastation are impossible yet to quantify, but all sources agree that each has already brought serious degradation. Much of Africa was now to be in peril of imminent desertification; and there were no signs as yet of any important reversals of the trend. With civil wars raging, large populations in the pastoralist cultures were subjected to an almost genocidal scourge of natural and man-made impoverishment. There would be no way by the early twenty-first century to recapture the human realities of the Africa even of the colonial years, let alone the precolonial years, save by reading books about them. Whole cultures will have vanished in the meantime.

This being so, one still needs to bear in mind that the ecological inheritance could never have been less than difficult. Africa was "tamed" by its historical peoples, over many centuries, against great handicaps not generally present in other continents, whether in terms of thin soils, difficult rainfall incidence, a multitude of pests and fevers, and much else that made survival difficult. No policies of "development," no matter how honest and intelligent, could have transformed every large zone of Africa into a smiling garden of high agrarian production. The trouble after independence, in this dimension, was that the plans aiming at "development" were neither honest nor intelligent, at least in the vital sense of being an efficient product of disinterested field research. And this, more often than not, seems to have been the consequence of relying on specialists and experts whose training and perception were the fruit of non-African experience, and who, moreover, were usually working for bureaucracies which have demanded quick results.

It took some twenty years after about 1950 to make serious headway with the proposition that African farmers aren't fools. Even then, the thought that they are fools has lingered in many learned heads and leapt with alacrity into the writings of a host of visiting "observers." The thought is far from new. The general assumption and attitudes of textbooks of the colonial era—of course, there were exceptions—was that African farmers had not understood, and by themselves could probably never understand, the potentials of their soils and situations. So the key to agricultural enlargement—to self-sufficiency in food, territorial solvency, and eventually nationalist success—was held to lie in the transfer to Africa of non-African farming experience and technology.

Here and there, this proved right, as in the import of improved maize strains to Kenya, but more often it proved wrong, sometimes disastrously wrong, as in the notorious case of attempted cotton planting in the middle Niger "delta."

Nothing better showed a general European contempt for African practical experience than this particular case of "colonial development." A huge public investment was designed by the French colonial authorities to grow cotton in the delta region upstream from Timbuktu where cotton had never been grown before. Nothing that the "hands-on" wisdom of Europe could advise was to be overlooked. Just to make sure, peasants from neighboring lands were hauled in and "settled" in villages placed under military discipline, with obligatory labor from dawn to sundown. This went on most of the years between the two world wars. By 1939 it had become clear that the plans were bad and the money wasted. What European wisdom had failed to undertake were serious studies of soils and local methods of cultivation. After 1945 all further attempts to produce cotton were abandoned, and then it was conceded, as local farmers might have told them in the first place (if the farmers had been asked), that irrigation in these ecological circumstances, "after producing less than average yields, eventually sterilised the soil by washing it out."[11]

By the 1980s there came at last the beginning of a reversal of this European contempt for African practical knowledge: it began to be accepted that African farmers might know better

217

out of their own experience, even out of their own technology, and possess a hardheaded regard for their own best interests. As the ecologist Paul Richards has put it, "Practices such as 'minimum tillage' and 'intercropping' are now seen not as evidence of the 'backwardness' of African agriculture, but as principles with considerable development potential," and "are even beginning to attract the attention of commercial agriculture in temperate lands."[12]

Although the ecological inheritance has in many ways been adverse, Africans have often found ways of dealing with it. But Africans have had no such success in dealing with adverse factors in the international context.

Once one begins to peer into the relationships between the peoples of Africa and the colonial powers, or more generally the industrialized powers whether or not directly owning or having owned colonies, one is into a realm of high mystification. Against every likelihood of human nature, the view was steadily advanced in all established media that the cost of the "white man's burden" had been met, and generously, by the white man: Britain and France, above all, had disbursed their wealth in favor of the poor benighted blacks. But the often reliable statistical records of empire indicate that this had never been true. They also show that it became ever less true as time went on, so that after the Second World War these great imperial states, in the words of David Fieldhouse, "squeezed and exploited their colonies in Africa in ways never seen before."[13]

Fieldhouse also found it useful in his *Black Africa, 1945–1980* to remind his readers of the facts behind the myths of European generosity. If post-1945 France sent some of its taxpayers' money to Africa, the advantage accrued to its manufacturers and exporters; the British, for their part, were unreservedly mean. A "rough calculation suggests that between 1945 and 1951, Britain extracted some £140 millions from its colonies, putting in only about £40 millions under the Colonial Development and Welfare Acts," the latter being parliamentary measures of greatly cried-up generosity for whose hypocrisy the founding fathers of the British Labour Party (then forming the imperial government) must have been revolving in their graves.

Elsewhere, there was less hypocrisy, least of all perhaps in Belgium. Again it has been Fieldhouse who has well summarized Belgium's exploitation of its vast possessions in the Congo Basin. By late in the 1950s, the threshold of Belgian political withdrawal, about 1 percent of the inhabitants of the Belgian Congo (Zaire today) were of non-African origin and loyalty. But "95 percent of total assets, 82 percent of the largest units of production and 88 percent of private savings belonged to foreigners. . . . Here then was a society in which about 110,000 whites and a very few large overseas firms controlled almost the entire modern economy."[14]

The point of recalling these facts is not to rebut the myth of imperial generosity or to lament its dishonesty, useless exercises today and often no longer necessary. The point is to emphasize that the extraction of wealth from an already impoverished Africa was in no way halted by the "transfer of power." A transfer of poverty continued as before, even while the means of transfer were modified or camouflaged. When the boom in raw material prices collapsed with the ending of the Korean War in the 1950s, the direct political control of territories in Africa could be safely passed to the colonized while at the same time ensuring that these territories remained subject to the overall financial and commercial domination of what was now, during the Cold War, called the West, meaning essentially the United States and its European partners or dependents. Mystification resumed.

It might be far better for Africa to "belong" to the West than to the East, although this was a proposition during the Cold War more often asserted than proved; but "belonging" to the West was no bed of roses. Generally and with exceptions, the international terms of trade continued to move against the interests of African producers and exporters. In 1975, for example, a ton of African copper could buy 115 barrels of oil, but in 1980 only 58 barrels; a ton of African cocoa could buy 148 barrels of oil in 1975, but in 1980 only 63 barrels; a ton of African coffee could buy 148 barrels of oil in 1975, but in 1980 only 82 barrels; and so on down the line. Great conferences were called by United Nations organs with a view to reversing or reducing this adverse trend and its consequent extraction of African wealth for the benefit of non-African buyers and spenders.

None of these portentous and costly conferences produced so much as a sliver of material benefit for Africa. At the seventh, held in 1987, it was revealed that the fall of Africa's export prices during the year before had cost Africa no less than $19 billion, while the cost of manufactured goods imported by Africa had risen by 14 percent. Yet everything continued as before. In 1990 there came the sixth successive year in which the world's low-income countries—the ex-colonial countries, the so-called Third World—again increased their net transfer of wealth to the "developed world": that is, to the ex-imperialist and other industrialized countries. And still there was no sign of change.

When the economies of "actually existing socialism" in Central and Eastern Europe and the Soviet Union went flagrantly into crisis in 1989, there was much self-congratulation in the West and happy talk about the virtues of free-enterprise capitalism. It was less noticed that these were virtues of which Africa had so far known little or nothing.

While the outside world stood by and continued stolidly to take its cut of Africa's productive wealth, giving back less and less in grants, aid, or better prices, the scope for political redress correspondingly narrowed. As the new nation-states lost their legitimacy in the eyes of widening ranks of citizens, and hunger spread with less and less means of relieving it, there came what everyone could see, or at least could feel or apprehend, to be a steady decline in the moral and political values of those who led or claimed to lead these nation-states. The facts show that this apprehension was by no means always justified, for there were leaders and political movements or national parties that re- mained true to the proposition that honesty and hard work could still save the day. But deepening impoverishment piled tremendous handicaps on every effort at honesty and hard work. Even among those who still hoped for the best, and strove for the general good rather than the individual racket—and there were still many such in this Africa of collapsing expectations— a growing sense of fatal isolation took hope by the throat and gradually choked it into the lassitudes of despair.

What could anyone do? Their economies would not work, their institutions fell from one dilapidation into another, their peoples were in dissidence when not in seething revolt. Mean- while, the West assembled learned conferences and dictated new policies that in substance were no different from old policies;

while the East barked its slogans and presented whenever it could the solutions of "actually existing socialism," solutions which, as for example in Mozambique, not only solved nothing but were now seen to have created still worse problems than before. The time would even arrive, after 1977, when Soviet policy would attempt with great and costly effort to install in a supposedly "revolutionary" Ethiopia those very policies and institutions of centralized dictatorship that a reforming leader, Mikhail Gorbachev, was about to denounce as disastrous to the Soviet Union itself.

It seems generally true that the decline in moral and political value of those who claimed to speak for Africa was both rapid and widespread. Again there were notable exceptions, as the work and reputation of a man like President Julius Nyerere were enough to show. Yet it was characteristic of those gloomy years of the 1970s that new policies and aims introduced to Tanzania under Nyerere's inspiration, seeking to find ways of mobilizing mass support for self-reorganization, were generally mocked by other African governments as "utopian" or "idealist," rather as though "reality" in this Africa could never do more than serve a narrow and reckless self-interest. Nyerere's "experiments" on behalf of a general good were an object of "outside" scorn while the actual workings of the terms of trade, worldwide, ensured that none of these experiments could do more than limp, or even work at all.

Exceptions apart, this was now a time when the devil could and did take hold of the hindmost, and shake the living daylights out of hope or wish. In such circumstances even the best of persons seldom show to much advantage. Several tried until they ended up in exile, prison, or death in "unexplained circumstances"; others were less heroic but perhaps more useful—the argument around that point was as difficult here as it has ever been anywhere else—and weathered the storm in silence or compromise. Meanwhile, they were all nagged or bullied by complacent persons and institutions, distantly abroad, who called for "more democracy" as though democracy were a patent medicine to be uncorked and poured at will.

They could agree that there was everything to be said for more democracy. But the democracy in question, neatly bottled by a host of academic propagandists, was invariably presented as the parliamentary democracy distilled from the fruits of a mature capitalism that was said to "rule the West" and did indeed, now and then, rule the West. But it could rule this Africa only on the supposition, just as invariably advanced by the aforesaid institutions and persons, that the colonial powers had promoted a simulacrum of the West's governing conditions. They had, alas, done nothing of the kind.

What they had done, much more often, was to destroy or downgrade Africa's own institutions and cultures which, through an immensely long history, had taught how to provide forms of public control over executives, forms of public comment against executives, forms of public distrust of executives— in short, forms of democratic behavior—and which had given Africa's peoples, or many of them, a confident sense of possessing *and exercising* a real control over their own lives. The institutions of that past sovereignty could not be restored. The cultures which had produced them, though often still alive after the batterings of colonial dispossession, were in any case sorely lacking in self-belief. What remained possible now could only be difficult experiment or renewed subjection.

The notion that a past Africa had developed forms of democratic behavior rather than forms of barbarism, or the notion that these precolonial forms of public participation might now be concepts useful to the evolution of postcolonial forms of democracy, could only seem foolish or sentimental to the opinion-makers of Western orthodoxy. Their political science has seldom taught them any African history, and when it has, it has taught them a history that seems entirely severed from modern potentials. As for the bulk of commentators on this Africa of uproar and confusion, asked to utter instant wisdom on matters of complexity, they were usually lost in a sea of ignorance. When they saw a difficult experiment—as in Tanzania during the later 1960s, as in anticolonial movements of the Portuguese colonies during the early 1970s, as now and then elsewhere—they fell back on slogans drawn either from an old Eurocentrism or the Cold War, so that Africans and African movements that had seldom or never heard more of Communism than the names of Marx and Lenin, or even less, were solemnly denounced as potent agents of red revolution. But much more seriously, in looking at Africa these commentators also saw something else; and this was really there. They saw nation-states harried by purely internal subversions and distractions. They saw clientelist "tribalism"; and this they saw as a final proof that nothing in Africa's past could be useful to Africa's future.

Now "traditional" Africa had certainly produced modes of loyalty and self-defense that may be called tribal if you are determined not to call them national. Far from being subversive of established order, they were more generally constructors or guardians of established order. But in periods of breakdown or

severe disorder, these modes of loyalty and self-defense under-
went a change that was both a reduction and an extension.
They drew back into the defense of individuals or clusters of
individuals while at the same time extending their effectiveness
in many ways subversive of the state. One can make a comparison between this use of kinship in political contexts, ever more
active in postcolonial Africa, with the use of smuggling in economic contexts: each, in its way, acts as a compensation against
the weakness or the incapacity of state institutions unable to
protect citizens and advance their interests. One could regret
this, but regretting it was only a way of saying that citizens
should quiescently accept hunger or injustice.

The "tribalism" that now disturbed these states was partly,
as we have seen, a convenient invention of the colonial period:
gathering Africans into invented tribes could make colonial administration easier, or at least cheaper, while from an African
standpoint, being so gathered could produce a stronger bar-
gaining voice. But we may remember that it was also something
else, and much older—as old, at any rate, as the major period
of the slave trade in the eighteenth century or earlier. The
Nigerian historian Peter Ekeh has argued convincingly that the
spread and reinforcement of kinship ties and manipulations—
in short, forms of clientelism—became a dominant mode of
political life in Africa in that historical period, the major slaving
years, whenever the state either failed to defend citizens from
violence and enslavement or became the wrecker of community
life. He draws a comparison between the rise of feudalism in
medieval Europe and the rise of this African "tribalism." For
"if in Europe the response to the failure of the state to provide
security for the individual was the institution of feudalism, in

Africa the response to the violation of the citizenry by the state, in its sponsorship of the slave trade, was the entrenchment of kinship corporations."[15]

Leaving aside the issue of feudal comparisons, Ekeh's thesis seems powerfully instructive: an early product of that deeper understanding of Africa's history which the advance of historiography, written now from inside its subject rather than from outside, will increasingly give us. It has, in any case, a very modern application.

The slave-trading African state, as it evolved after about 1650, became dependent for its viability on external sources: whether to export captives for enslavement, or to import the firearms that slaving raids (or defense against them) invariably required. It was in this dimension a protocolonial state. In most cases this coastal or near-coastal dependency was already far advanced by early in the eighteenth century. But as it advanced, together with the state's violence or its incapacity to prevent violence, the state "grew apart from society," in Ekeh's words, to a point at which citizens sought other forms of self-defense. As the slaving state became increasingly a predator, "kinship systems were strengthened and elaborated as a means of providing protection against the dangers of the violence created by the slave trade." In just the same way, much later, the predatory nature of the postcolonial or neocolonial state in Africa (but not only in Africa, as the Stalinist state in Eastern Europe would show at much the same time) has provoked self-defense by kinship ties or their bureaucratic equivalents and, with this, a corresponding subversion of the state by smuggling and related kinds of economic crime.

True enough, this line of thought leaves questions open for

investigation. What in practice was the status of kinship corporations before the slaving centuries made them so generally useful, even indispensable? What can be their power of survival if a form of state should emerge that is competent to defend its citizens, and stand for them rather than against them? But in present reality there is no doubt that kinship corporations or their equivalent, rather than any other form of political self-organization, are what generally count for most in everyday life. The hostility or sheer incompetence of the state has ensured as much. So the big problem about building democracy can be no more a matter of counting the number of political parties on the electoral scene than of counting the quantity of angels on the point of a pin.

When in due course the pirates who had seized power in the vast country of Zaire, in central Africa, became due for expulsion and in 1991, meanwhile, there was some let-up in dictatorial terror, it was found that the new "multiparty" state proclaimed in 1990 had fostered overnight no fewer than 230 "political parties," not a single one of which had any of the organizational and mobilizing capacity that a political party is supposed to have. This was a reversion to kinship corporations under the thinnest guise, and was going to solve precisely nothing. The real solution would have to lie elsewhere. It would be to devise and uphold a state such as citizens will accept and respect as the valid and therefore worthwhile representative of their interests and protector of their rights.

Kinship corporations cannot produce a democratic state, whether or not they are disguised as political parties. They are bound to be the enemies of the state if only because it is the state that has allowed them into the political arena through its failures in effectiveness. Being the enemies of the state, kinship corporations hasten its downfall. They point, more often than not, to a collapse of civil society and the response of *sauve qui peut*. They open the gate to fearful abuse of the common interest. They have led in Africa to terrible destructions. If the worst of these were still reserved for the 1980s, a decade that may be truly called "the decade of the AK-47," they nonetheless reached a sorry level in the 1970s. Uganda, Chad, Burundi, and quite a few other lands, were submerged in tides of violence which revealed time and again that the "tribalism" of kinship corporations and their equivalents could act as an agent of mutual havoc that nothing seemed able to contain.

Soldiers evidently incapable of tolerance or mercy rode to power as the champions of this or that "ethnic group," even when actual ethnic differences had little or nothing to do with their coercions and plunderings. Politicians harvested the spoils of kinship manipulation with an ingenuity of crime and corruption that rivaled anything of this kind ever managed elsewhere. Presidents outrageously enriched themselves; governments mocked the most elementary justice; officeholders turned themselves into licensed profiteers. Gradually, through the 1970s, a mood of soured exasperation crept across every public scene.

We shall see that this was just what was happening in Central and Eastern Europe where, if the appearances were different, the decisive circumstances were essentially the same. And in Africa, too, dissidents and patriots emerged, and sometimes survived. They, too, tried whenever possible to take hold of this caricature of nation-statehood and make it function as its prophets had believed it could. Some of the soldiers were among them, and among these—exceptionally, in this case, during the

1980s—was a military ruler of the Federation of Nigeria, General and then President Ibrahim Babangida. He was one of those not-so-few Nigerian soldiers who stood historically in the position of other patriots such as Murtala Muhamed and Olusegun Obasanjo. These were men who had worked to keep the federation together even during and after the worst excesses of "tribalism" in the Nigerian civil war of 1967 to 1970. They were pledged to the conviction that military rule had no developmental value; at best, it could hold the ring until politicians were ready and able to behave as statesmen. Repeatedly since 1966, when governments had begun to be overturned, Nigerian soldiers returned the state to civilian hands. They were as repeatedly disappointed in their hopes.

Another of those disappointments was to occur in 1983. Soldiers again removed an existing civilian government. They did this, said Babangida in the aftermath, because that civilian government had "ruined the economy of the country, generated national dissension and instability, and engaged in massive rigging of elections with the attendant violence and insecurity of lives and property." He continued with a bitterness laced with exasperation. He said that "if Nigeria's political class had learned anything after thirteen years of military rule, it must have been how to mismanage the economy in a more damaging fashion, rig elections in a more brazen manner, and cause widespread disaffection among the general population on an unprecedented scale."[16]

The more incompetent the state, in short, the wider grew the gap between the state and society, including the gap between town and countryside; and the wider this gap became, the more frantic and unbridled were the subversions of "tribalism," as people sought for self-defense in kinship ties or their equivalents. The circle of negation seemed complete.

The political sociology of much of Africa, after the 1960s, thus began to acquire a mournful guise of repetitive failure. This was increasingly ascribed to a failure of persons rather than of institutions. The reality, as the facts have urged, was rather that the nature of society had failed to meet the requirements of the parliamentary models by which the new nation-states were supposed to operate. No strongly hegemonic "middle strata" had emerged, or even, outside small clusters of capitalists in several cities, begun to emerge; nor did it seem at all probable, given the ambience of the world economy, that any such hegemonic strata could emerge in a foreseeable future. The hopeful millionaires of Lagos in Nigeria, or Nairobi in Kenya, or others elsewhere and of older provenance, as in Cairo and Tunis, had evidently come too late to the feast, swamped by new multitudes of the poor while hampered in their every effort at becoming a "true economic bourgeoisie."

The soldiers repeatedly "took over," the worst as pirate warlords and the best as standing in for a bourgeoisie which stubbornly refused to appear; and the political record, as General Babangida cuttingly observed, became a succession of disasters. In this installation of "solutions by coup d'état," there were several that were probably decisive in the downfall of a nationalism which no longer placed the struggle for social improvement at the center of its project. One of these "turning points," early on, was almost certainly the overthrow and murder of Patrice Lumumba in the first months of Zaire's independence; after that, as we shall see a little further on, the nation-state of Zaire became a mere fantasy of what the term has been supposed to mean. Another such "turning-point," once again in response to the pressures of the Cold War, was undoubtedly the overthrow in 1966 of the regime in Ghana headed by Kwame Nkrumah: decisive, in this sense, not because that regime had been a model of success (though one may think it far less of a failure than its critics have alleged), but because its overthrow opened the door, as was soon proved, to the habits of violent excess.

With clientelism now feeding voraciously on the fragility of states—states that could so easily be overthrown or subverted by generals or colonels, and soon enough by sergeants and corporals—there seemed no limit to its ravages. From internal self-government in 1951 to independence in 1957 and on to Nkrumah's overthrow by soldiers in 1966, a period of fifteen years, Ghana had lived under a nationalism which, with whatever errors and miscalculations, had maintained a strong respect for the advancement of a social struggle under a rule of law and of constitutional restraint. It may be said that the project was unrealistic in the general conditions under which that project had to be attempted, but this is argument by hindsight. No competent Ghanaian at the time, not even those who were foremost in opposing the policies of the Nkrumah regime, seems to have thought that the social project was bound to fail. They disagreed on the methods and the personalities, a rather different matter.

After 1966, however, the strong legitimacy of this national project rooted in social improvement—and through fifteen years when not a single political execution had taken place—faltered rapidly and fell away. Between 1966 and the early 1980s, when some of Nkrumah's socially based ideas and objectives began once again to win support, this small but self-destructive country moved through no fewer than nine transitory regimes. With each of these regimes up to the early eighties, the overall social and economic situation grew worse and executive violence increased. Those years could be seen as a continued "defense of the West," aided now by a host of Western speculators and contractors counting avidly on borrowed money, or else they could be seen, as others saw them, as a sociopolitical wasteland in which nothing advanced the people's cause. The country that had not unreasonably claimed to have led Africa out of the direct grip of colonial rule was steadily reduced to bankrupt misery and political irrelevance, until it had to join, shamefacedly, Africa's ever-lengthening line of suppliants and beggars. Ghana persistently relegated itself to the paracolonial status of "Third World" dependency.

Could there be a way out of the impasse? If the solutions of capitalism meant turning one's back on a nationalism centered on the social struggle for improvement, and were in any case hamstrung by the absence of a "true economic bourgeoisie," what about the solutions of socialism? The trouble with them, of course, was that a "true economic working class" had likewise failed to appear. Rural multitudes had poured into cities and become proletarians in the sense of possessing nothing. But this was not at all the same thing as saying that in doing this they acquired a proletarian consciousness of class and category, and would or could unite around that consciousness. Trade unions in many of these countries had played a leading role in anticolonial agitation and the demand for social justice. They sometimes continued to exist and worked to mobilize their forces. But nowhere were they able to achieve the solidarity and coherence that could have moved them toward empowering socialist political movements.

In spite of this unpromising prospect for the socialization of these economies, some of them in the 1970s continued to claim a socialist project described as Marxist, or Marxist-Leninist, or merely "African"—in the latter case, rather as though the laws of political economy failed to operate in countries that were "black," giving way instead to a magic labeled *négritude*. If anything, and the process was marvelous to behold, the illusions of achieving "high mass consumption" by way of an imported capitalism on the Western model were far outdone by the illusions of doing it by way of an imported socialism on the Soviet model or its equivalent. Especially in countries of the "francophone family," these illusions partly arose from the ardent optimism of students reacting against neocolonial miseries or subjections, and partly from the prestige, as it then was, of the countries of "actually existing socialism." These, too, poured their "experts" and "advisers" into whatever African states that would accept them and, incidentally, pay for them. These Eastern pundits, like their rivals from the West, were sure that they "knew better" and in any case insisted upon its being agreed that they did in fact know better. One or two examples may be useful.

Among them is the republic of Congo, a little territory that had once been the French Moyen-Congo, lying between Gabon on the Atlantic coast and Zaire in the continental basin of the Congo River. Though potentially a fairly rich and promisingly self-dependent country, this "People's Republic" offers a perhaps extreme example of the "socialist" absurdities that have flowed from colonial partition and from neocolonial nation-statism. By the end of the 1970s its population was approaching 2 million, of whom some 65 percent were to be living in towns by the middle 1980s, with its capital of Brazzaville having 56 percent and constantly growing.[17] This urban population achieved a political leadership that was generally or ostensibly determined to maintain the primacy of the "social" over the "national," but in any case at the cost of the large minority of people living "in the bush." Here we have another "Marxist-Leninist" state in which the peasantry, the domestic food producers, have been treated as politically irrelevant, and have found the state to be their enemy and exploiter.

Though an oil producer on a minor scale, this "Congo-Brazzaville" is therefore heavily dependent on foreign aid, principally from France, whether to subsidize the employment of its urban population, or to provide the urban food that the country's peasants can or will no longer deliver in sufficient quantity. In practice, its oil-exporting capacity, as in other countries so placed, has had seriously negative results, for it has "exacerbated the already dangerous economic and political imbalances" between an urban sector dominated by the political "classes" in the towns and the more or less powerless people of the countryside. It has led—as in Nigeria, as often elsewhere—"to greater neglect of the vital agriculture sector."[18] In spite of a consequently decisive dependence on the West, notably on France, whether for imported food or other means of support, its demagogic leadership nonetheless proceeded, in 1970, to adopt a Soviet-style constitution and a policy devoted to the realization of "scientific socialism."

The reality has proved riotously different from whatever "scientific socialism" was supposed to promote. This "Marxist-

Leninist" state, ostensibly aimed at maintaining the primacy of the "social struggle" and the defense of the mass of its inhabitants, has behaved in fact like an extreme case of a centralized bureaucratic structure with an impoverished rural periphery. Between 1960 (at its independence from France) and 1972 its bureaucracy grew by 636 percent or from 3,000 to 21,000 persons, after which it continued to grow at an even faster rate, totaling by 1987 some 73,000 persons. These included a "national army" of 8,500 effectives, but with no external enemy in sight, and able, in any case, to call on reinforcements from France whenever the neocolonial applecart might seem threatened with upset. By the end of the 1960s this relatively immense and useless civil and military service was eating up around three-fourths of the national budget, and its members enjoyed a far higher standard of living than most Congolese. And it had become, of course, the effective internal political power of this rigidly centralized administration. It remained that to the 1990s, and became probably more authoritarian than before. Not even the "scientific socialism" of Eastern Europe was ever able to achieve quite this degree of practical self-contradiction.

Splendidly rhetorical, the politics of this republic has regularly deployed an Alice-in-Wonderland level of eloquence matched almost nowhere to the realities of foreign dependence and rural decay. Necessarily clientelist because of its dependent system, Congo-Brazzaville's body politic has shaken and re-shaken itself through many coups and countercoups. None of these has done other than confirm this state's inability to embody the interests of its people. The aims may have been admirable, vowed to self-development; the reality has induced an ever-larger bureaucratic parasitism. Congo-Brazzaville's monopolist

"Marxist-Leninist" political party might receive the cherished accolade of Soviet recognition for having become the genuine "revolutionary vanguard" of a people bravely enlarging its independence. Meanwhile, the nine-thousand-odd members of this "vanguard" were becoming ever more dependent on government jobs and therefore on Western subsidies; while the model vanguard, back in the Soviet Union, were entering tough and probably terminal trouble. The Leninist future was to have been very different, but never mind: political chatter has its own rules. Remove, in fact, Congo-Brazzaville's oil and foreign cash, and this nation-state must at once seem bound to sink in the swamps of its own verbiage.

The republic of Benin, formerly Dahomey, along the western Guinea Coast, offers a quite different contrast between doctrinal claim and cool reality. Benin was also a "Marxist-Leninist" state until 1989, with a lavish production of rhetoric; and, like Congo-Brazzaville, Benin is a polity composed of a relatively huge bureaucracy and an apparent conflict between town and country, the rural population here being of the order of 60 percent of the whole population. But there the similarities cease. So does any reliability of the official and statistical record. If the latter were anywhere near the truth, this small and rather relaxed republic would have ceased to function as a state; in reality, Benin has functioned rather well. The reality is well-known even while unadmitted and even unadmissible.

From its independence of France in 1960, until 1970, clientelism produced nine different governments and six military coups, all of these being propelled on kinship-corporation lines. But in 1972 Mathieu Kérékou installed a regime capable of building on the only effective stability in Benin, a stability arising from a stabilized compromise between country and town. This compromise may have worked against any hopeful self-development of the Beninese as a people. But it was able to keep the peace. So true is this that its Marxist-Leninist doctrine could be abandoned overnight in 1989 without the least effect one way or the other.

In this Beninese compromise one sees that harassed peoples can be surprisingly capable of imposing their own solutions. The essence here has been that the constitutional and doctrinal rules of the Beninese nation-state are entirely disregarded as being undesirable or unworkable. But the state remains viable because, while accepting this compromise, it has since 1972 proved itself a better defender of the public weal than the "tribalism" of earlier years. On the one side, the interests of a large food-producing peasantry have been to escape the normal exactions of the neocolonial nation-state; on the other side, the interests of the town-dwelling multitude have been sufficiently satisfied day by day. All this has been achieved not by state doctrine but by a simple tolerance of illegality.

Benin's relative stability is explained by its being able to "act as an entrepôt and the base for one of the world's largest smuggling enterprises," the latter being the economic backbone of the compromise. Benin's imports from Europe and other distant lands go largely to its big neighbor Nigeria, and its exports derive in no small degree from Nigeria, flowing in either case through officially illegal channels to the good and satisfactory benefit of a multitude of operators. So large is Benin's "parallel economy" that a politely disgusted U.S. Department of Commerce found it probable for 1982–84, in this respect not exceptional years, that as much as 90 percent of Beninese trade was officially nonexistent. In short, "Benin's apparently appalling trade balance is an artefact" of purely romantic interest.[19]

This appears to have suited everyone. It has suited the urban petty bourgeoisie because it provides ample sources of unofficial payoff. It has suited the peasants because, in return for meeting low taxes, they are left substantially to their own devices. They are left, for example, to grow food not only for the towns of Benin but, even more, for illegal sale across the border in western Nigeria: and both at prices in the fixing of which they have a big and even decisive say. With this "system," in other words, the peasantry does far better than by having to deliver crops to the towns for export at prices imposed by a surplus-raiding device such as a state marketing board. This peasantry, in short, has not felt itself obliged to turn its back on the state.

Nothing that occurs in the official economy can then produce crisis, save in "artifactual" terms. Capital investment in parastatal industries may go to waste. An expensive cement plant built largely to serve the Nigerian market may operate at a quarter of its capacity because Nigeria finds cheaper cement elsewhere. A still more expensive sugar-producing plant, likewise brought into operation early in the 1980s, may operate at a still smaller fraction of capacity for much the same reason. But the money spent has paid wages, and most of it, after all, has come from foreign loans and grants. So planning targets, to quote Chris Allen again, may turn out to be artifactual nonsense, "wholly unrealistic or impractical," but who is going to say so? Visiting experts have their credibility to think of, not to speak of their salaries; and so does Benin's bureaucracy.

Other virtues attend this Beninese "experiment." Here there

THE BLACK MAN'S BURDEN

is no overwhelming kleptocracy on the Zairean scale; and if there has been rhetoric at the Congo-Brazzaville level, no evidence suggests that anyone has been seriously taken in by it— to the point, as noted, that Kérékou was able to ditch "Marxism-Leninism" in 1989 without a ripple of public concern. More constructively, there has been a continuous decentralization and devolution of decision-making power to local communities and interests, so that "for the first time in recent history, men (and also youth and women) are representing their villages and communities . . . without having to be also rich, notables, educated, or familiar with French culture."[20] That was in 1977; ten years later, records Allen, "local council elections were still keenly contested."

Admirable in these and other ways, the outcome may nonetheless be condemned as essentially nondevelopmental. For there is no transformation of the petty bourgeoisie. The "middle strata" do not emerge. The reintroduction of a multiparty system seems no more likely to produce an effective parliamentary regime than the "tribalism" of old; it may more probably turn out to be the same thing as the "tribalism" of old. But against this there may be a continued spread of local organs of decision-making, and to that extent a continued reinforcement of the existing compromise. One may even argue that the people of Benin, in thus finding their own solutions within their own traditions, may be found to have opened a useful route into the future.

Others, meanwhile, had been searching in desperate circumstances for a route to a hopeful future. To them it had to seem that nothing in the Africa they knew could offer a life worth having, a future worth working for. They defied every council of prudence and resignation, and they wrote into the 1960s and 1970s a record of resistance to persecution and a struggle for survival that was never less than impressive. These resisters were the peoples of the Portuguese colonies, shuttered away behind what their nationalist leaders spoke of, and not wrongly, as "walls of silence." Their project, as we shall see, was essentially the fruit of disbelief in the possibility of any partial or neocolonialist independence. And this belief was reasonable, for it arose from the stiffly racist and authoritarian nature of the Portuguese political system. But they had to launch their bid for freedom in times when a partial or neocolonialist independence was generally accepted, and even applauded, in the rest of Africa. So their project had to seem to other Africans a madness of unrealism, a mere wild adventure bound to fail, while to all the orthodox in the Western world, devoted then to Cold War succor of the dictatorship in Portugal, it had to be denounced as a disgraceful subversion of all that was right and proper.

This "madness" of the project, given the overwhelming odds against success or even physical survival, was apparent to those set to carry it out. Their leaders stood in the midst of nowhere, one could say of them, and yet boldly affirmed that they knew where they were going, and, moreover, that they would surely get there. In 1970 I found myself walking the endless bush of eastern Angola, of the "lands at the end of the earth," as the Portuguese called those regions, with the Angolan rebel leader Agostinho Neto. Before the insurrection in Angola, Neto had been a medical doctor practicing as such. It occurred to me to ask him if he didn't regret leaving his profession. I remember that he stopped walking and looked back at me with some surprise: the question, clearly, could be of no interest because the answer must be obvious. "Oh yes," he said in that midst of nowhere, in that moment when the war of liberation seemed bound to be as endless as the bush itself, "I enjoyed being a doctor. But there is now this business. We have to finish it first." The tail of our little escort of fighting men was closing on our heels. But Agostinho Neto might, I think, have added some words spoken years later by Thomas Sankara when briefly president of the little West African republic of Burkina Faso, formerly the French colony of Upper Volta, shortly before Sankara's supposed companions shot him down. Reviewing the stagnations of neocolonialist independence, Sankara remarked in 1988 that "you cannot carry out fundamental change without a certain amount of madness." This madness had to come from the courage to turn your back on old formulas, it had to come from the courage to invent the future. That being so, "we must dare to invent the future."[21]

Sankara had little chance or time to show what he meant by inventing the future; gunmen of the present got him first. The revolutionaries in the Portuguese colonies were also to be baffled, eventually, in their attempt to "invent the future." They would be reduced to "accepting the present," no matter how wretched that must have to be. Their brave bid to close the gap between People and State would be swept from sight and rapidly dismissed. And this would be done, above all, by most of the "media" in the know-better world, during those very years of the 1970s when "the present," the actually existing condition of the postcolonial nation-state, came ever more dreadfully under siege by the pirates of violence and corruption. The years now ahead, the years of the 1980s, might indeed be called the decade of the handiest automatic weapon then available: the AK-47.

Pirates in Power

ON A grim day in October 1990 a journalist in Monrovia, the capital city of the West African republic of Liberia, finds himself invited to watch a video on a TV set whose owner lives on the city's Stockton Creek. With mixed feelings, he accepts. The house at this moment is occupied by a leader of one of the "armies" fighting for power during the overthrow of the supposedly legitimate regime led by a former master sergeant in Liberia's supposedly national army, President Samuel Doe. This Doe, himself a man of violence, has just been done to death.

Proudly shown by the killers, the video is the eyewitness to this death. The journalist and some others are given chairs in the front row for this replay, and beer is brought for them. Behind them men of this particular rebel "army" close in to watch the film. This now begins, and is gruesome. Warlords have often done this kind of thing, but rather seldom cared to boast of it.

"Doe, his face bruised, flabby and naked except for his underpants, his hands tied behind his back," looks up from the camera

243

which is placed, the journalist tells us, in the room next to the room where the killing took place. "Doe watches his death approaching as his captors yell orders at each other, and his underpants soak up more blood from the gunshot wounds received in his legs when he was captured three weeks ago." The film continues to unwind. We hear its soundtrack.

" 'Cut off his ears,' Prince tells his men." Prince is the Liberian warlord in command here. And "the camera swings to the victim. The rebels stand on his body, laying him flat. A knife flashes in the bright lights. The knife saws through the screaming president's ear and the ritual has begun."

"Doe shakes his head to prevent them cutting off the other one. But somebody grabs his head hard. The scream pierces the air. For a second the audience round the camera is silent, then they clap." The journalist hears this applause in counterpoint to the hushed silence of Stockton Creek. Africa hears it too. Doe at last is dying. " 'Doe cried all night. He died at 3:30 A.M.,' says the man in the next seat. 'Now Prince is acting president, and everything is going to be all right.' "[1]

The rivalry for Doe's succession goes on; the killing too.

Poor Liberia: yes, there is no doubt of that. This was the black American republic launched in 1847 for the benefit of former slaves and their dependents in North America, a black republic conceived so as to exercise "the genius of free government" over "this seat of ancient despotism and bloody superstition," as its founders valiantly claimed.

The words are those of one of the founding fathers, the former New Yorker Alexander Crummell (1819–98) who was himself the grandson of an African seized on this West African coast and taken into bondage across the Atlantic. Though not themselves recaptives in the old sense, Crummell and his colleagues and fellow settlers were thus another version of the old Freetown elite, but still more alienated from the cultures and realities of Africa. They saw as their mission the introduction of the elements of civilization, in Liberia, to a "vast population of degraded subjects." They knew, of course, almost nothing about this indigenous African population.

In 1990, here, the outcome of this long experiment in civilizing Africa by denying Africa's own history and achievements was to reach its ultimate degradation. The intentions had been the best. "Africa, to become regenerated, must have a national character"—such had been the central affirmation of the black American emancipationists of the 1850s. But this national character could not be African in its derivation or formation, for Africa's own character was one of misery and violence. It was in Africa, after all, that all the forebears of the Americo-Liberian settlers had been thrust into slavery. The national character must be imposed.

Convinced of this, generations of Americo-Liberians proceeded to rule their "degraded subjects" by a contemptuous tyranny presented to the outside world, whenever that might seem useful, as a right and proper anteroom to manhood suffrage and representative democracy. But the anteroom was found to lead to no such result. Democracy was not encountered.

What finally emerged in 1980, at the culmination of many miseries, was the master sergeant who made himself President Samuel Doe. And in Doe's brief and violent life one may inspect the acutely pathological phenomena that appear in colonial and postcolonial dramas played out by men who have possessed the strength and character to seize power, but not the wisdom to control it. Such men seize power and greed sets in, whether for more power or its fruits. Soon enough, sycophancy walls them round with fearsome mysteries of plot or private hope, and then the praise-singers punctually arrive to chant their anthems of ruin. Now the dictator is lost between greed and fear, and in the stifling grasp of this solipsism he will perish. Many others will have perished in the meantime.

Men like Doe are the children of their own ancestral cultures. But they are also the product of an alienation which rejects those cultures, denies them moral force, and overrides their imperatives of custom and constraint. Such cultural hybrids, to borrow a term of the Gold Coast (Ghana) nationalist Kobina Sekyi, may be said to have become "lost between two worlds"— and this saying has at least the merit of suggesting the mental confusion in which their seizure of power forces them to live. They turn to the AK-47, and use it with the blindness of the damned, at which point their power rebounds upon itself and becomes a route to suicide. It has happened in every culture dispossessed by another, and thereby riven to its roots.

Such persons, and Doe in those years was not the worst among them, are destined to a tragic fate, or would be if the squalors of their degradation deserved to be called tragic. They are destroyed as though they had never been, but in their life-times they have been all too dreadfully present: Amin, Bokassa, Macias-Nguema—the names pile up, symptoms of a political self-destruction of which Africa has been all too rich in examples. They have demonstrated, time and again, just why it was that leaders of an entirely different mold and mentality, men strong in their wisdom such as Cabral in Guinea-Bissau, so clearly warned that armed violence was a road to be entered with austere reluctance, and traveled with an ever-present fear of its infections.

The pathology is explicable, but only in terms of alienation. The ancestral cultures of the peoples of Liberia, as with those of neighbors near and far, knew plenty of abusive violence. But they possessed rules and regulations for the containment and repression of abusive violence; and these were the rules and regulations, before the scourge of the slave trade and the colonialism that followed it, that enabled them to evolve their sense and value of community.

To persons outside that background who may think of this sense and value as an arbitrary and vicious free-for-all, there is little to be said. They have yet to understand how communities, anywhere and at any time, are able to emerge and grow strong in their rules and structural restraints but are also able, if these should become lost or cast away, to fall into utter disarray or self-destruction. In Europe, for example, such critics have had to watch the Germany of Goethe and Heine give way to the Germany of Hitler and Himmler, and have tried fumblingly to explain the decay by speculations on the nature of the German character, speculations which are then found to have explained nothing. In Liberia the perversion of community can be rationally explained as arising from the consequences of the slave trade.[2] But alienation from ancestral community was then carried further, and systematized, by imposition of the culture of an imported oligarchy, an oligarchy whose ignorance of local realities was easily encouraged, by the corruptions of power, into a contempt for the peoples who lived in these realities. And Doe, with others, was the eventual product of this systemic alienation. Though a "native from the bush," and not the alumnus of an Americo-Liberian academy of imported manners, Doe was equally the victim of another typical pathology of the times that formed him: the pathology, that is, of a colonial or neocolonial "tribalism" or clientelism which, itself, was a product not of Africa's precolonial development, but a desperate mode of self-defense by citizens whose state could not or would not protect them.

It may be objected that the sheer extremism of the "Doe period" in Liberia was exceptional even on the African scene of the 1980s. And it is true that the toters of the AK-47—excellent as a weapon, but now a mindless symbol of the "man with the gun"—were by no means everywhere present. The thuggish simulacra of Romania's Securitate might have a free run here, but not often and certainly not everywhere. The 1980s also had their peaceful and constructive zones of democratic development. Dictatorship was not everywhere admired, and democracy was often worked for. When the Stalinist dictators of Europe were overthrown in 1989, or reduced to pretending they were democrats, there were strong signs of approval in many parts of Africa, very possibly in all parts of Africa. This was not because that overthrow in Europe "taught useful lessons to Africa," Africa's own traditions and expectations of independence requiring no such lessons, but because it suggested that the years of the AK-47 might after all be drawing to a close.

Yet "the Doe period" was not all that exceptional. Other "Doe periods," even longer and still continuing, were already unrolling their own particular films of stupefying violence—even, indeed, more often than before. To place the 1980s in perspective one may usefully look at the "film" of a little hillside state in East Africa, that of Burundi, having in these years a population of some 4 million, almost double that of Liberia's. Like its neighbor Ruanda, Burundi was the postcolonial descendant of an old kingship in these pleasant uplands along the southern reach of the East African Rift.

The general nineteenth-century move toward more emphatic forms of centralized power had developed the dominance of a minority people, the Tutsi, over a Hutu majority. But the manner of this nineteenth-century dominance was mild, and was regulated by "lord and vassal" relationships which had some resemblance to the simpler forms of European feudalism. "The rich man in his castle, the poor man at his gate" appear to have been the outward and visible forms of a mutually acceptable relationship between Tutsi and Hutu; at least in principle these forms represented an agreed sharing of rights and duties.

Colonial enclosure changed all that. Invading Burundi early in the twentieth century, the Germans found it convenient to exercise their rule through this existing system, the result being, as elsewhere in similar "systems" of what was called indirect rule, that the Tutsi rulers-by-contract became colonial dictators. As the tools of colonial rule, these dictators now took orders and handed them "down"; and the mutually acceptable relationship perished between Tutsi and Hutu. That might still have been restored. But the Belgians who acquired Burundi from the Germans, after the German defeat in 1918, upheld the German method of indirect rule and carried it further. They thoroughly bureaucratized all structures of government, and these, in the nature of the case, had to be authoritarian structures. From the Hutu standpoint these structures were Tutsi-operated tyrannies, made no less intolerable because the Tutsi, for the most part, had assumed the Hutu language and abandoned their own. In these ways the ruling Tutsi group—in Ruanda as in Burundi— became a ruling caste. But independence called for democracy. Independence came in 1962. It produced in Burundi a modified form of what we shall find to be "the Mobutist paradigm" in the vast land of Zaire (ex–Belgian Congo) next door. Not in Ruanda, however, for there the Hutu majority at once unseated the Tutsi minority and moved toward a form of government, at least by intention, that was reasonably acceptable to most of the population. In Burundi the reverse occurred. The Tutsi ruling group, though an emphatic minority, proved able to sustain its power. Hutu insurrections followed but were crushed. These seemed to reach a climax in 1965, when one more Hutu rebellion provoked a veritable Tutsi massacre of all politically active Hutu who failed to escape it. Implicated in this rebellion, or said to be, many thousands of Hutu peasants were slaughtered out of hand. Yet another Hutu attempt at unseating the Tutsi, this time in 1972, was put down with still larger killings, massacres so furious and immense that there proved to be no telling, in the aftermath, whether the numbers of Hutu slain were around 100,000 or as many as double that total.

Much the same scenario continued to unfold through the 1980s, with still one more outbreak of mass killing in 1988 when some 5,000 Hutu peasants were openly admitted to have been slain by the Tutsi-manned army. It mattered little by this time that these last massacres were triggered by the Hutu killing of one Tutsi shopkeeper-peasant or of two or three. Fear and revenge seemed by now to have finally swept away all capacity to rebuild the precolonial tolerance which historical accounts have described. In those precolonial times, we are told, the king and his princely henchmen, the *mwami* and his *ganwa*, had been able to hold a structural balance of interest and obligation between Tutsi and Hutu. This was the balance which colonial overlordship had destroyed. Even thirty years after Belgian withdrawal, a Tutsi army of mercenaries still held the land in thrall.

It may be that this is where the central count against the colonial process is to be found. The colonizing process was invariably presented by its promoters, and explained by its propagandists, as a "modernizing process." In fact, as we have seen, it induced in practice one after another form of moral and political disintegration. The decolonization process has repeated this downward slide. Once the force of the "social struggle" of the colonized was spent, the drive against social inequalities and perceived injustices was supplanted by a "national struggle" within the institutional "containers" of an imported nation-statism. At this stage there ensued, and evidently could not but ensue, a dogfight scramble for state power by would-be ruling groups acting outside and against the rules and restraints of historical cultures and their compromises. To reach for the AK-47 was then a step both short and easy.

The result, as these years most copiously show, became the reverse of whatever may be meant by "nation building." Rather, it promoted the destructive spread of kinship "tribalism." And from this to "Doe-ism," to a form of "killing on command," has proved to be an even shorter step. After that there can be nothing to be done save "invent the future," as Thomas Sankara put it before they killed him too, however hard this invention may be and however long it may take to realize.

251

* * *

By the middle of the 1980s, this generalized collapse of the nation-statist project was widely perceived, whether inside or outside Africa. But what now became scarcely less obvious were the incapacities of the outside world, of the "developed world," to act on any self-critical analysis or even to refrain from purely negative interventions. Of these interventions there were various and many. Some were of an economic nature, designed to protect the industrialized countries' advantageous terms of trade with primary producers. Others were political measures aimed at overtaking governmental blunders or comparable disruptions. Others again were simple acts of militarized violence, adding to the legions of licensed or merely criminal gun toters who were now unleashed upon this hungry continent. More and more of the latter were the puppets, often murderous puppets, of aims and forces they could neither have understood nor even have known a way of understanding. "After the South African police had failed to respond to a series of warnings that an attack was imminent," John Carlin reported from the Transvaal in January 1991, "gunmen opened fire with AK-47 assault rifles, in the early hours of yesterday, on some 300 mourners at a funeral vigil in Sebokeng, massacring 35 and wounding at least 40. The victims were all sympathisers with Nelson Mandela's African National Congress."[3] In the last-ditch writhings of the apartheid nation-state, such scenes became common. Their all-too-likely consequences cast a grim shadow over the years ahead.

Whatever unconfessed motives may have directed the South African police on this and many such occasions—and the subversive involvement of both South African police and government became clear and was admitted in 1991—other hidden hands were easier to see. Among the manifestations of the latter may be paired, for their fruitless sowing of disaster, the Soviet program of arming and rearming the post-1976 military dictatorship in Ethiopia, engaged as this was in internal wars of repression with immensely destructive consequences and, far to the south, the American promotion of violent subversions in Angola, again with ferocious consequences. The old colonial powers had at least taken responsibility for what they did and caused to be done; but the Great Powers in this case seemed neither to care nor even to know what their agents were up to. And what by 1990 could seem still more deplorable was that these Great Power programs of externally directed killing still went on even after the Cold War between them was acknowledged to have come to an end. The U.S. administration went on with its promotion of UNITA banditry, however perversely, at a time when the official justification for doing this—that the established Angolan regime was "pro-Soviet"—was manifestly void of sense. By way of comparison, even in 1990 the Mengistu dictatorship in Ethiopia, then about to topple, still enjoyed formal Soviet support.

It may be argued that these truly desperate situations could promise hope as well as fostering despair, if only because defense against them called out new energies and moral solidarities, notably, in my own experience, among the participants at whatever level in the Eritrean national movement. Yet other situations of violence, although with less foreground loss of life, seemed cast adrift in hopelessness. Nothing within them appeared capable of any self-liberating release. New revolts might be attempted, but these would fail as others had failed before. Reforms might be proposed, but these would come to nothing.

And all the while, as stagnation ruled, the ground for possible recovery grew narrower with the continued transfer of wealth to foreign beneficiaries or to private havens in the banks of Switzerland.

These were the situations of a paradigm now become familiar to those who studied these matters. Quintessentially, this was the Mobutist paradigm constructed in the vast lands of Zaire.

Anyone who has floated for days along the current of Zaire's majestic rivers, grand arteries of never-failing flood that urge their way through the rain forests of the Congo Basin, and who for countless lost hours has watched those anonymous forests slide past in silence and solitude as though rooted in eternity, will know that every pretense of power or politics can seem, in these latitudes, to be a very distant legend. Who cares? Who is there in any case to ask the question, let alone respond to it?

The river steamer checks its dilatory pace once a day or sometimes more, and halts at small log quaysides, each with its handful of humanity. But these are figures in a brooding void. Days ahead there will be a riverside townlet belonging to the "modern world" of futile busywork. But this will be a brief glimpse of urban dust and decay before the bush and the trees close in again, and everything is once again as it was before. Nothing changes; there is only the immemorial merging of one day into the next.[4] What can the nation-state and all its anxieties have to do with this?

And the traveler's impression has this amount of truth in it, that the huge country called Zaire, enclosing enormous zones of middle Africa, regions almost one-third the geographical extent of all the United States, is not so much a mystery as a myth. This state called Zaire may exist in the categories of political convention, but otherwise, as a real phenomenon, it barely exists at all, nor do any of its countries and provinces. History has told us that this was not always so. Kingdoms and republics organized to represent and protect their citizens were born here and survived through centuries of social evolution so vividly successful as to produce fine arts and memorable artifacts. They were invaded and dispossessed in the 1880s by Europeans in the service of a Belgian king called Leopold. The Congo Free State which they formed was a monster but no kind of myth. Its worst miseries were terminated in 1908 when the Congo Free State became the Belgian Congo colony. No fine arts or artifacts could flourish there, but the Belgian Congo was a state meticulously organized and governed with the greatest care for the benefit of Belgium and its overseas partners. However deplorable for Africans in its consequence, that state was no myth.

In 1960 the Belgian state withdrew its administrative and military presence, and the country's name changed several times until it became Zaire. This is when the state became increasingly a myth, a mere verbal usage, an idea without an existential content.

Surprisingly little time was needed for this to happen. Between 1960 and 1965 there was uproar and contention because there were many people in the country who thought that the future ought to be, and could be made to be, altogether better than the present or the colonial past. They failed in their hopes, and in 1965 a "strong man" called Mobutu Sese Seko became the country's dictator by promotion and protection of the West; and the prospect of a different future, whether for better or the same, vanished from the scene. Rivalries for power were now settled in the simplest way. Some contenders were shot to death. Others were consigned to exile. Others again were driven into zones of forest or mountain where, since then, they have been disturbed by little other than a river steamer's chuntering passage now and then. The newly independent nation-state of Zaire—ex–Belgian Congo, ex–Congo-Kinshasa, ex-this and ex-that—was abolished in all save name and category in favor of a kinship or extended-family network relying on police and prisons, sudden death or the absence of "missing persons," and therefore on bribery and corruption in every practicable form. Generally presented by Western propaganda (or, when useful to it, by Eastern propaganda, chiefly, in this case, of Chinese fabrication) as being deplorable but convenient, here was the effective pattern of this postcolonial independence: the pattern of a polity stuck fast in its own stagnation.

Life continued, of course. In company with neighbors not much better placed, this country called Zaire could honestly claim a rapid growth of population. By 1990 it was credibly thought to contain some 35 million people, or more than twice as many as had inhabited it during the closing years of the Belgian Congo. With the countryside largely abandoned to itself, they lived increasingly in towns, maybe a dozen large urban sprawls and more smaller ones. These towns grew frantically in size. They became ten times bigger than any of them had been before.

And this "urban" growth continued, stubbornly affirming life over death, while the country's economy "drifted from one calamity to another" both before and after the export price of copper plunged in 1974, and while the "unparalleled personal power" of the Mobutist paradigm went increasingly together with "crisis and decay." All these descriptions of Zaire in the 1970s and 1980s, I should add, are those of qualified specialists with no axe to grind.[5]

It continued while the capital at Kinshasa, a giant spider at the hub of a subcontinental web, acted as an "overwhelming suction pump" absorbing all attainable rural resources as well as whatever might be milked from foreign donors and investors.[6] To every practical purpose, whether legally or illegally extractive, the state was now reduced to Kinshasa and its satellites, to zones of mining or cash-crop production for export, and to air communications between these, just as the "commanding heights" of its administrative bureaucracy were contained and used by the Mobutist kinship network and its dependents.

The state of Zaire, in other words, had become a myth. Outside its coercions and corruptions the country was left to survive as it might, or else to rot. In 1960 the authoritarian but well-ordered Belgian Congo had possessed 88,000 miles of usable road; by 1985 the total length of usable road was down to 12,000 miles, of which only 1,400 were paved.[7] Vast rural areas from which no wealth could easily or any longer be extracted were abandoned to their own devices; and it was now, early in the 1970s, that hunger appears to have become endemic across wide if otherwise silenced regions.

Official statistics by this time had lost credibility through the distortions and defalcations of illegal or "parallel" trade, as well as through administrative incompetence or simple idleness. But they, too, pointed to deepening impoverishment. Writing of the middle 1970s, René Lemarchand felt able to assert that "about 60 percent of Zaire's high mortality rate" should be attributed to malnutrition.[8] Huge food imports, true enough, were arriving in the urban constellations. They were paid for by the export of mining wealth, and were vital to the regime's "law and order" in those parts of Zaire, prominently "urban," that were necessary to the regime. But the needs of rural producers and their dependents, even now a big majority of the whole population, were decisively ignored.

Between 1969 and 1976, fairly characteristic years in this respect, less than 1 percent of the state's budgetary expenditure went into the improvement or support of farming. And why, after all, spend more? So long as mining wealth could be sold for food imported to feed the Mobutist state—the bureaucracy and its clients, the towns, a few essential services, an army for internal use and a copious force of police—there could be no profit in helping peasants. The forests and savannahs outside that state might fester in their brooding solitudes. They might revert to the control of village governments, or shelter clans of "revolutionary guerrillas" more or less bewildered by the despair of magic and divination, or simply provide a refuge for "masterless men" adapted to one form of piracy or another. But who should care? The aircraft of the state and its beneficiaries flew high above the forests and savannahs; passengers would not even notice that the roads below were drowned in all-engulfing vegetation.

The hunger, it has to be noted, could prove inconvenient. It struck into the towns as well. It sorely disturbed accepted orthodoxies. In 1976—quite early in this spreading hunger—the Archbishop Kavanga of Kinshasa, duly flanked by his suffragan spoke in a pastoral letter of "agonising situations" in which "the thirst for money transforms men into assassins . . . and whoever holds a morsel of authority or means of pressure, profits from it to impose on people and exploit them."

The archbishop's lecture did no good even while it spoke volumes for the nature of this paradigm. "How many children and adults die without medical care," it asked without reply, "because they are unable to bribe the medical personnel who are supposed to care for them? Why are there no medical supplies in the hospital, although these can be found in the marketplace? Why is it that in our courts justice can be got only by fat bribes to the judge? Why are prisoners forgotten in jail?" adding the reason: because "they have no one to pay off the judge who sits on the dossier."[9]

There could no longer be any point in asking such questions of the rural areas, for no such services functioned there or were claimed to function. The rural areas of the Congo Basin had suffered badly during colonial times, whether from the exactions of the Congo Free State or those of later concession companies; but it seems that they suffered as badly now, or even worse. "Rural poverty is not a new phenomenon in Zaire," comments Lemarchand of these ferocious 1970s, but "what is new is the unprecedented scale of pauperization, the depth of the social dislocations it has engendered, and the mechanisms and attitudes that lie in the background of this massive affliction."

What these mechanisms and attitudes could mean in a wide and "normative" sense was illustrated, as Lemarchand shows, in a booklet by a certain Tshitenyi-Nzambale entitled *Devenez Riche Rapidement*.[10] It seems to have had an approved circulation. Its key advice aims at "liberating the mind of all doubts as to the legitimacy of material wealth," for "the world," says this booklet, "belongs to the rich. A man is more than a man

259

when he has more wealth. Become rich; and the rest will follow of itself," to which is added, and I give it in its French for the full savor of it: *"Vous devez aimer l'argent et le poursuivre inlassablement. Aimez l'argent à la folie. Adorez-le en pensée et en acte."* The distinguished Zairean writer, a diplomat *de son état,* would be able to point, if he thought it worthwhile, to even more distinguished exponents of the "wealth at all costs" philosophy in the Europe of the 1980s. Like them, one should love money to the point of madness, inexhaustibly pursue it and adore it; as for the price for doing that, let others pay. What M. G. Schatzberg, also writing of Zaire, has called the "state as bandit"[11] now proved as savage a master as the absolutist regime of the Leopoldian Congo, of which, explains Crawford Young, it was now a "modernized version."[12]

Within this paradigm, by the 1980s empowered in one degree or another in many African states besides that of Zaire, even if Zaire may have realized it in the most flagrant shape and form, the question must still arise as to whether such polities are to be regarded as having become truly stuck fast in their own stagnation? The facts of impoverishment and stasis have appeared beyond any serious questioning, and are unrelievedly negative—but were the conclusions so generally drawn from these facts unhelpfully rhetorical? Have they not indulged in a sentimentalist despair? The case could be argued, and the reason why it could be argued was already becoming apparent by the late 1980s. This was that the state's banditry could also be used against the state.

The Mobutist paradigm, in other words, may at least to some extent be made to yield its own antidote. This has become obvious in rural areas of production: as in many African states during the 1970s, farmers increasingly withdrew from the state economy that abused or oppressed them and found ways of producing and trading outside the reach of the state. Now in the 1980s the same process of disengagement from the state began to flourish in towns as well: a "disengagement from the state in order to escape the excessive appropriations of the ruling class," in Janet MacGaffey's finding.[13] One may read this, if one prefers, as organized theft by those without bureaucratic or other executive power. But this would be to miss a good deal of MacGaffey's point. For the disengagement in question was not simply by persons outside the executive network. Increasingly, as poverty struck inward, it was disengagement by that same network as well.

This process of disengagement had gone so far by late in the 1980s, on MacGaffey's persuasive evidence, as to have become "significant for class formation, because some of its activities allow considerable accumulation."[14] A most pointful question of "development" is thereby raised. If the central or at least the formal aim of policy is to promote a capital-owning bourgeoisie as the decisive factor in establishing a capitalist *system*, where none otherwise exists or has ever existed, cannot this be done by unorthodox means? If foreign-aid injections, bankers' prescriptions, and all the tutelary lessons of existing and successful capitalism have failed to produce a true and necessary bourgeoisie, may this not still be achieved against the rules by "methods of banditry"? Indeed, has the the thing ever been achieved except by "methods of banditry"?

Looking at Zaire in the 1990s, such questions may not be merely rhetorical. Of Kisangani in 1988, Zaire's second or third city, MacGaffey reports the emergence of "a new middle class" that is the product of illegal trade: in other words, of "disen-gagement" from the state economy. "Its members," she tells us, "make up 22 percent of substantial business owners in the city. They enjoy a middle-class life-style and constitute a na-scent true bourgeoisie since, in contrast to the political aristoc-racy [she is referring to the executive kinship network], they invest their profits in expanding their enterprises and managing them effectively."[15]

I am bound to say that for me this projection of a future capitalist system *in posse* fails to convince, not least as the comparable paradigms in much of Latin America have continued to unfold their miseries after much more than a century of trying. But human initiative is happily persistent. This new illegal middle class in Zaire's handful of cities may be able to make its way. Whatever else has appeared in Zaire seems little more than stagnation gone beyond recall.

A time for climbing out of this abyss of muddle and misfortune would surely come; but this time would evidently not be yet. Meanwhile, the problem of the 1990s, as thoughtful men and women in a good many African countries had begun to see and even to say, was the absence of a clear political catalyst that could break into the stagnation so as to set new ideas moving and new hopes stirring. Just as evidently, this catalyst, whatever it might turn out to be, was not going to take the form of some grand ideological "breakthrough." The ideas for that were not at hand, or were not sufficiently mature; or else, in the measure that these ideas emerged in the participatory schemes and poli-cies of the anti-Portuguese liberation movements of the 1960s and 1970s, they were ideas that seemed defeated by the middle

of the 1980s. All that was otherwise available, in terms of teleo-
logical salvation, was one or another manifestation of a religious
fundamentalism, chiefly Islamic, from which nothing fruitful of
peace and progress could be expected.

Social revolution, meanwhile, had vanished into a verbiage
become absurd by empty repetition, even though, in practice, a
revolution of existing structures of stagnation remained ever
more urgently desirable. If "inventing the future" had so far
failed, this was certainly not from any lack of the need for it.
There were, in practice, trends of political renewal flowing now
from many sources, mostly obscure, and I will come back to
these. But the foreground seemed only to show a debilitating
sense of waiting for transport to the future which simply refused
to come, of waiting in a byroad of history, as it were, through
which no traffic flowed. Or of standing still while, at the same
time, slipping irreversibly back.

And even when transport now and then arrived, transport at
least going somewhere or claiming it, there was the strange
spectacle of drivers, conductors, and self-appointed guides who
seemed to have no interest in the passengers. For what may
after all be most deplorable about these fruitless years was not
the hunger and frustration on every side, bitterly painful though
all that might be, but the absolute hostility between rulers and
ruled.

Notwithstanding all the manifold linkages of kinship, the gap
between "have and have not," even between "have-something
and have-nothing," appeared to become uncrossable once the
power lines were set. It was as though these nation-statist structures had functioned and must function so as to rob the best-
intended wielders of power—and these, here and there, were

far from lacking—of any real capacity to share their power with those it was supposed to benefit. The continent whose past development had rested on a real participation in the use of power was now in this dead-end where power and participation had become sore enemies of one another.

And this was the point, climactic in 1989, at which certain parallels with Europe, above all with Central and Eastern Europe, became instructive. There in Europe, too, liberation from the crassly colonial subjections of Hitlerite invasion and enclosure had briefly signaled, in 1945, the chance of a new beginning. But there had followed, very rapidly, enclosure within a Stalinist system that was even more markedly "neocolonial" in its demands and impositions than were the far less direct demands and impositions of postcolonial structures in Africa. And there, too, in Central and Eastern Europe, if of course in differing degrees of severity and modes of practice, this Stalinist "neocolonialism" had induced a moral and institutional stagnation. There, too, if in varying forms and features, the "Mobutist paradigm" had grasped society in its killing hand of bureaucratic repression and corruption, and sometimes, as so clearly in the Romania of Ceauşescu and his kinship networks, whether personal or political, with a painfully close family relationship. There, once again, power and participation in power had reached a state of apparently irreducible conflict with each other. But then quite suddenly the political landscape was utterly changed. Pent-up social forces, tremendous powers at least in their potential, broke upon the scene. Yesterday's dour silence was swallowed in a fury of passionate debate. Padlocked frontiers creaked and bent and burst wide open. Prisoners walked free. A new age seemed to have begun.

But where was it going, what did it intend? Whether this massive escape from empire could find its way to a political culture of tolerance, and whether that culture, when found, could hold its own against new extremes of destructive nationalism—most obvious among the Serbs and Croats, but everywhere present—these were matters that remained to be seen. Meanwhile, for Africa, all this being so, the parallel in Europe acquired a close and fascinating interest.

The European Parallel

IN THE Europe between Germany and Russia—broadly, Eastern Europe—the question acutely raised in 1989, when Soviet imperial hegemony disintegrated, was not so much the prospect of a democracy of rights and responsibilities. That would be desirable, of course. But the immediately feasible prospect was one of an autonomous future freed from Great Power interventions. If that kind of future could be got, these many and diverse peoples might then at last, having for so long seen their fields trampled by foreign armies and their governments bullied by foreign interests, embark upon a self-development denied to them for centuries. With exceptions in mountainous strongholds, Eastern Europe had known no such self-development since modern times began; and whenever in later times freedom has managed to find a voice, its songs of peace have come usually from emigrant voices whose owners were on their way to the Americas, not planning to return.

Some forty years before the formal end of empire in Africa, the formal end of empire in Eastern Europe had been likewise celebrated by the emergence of nations and nationalities. Quite a few of these, thanks to a benevolent Wilsonian dispensation, would form themselves into nation-states. The wisdom of doing this was no more discussed here than it was later on in Africa; meanwhile, the great thing was that they were free at last to do as they wished, or at least much more free to do it than before.

About a dozen new nation-states thus took shape in Europe out of the collapse of the old internal empires. Many more were going to emerge in Africa from the collapse of the external empires: some fifty new nation-states in all. The circumstances of emergence varied. But the process of emergence was much the same.

As later in Africa, the doctrine of the sovereign nation-state in Europe was accepted as the supreme problem-solving formula for peoples emerging from foreign rule. It was accepted more easily than in Africa, if only because the cutoff from the precolonial past in Europe was less drastic and complete. This was because the new frontiers in Central and Eastern Europe corresponded, often enough, with major ethnic groupings or historical memories. Constitutions could be devised for peoples who had possessed independent states, or something like them, in a more or less recent past—most obviously, perhaps, in the case of the Poles and Hungarians and Serbs—and for all these constitutions (again, as it was going to be in Africa) the sovereign models were taken from the history of England and France. Parliamentary freedoms, thus installed, were supposed to be placed on the firm foundations of capital-owning "middle strata," and these freedoms were to be guaranteed, it was said, by the steady progress of bourgeois democracy. None of this seemed open to serious question save by those who, briefly in the afterglow of the Bolshevik revolution, mistook the history they were living through, and thought that some kind of socialist equality was to be the wind of the future.

That was not going to be its fate. But with a few exceptions, most obviously in the Czech lands of Bohemia and Moravia, nor was the development of bourgeois democracy. One by one, these new nation-states pledged to the unfolding of their peoples' sovereignties collapsed more or less painfully into the clutch of militarized dictatorships, even in Serbia, where ancient traditions of egalitarian self-determination had been unusually strong.

Whether this collapse of postcolonial European nation-statism could have been averted has been a matter much discussed; in any case, it was not averted. What is relevant here is that the reasons for this collapse into new forms of subjection all refer, in substance, to governing conditions that were to become present in Africa as well. One of these conditions was the political weakness signaled by the incapacity of "middle strata" to impose their domination—or, if you prefer, their leadership—upon these new states. Another was the economic weakness that reduced all of the new states into a more or less complete submission to external controls; to forms of "neocolonial" control, even if this term was never used. Most of them were what would later on, in reference to Africa, become known as "less developed countries"; only in small enclaves here and there, and even then partially, could this fate of indirect but close external control be eluded. This "neocolonialism" was at first exercised mostly by Britain and France; after German expansion began again in the 1930s, it became all-pervasive.

And the banal consequences duly followed. While the Soviet

Union, if also at the cost of fearful self-inflicted wounds, was able to isolate itself from the economic depressions of capitalism, the rest of Europe was caught by the same scissors that were cutting into the whole of the continent, though worst of all in the old imperialist lands. Writing of the plight of those lands in this interwar period, the British economist Michael Barratt-Brown has shown that "primary-product prices were halved in the 1930s compared with the levels of the 1920s," and harsh recession struck at every source of income.[1] The European part of the colonial or ex-colonial "Third World" was hit with much the same severity as African "Third World" countries later on. And the result was dismally parallel. By early in the 1930s the average East European regime was an open or barely disguised militarist bureaucracy capable of little more than "holding the ring" on behalf of foreign patrons or paymasters. Appropriately enough, with Hitlerite expansion in the 1930s, it was Germany's most powerful bank that made itself the arbiter of policy.

It would be easy to enlarge this brief economic sketch with the tale of social and political degradations and turmoils that rapidly advanced across the scene. If parliaments continued here and there to exist in name, they seldom had more than decorative value. Wherever old aristocracy managed to survive, as for example in Hungary, an impoverished and resentful "ruling elite" played out the game of government and opposition while real power remained with police and army. And wherever the ending of the old empires had allowed forbidden nationalities to escape from their obscurity, notably in the South Slav lands, deepening social frustrations tore into interethnic peace and laid the ground for coming massacres. Everywhere, in short, the "national question" of state power had overridden the "social question" of moral and material improvement. Everywhere in line with this, save in the Czech lands of relative economic development, there was the widening spectacle of bureaucratic corruption and idleness. Here, as in Africa, the great ideal was not to do a job but to occupy a salaried post. Here, as in Africa, urban poverty was subsidized by rural immiseration; and one regime of gross incompetence followed upon another.

Police and army power went down the same road of degradation. Generals were ousted by colonels and colonels by majors, majors by captains and captains by sergeants; while, increasingly through the 1930s as Hitlerite pressures grew stronger and more violent, these otherwise insignificant "changes of the guard" acquired the accents of Fascism or its agents. "Inventing the future" became one means or another of inventing death. All this was in the history of Central and Eastern Europe between the two world wars, just as it was going to be in the history of Africa a few decades later.

Surely there was no lack of rebels and revolutionaries, protesters or reformers, appealing to the liberal visions of half a century earlier or else, if they had managed to stay alive, to the apocalyptic promises of Russia's revolution. No year passed without some desperate initiative on behalf of useful change or even of reconciliation. None prevailed; instead, prisons were crammed with dissenters and graveyards with insurgents. The militarist animal inside the nation-statist shell proved too strong for any such persons, realist or utopian, to make headway against it. And once Hitlerite expansion finally assailed the last feeble bastions of sovereignty in these lands, nothing remained but surrender or war; and most surrendered.

A new German empire was prevented only at unspeakable

human cost, and the peace of 1945 brought another dawn that promised, once again, to promote freedom from the subjections of the past. But the victory of 1945 brought its own cost, and the price was paid in unforeseen ways. Central and Eastern Europe was soon trenched within the western bulwarks of a Soviet sphere of command which then became the extensions of a new Russian empire, while the anxious fears and ambitions of the Western Powers ensured that this severing of Europe into two hostile "blocs" should stand firm for another forty years. Who was chiefly to blame for this disaster, and in what degree or with what malice or stupidity, are questions that history has yet to answer; and perhaps history's eventual answer will say that the disaster was not in any case avoidable. What is meanwhile certain is that the consequences for the peoples living between Germany and Russia were increasingly painful.

During these forty years, if with varying impact, these consequences were in forms of Soviet control of a "neocolonial" nature. This control was exercised, by preference, from behind the scenes, and therefore had its parallels, at the same time, in much of Africa.

Often this Soviet "neocolonial" control was extremely close, closer even than anything of its kind that appeared in Africa. There was even an oil refinery in Bulgaria, it appears, which was incapable of refining any oil except Soviet-produced oil. One may compare this with the American-financed bauxite smelter built in Ghana that was unable, in practice, to smelt Ghanaian-produced bauxite. The bauxite for the smelter was brought from Jamaica, but at least the dam that powered the Ghanaian smelter produced electricity that stayed in Ghana.

Generally, the "neocolonial" consequences worsened as the

years went by. This was not so much because the controlling Soviet hand grew heavier and more oppressive, although it could be both and usually was whenever its dominance was threatened (as, for one example, against Hungarian rebels in 1956), as because its local agents or beneficiaries grew more isolated and therefore more fearful.

Socialist policies and programs might retain their solid attachment to the general good. Contrary to the received Western wisdom of 1989–90, it seems that those policies and programs often did do this in terms of social responsibilities for welfare and public education; but they were increasingly hobbled, or even wiped out altogether (as most obviously in Romania), by the deepening demoralization that ensued from stagnation and political repression. For nothing in the rigidly commandist structures of the Stalinist or para-Stalinist structure was allowed to change. Wherever industrial expansion really took place, as it did in several of these countries, it was at the cost of ferocious pollutions of the environment—pollutions taken to a point at which wide plains and ancient forests ceased any longer to be fit for life by any reasonable estimate of survival value.

Wherever literary and artistic culture had responded to the liberating call of social revolution—and this it had certainly done to notable effect after the miseries of the 1930s and the Hitlerite war—it had now to face the censors' wrath, or worse. Above all, perhaps, there was continuing decay in the quality of the rulers. Earlier years had produced self-sacrifice and high ideals. But the Stalinist degeneration ruined them, too, or else slaughtered them in judicial "trials" that would have been atrociously absurd if their outcome had not been tragic. Now there were no revolutionaries or ardent reformers in power, but only gray figures of a drear but dangerous Soviet obedience. The names and deeds of leading men and women in these countries had once been names and deeds to conjure with. Now the names and deeds of such persons, after the 1940s, seemed barely worth remembering.

In all these ways the "neocolonial" condition, just as in Africa, induced the denial of its own legitimacy. Now the state was one thing, but the people quite another. Quantities of words might be expended to demonstrate the contrary; they made no difference. In all these countries the ruling party—or rather the ruling bureaucracy, for the concept of political party in every legitimate sense had ceased to apply—was itself the state; and this state, effectively, had ceased to have any citizens. Its condition of "having no citizens" was every bit as complete, if sometimes less blatantly obvious, as, for example, in the Mobutist paradigm of Zaire in the 1980s. Citizens might remain present as existential phenomena; they were absent as participating actors. As early as 1953 the German revolutionary poet Brecht, no doubt Europe's most poignant voice in this desperate epoch, satirized a final reversal of revolutionary aspirations in scathing lines written of East Germany, where he lived. After the Berlin rising of that year, official leaflets of the government informed "the people" that they had "forfeited the confidence of the government"—in which case, asked Brecht, would it not be simpler "for the government to dissolve the people and elect another?"[2] When destiny overtook this bureaucratic nightmare in 1989, the state collapsed like a house of cards. One day the "German Democratic Republic" was there, solid and immovable; the next day it had vanished from the scene of practical affairs: leaving, of course, its problems unresolved.

Basil Davidson

Needless to say, there remains more to be said. Exceptions have to be taken into account, and some of them, as in Africa, have been important and remain important. In Eastern Europe, including Greece, the principal exception has been Yugoslavia. Here, too, the year of 1989 signaled a virtual collapse of the established constitutional order, and yet this order had emerged from an undoubtedly successful and enlightened federalism, itself the product of Yugoslavia's victorious war of self-liberation from 1941 to 1945. One might have expected protest against inefficient government, poor standards of living, incompetent bureaucracy, and various forms of human failure. The culprit that emerged, however, was something different. All the evils of federal Yugoslavia, it was discovered in 1989, were the fault of its federalism. A truly frenzied outbreak of nationalism, of extremist nation-statism, erupted on every side.

There was imminent civil war, separatism, an utter rejection of wartime gains. Given that this Yugoslavia had broken from the Stalinist empire in 1948, and had traced since about 1955 a path of its own, how and why should this destructive fragmentation of internal loyalties and purposes have come about? Just when Western Europe was turning away from traditional nation-statism, why should this Yugoslavia, precisely, turn toward traditional nation-statism?

The case of Yugoslavia, as would rapidly become clear after 1990, in no way undermines the case against nation-statism in the world of today. It merely shows that one can try one's hand, and even possibly succeed, at putting the clock back.

The "first Yugoslavia" was the "Triune Kingdom" of the Serbs, Croats, and Slovenes, born in 1919 and enduring until 1941;

274

and while its ending was unforeseeably disastrous, one is still bound to say, and not only with hindsight, that here was a kingdom certain to fail. This was for the simple reason, apparent even at the time, that all the non-Serbian peoples of the country felt themselves to be, and in practice often were, subject to constrictive Serbian domination. This was why the kingdom could never achieve the democratic aspirations of its birth or even of Serbian history itself. For an African parallel one may even suggest, without any great distortion of the evidence, that the condition of seething discontent present in that first Yugoslavia, within some years of its birth, was much like the condition that could have been expected in postcolonial Ghana if, at independence in the 1950s, the whole of the country had been placed under the command of the king of Asante. The king would no doubt have felt that history warranted the domination of all Ghana by the Asante kingship and its people; large numbers of other Ghanaians would surely have made violent objection.

For this and other reasons the Yugoslav state formed in 1919 became rapidly a bureaucratized and militarized shell, and when the invading armies of Germany, Italy, Hungary, and Bulgaria fell upon it in April 1941, it collapsed within days. The invaders carved it into pieces. Slovenia fell under military occupation. Croatia became a puppet state under a Fascist-type regime protected by Germany and Italy. Most of Serbia was left to Serbian puppets under strong German or Italian control. Other regions were variously occupied or divided. Much of Macedonia was handed to neighboring Bulgaria, with the rest remaining under Italian military occupation. The Vojvodina, whose fortunes we have followed earlier, was dismembered into three pieces. One of these, the Banat, remained under direct German military control. Another, the Bačka, also north of the Danube, was annexed to Hungary although three-fourths of its population was not Hungarian. And a third fragment, Srem, south of the Danube, was incorporated in the puppet state of Croatia even though most of its people were Serbs.

That was in 1941, and it invited trouble. But the Germans and Italians, or those who ruled them then, were confident that they could deal with any amount of rebellion. They were to learn better as the war proceeded, but in Yugoslavia they began to learn better almost at once. Armed resistance to enemy occupation began and persisted on a rising scale, and could not be mastered. In 1944 and 1945 the partisan armies of Yugoslavia's self-liberation drove their enemies to final defeat, needing for this little more than peripheral Soviet assistance on their frontiers with Romania and Bulgaria, and some Western aid in arms, ammunition, and medical facilities.

Now this was truly a people's victory in the full sense of the term "people." No matter how dogmatic the Communist partisan leadership may have been—and it was at that time sharply dogmatic in its Stalinist loyalties—the partisan armies were drawn from all parts of Yugoslavia and from all sectors of society, while behind them stood the overwhelming support of a probably clear majority of Yugoslavs. The internal opponents of the partisans were in comparison small men more or less fatally stained by service with a ruthless enemy, or else by outright betrayal of every democratic principle. These internal opponents, mostly old-style nationalists when they were not blatant sellouts to the enemy, had nothing new to offer but a dismal repetition of past conflicts. The partisans, by contrast, had much to offer that was new. These sentiments may sound pro-partisan, but were they not to be confirmed by the revived aggression of those same old-style nationalists after federal collapse in the 1980s?

Against old-style nationalism, drenched as it was with the blood of countless nationalistic massacres perpetrated between 1941 and 1944, the partisan leadership in 1945 offered an enlightened and innovating federalism. The men and women in their fighting brigades had marched to no tunes and slogans of nationalism, but for the ideals of *bratsvo i jedinstvo*, of brotherhood and unity, such as could and did rise above old conflicts, and promise to establish a real ground for postwar reconciliation among all these harried peoples.

Launched in 1942 in the midst of many battles and appalling enemy reprisals, above all in this period in Croatia and Bosnia, this federalizing program was refined and improved until, at war's end, a new Yugoslavia could take shape. A modernizing society arose from the ruins of the old. It now consisted of six federated republics and two self-governing regions, each with far-reaching powers of internal self-government and an undoubted scope for the promotion of these various national cultures. This decentralizing and participatory achievement was and has remained, all recent events notwithstanding, innovative and impressive; but its virtues have been little appreciated in the outside world. The Soviets rather understandably feared that a federalized Yugoslavia, following lines of democratic participation (however reduced by one-party rule), would develop outside the centralized rigidities of Moscow's control, while the

Western powers, enwrapped in their Cold War worries and myopia, thought that it must in any case be hostile if only because it took place in a Communist-ruled country.

Yet this federalism, judged also in hindsight, may far better be reckoned as one of the truly developmental initiatives to have derived from the upheavals of the Second World War. Except in the case of Kosovo-Metohija, where the claims of a local Albanian population struck hard against Serbian traditionalism, the new dispensation proved to be shrewd and successful. Old sources of dissidence and rebellion were impressively relieved. The Macedonians, for example, achieved a national autonomy for the first time in modern history, at least so far as their people inside Yugoslavia were concerned. While Macedonians in neighboring Bulgaria continued to be treated as Bulgarians, and those in neighboring Greece as Hellenized Slavs, the majority of Macedonians acquired a republic of their own as part of federal Yugoslavia. The same was true of Bosnian Muslims after suffering, during the war, from ferocious massacres at the hands of Croat Fascists.

This strong program of reconciliation, forged though it had to be in the midst of harsh warfare against enemy powers, drew its strength from various traditions. One of them was an old conviction that there could be no peace in the Balkans as long as Balkan states and governments were powerless to resist external influence or control. The need, therefore, was to overleap a nation-statism which was bound to play into the hands of stronger powers.[3] This need would be met only if nationalist enmities and rivalries could be made to give way to intra-Balkan forms of federalizing unity. What united this mosaic of peoples, in short, could then become stronger than what divided them, provided that an equality of rights and interests could be made to prevail. In other words, so long as "the national question" had priority over "the social question," there would be no peace; any such peace that might be patched up would always fall victim to rivalries couched in nationalist terms. That is what had happened in the first Yugoslavia between 1919 and 1941. But the partisan resistance had introduced the factor of social revolution, and a different outcome could be possible.

One may remark in passing that this introduction of the factor of social revolution was essential to the possibility of widespread partisan insurrection and its eventual success. This was not because the partisan brigades and their civilian support organizations were filled with men and women fighting for Communism or socialism or any such doctrine. The slogans might say that. But the reality was different. What they were undoubtedly fighting for was to end a hated and feared enemy occupation, yet to end it in such a way that some wide if often vaguely understood social renewal might become possible. They wanted a modernization of these peasant societies that could thrust old hatreds and disabilities behind them. They wanted a clear and positive break with the past.

This was what their internal opponents, whether old-style Serbian nationalists (known as Chetniks) or new-style Croat Fascists (*ustaša* and the like), could not offer. All they could offer was a return to the past under narrowly nationalist dogmas. Here in the partisan movement, in other words, the "social" had overtaken the "national," even while it remained no less true that the partisans were also fighting for a nationwide liberation from enemy control. These peoples went to war in excruciating conditions of loss and danger not for "the ideas in anyone's head"—as Amílcar Cabral was to say of the insurrectionary peasants whom he led in West Africa in the 1960s—but "in order to see their lives go forward, and be able to live in peace." This being so, the concepts of a practical and self-regulating democracy could become real and appealing for the first time in every Yugoslav region.

The acid test of this truth could perhaps best be seen at work and evolution in the plains of the Vojvodina. There the peasants rose and fought in multitudes—no matter that they had no mountains or deep forests in which to shelter—so as to end a hated foreign tyranny and then "to see their lives go forward." Often they were relatively privileged peasants in fertile lands where there was normally plenty to eat and drink or trade with; a Marxist would have described them as kulaks, peasants who in the usual run of things might be counted as prudently conservative. But they still responded far more eagerly to the partisan call for social change and progress than to any appeal based on the ideas of Serbian nationalism: here in these sundered fragments of northern Serbia, there was no nostalgia for the Great Serbianism of royal Yugoslavia.[4]

Why, then, was the collapse of the whole Stalinist project in Eastern Europe accompanied also by Yugoslav disintegration? Why should the vividly imaginative federalism of the liberation movement yield so readily, and tumultuously, to the old slogans of separatist nationalism, bidding Serbia "to arise," or Croatia "to arise," or some other variant on bankrupt ideas and doctrines? Such questions seemed all the more pressing because the Yugoslav Communists, unlike their neighbors, had cut loose from Soviet control in 1948 and, having done that, began soon after to cut loose from internal Stalinist programs and oppressions as well. They held to their federalism but went further. They persisted in policies and efforts designed to reduce the heavy-handed centralism of their Stalinist state system. They introduced complex and ambitious forms of economic self-management. They went far to hand over power to local bodies and initiatives. They tried to achieve a system of mass participation that should be able to defend itself from bureaucratic rigidities and corruptions.[5]

But in this they had, and perhaps could only have had, a mixed success and eventual failure. The reasons lay both in structural breakdowns and the frailties of human nature, for the project was splendidly innovative and difficult. But it seems likely that history's judgment, if one may imagine it, will say that the principal reason for failure lay in the persistence of a single-party authoritarianism unable or unwilling to reform itself. For it appears to have remained largely true, as journalist Misha Glenny has observed, that "the structure of the Yugoslav League of Communists, as the party was renamed in the mid-50s, remained Stalinist in essence . . . and those who disagreed were either isolated or imprisoned," while "Yugoslavia's internal security machine," at any rate up to the end of the 1970s, "was one of the most powerful in the whole of Eastern Europe."[6]

Thus it came about that federalist decentralism, in practice, was not what it claimed: to a more or less large degree, the single all-Yugoslav oligarchy was displaced (at any rate for nonmilitary affairs) not by decentralized organs of democracy, but by six or seven regional (republican) oligarchies which behaved as outright rulers. These oligarchies were at first in loose alliance with each other but soon in fractious and eventually destructive conflict. There developed an increasingly abrasive free-for-all between and among these oligarchies for possession of scarce resources. The ideal of brotherhood and unity became more and more a camouflage, as more and more citizens came to see it, for unfair discriminations and nest featherings, or worse.

There was thus induced the kind of atmosphere, and sometimes of hard reality, of political disintegration that had led to the collapse of Triune Yugoslavia in 1941. Ambitious demagogues, beating the chauvinist-separatist drum, began to flourish. Slovenia and Croatia drew ever more sharply away from a Serbia now gripped by nationalist dementia; and the malady unavoidably spread. Anxious eyes in Western Europe, having welcomed the demise of Tito's Yugoslavia, were now dismayed by a prospect of the "gates of the West" being besieged by a mob of mutinous Balkan states which had not been viable in the past, or in some cases had not even existed in the past. While Western Europe was turning toward federalist structures of one kind or another (however labeled), it appeared that Eastern Europe had fallen back on the nation-statism of the 1920s, yet with no better hope of making this work.[7]

In the ideological and cultural void induced by Stalinism, it was no doubt entirely natural to "turn to the West," and to look for solutions in a more or less blind aping of Western ideas and structures. But to find escape in that direction was to suppose that the scope and time and resources to bring into existence a groundwork for Western structures in Eastern Europe were present, or could rapidly be summoned. They were not so present, and summoning proved more than difficult. The 1990s opened on a scene of nation-statist uproar and confusion.

* * *

Elsewhere it was much the same. The sclerosis of single-party statism on the Soviet pattern, made almost everywhere more acute by political illusions or sheer political ignorance long fostered by an absence of public debate and information, seemed to leave no alternative but to return to multiparty structures which had briefly existed before the Second World War. Yet this "parliamentary solution" on bourgeois-capitalist lines had invariably failed in the prewar years, save in the Czech lands, because it lacked its necessary social basis. Capitalists without strength and cohesion had all in various ways found themselves sucked into the whirlpools of militarized dictatorship. "Middle strata" parties had all gone down in defeat for want of any sufficiently nourished middle strata. It had been argued—as it would be argued in Africa—that development and the passage of time would make good this want of capitalist middle strata. But war and disaster had arrived instead.

And now the position was worse than before, even much worse. What could be said about Romania at the end of 1989 was widely and even generally true: that the Stalinist monocratic system had not only dominated political life, but actually destroyed every alternative social structure, erecting instead a gigantic bureaucratic apparatus of repression. That apparatus had made itself hatefully odious and despised, but how was Romania to be governed without it? New parties were formed, many parties modeled on the conservative parliamentary parties of the West. Their leaders were available but not, it seemed, their troops.

A reversion to crude nationalism was perhaps unavoidable. Yet this was clearly no solution to the ideological void. This was rapidly proved by the example of Romania's Hungarian minority in the great upland province of Transylvania. That minority's complaints of Romanian oppression were now heard to repeat the very same words used before the Second World War, and with much the same justification. All good sense indicated that the interests of Romanians and Hungarians in Transylvania could best be satisfied by a mutual sinking of nation-state sovereignties between Romania and Hungary, and that nothing could be gained on either side by purely nationalist policies. But the lessons of all the years since 1919 seemed to have gone for nothing. In early 1991 it was even reported that the Hungarian government was seeking to buy the national armory of a defunct East Germany, so as to rearm Hungary in case of new aggressions—which, all too clearly, could only come from nationalist disputes. The "new Romania" seemed bent on the same kind of folly.

Meanwhile, another act in this ludicrous tragedy assailed in-terethnic peace in the Vojvodina. In 1989 a renewed Great Ser-bian nationalism had destroyed the autonomous stature of the Vojvodina, adding it simply to Serbia. By July 1991 the Serbian parliament in Belgrade declared that Serbian was to be the only official language of the Serbian republic. What this did, among other deplorable things, was to outlaw the public use of the Hungarian language by Hungarians whose forefathers had lived in the Vojvodina since at least the eighteenth century; and this minority now was no smaller than some 400,000 persons. This backward step was taken for absolutely no good reason of sense or value, but of course was bound to strike hard at the cultural peace that the federalism of 1945 had promoted and maintained. No wonder that it now seemed that the anti-Stalinist "revolu-tions" of 1989 had turned back on themselves, with Serbs today doing to Hungarians what Hungarians in Kossuth's time had done to Serbs.[8]

To all this sowing of confusion, the last years of a dying century added major breakdowns within the Soviet Union itself. Here, too, while fears of repression were lessened and forbidden thoughts began to be uttered again, large minorities and whole constituent peoples across a vast Euro-Asian continent began to call for separatist sovereignties, and were not in the least held back by consideration of the conflicts between them that might ensue. This was easily understandable; but it was not therefore promising of peace or progress. The real interdependence imposed by profound technological and economic changes in the world were thrust aside, however blindly, by the clamors of this insurgent nationalism. And yet there also appeared, everywhere in the wake of Stalinism or its equivalents, something like a collective collapse of political and social self-confidence, rather as though nothing could be done but await salvation by an immediate installation of "Western prosperity." It seemed, quite often, as though these peoples had lost all belief in their capacity to think and act for themselves except, fatally, by repeating the blunders of the past.

Perhaps more time had to elapse before the nation-statist mirage could be seen for what it was; all the old songs of nationalism still had emotive force. Yet all the lessons of the twentieth century were there to drive home the unavoidable conclusion that if these peoples were not to die together they would have to find out how to live together. What grew ever more visible, as the uproar continued, was the uselessness, or rather the helplessness, of the nation-statist project. This perception in no way denied the value of nationalism, of national pride or feeling, as a vehicle of culture. Just as in ex-colonial Africa, these ex-colonized European peoples had everything to gain from the flowering of their cultures. Their languages and their arts, their customs and pleasures of community and all their beauties of singularity, were such that any worthwhile European civilization would be impossible without their concourse. These cultures had every good reason to insist on their survival. But to cramp and confine their strivings into the nation-statism of exclusive and abrasive sovereignties would now be the obvious action of a blind despair.

Here, as in Africa of the 1990s, it appeared that new containers for national cultures were required; otherwise, the miseries of the past would have to be repeated. And if this was true, wisdom would have to look in the direction of some rational federalism. A hopeful future—a postimperialist future, a postneocolonialist future—would have to be a federalizing future: a future of organic unities of sensible association across wide regions within which national cultures, far from seeking to destroy or maim each other, could evolve their diversities and find in them a mutual blessing.

The Wilsonian containers of 1919 had been well intended; but these nation-states had not worked. It began to be seen that something different and much more flexible was now required; and something different seemed to be in the cards. No one said this better, as our blood-encrusted century closed, than a West German—but one can now simply say German—political thinker. This was the stalwart Erhard Eppler; and he offered a mighty contrast to the German political thinkers of earlier times whose frantic nationalism did so much to foster a Europe of nation-states. "What is new," Eppler told the West German parliament in 1989, even before the great upheavals of that year had reached their climax, "and what I find encouraging, is that national identity today is no longer tied to nation-states, or even aims at creating nation-states, but is often rooted in older kinds of community."[9]

It might well be, Eppler went on to say, that the nation-states of Europe were now being eroded in their sovereignties from two sides at once: "by the European Community, and, from below, by regional traditions, languages, dialects, and cultures." This could mean, as it proceeded, that a future European Community could progressively find room for the self-affirmation of all those identities and cultures—Scots, Welsh, Basque, Catalan, many more—that nation-statist frameworks had oppressed or stifled. Then indeed, this wise German might have added, a federalizing European Community could find out how to accommodate all those minorities divided from their mother cultures by the accidents of history—such, for example, as Hungarians in Romania—who were grossly disadvantaged, or felt themselves to be, by the nation-statist sovereignties in which they were enclosed.

The application of these thoughts to Africa is clear enough. And with all this the idea began to gain ground, if not easily or smoothly, that nationalism need not imply nation-statism: that there could be life after nation-statism, and a better life than before. For was it after all so sure that newly clamorous nationalities in, for example, Soviet Asia were shouting for nation-statism; or were they not in revolt, rather, against being governed from afar, governed by a rigidly centralized system they could seldom influence, and therefore governed badly? Could a proliferation of new nation-states promise any good outcome to

---

the end of the Soviet empire? Or would a new mob of mutinous nation-states provide a happy sequel to the collapse of federal Yugoslavia? To think so would be to forget the last hundred years or so of internecine strife.

The circumstances of Africa, it may be objected, differ in many ways from those of Eastern Europe. I am far from sure of this, but in any case the circumstances here relate to speeds of change, notably of ideological change. Europe has needed more than two centuries to go through its experience of nation-statism from its formative beginnings—in most explanations, those of the French Revolution—to the unfolding thought that nation-statism has come near the end of its useful life. But it seems that Africa has covered this ground in just half a century.

While the bureaucratic nation-state may still claim to exist in Africa, at least on paper, the thought that it may be near the end of its useful life is more advanced. The African snail, it would appear, has in this respect outpaced the European hare. The African warlords of the bureaucratic nation-state may still rage and strut, but pretty well everyone save themselves has begun to see their fruitlessness; which is not in the least to impugn those honest generals and soldiers—for example, in Nigeria—who have not governed and do not govern as warlords but who have striven and do strive to advance the public good. It is a fruitlessness proclaimed even from the housetops. As experienced an observer as Edem Kodjo, former secretary-general of the Organization of African Unity, went out of his way in 1987, when writing for a wide audience, to deplore the African nation-state as "a shackle on progress." What weighty opinion has disagreed?

Unavoidably, the question arose—and arises—of how this

black man's burden can be shifted. This is no doubt one of those questions that historians are not supposed to answer. But I have noticed that historians always do answer. What I can do is to conclude this book with a kind of survey that may also be a kind of answer. Even, if cautiously, a hopeful answer.

Conclusion

IF THE postcolonial nation-state had become a shackle on progress, as more and more critics in Africa seemed to agree by the
end of the 1980s, the prime reason could appear in little doubt.
The state was not liberating and protective of its citizens, no
matter what its propaganda claimed: on the contrary, its gross
effect was constricting and exploitative, or else it simply failed
to operate in any social sense at all. Its overall consequences
were in any case disastrous. And the prime reason for these
consequences was something else that was widely agreed upon.
It was powerfully stated by the hero of the Nigerian novelist
Chinua Achebe's memorable *Anthills of the Savannah*, published in 1987 but reflecting that writer's mature conviction.
The prime reason, Ikem reflects before he, too, has to meet
disaster, "can't be the massive corruption though its scale and
pervasiveness are truly intolerable; it isn't the subservience to
foreign manipulation, degrading as it is; it isn't even this sec-
ond-class, hand-me-down capitalism, ludicrous and doomed."

All such miseries of malice and incompetence or greed could

be blamed for "the prime failure of this government." But they were not the cause; they were the effects. The cause was to be found elsewhere. It lay in "the failure of our rulers to re-establish vital inner links with the poor and dispossessed of this country."[1] It was the failure of postcolonial communities to find and insist upon means of living together by strategies less primitive and destructive than rival kinship networks, whether of "ethnic" clientelism or its camouflage in no less clientelist "multiparty systems."

Anxious visitors picking over the ruins of neocolonial experi-ence had therefore good reason for pessimism,[2] just as, some years later, other visitors would return from Eastern Europe with similar forebodings. All the copious plans and projects for postcolonial progress and "development" had supposed the more or less rapid and even automatic arrival of "middle strata" capable of building systems of capitalism on the best-advocated models, whether those of Western Europe or of North America, after which, as all the models were held to prove—vast interne-cine wars and other disasters being somehow held to be momen-tary pileups on the mighty highways of free enterprise—there would be steady advance to "high mass consumption." So it was prophesied. But no such middle strata had arrived, much less "high mass consumption." Or else, it was contrarily argued, still more desirable routes and objectives would be found under the magic guidance of Marxism-Leninism. This Marxist-Lenin-ist vision vanished utterly in 1989. But maybe the free-enter-prise vision could still be made true?

The pessimists of the 1980s generally thought not. In their view the ex-colonial countries, now fashionably categorized as the countries of the "Third World" or simply as LDCs (less developed countries) had missed the bus. For them it was too late. They would not now be able to escape from the constrictions of a "world order" designed most clearly to put them in their place and keep them there. Japan, of course, had escaped; but Japan had never been invaded and dispossessed. One or two large Latin American countries—perhaps Brazil, conceivably Argentina—might still be able to escape, and build a capitalist system of their own, a self-orientated and sufficiently stable system; but the results of their trying to do this over the previous hundred years were more than discouraging. In recent times the "four little dragons" of Asia—Hong Kong, South Korea, Singapore, and Taiwan—might be on their way to being capitalist "blue chips" in terms of system as well as production. But their circumstances were nothing if not specific to themselves: the "little dragons" were islands unlikely to be joined to "the main." Otherwise the future for the "Third World" appeared bound to be a restatement of stagnation and decay.

To this the optimists of the 1980s—surprisingly, there were still some to be heard—have replied that pessimism of this built-in type is equally bound to be defective history. It empties the whole grand panorama of social being, they have argued, into a sack of negative conclusions. It writes off the story of Africa, but not only of Africa, as though it can never, in a postcolonial sense, begin again. Whereas very much, in truth, has already begun again. In all those arts and initiatives that derive from the dynamics and development of peoples, as distinct from the mere trajectory of things such as "gross national product," the anticolonial liberations have not failed.

All its defects and diseases notwithstanding, the Africa of the 1990s is immeasurably different from the Africa of the 1930s, and in all those ways that signal renewal and creativity, this Africa is also immeasurably more alive. Achebe's Ikem had powerful reasons for pessimism in 1987; but this was an Ikem that an Africa of half a century earlier could never have possessed. And since I have ventured on parallels with Eastern Europe, I would suggest that the same may be true of Eastern Europe between 1930 and 1980, no matter how sorely the Stalinist systems have cut down the liberating consequences of the anti-Nazi war. Here, too, the pessimists of the 1980s may have all too easily forgotten the miseries of the decades before the anti-Nazi war.

The pessimists, on this general view of matters, may be said to have overstated their pessimism and to have forgotten that peoples can never for long be confined to the cages of any neat scenario. But however this can be, what has remained common cause to pessimists and optimists alike is that the systems in place have all failed, whether neocolonial capitalist in Africa or Stalinist in Europe, and that the prime badge of their failure, as Ikem said, has lain in the brutal divorce between rulers and ruled. The African texts to this effect were many and forceful by the end of the 1980s, and no serious person had yet been heard to deny their truth.

"Development strategies in Africa, with minor exceptions, have tended to be strategies by which the few use the many for their purposes. They are uncompromisingly top-down. There is not, and never has been, popular participation in political and economic decision-making." Everything, on the contrary, is done "to prevent the expression of popular interest, and to ensure acquiescence in policies which are hostile to the public interest."[3] And this had become true, added this Nigerian witness, to the point that "development has turned into concerted aggression against the common people, producing a theatre of alienation."[4]

The writer was not, as it happened, a disgruntled academic sniping at his masters, but Claude Ake, a highly competent analyst speaking from close experience; and the same view has come from spokesmen of the established order. Criticizing the command economies of Eastern Europe, the top-down economies of the Stalinist dispensation, Chief Emeka Anyaoku, the British Commonwealth secretary-general, has argued that such economies could never in any case realize "national potential for development";[5] and the application to Africa was directly clear. Only "popular participation in development," he affirmed, could realize this potential. The whole option of and for representative democracy—and the words here are those of Nigerian President Ibrahim Babangida speaking in October 1989—has to be "hinged on mass participation; and this is the cardinal principle which will sustain it."[6]

Was this, then, the route of escape from the fearsome dilemma of the 1980s: the dilemma which taught that a strong state had to mean dictatorship but a weak state must collapse into clientelism? If so, the key to progress, even to survival, was not to be found merely in the multiplying of party rivalries at the centers of executive power, however much a structured rivalry might be desirable. It would be found, rather, in devolving executive power to a multiplicity of locally representative bodies. It would be found in reestablishing "vital inner links" within the fabric of society. Democratic participation would have to be "mass participation." And "mass participation," patiently evolved and applied, would be able to produce its own version of a strong state: the kind of state, in other words, that would be able to promote and protect civil society.

Now ideas such as these, as it happens, have a history of their own. Whether they can be made to work in the modern world is another question; and I will confront that question a little further on. But there can be little doubt that they could be made to work in the precolonial past. For "mass participation," however variously mediated by this or that structure of representation and control, was at the heart of all those African societies which had proved stable and progressive before the destructive impact of the overseas slave trade and colonial dispossession had made itself felt. And an historian may note that these ideas on mass participation, on practical democracy, can also be seen as a revised completion of those developmental projects launched more than a century earlier by the prophets of a regenerated Africa in the British West African settlements, some of whom framed the Fanti constitution of the 1860s. The essential argument of those early prophets was that a progressive Africa, one that would be capable of facing the outside world, must depend on the development of progressive institutions. They turned to Europe for those institutions, and we have seen what has come of that. The prophets of mass participation in the 1980s, on the contrary, were meditating concepts more or less related, in one reformulation or another, to those whereby their ancestors had held society together and, when necessary, put down the mighty from their seats.

How far such concepts have a real affiliation with those of the precolonial past may be argued elsewhere. My own view is that the years ahead will increasingly show this affiliation, and will give the struggle to escape from stagnation or regression a new base in African historical experience. However one views this, these same ideas also have a modern history of their own, even if obscure and brief. Before looking further into the capacity of mass participation to provide "the route of escape," this is a history that deserves to be recalled.

The first modern attempt at the practical application of the ideas of mass participation appeared with some of the anticolonial movements of armed struggle, notably those in the Portuguese African colonies. These movements and their insurrections have been copiously described but rather little studied, not least in their moral and psychological aspects. One may hope they will be better studied in the future; meanwhile, I want to draw attention to their moral aspects.

These could be seen, as I wrote some years ago, in "the demand that men and women should rise above themselves, take inspiration from their cause, grow larger in companionship" while, on the side of negation, "there were the miseries of hardship, danger and solitude, the temptations to withdraw into neutrality, the longing for food and sleep and safety when no such safety, let alone for food or even sleep, was anywhere to be looked for or even to be hoped for." Beyond that, in these African guerrilla movements, there were "other demons that assail, the demons of the forest or the wilderness that are not the demons of the ancestors but the demons of doubt, distrust of absent comrades, nagging fears of intrigue, surges of despair, the ever-repeated question of knowing what best to do and how to do it."[7]

Large numbers of young men and women lived and fought under these conditions, seldom better and often worse, for long successive years; and one is bound to ask what ideology or belief could have sustained them. Much was said at the time, principally by their enemies, of the influence of Marxism and its revolutionary teachings; and for a handful of educated persons in guerrilla ranks this influence was real and inspiring. Much was said about the huge provocations of a Portuguese colonialism that would yield no concessions, and give no ground for peaceful change; this particular influence, generally, was far more important in these movements, and would probably have sustained them without any other influence.

These were wars against a colonialism of Fascist type, reflecting the dictatorship which reigned in Portugal: a colonialism of a most brutal nature. But while its provocations were unyielding and severe, and revolutionary hopes and thoughts became powerful in the leadership of these movements, mature reflection suggests that another factor was also at work. This factor is hard to pin down without inviting misinterpretation, for these are matters both subtle and little understood. These ragged peasants—almost all were peasants, save for a few "second-generation" peasants from colonial towns—could well seem merely primitive in their motivations, primitive insurrectionaries obeying "primitive customs," "atavistic" customs as was charged, for example, against the Mau Mau insurrectionaries in the Kenya of the 1950s; but there is more to be said. Along with such loyalties to insurrection—actually underlying them—one can perceive something else. This has been the missing factor in all Europe-centered histories of Africa: the deep and lasting sense of injury, above all of moral injury, that colonial dispossession was felt to have done to the way that people had lived and should live. It is the factor of moral legitimacy.[8]

Understood in this light, as I believe they have to be, the "primitive customs" of national-liberation warfare join others in the precolonial pantheon—I am drawing here on the work of social anthropologist Meyer Fortes, writing in the 1950s of various situations—as media "for giving tangible substance to moral obligations." These loyalties and the duties they imposed on the volunteers of these wars (for there were none but volunteers on the African side) reflect "a conviction that there is a moral order in the universe, and that man's well-being depends upon obedience to that order as men see it."[9] The colonial intrusion and its monstrous coercions had wrecked that moral order. To restore it would be enormously difficult. But without restoring it—without, that is, restoring its legitimate successor—there could be no peace or self-respect: just as, in fighting to restore it, men and women could win back self-respect and possess at least the prospect of an eventual peace.

All this may be hard to accept in a world that has generally seen the colonial dispossessions as an acceptable price of progress or, at least, as a generally benign process of "development." Obviously, too, men and women joined these anticolonial wars with every sort of motivation and often remained in them, as soldiers will, because there was no sufficient case for leaving them. Yet the strategies with which the wars had to be fought, if they were going to be won—and each of the insurrections in these Portuguese colonies was clearly successful—had their own momentum and compulsion. These strategies came together in what their memorable political philosopher Amílcar Cabral, who was no less a memorable man of action, called "a determinant of culture": of sociopolitical culture, of moral culture. In this lay their great originality.

Irrespective of whatever alliances or semialliances of theory or of convenience that these movements may have had abroad, they had to follow the bidding of their own conditions; and these conditions demanded absolutely that the peasants, with the few townsmen who joined them, participate out of their own will and understanding. The alternative was defeat. A few stalwart revolutionaries would decide to take up their rifles and "begin." They would be overcome and eliminated by a massively stronger enemy unless they could rapidly fulfill two conditions for survival. The first and preliminary condition was that they should gain local peasant sympathy and support. The second, much harder, was that they should then transform this support into active participation. That they were able to do this—not always, but surprisingly often—is what has given these movements in the Portuguese colonies their true place in history. This *participação popular*, as it came to be called, responded of course to practical needs—for the risking of life, for the porterage of ammunition, for the building and running of bush schools and clinics, for the meeting of local forms of self-government wherever the colonial dictatorship could be lifted away; beyond these, however, *participação popular* responded to the needs of moral restoration.

Its central process aimed at giving rural multitudes a real measure of practical self-government. This would have been hard in any case; in the case of the Portuguese colonies it was extremely difficult. Still more than other colonial powers, the Portuguese had governed solely by the imposed hierarchies of administrative decree, whereas *participação popular* meant self-administration by local assemblies and their elected executives. It was a process that had time and opportunity to succeed very well in a few regions, and to reach an early stage in some other regions; but, as was expected, it barely appeared at all in provinces not yet heavily influenced by armed insurrection. But where it did succeed, its workings could be remarkable.

"Consider," wrote Cabral of this process, "the features of an armed liberation struggle" necessary to its success. These are "the practice of democracy, of criticism and self-criticism; the increasing responsibility of populations for the governance of their own lives; the creation of schools and health services; the training of cadres from peasant and worker backgrounds. All these features, and others, enable us to see that the armed liberation struggle is not only a product of culture. It is also a *determinant* of culture." From it a double effect would follow. The thought and behavior of "those who began," of leaders, would converge upon and meld with the thought and behavior of those who followed, who joined in participation: and each would change.

The leaders, he continued, would lose their petty-bourgeois opportunism and "sense of superiority." They would "learn a new respect for the multitude and strengthen their grip on reality." At the same time, "the mass of workers and in particular the peasants, who are generally illiterate and have never moved beyond the confines of the village universe, would understand their situation as decisive in the struggle. They would break the fetters of that village universe and integrate gradually with the country and the world."[10]

There were risks apart from the perils of warfare in which many perished. These perils were unavoidable. "We were, therefore, left," reflected the Mozambican leader Eduardo Mondlane, writing later of the decision to fight, "with these alternatives: to continue indefinitely living under a repressive imperial rule, or to find a means of using force against Portugal which would be effective enough to hurt Portugal without resulting in our own ruin."[11] Yet these leaders went to war reluctantly, knowing that violence could always be a two-edged weapon. "We had to follow this route of armed struggle," in the words of the Cape Verdean leader Aristides Pereira, referring here to the insurrection in neighboring Guinea-Bissau on the mainland, "because there was no other way. And yet it was an act of violence on our peasants too: a violent changing of village mentality, a dangerous route!"[12] Hence their wartime slogan, repeated so often by Cabral: "We are armed militants, we are not militarists."

This distrust of violence, including their own violence, is really what marked them off more clearly than any aspect of their programs from the generalized mayhem into which so much of Africa was falling. They saw that the necessary acceptance of violence might well destroy the very objectives they sought to achieve; and I think it is true—at least on the basis of having watched in the field all three of the principal fighting movements in the Portuguese territories—that they used violence under the best disciplines they could manage to evoke.[13] This distrust of violence undoubtedly became a factor in the political successes they were to score. Knowing the unbridled violence of the colonial dictatorship and its armies, they held that if this morbid violence were to be allowed to govern their own projects, they would end in a misery no better than the one they were pledged to defeat. And just how right they were in thinking this was to be displayed, later on, by the murderous violence of the externally created and directed "opposition movements" raised against them: by the UNITA (National Union for the Total Independence of Angola) "movement" in Angola and the analogous RENAMO (Mozambican National Resistance) banditries in Mozambique.

Meanwhile, pursuing their *participação popular* in its civilian as well as its military aspects, the genuine anticolonial movements in the lusophone colonies—PAIGC (African Party for the Independence of Guinea and Cape Verde) in Guinea-Bissau, FRELIMO (Mozambique Liberation Front) in Mozambique, the MPLA (Popular Liberation Movement of Angola) in Angola— were able to achieve impressive gains. By 1968 the little "army of armed militants" of Cabral's PAIGC in the tropical forests and savannahs of Guinea-Bissau had won control of half the territory, and was able to secure the rest by early in 1974.[14] In Angola the insurrection of 1961 had been drowned in blood, but a remnant of Angolan nationalists had managed to survive and was able to achieve leadership by 1975. In Mozambique, meanwhile, the nationalist "front" called FRELIMO was similarly able to overcome initial confusions and defeats, and, again in 1975, concluded its war with striking success.[15] These successes changed the whole balance of power in southern Africa in favor of democratic progress not only against colonialism but also, and now more importantly, against the racist system in South Africa.

It remains that the record after independence became, in all three cases, a story of defeat and even of disaster. Much has been written on the subject, and more will come to hand as distancing years bring firmer analysis.[16] At this stage two principal reasons for this failure seem evident. One of these was internally produced, the other externally created. Both in various ways relate to the whole nation-statist project.

The internally produced reason, or group of reasons, lay partly in the sheer difficulty of proceeding with the project of mass participation once the driving disciplines of the war were no longer present. Angola and Mozambique were vast in size, enormous in their plains and forests, scarcely tied together by all-weather roads or railways; and of many of their remote peoples little was understood by the nationalist policy-makers. Here there were communities which had lived for decades under the heel of an alien authority that they had feared or hated and in any case had done their best to evade. The nationalists were welcomed as liberators but still had to remain, to some extent, an authority hard to accept.

Meanwhile, no matter how hopefully the policies of *participação* had made their mark, the end of the wars brought social and economic emergencies that were extremely hard to handle. Literates were few, politically competent literates fewer still, reliable policy-makers fewest of all; some of the best of them, including Cabral, had given their lives during the struggle, and could in no case be rapidly replaced. Courage and enthusiasm might still be present, but so was the mental and bureaucratic legacy of colonial rule. This legacy weighed heavily on the necessary initial balance between statist centralism and the demands of democratic participation: heavily and negatively. The effective arena of "people's power," of *poder popular*, became ever smaller and beset with troubles.

Soviet bloc advice in planning and application—the more readily accepted because of the continued hostility of the United

303

States and other Western countries—was soon added to the negative side of the balance. This advice was of course the product of socioeconomic systems of an extreme centralism and commandism, systems that were at the opposite pole from the devolutions of participation. Crudely put, one may say that the Soviet bloc saw salvation for Angola and Mozambique in the rapid development of urban-based industry financed by "peasant surplus"—in its essence, the same policy that Stalinism had carried to ruinous extremes in the Soviet Union. This proved fatal. Clearly, a policy of gradual industrialization was desirable, supposing always that its extraction of peasant surplus was never carried to the point of provoking peasant rejection. Unhappily, it was carried well beyond that point. The externally created banditries that followed would feed on consequent peasant rejection.

The destructive outcome was perhaps especially clear in Guinea-Bissau. Here the level of peasant participation had by 1974 reached a notable effectiveness, and the independence movement, led by Cabral until his murder in 1973 by agents of the Portuguese dictatorship, still pinned its faith to a policy of maintaining the primacy of peasant interests, there being in any case only one town of any size in the whole country, the city of Bissau. But with or without Soviet bloc advice, the policy was soon thrust aside, and wartime perspectives were abandoned. By 1983, in the words of a well-informed observer, "the country's internal and external resources were concentrated in the city [of Bissau], but without any significant increase of production: either in the countryside, which had no access to adequate resources, or in the city itself, where application of those resources was not productive. And so it evolved that external finance, instead of constituting the initial means of development, became ever more the crucial axis of the economy; and this dragged the country into a difficult posture of dependence."[17] This dependence—mainly in this case on Western, not East bloc, partners—became ever more pronounced after the Cabral-inspired regime which had won sovereignty from Portugal was overthrown in 1980 by a semimilitary succession.[18]

Worse followed in Angola and Mozambique. There the same centralizing trend was overtaken and engulfed by ferocious factions launched by and from South Africa and variously encouraged by some of the Western friends of South Africa's racist system. These groups—UNITA in Angola, RENAMO in Mozambique—were in no sense aimed at political programs more democratic or effective than those of the MPLA in Angola or FRELIMO in Mozambique, for they possessed and put forward no such programs. They were aimed simply at dragging down the independence regimes into a mire of violence and confusion. As it was, they infiltrated from South Africa into rural zones where centralizing policies had produced a certain dissidence: the product, as has been said, of a "basic contradiction," inherently a nation-statist contradiction, "between an economic strategy of modernisation and industrialisation, and a political strategy of popular mobilisation and democracy."[19] They failed in their objective of unseating the independence regimes, but they left in their wake a trail of death and impoverishment which had something of the same effect.

The banditries increasingly realized the violent degradation foreseen by leaders like Cabral and Pereira: for many of these bandits, bereft as they were of any sociopolitical restraints and divorced as they had become from ancestral moralities, blind destruction seems to have become the staple of their existence. "Although it is true," one careful observer of Mozambique was writing in 1991 of the RENAMO activities, which still continued, "that most of RENAMO's combatants were forced to join the rebels [against the FRELIMO regime], evidence has shown that many are deeply traumatised by their experiences, and have accepted terrorism and banditry as a way of life. Many of these indoctrinated fighters who have not been tempted to respond in some part to the government's amnesty may feel that continuing fighting is their only option."[20] And of course the infections of this violence could also spread to demoralized fighters in the army of FRELIMO itself.

The result was the wild and indiscriminate wrecking of every social achievement of the liberation won against colonial rule in 1975. In Mozambique, between 1981 and 1988, "291 health units were destroyed" by RENAMO violence, "and another 687 looted and at least temporarily closed. By the end of 1989, 3,096 primary schools had been forced to close, more than half of the primary schools in Mozambique. More than 200 teachers and health workers have been killed." The consequences were especially destructive for infants and young children bereft of parents, shelter, or any succor that could be effective. U.N. estimates in 1989 concluded, for the years 1980 to 1988, that there had been 494,000 Mozambican deaths of children under five for reasons deriving from what was called "destabilization": banditries and other such activities, that is, aimed at undermining the legitimate regime. All in all, this "destabilization" had driven about 1 million Mozambicans into exile as refugees while, inside the country, perhaps as many as another million had lost their lives.[21]

Direct South African military invasion of Angola, over many years since independence was won in 1975, went similarly hand in hand with an externally created "destabilization"; and again the outcome was appalling in loss of life and social destruction. Even when the agents of "destabilization" were disarmed, and the interventions ended, it would be many years before Angola, like Mozambique, could hope for any solid measure of peaceful or progressive development. In spite of every achievement, whether individual or collective, these movements had met with adverse forces too strong for them. Their bid to "invent the future" had ended in defeat.

But the vision of a different future embodied in their ideas and practice of participation in self-government and self-liberation was not therefore proved false. On the contrary, wherever it was able to evolve and spread its influence, this vision was shown neither to be wishful thinking nor impractical romanticism. For this there was the evidence of what had been attempted and achieved in colonial regions from which the colonial power had been sufficiently evicted—in "liberated zones," as they were usually called. Here it was sometimes possible, even while the wars continued, to watch the revival and practical operation of forms of local self-administration.

Nor was the influence of this same order of ideas confined only to the movements in the Portuguese colonies. Embryonically, at least, it had been present in other anticolonial movements of armed struggle. And these had not been few. If one counts only the big insurrections against one or another imperialist enclosure in Africa after the Second World War, they begin with the massive Malagasy rebellion against French control of Madagascar in 1946 and they continue, in one territory or another, up to the success in 1990 of anticolonial insurrection in Namibia, passing along the way through huge and most painful upheavals in Algeria and other parts of the French North African empire.[22] In all these various movements, in one degree of success or another, the leaders' need to win a large and active participation of rural and even urban peoples had promoted the concepts of devolved powers resting on local initiative and control. "Mass participation" had become a vigorous aspect of all that scene which lay unfolding, from the colonialist stand-point, on "the other side of the lines." The colonialist authorities might refuse to believe it, but mass participation had become a mode of popular culture reaching deeply into the idioms of daily life.

Just as surely, it failed in these cases to survive the wars of liberation so as to open, after independence had been won, a route of escape from the nation-statist dilemma: the dilemma between a strong state which threatens or becomes dictatorship, and a weak state which collapses into clientelism. There have of course been exceptions or partial exceptions to this failure. One of these, at least for the first fifteen years after independence between 1975 and 1990, unfolded to widespread admiration all over the world in the little archipelago of Cape Verde off the West African coast; and this has been an exception which seems likely to be remembered.[23] Another took shape in circumstances still more remote from worldwide notice. This was the success of an Eritrean liberation movement fighting against Ethiopian imperialism, not only in the military field but also in building an Eritrean "grass roots" politics of self-government in their country along the Red Sea coast.[24]

Even so, the route of escape still had to show a general validity.

Other dramas of the 1980s could be called into evidence on the now decisive issue of whether or not the ideas and practice of decentralization and mass participation could offer escape from the pirates and their crisis. The underlying economic scene and prospect were bleakly discouraging. Could these ideas be more than a slender hope, a poor grasping at straws in a time of continental misery?

Even a selectively optimistic look at the evidence—and any such look, to be comprehensive, would have to mean several books as long as this one—will show that these ideas concerned with mass participation had failed more often than they had succeeded. In 1974 a great upheaval in the ancient state of Ethiopia, amounting as many said to a social revolution, promised far-reaching devolutions of power to regional and ethnically diverse claimants. But the promise was not made good; instead, after 1976, a still more centralist and authoritarian dictatorship emerged. This dictatorship was overthrown in 1990 by undoubtedly popular rebellions imbued with policies of mass participation. It still remained to be shown that these ideas could now prevail.

In neighboring Somalia, also in the period from 1974 to 1976, a reforming regime had likewise attempted an experiment in the devolution of power to local assemblies and their elective executives. This was done as a means of promoting a democratic alternative to military dictatorship, under which Somalia was then governed, as well as to the chaotic "multipartyism" that had preceded that dictatorship, a multipartyism of more than sixty supposed parliamentary parties which in practice were no more than personal or clan pressure groups.

Against this background—of a strong state requiring dictatorship or a weak state riven by clientelism—Somalia's experiment in mass participation had promising aspects. It went together with the writing of the Somali language in an effective script for the first time in history, and this in turn was made to serve the cause of widespread adult literacy campaigns, the opening of primary schools where none had previously existed, and, at an administrative level, the promotion of local self-government in democratic forms never achieved before. All this, however potentially fruitful, was swept into oblivion by hurricanes of interstate warfare after 1976. Somalia by 1990 had ceased even to be a nation-state; nothing seemed to remain save clan warfare and destruction. Yet it could not be said that Somalia's brief attempt to follow "the route of escape" had failed for reasons inherent to itself: in this sense, rather, the attempt had succeeded. But the circumstances in which it could persist and mature were simply not present.

What was generally present, instead, was a collapse of belief in the possibility of any collective escape from crisis. The sensible man would build a retreat for his family and himself, and barricade the doors. Moderate policies of reform had produced pitifully little. The remedies of "actually existing socialism" had reached worse confusion. All the solutions of "actually existing capitalism" had led to deeper poverty and hunger so far as the majority of people were concerned. A widening sense of helplessness could not be wondered at. Since the 1950s there had been no lack of self-denial and even of self-sacrifice by innovators striving for the public good. Yet everything they had striven for, as it seemed, was after all reduced to muddle and corruption. Trained and educated men and women slipped away to distant countries, filling whatever safe niche they could find, or else took refuge on family farms until the storms should blow wildly past them. The plague of AIDS meanwhile began to threaten a further catastrophe.

Yet it was in this dire situation, however paradoxically, that some of the worst sufferers from misrule and militarized mayhem had begun to present evidence of social renewal. A regime of reconstruction in Uganda headed by Yoweri Museveni after years of strong-arm misery under Idi Amin or Milton Obote was a case in point, rare but by no means unique. This regime of Museveni's National Resistance Movement reached power late in the 1980s when the whole of Uganda was in the last extremes of disintegration, and the odds against its survival, let alone recovery, had to remain heavy. Yet its early years into the 1990s produced the makings of peace and reconciliation where no hope of either had existed before. Fear retreated. The possibility of civil government instead of executive abuse began to emerge. Genuine moves toward the democratization of executive power thrust up their challenge to despair. It was even as though Uganda's long years of clientelist tyranny had cleared the way for grass-roots political life to push a harvest of renewal up through soil that had seemed irretrievably ruined.

"Resistance committees at village, parish and district level have been encouraged by the National Resistance Movement to elect local leaders," Victoria Brittain reported in 1987. These began to form themselves into nine-person local executives which "take care of community security and the distribution of basic commodities such as sugar, salt or soap, which had simply vanished with the collapse of [Uganda's] economic and social infrastructure." And as may really happen in times of renewal "at the base of society," all this began to create "new local initiatives, which range from brick-making, maize processing, brewing, to co-operative shops, football pitches and chess clubs for youths" who "used to roam about with the soldiers, fighting, thieving, raping, outside any family or village life."[25] Yet all this was then found to be more than a flash in the pan of optimism. Three years later Britain would report that "the old strongmen" of Uganda's statist structures had been successfully "challenged by the resistance committees, many of them made up of peasants," to a point at which "local decision-making, including the settlement of land disputes, has given the committees control over the lives of their communities."[26]

Could this democratic process endure and grow into a state power accountable to the people whom it claimed to serve and protect? The evidence remained contradictory. But what now began to be noticed was that the process, or efforts toward launching it, seemed to be spreading. In Ghana, however unexpectedly for a country that appeared entirely to have lost its way since its pioneering lead of the 1950s, a reforming regime under an air force officer, Jerry Rawlings, took power in 1981, and soon developed a strong critique of top-down forms of bureaucratic government. Turning to the grass roots in order to put executive power at local levels into "the hands of the people" and create "an opportunity for a genuine participation in the government of the country," this regime set itself to promote self-government by a democratic elective process. By March 1988 no fewer than 7,269 men and women had been elected to district assemblies by Ghana's 110 electoral districts. This was at least a start toward displacing an authoritarian bureaucracy by persons "at the bottom of the heap." It had to be a lot better on paper than in practice, if only because habits of bureaucratic command were deep-rooted. But indications of helpful change still seemed to be present.

A similar struggle between theory and practice evolved in the twenty-one-state federation of Nigeria. Here, too, the sharp conflict between a strong state under direct military rule and a weak state under multiparty clientelism (invariably, in Nigeria, known as "tribalism") had gone through many painful phases by the end of the 1980s. But miseries of one kind or another had tended to mask what was in fact a notable national success. Since breaking itself apart in a civil war from 1967 to 1970, this amazing country of some 100 million people, speaking a multitude of languages and with dozens of different ethnic loyalties, had somehow managed to arrive at a basic stability, even while the political air continued to be rent with tumults of dispute. If little recognized, this relative stability was seen to rest on a persistent trend underlying the public uproar. This trend has consisted in a real decentralization of administrative power, and at least an initial attempt to promote real forms of local government.

In 1960 the British had left Nigeria with three large regions, to which a fourth was soon added. But rather than splitting into as many or more separate nation-states—each of which would have been much larger than most of the ministates of French-speaking West Africa—Nigeria has evolved into a federation of twenty-one autonomous but interlinked and interdependent states. Each of these, in turn, proceeded to construct its own network of local assemblies and executives. These structures of self-government were to have three levels or "tiers": federal government at the "center," autonomous government in the federated states, and, underpinning all this, networks of purely local or municipal government.

All this went together with healthy argument which had produced, by 1990, a solid doctrine concerned with various aspects of "mass participation." It responded to the view, robustly put, that "top-down" government was the source of much evil. "The bane of local government in the Third World," said one Nigerian critic in a fairly typical statement, "has been the over-kill of central supervision, rather than the chaos or corruption of independent existence." Central government, he urged, must have the nerve and vision truly to accept the three-level autonomies of central, state, and local organs: for "what will get Africa out of her present food and fiscal crises is not the clamping down of more governmental controls, but the release of the people's organisational genius at solving their community problems."[27]

How far such doctrine was a modernized reflection of Nigeria's own historical structures of participation and accountability remained far from sure; the necessary research, so far as I know, was lacking at this stage. Peoples like the Yoruba and their neighbors had certainly developed complex and successful systems of constitutional checks and balances in relation to the use of executive power, and these were engrained in popular memory as well as folklore. Yet the compensatory power balancing of ancient institutions such as the *oyo mesi* and *bashorun*, or corresponding matchings of power elsewhere, belong to a time that is gone. No one was seriously supposing that the structures of the past could be revived; history doesn't, after all, retrace its steps even when we should like it to. What the processes of Nigerian history nonetheless confirmed is that the modern state can become stable and progressive only in the measure that it wins back for itself the popular legitimacy it has lost or never sufficiently possessed, and that it can do this only by processes of participatory democracy, no matter what the actual mechanisms may be found to be.

In favor of this venture there is undoubtedly a long history of relative success in the precolonial past. But the precolonial past is not recoverable, while most political development since then has backed away from democratic participation or has flatly destroyed it. Decades of bureaucratic dictatorship have bitten deep into capacities for self-government. And they have done this to a point at which, by the 1980s, it could appear that most Nigerians had ceased to be able to take part in governing themselves. As Dele Olowu has put it: "Institutions that were established to promote participation, such as parliaments, political parties, local governments and independent print media, have either been legislated out of existence, or transformed into institutions which are clearly dominated by their executives."[28] No matter what Nigeria's reforming constitution of 1979 might affirm on paper, the state governments, according to Olowu, "were able to circumvent many of the provisions aimed at reducing their overbearing nature." Years of civilian rule then slipped by, it appears, without serious attempt to strengthen and enlarge the local elective process which, naturally, withered on the vine wherever it had been briefly able to grow. No elections to local governments, it seems, were held. In place of these absent elected bodies, governors of states "have packed the local-government committees with their favourites and nominees," writes Olowu. Such assemblies, on this credible account, were persistently deprived of financial resources and, politically, "run not by the people's representatives, but by party stalwarts nominated by state government, some of whom had little or no political base in the local-government areas" which they were supposed to represent.

This route of escape into participation, in short, has been barricaded with snags and pitfalls, and travel along it made much less than safe. But, then, nothing else could be expected, given that human nature is frail of purpose and prone to falling by the wayside. Besides, it was never said that this was a route that had to reach, or indeed ever could reach, its destination: what is sought along it is not Utopia but a decent society to live in. To that end, this is a route that can offer a crucial means of moral and political restoration. It is the making of the journey that will count, not the arrival.

Already by 1991, as it now transpired, this "making of the journey" was beginning to count for a lot. One obscure little republic after another, chiefly at this stage in French-speaking regions of extreme neocolonialism, began to shake and tremble with popular outbursts of one kind or another, sometimes violent but more often usefully disputatious. So-called national conferences of any number of political participants and protestants surfaced with demands for "sovereignty of political decision"; and such was the atmosphere of democratic expectation—perhaps a little by osmosis from Eastern Europe but much more from indigenous good sense—that even the worst pirates in power began to rock in their seats and yet refrain, as never before, from ordering in their gunmen. Even in tightly shuttered Zaire there was open talk of Mobutu's "rapidly faltering regime," along with claims that he be jailed as soon as anyone could manage to overthrow him.

As all this unfolded during weeks and months, gruesome secrets were seen creeping from the skirts of official silence. While, for example, the Republic of Togo's "national conference" rolled on, "more and more revelations came tumbling out" to the angry satisfaction of the delegates. Ex-Sergeant-Major Étienne Eyadema, gun-installed president of Togo since 1967, "was accused of setting up a 'death camp' at Kassaboah, where people were tortured and killed." The same accusation, stoutly made without denial that I have heard, "indicated that there had been 'public murders' in the President's home village. The bodies of victims were hung from helicopters and thrown to wild animals."[29] And so it continued, on and on, in this republic or in that; and all of it, in substance and at times appalling detail, gave forth the stench of shameful truth. Harsh setbacks followed, but at least the truth was being told.

At this point the daily chronicle takes over and the historian retires. But out of the bubbling tumult there began to come the suggestion of some longer-term conclusion. Overtones of anger were easy to hear, and might or might not indicate a refusal to suffer as before. Certain of the pirates remained firmly seated, and political life would continue to be dangerous to lives as well as to careers. Yet events had begun at least to suggest undertones of another kind: of relief at the fall of monsters but also, beyond the relief, of hope in the feasibility of a new politics of minds and capacities, a politics that might at last be able to confront the real problems of the continent and begin to solve them. This hope could only be the fruit of a stubborn optimism. And yet there were signs that it was not without some ground to stand on. These signs were such that Roland Oliver, the doyen of Britain's academic historians of Africa, now felt able to conclude a finely measured survey of the continent's history by affirming of the 1990s that "the era of mass participation in the political process was about to begin."[30]

The old miseries of apartheid South Africa were still strongly present, while the removal of that particular black man's burden, another legacy of colonial dictatorship, was at once threatened by plots, corruptions, and killings by various official hands, some hidden and others not. And yet the most cautious critics could scarcely deny that the end of the worst, built-in evils of apartheid was now much closer than could have seemed possible a few years earlier. So true was this that democratic planning for a postapartheid, integrated southern African region—a region that could reach from Zambia to the Cape of Good Hope—was already beginning to be discussed and to take shape in political designs. If that could be realized, then almost two centuries of foreign imperialism and dispossession in this southern "half" of Africa might be within sight of its end.[31]

Contradictions obviously persisted. They were observable elsewhere: in West Africa, now with its clamor for democratic liberties and its spreading demand for a politics of democratic participation, and, if more tentatively, along the Mediterranean seaboard of North Africa. The same contradiction between despair and hope was present overwhelmingly in East Africa. There, by 1991, the warring clans of Somalia, Hawiya against Darod above all, were literally shooting each other to pieces. They had fought often before: "but in this century nothing like the present slaughter has ever occurred"; and any sanity of political behavior among these vengeful or frightened rivals, now wrecking their country with a suicidal ruthlessness, seemed far to seek.[32] Much the same was true in the republic of Sudan, after 1956 another would-be nation-state, where old regional differences between Muslims and Christians, "northerners" and "southerners," were exasperated beyond all good sense by "fundamentalist" extremism of one sort or another. On the other hand, in absolute contrast, the prospect in Eritrea and Ethiopia was now turned sharply away from strife toward tolerant reconciliation.

Here in these long-bedeviled countries a politics of decentralization and grass-roots participation in self-government had taken the upper hand and now promised to retain it. In Eritrea, after some twenty-five years of insurrectionary warfare against an Amharic imperial rule directed from Addis Ababa, a national transitional government—transitional to constitutional status—was preparing the way for a multiparty system based, too, on its wartime program of forming and operating local assemblies and elective executives. Next door, in Ethiopia, another transitional government issued from successful insurrectionary warfare was likewise preparing a constitution designed to make good the promise of the aborted "revolution" of 1974, the promise that equal rights in self-government should be assured to all of Ethiopia's many nationalities. There must be a long way to go. Yet these were beginnings that were full of a reasoned hope.[33]

No doubt, generally, there were and will remain plenty of well-nourished reasons for despair. All objectively expert judgments—whether on Africa or on Eastern Europe, the two great zones I have compared in this book—shared in subscribing to these reasons. It appeared as good as certain that no kind of easy and prosperous future could now be achieved anywhere in the poor man's world, the ex-colonial world: existing systems of wealth exploitation, with their ever-continuing transfer of resources from the impoverished to the privileged, stand too solidly in the way. But while despair is all very well for those who can afford it, despair comes too dear for those who can't. For those who can't, a ground for hope is a necessity.

I find it obvious that this necessity is far from assured. No matter what strivings for democracy there may be in the upheavals of the 1990s, there is no guarantee that a culture of tolerant consensus, a culture able to promote a politics of self-development, is going to be possible. In Eastern Europe a philosopher-poet may become president of Czechoslovakia, but is Václav Havel more than a lucky chance? If a democratic Serbia could be engulfed by militarist dictatorship in the 1920s, could it not happen in the 1990s? If one or other pirate falls in Africa, what promises that another will not take his place? And so on down the line, always looking over our shoulders at the old devils of nation-statist violence.

In this book I have aimed to provide a guide through puzzles and complexities bearing on old devils and new devils, chiefly African but also European, for the parallels are instructive; and in doing this to point the way to understanding a central riddle of times present and times past: the riddle posed by nationalism and by the embodiment of nationalism in the armored shell of the nation-state. From this analysis it emerges that the ground for hope for those people who can't afford despair, meaning most people as things now stand, lies in one or another mode of the politics of participation. This politics claims to raise a means of defending all those people who live now on the losing side of the existing world system, the poor and the very poor, and offer them a means of survival.

On past showing, this may seem to be claiming more than any such politics can deliver. And yet times have changed. No matter how old devils may posture and threaten, the two great contests of our epoch have gone against them: the crushing of Nazi-Fascist imperialism and the subsequent curtailment of other imperialisms; and then, against old devils become younger devils, the peaceful winding down of the East-West Cold War and its drive to terminal disaster. These tremendous facts build no new world, but they give sure scope for building one. And the core of this scope, it seems, lies in this building of a new politics, a postimperialist politics such as has not been possible before. If this has to mean new developments in democracy, as the evidence suggests, then the democracy of the early twenty-first century will be the politics of participatory self-commitment—or else it will be empty rhetoric, mere soapbox verbalism with different words.

What the analysis then goes on to demand, all this being so, is the invention of a state appropriate to a postimperialist future. To those who prudently reply that it can't be done, the answer will be that it can certainly be thought of. Cases spring to mind. It was already beginning to be thought of, even during the dreadful 1980s, in the projects of the sixteen-country Economic Community of West African States, and, potentially again, in those of the nine-country Southern African Development Coordination Conference launched a little later. Each set of projects has supposed a gradual dismantlement of the nation-statist legacy derived from imperialism, and the introduction of participatory structures within a wide regionalist framework. And if it is objected (as it often has been) that these are aims beyond realistic reach, because these are nation-states which will never accept a lessening of their sovereign powers and privileges, another confident answer is that such aims were already in process of being reached in that most unlikely of regions, Western Europe, the very seat and cradle of nation-statism. As things were moving in the 1990s, even those most nationalist of peoples, the English and the French, might before long find themselves without sacred and sovereign frontiers between them. It could sound improbable; to many it must sound impossible. And yet as Galileo said in another dawn of dizzying change, *Eppur si muove.* And the earth, it has turned out, really does move around the sun.

Notes

INTRODUCTION

1. See a copious bibliography by the World Bank, the U.N. Economic Commission for Africa, and many specialists. Generally, I am assuming that the politics of modern nation-statism are inseparable from the economics of mature capitalism in its transnational or "multinational" forms of development and rivalry, and that the reader will take this for granted.

2. Crawford Young, "The Colonial State and Post-Colonial Crisis," in Prosser Gifford and Wm. Roger Louis, eds., *Decolonization and African Independence* (New Haven: Yale University Press, 1988); and ibid., "The African Colonial State and Its Political Legacy," in Donald Rothchild and Naomi Chazan, eds., *The Precarious Balance: State and Society in Africa* (Boulder, Colo.: Westview Press, 1988), passim.

3. *West Africa* (London; weekly), 11 September 1989.

4. Edem Kodjo, *L'Occident du Déclin au Défi* (Paris: Stock, 1988), p. 230.

5. Basil Davidson, *African Nationalism and the Problems of Nation-Building* (Lagos: Nigerian Institute of International Affairs, 1987), p. 19.

1: AFRICA WITHOUT HISTORY

1. Lieutenant (Patrick E.) Forbes, *Six Months' Service in the African Blockade* (London, 1849; reprint, London: Dawsons, 1969), passim. The *Bonetta* barely survived the infamous trade she was fitted out to suppress, being broken up at Deptford in 1861, only twenty-five years after she had been launched. I am grateful to Mr. D. J. Lyon at the British National Maritime Museum for valuable information on Forbes and his command.

2. The classic and compendious source on recaptive history in Sierra Leone is Christopher Fyfe, *A History of Sierra Leone* (Oxford: Oxford University Press, 1962).

3. Christopher Fyfe, "Africanus Horton as a Constitution-Maker," *Journal of Commonwealth and Comparative Politics*, vol. XXVI, no. 2, July 1988, p. 247.

4. E. A. Ayandele, *The Educated Elite in the Nigerian Society* (Ibadan, 1974), p. 42 and passim.

5. J. Ayodele Langley, *Pan-Africanism and Nationalism in West Africa* (Oxford: Oxford University Press, 1972), p. 133 and passim.

6. David Kimble, *A Political History of Ghana: The Rise of Gold Coast Nationalism, 1850–1928* (Oxford: Oxford University Press, 1963), pp. 207–8.

7. Fyfe, "Africanus Horton as a Constitution-Maker," p. 174.
8. James Africanus Horton, *West African Countries and Peoples* (London, 1868; reprint, Edinburgh: Edinburgh University Press, 1969).
9. Attoh Ahuma, *Gold Coast Nation and National Consciousness* (Liverpool, 1911; reprint, London: Frank Cass, 1971), p. 11.
10. John Mensah Sarbah, *Fanti National Constitution* (1906), here quoted from M. J. Sampson, *Gold Coast Men of Affairs* (London, 1937; reprint, London: Dawsons, 1969), p. 221. I am grateful to Dr. Ray Jenkins for generous help with ideas and references on early African nationalist interest in Japan.
11. Fyfe, "Africanus Horton as a Constitution-Maker," p. 174.
12. Quoted in Hollis R. Lynch, ed., *Selected Letters of Edward W. Blyden* (Millwood, N.Y.: Kraus-Thomson Organization, 1978), pp. 460–61.
13. M. R. Delany, *The Condition of the Colored People of the United States* (Philadelphia, 1859), p. 210.
14. Alexander Crummell, *Africa and America* (1891), in this citation from an address of 1870, quoted here from H. S. Wilson, *Origins of West African Nationalism* (London: Macmillan, 1969).
15. A governor-general of Angola to Lisbon, 14 October 1885, Archivo Historico Ultramarina, quoted here from D. L. Wheeler, *Angola* (London, 1971), p. 102.
16. Quoted in Christopher Fyfe, *Sierra Leone Inheritance* (Oxford: Oxford University Press, 1964), p. 216.
17. Ibid., p. 300.
18. K. W. Deutsch and W. J. Foltz, eds., *Nation-Building* (New York: Atherton, 1963), p. 117.

2: THE ROAD NOT TAKEN

1. K. Onwuka Dike, *Trade and Politics in the Niger Delta* (Oxford: Oxford University Press, 1956).
2. R. S. Rattray, *Ashanti* (Oxford: Oxford University Press, 1923), p. 287.
3. Ibid., p. 289.
4. Naomi Chazan, "The Asante Case," in S. N. Eisenstadt et al., *The Early State in African Perspective* (Leiden: Brill, 1988), p. 60.
5. Ivor Wilks in J. Friedman and M. U. Rowlands, eds., *The Evolution of Social Systems* (London: Duckworth, 1977), p. 487. My debt of learning to Professor Wilks is large, and will be obvious.
6. Deutsch and Foltz, eds., *Nation-Building*, p. 117.
7. Ivor Wilks, *Asante in the Nineteenth Century* (Cambridge: Cambridge University Press, 1975), see esp. under "Asante National Assembly" and "*odwira*."
8. T. B. Freeman in *The Western Echo*, no. 1 (March 1886), p.8. And see Wilks, *Asante in the Nineteenth Century*, pp. 388–89.
9. R. S. Rattray, *Ashanti Law and Constitution* (Oxford: Oxford University Press, 1929), p. 82.
10. Discussed in T. G. McCaskie, "R.S. Rattray and the Construction of Asante History," in *History in Africa*, vol. 10, 1983.
11. H. E. Egerton, *British Colonial Policy in the XXth Century* (Oxford: Oxford University Press, 1922). In 1922 Egerton was professor of colonial history at Oxford University.

12. W. E. F. Ward, *A History of Ghana* (London: Allen & Unwin, 1958), 2nd ed., p. 280.

13. Wilks, *Asante in the Nineteenth Century*, p. 705.

14. For example, A. F. C. Ryder, *Benin and the Europeans, 1485–1897* (London: Longmans, 1969), chap. 1, passim.

15. Wilks, *Asante in the Nineteenth Century*, p. 652.

3 : SHADOWS OF NEGLECTED ANCESTORS

1. *African Historical Demography*, seminar proceedings, Centre of African Studies, University of Edinburgh, April 1977, pp. 2–6.

2. Ibid.

3. Basil Davidson, *The African Genius* (Boston: Atlantic Monthly Press/Little, Brown, 1969), p. 120.

4. Gwyn Prins, *The Hidden Hippopotamus* (Cambridge: Cambridge University Press, 1980), p. 102.

5. Max Gluckman, *The Ideas in Barotse Jurisprudence* (New Haven: Yale University Press, 1965), passim.

6. Chazan in Eisenstadt, *Early State in African Perspective*, p. 40.

7. Ibid.

8. Roy Willis, *A State in the Making* (Bloomington: University of Indiana Press, 1981), passim, for the precolonial history of Ufipa.

9. J. R. Strayer, "The Historical Experience of Nation-Building in Europe," in Deutsch and Foltz, *Nation-Building*, p. 24.

10. H. R. Trevor-Roper (Lord Dacre), in a BBC lecture, *The Listener*, London, 1963.

11. Quoted in Davidson, *The African Genius*, p. 181.

12. Claude Meillassoux, "The Role of Slavery in the Economic and Social History of Sahelo-Sudanic Africa," in J. E. Inikori, ed., *Forced Migration* (London: Hutchinson, 1982), p. 82.

13. Ibid.

4: TRIBALISM AND THE NEW NATIONALISM

1. John Iliffe, *A Modern History of Tanganyika* (Cambridge: Cambridge University Press, 1979), esp. chap. 10 for an excellent explanation of this process.

2. Ibid., p. 324 and passim.

3. David Kimble, *A Political History of Ghana: The Rise of Gold Coast Nationalism, 1850–1928* (Oxford: Oxford University Press, 1972), p. 196.

4. Lord Hailey, *An African Survey* (Oxford: Oxford University Press, 1938; 2nd ed., 1945); and Hailey, *Native Administration in the British African Territories*, 5 vols. (London: H.M. Stationery Office, 1950–53).

5. Obafemi Awolowo, *Path to Nigerian Freedom* (London: Faber, 1947), p. 63.

6. Thomas Hodgkin, *African Political Parties* (London: Penguin, 1961), p. 139.

7. E. W. Blyden, *Liberia's Offering* (New York: Gray, 1862), p. v.

5: THE RISE OF THE NATION-STATE

1. In G. M. Trevelyan, *Garibaldi and the Making of Italy* (London: Longmans, Green, 1914), where the story is told in graphic detail, p. 105.
2. As quoted in G. M. Trevelyan, *Garibaldi and the Thousand* (London: Longmans, Green, 1909), p. 53.
3. Trevelyan, *Garibaldi and the Making of Italy*, p. 290.
4. Elie Kedourie, *Nationalism* (London: Hutchinson, 1960), p. 9.
5. As quoted in Eric Hobsbawm, *The Age of Revolution* (London: Weidenfeld, 1962; Sphere ed., London, 1973), p. 164.
6. Kedourie, *Nationalism*, p. 73.
7. Hans Kohn, *The Idea of Nationalism* (New York: Collier, 1944), p. 10.
8. Eric Hobsbawm, *The Age of Capital* (London: Weidenfeld, 1975), p. 15.
9. Trevelyan, *Garibaldi and the Thousand*, p. 219.
10. Hobsbawm, *The Age of Capital*, p. 15.
11. As quoted in R. W. Seton-Watson, *A History of the Roumanians* (Cambridge: Cambridge University Press, 1934), p. 199.
12. See, for example, the *Memoirs of Moses Gaster*, edited and collated by Bertha Gaster, printed privately (London, 1990).
13. R. W. Seton-Watson, *History of the Roumanians*, p. 214.
14. Ibid., p. 222.
15. Ibid., p. 225.
16. Alexander Herzen, *My Past and Thoughts*, translated by Constance Garnett (London: Chatto & Windus, 1924–27), vols. 1–6.

17. Ibid., vol. 3, p. 130.
18. As quoted in R. W. Seton-Watson, *History of the Roumanians*, p. 397.
19. Hugh Seton-Watson, *Nations and States* (London: Methuen, 1977), p. 162.
20. Mila Čobanski et al., *Novi Sad u Ratu i Revoluciji, 1941–45* (Novi Sad: Institut za Izučavanje Istorije Vojvodine, 1976), vol. 1, introduction.
21. Sava Petrić, "Tri Palanke u Bačkoj," in *Zbornik: Radova o Nastanku* . . . , Kniževni Klub "Dis," Bačka Palanka, no. 1 (1988), p. 31.
22. Kohn, *The Idea of Nationalism*, pp. 550–51.

6: THE CHALLENGE OF NATIONALISM

1. As quoted in Basil Davidson, *Black Star: A View of the Life and Times of Kwame Nkrumah* (New York: Praeger, 1964; reprint, Boulder, Colo.: Westview Press, 1989), p. 86.
2. Jacques Rabemananjara, *Nationalisme et Problèmes Malgaches* (Paris: Présence Africaine, 1958), p. 122.
3. As quoted in Kedourie, *Nationalism*, p. 89.
4. In *The Crisis in Africa*, conference proceedings, Union of Democratic Control, London, October 1950, p. 17.
5. A. H. M. Kirk-Greene, ed., *Africa in the Colonial Period*, vol. III, *The Transfer of Power*, contribution by Sir Hilton Poynton, "The View from the Colonial Office," symposium proceedings, Inter-Faculty Committee for African Studies, Oxford University, 1979, p. 15.
6. Minutes by Gambia Colonial Secretary, 1937, in J. Ayodele

Langley, *Pan-Africanism and Nationalism in West Africa* (Oxford: Oxford University Press, 1972), p. 137.

7. Chef de la Colonie of Senegal: note to Paris. In archives of Service de Liaison avec les Originaux des Territoires de la France d'Outre-Mer (SLOTFOM), rue Oudinot, Paris, undated roundup of revolutionary propaganda, evidently in 1929.

8. Kirk-Greene, *Africa in the Colonial Period*, p. 12.

9. Ibid., pp. 43–50. And see p. 50, comment by Sir John Fletcher-Cooke, sometime deputy governor of Tanganyika: "So far as I am aware Africans, whether in Tanganyika or elsewhere, were never asked for their ideas as to whether the Westminster Model [for postcolonial sovereignty] would be suitable, whether any modification should be made, or whether any African practices or institutions could be associated with it."

10. Ibid., p. 107, comment by G. L. Aitchison, sometime deputy permanent secretary, Northern Nigeria; and comparable comment on other pages of this memorable symposium.

11. J. D. Hargreaves, "Toward the Transfer of Power in British West Africa," in Prosser Gifford and Wm. Roger Louis, eds., *The Transfer of Power in Africa: Decolonization, 1940–1960* (New Haven: Yale University Press, 1982), p. 125, quoting the Elliot Commission on Higher Education in West Africa.

12. Ronald Robinson in Kirk-Greene, *Africa in the Colonial Period*, p. 181.

13. In Gifford and Louis, *Transfer of Power*, p. 231.

14. *Parliamentary Debates*, 11 April 1959.

15. Cranford Pratt, "Colonial Governments and the Transfer of Power in East Africa," in Gifford and Louis, *Transfer of Power*, p. 260.
16. Ibid.
17. G. E. von Grunebaum, "Problems of Muslim Nationalism," in R. N. Frye, ed., *Islam and the West* (The Hague: Mouton, 1953), p. 659.
18. J. E. Ade Ajayi and A. E. Ikoko, "Transfer of Power in Nigeria," in Prosser Gifford and Wm. Roger Louis, eds., *Decolonization and African Independence* (New Haven: Yale University Press, 1988), p. 246.
19. Henry Collins, "Economic Problems in British West Africa," in Basil Davidson and Adenekan Ademola, eds., *The New West Africa* (London: Allen & Unwin, 1953), p. 102.
20. James Coleman, "Tradition and Nationalism in Tropical Africa," in Martin Kilson, ed., *New States in the Modern World* (Cambridge: Harvard University Press, 1975), p. 14.
21. As discussed in J. M. Blaut, *The National Question* (London: Zed Books, 1987).
22. David Fieldhouse, *Black Africa, 1945–1980: Economic Decolonization and Arrested Development* (London: Allen & Unwin, 1986), p. 15.
23. J. van Wing, S.J., *Bulletin* of the Institut Royal Colonial Belge, no. 2 (1951).
24. Basil Davidson, *The African Awakening* (London: Jonathan Cape, 1955), p. 95.
25. Fieldhouse, *Black Africa*, p. 36.
26. Ibid., quoting the British diplomat Sir Roger Stevens, p. 8.

7: THE BLACK MAN'S BURDEN

1. K. A. Busia, *Report on a Social Survey of Sekondi-Takoradi* (Accra: Crown Agents, 1950), a pioneering study in African urban degradation.

2. Jean Suret-Canale, *La République de Guinée* (Paris: Éditions Sociales, 1970), p. 13.

3. Ibid., p. 191.

4. Chris Allen et al., *Benin, The Congo, Burkina Faso* (London and New York: Pinter, 1989), p. 24.

5. Ibid., pp. 145–236.

6. See detailed record and analysis in J. M. Allman, *The Quills of the Porcupine: The National Liberation Movement and Asante's Struggle for Self-Determination, 1954–57,* forthcoming.

7. Boubacar Barry, "Neocolonialism and Dependence in Senegal," in Gifford and Louis, *Decolonization and African Independence,* p. 289.

8. Discussion in Fieldhouse, *Black Africa,* p. 227.

9. Allen et al., *Benin, The Congo, Burkina Faso,* p. 134. These estimates were made by the U.S. Department of Commerce.

10. Olaniyi Ola, "Smuggler's Paradise," *West Africa,* 27 March 1989.

11. A large bibliography. The quote here is from Jean Suret-Canale, *French Colonialism in Tropical Africa* (London: Hurst, 1971), p. 279.

12. Paul Richards, *Indigenous Agricultural Revolution* (London: Hutchinson, 1985), p. 43.

13. Fieldhouse, *Black Africa,* p. 6.

14. Ibid., p. 44.
15. Peter P. Ekeh, "Social Anthropology and Two Contrasting Uses of Tribalism in Africa," *Comparative Studies in Society and History*, vol. 32, no. 4 (October 1990), p. 660. I should like to recommend this brilliant paper from Nigeria to all interested readers. Ekeh writes with a cool and long perspective from inside his subject.
16. *West Africa*, 5 October 1990.
17. Allen et al., *Benin, The Congo, Burkina Faso*, p. 256 and note on p. 231.
18. Ibid., p. 214.
19. Ibid., pp. 134 and passim.
20. Philippe Leymarie as quoted in ibid., p. 62.
21. *Thomas Sankara Speaks* (New York: Pathfinder Press, 1988).

8: PIRATES IN POWER

1. Mark Huband, *The Guardian*, 3 October 1990.
2. Walter Rodney, *A History of the Upper Guinea Coast* (Oxford: Clarendon Press, 1970), and bibliography.
3. *The Independent on Sunday*, 13 January 1991.
4. Of this scene, see my own impressions in *The African Awakening*, pp. 13–22.
5. Most of them have been American scholars, notably Professors Crawford Young and René Lemarchand.
6. Crawford Young and Thomas Turner, *The Rise and Decline of the Zairean State* (Madison: University of Wisconsin Press, 1985), p. 81.
7. John A. A. Ayode, "States Without Citizens," in Donald

Rothchild and Naomi Chazan, eds., *The Precarious Balance: State and Society in Africa* (Boulder, Colo.: Westview Press, 1988), p. 196.

8. René Lemarchand in Guy Grau, ed., *Zaire: The Political Economy of Underdevelopment* (New York: Praeger, 1979), p. 238.

9. Young and Turner, *The Rise and Decline of the Zairean State*, p. 72.

10. Lemarchand in Grau, *Zaire*, p. 248.

11. M. G. Schatzberg, *The Dialectics of Oppression in Zaire* (Bloomington: University of Indiana Press, 1988), p. 53.

12. Young and Turner, *The Rise and Decline of the Zairean State*, p. 43.

13. Janet MacGaffey, "Economic Disengagement and Class Formation in Zaire," in Rothchild and Chazan, *The Precarious Balance*, p. 183.

14. Ibid.

15. Ibid., p. 184.

9: THE EUROPEAN PARALLEL

1. Michael Barratt-Brown, "The Capitalist Revolution," *Endpapers* (Nottingham: Spokesman, 1989), p. 33. Barratt-Brown has set out this thesis at detailed length in his *After Imperialism* (London: Merlin, 1963; rev. ed., 1970), see esp. pt. 2, p. 216.

2. Translation of "The Solution" by John Willett, in *Bertolt Brecht: Poems 1913–1956* (London: Methuen, 1976), p. 440. Original, "Die Lösung," in *Brecht: Gedichte* (Frankfurt am Main:. Suhrkamp, 1964), vol. 7, p. 9.

Wäre es da
Nicht doch einfacher, die Regierung
Löste das Volk auf und
Wählte ein anderes?

3. See esp. Svetozar Vukmanović-Tempo, *Borba za Balkan* (Zagreb: Globus, 1980); in English, *Struggle for the Balkans*, translated by Charles Bartlett (London: Merlin, 1990). Vukmanović was Tito's plenipotentiary in Macedonia during the liberation war; his testimony remains indispensable.

4. I draw on personal war experiences in the Vojvodina, as well as a large local bibliography: esp. Jovan Beljansky, *Sećanja* (Novi Sad: Inst. za Istoriju, 1982); Jovan Veselinov, *Iz Naše Revolucije* (Novi Sad: Inst. za Istoriju Sociajilistička Misao u Vojvodinu, 1974); Djorge Vasić, *Hronika o Oslobodilačkom Ratu u Južnoj Bačkoj* (Chronicle of the Struggle in Southern Backa) (Novi Sad: Vojvodina u Borbi, 1969).

Though passionately Serbian, the Serbs of the Vojvodina showed no wish to become part of a "Great Serbia" such as the Chetnik programs demanded during the war (and, of course, again after 1989). Among their countless peasant songs, as I recall, the Vojvodina partisans sang one with a chorus which ran: *"Vojvodina naša dika, bićes Republika"* (Vojvodina our treasure, a republic you shall be). As it turned out, they managed to make the Vojvodina into an autonomous region of the Serbian republic until 1989, when a renewed "Great Serbianism" undermined that autonomy. Cold War polemics have sunk the memory of realities like this.

5. Some time will pass before a final analysis of the collapse of Yugoslav federalism is feasible. For a general overview, see esp. Duncan Wilson, *Tito's Yugoslavia* (Cambridge: Cambridge University Press, 1979). For Yugoslav self-management in its various and original aspects, see esp. Edvard Kardelj, *Slobodni Udruženi Rad* (Belgrade: Radnička Stampa, 1978); Milojko Drulović, *Self-Management on Trial* (Nottingham: Spokesman, 1978); Ljubo Sirc, *The Yugoslav Economy Under Self-Management* (London: Macmillan, 1979); and much else on several sides of the argument.

6. Misha Glenny, *The Rebirth of History* (London: Penguin, 1990), p. 120.

7. In tortuous negotiations and various standoffs, there was also talk of "confederalism," but ambitions were now running too high for compromise. See the discussion in the contemporary press, esp. issues for this period of the partisan veterans' weekly, *4 Jul*, and especially Sladjan Ajvaz, "Konfederacija—iluzorno rešenje," 20 November 1990. In the situation which had now developed, he was undoubtedly right.

8. The ban on the public use of the Hungarian language in Serbia was reported in *The Independent*, London, 5 August 1991.

9. Erhard Eppler to Bundestag, Bonn, 17 June 1989, my translation.

CONCLUSION

1. Chinua Achebe, *Anthills of the Savannah* (New York: Anchor Books/Doubleday, 1988), pp. 130–31.

2. My own thoughts at a slightly earlier stage of Africa's crisis are set forth in *Can Africa Survive?* (Boston: Little, Brown, 1974).

3. Claude Ake, *Newsletter* of the African Association of Political Science, Lagos, December 1989, p. 8.

4. Claude Ake, in *West Africa*, 26 March 1990.

5. In *West Africa*, 8 August 1990.

6. Ibid., 16 October 1990.

7. Basil Davidson, *The People's Cause: A History of Guerrillas in Africa* (London: Longman, 1981), p. 7.

8. There is a large bibliography relating to the sense of moral legitimacy in precolonial societies, mostly from the researches of social anthropology. For an introductory overview, see my *African Genius* (Boston: Atlantic Monthly Press/Little, Brown, 1969), esp. pts. 2 and 3. British ed., *The Africans* (London: Longman, 1969).

9. "Tangible substance . . ." Meyer Fortes in Max Gluckman, ed., *Essays on the Ritual of Social Relations, Custom and Conflict in Tribal Africa* (Manchester: Manchester University Press, 1962). "Conviction [of] moral order" discussed in E. W. Smith, ed., *African Ideas of God* (Edinburgh: Edinburgh University Press, 1950).

10. Amílcar Cabral, *Unity and Struggle* (New York: Monthly Review Press, 1979), passim; collected writings of prime importance in this whole context. See also contributions to a symposium, *Continuar Cabral*, Praia, Cape Verde, January 1983; among these latter, Basil Davidson, "On Revolutionary Nationalism: The Legacy of Cabral," reprinted in *Race and Class* (London), vol. 27, no. 3 (1986), also in *Latin American Perpectives*, vol. 11, no.2 (1984), together with

contributions by R. H. Chilcote, Nzongala-Ntalaja, Dulce Duarte, Sylvia Hill, and Yves Benot.

11. Eduardo Mondlane, *The Struggle for Mozambique* (London and Baltimore: Penguin, 1969), p. 125.

12. In Basil Davidson, *The Fortunate Isles: A Study in African Transformation* (Trenton, N.J.: Africa World Press; London: Century-Radius, 1989), pp. 82–83.

13. There is a copious literature from many angles on the anti-colonial struggles in the Portuguese African colonies. For recent work, and bibliographies of earlier work, see for example on Angola: Bettina Decke, *A Terra é Nossa* (text in German) (Bonn: Informationsstelle Südliches Afrika, 1981); A. and B. Isaacman, *Mozambique: From Colonialism to Revolution* (Boulder, Colo.: Westview Press, 1983); Giuseppe Morosini, *Il Mozambico Indipendente* (Milan: Franco Angeli, 1984); Barry Munslow, *Mozambique: The Revolution and its Origins* (London: Longman, 1983), and other books in these notes. A comprehensive history of the anticolonial war in Guinea-Bissau, and of its personalities and policies is Basil Davidson, *No Fist Is Big Enough to Hide the Sky* (London: Zed Books, 1984). I myself made five journeys to and through guerrilla-held territory, chiefly in "liberated zones" in Guinea-Bissau (1967, 1972, 1974), Mozambique (1968), and Angola (1970).

14. Detailed account in Davidson, *No Fist Is Big Enough to Hide the Sky*, p. 121.

15. See Munslow, *Mozambique*, and bibliographies listed in his book; and A. and B. Isaacman, *Mozambique*, also with valuable bibliographical notes.

16. See esp. Joseph Hanlon, *Mozambique: The Revolution Un-*

der Fire (London: Zed Books, 1984; U.S. distributor, Biblio Distribution Center, 81 Adams Drive, Totowa, N.J. 07512); and Bertil Egerö, *Mozambique: A Dream Undone* (Uppsala: Scandinavian Institute of African Studies, 1987; in English).

17. Ladislau Dowbor, *Guiné-Bissau: A Busca da Independência Económica* (São Paulo: Ed. Brasiliense, 1983), p. 40.

18. Peasant participation in social and political self-government was well developed in liberated areas of Guinea-Bissau by the early 1970s (see Davidson, *No Fist*, and references) but was little attempted or failed in the economic sphere. On this, see esp. Lars Rudebeck, "On the Class Basis of the National Liberation Struggle of Guinea-Bissau," AKUT (Uppsala University), May 1983; and Kenneth Hermle and Lars Rudebeck, "Political Alliances and Structural Adjustment," AKUT, May 1989, the latter being an analysis of participatory decay and its collapse after the military takeover in November 1980.

19. Egerö, *Mozambique*, p. 14.

20. Alex Vines, *RENAMO: Terrorism in Mozambique* (Bloomington: Indiana University Press; London: James Currey, 1991), p. 132 and passim.

21. Joseph Hanlon, *Mozambique: Who Calls the Shots?* (Bloomington: Indiana University Press; London: James Currey, 1991), p. 41 and passim. Hanlon's book is indispensable to any understanding of Mozambique since about 1985. His findings on "destabilisation" should shake the most callous reader. Of Mozambicans who were children during the 1980s, he concludes that "this is the generation which should have led Mozambique to victory over development. Instead, it will

be a crippled generation that will have to be supported for life by its parents and children, extending the impact of destabilisation well into the next century" (p. 42).

22. A review of these insurrections is in Davidson, *The People's Cause*. The bibliography, again, is vast in several languages, some of these unusual in the Africanist field: for example, by far the most informative book on the Algerian insurrection (1954–62) when seen from the Algerian, rather than the French, side is in Serbo-Croatian, Zdravko Pečar, *Alžir do Nezavisnosti* (Algeria up to Independence) (Belgrade: Prosveta, 1967). Dr. Pečar was Yugoslav envoy to the Algerian independence front (FLN) during the Algerian war, having previously fought as a partisan in the Yugoslav war of liberation. So far as I know, unhappily no translation so far exists.

23. For Cape Verde in this context, see Davidson, *Fortunate Isles*, passim, and *O PAICV e o Exercicio do Poder Político*, programmatic document of PAICV Third Congress, Praia, June 1988.

24. For Eritrea, background and development, see John Markakis, *National and Class Conflict in the Horn of Africa* (Cambridge: Cambridge University Press, 1987); Stefano Poscia, *Eritrea: Colonia Tradita* (Rome: Edizioni Associate, 1989); Lionel Cliffe and Basil Davidson, eds., *The Long Struggle of Eritrea*, (Trenton, N.J.: Africa World Press, 1988); and bibliographies.

25. Victoria Brittain, *The Guardian*, 24 April 1987.

26. Victoria Brittain, *The Guardian*, 24 February 1990.

27. Dele Olowu, *Newsletter* of the African Association of Political Science (Lagos), April 1989, p. 13.

28. Ibid.

29. Quotes in these paragraphs from "Waves of Independence," a report by staff and correspondents of *West Africa*, 12 August 1991.

30. Roland Oliver, *The African Experience* (London: Weidenfeld and Nicolson, 1991), p. 264.

31. See esp. Bertíl Odén and Haroub Othman, eds., *Regional Cooperation in Southern Africa* (Uppsala: Scandinavian Institute of African Studies, seminar proceedings no. 22, 1989); and various publications on behalf of the Southern African Development Coordination Conference (SADCC), notably Phil O'Keefe and Barry Munslow, eds., *Energy and Development in Southern Africa* (Uppsala: Scandinavian Institute of African Studies, 1985), being pts. 3 and 4 of successive volumes devoted to technical and structural issues of nine-country integration.

32. Pietro Petrucci in *Il Mattino*, Rome, 4 August 1991.

33. See the Transitional Period Charter of Ethiopia adopted by a multiethnic conference of Ethiopians, representative of the postdictatorship regime, in July 1991. Article 1 of this charter pledged the right of all Ethiopians "to engage in unrestricted political activity." Article 2 pledged "the right of nations, nationalities and peoples to self-determination" within a democratized Ethiopia. Each should "administer its own affairs within its own defined territory, and participate effectively in the central government on the basis of freedom and of fair and proper representation." Ethiopian Peoples' Revolutionary Democratic Front (*News Bulletin*, vol. 1, no. 11 [Addis Ababa, 7 August 1991].)

Index

Achebe, Chinua, 290, 293
Acton, Lord, 49
Africa:
  absence of easily recognizable and
    operable social classes in, 206
  absence of popular participation in
    political and economic decision-
    making in, 293–94
  artificial and irrational colonial
    and national frontiers in,
    202–5, 215
  changes in, 292–93
  chaotic appearance of, 80
  colonial reform in, 178–79
  and commercial challenges of
    capitalism, 68
  crisis of institutions of, 10, 12
  crisis of underproduction of food
    and maldistribution of goods in,
    191–92
  deforestation of, 9
  despair in, 9
  East, see East Africa
  foreigners' misunderstanding of,
    80–81, 83
  future of, 13
  history of, 77–89
  hostility between rulers and ruled
    of, 263–64
  opposition to radical innovation
    in, 192–94
  optimists on, 292–93
  pessimists on, 291–93
  planning decolonization of,
    177–78, 180–81, 186–87
  political incompetence of colonial
    officials in, 173–76
  poverty in, 9
  search for political catalysts to
    create new ideas and hopes in,
    262–63
  self-rejection as condition for
    prosperity of, 199–200
  supposed reign of superstition
    over, 81, 83
  systemic precolonial regularities
    of political communities of,
    63
  transfer of crises to, 190–92
  West, see West Africa
African Awakening, The (Davidson),
  191
Aggrey, King, 34–35
Ahuma, Attoh, 39–40, 103, 116

343

About the Author

BASIL DAVIDSON is a writer and historian of Africa whose books and writings have appeared in many languages. As a major and then lieutenant colonel in the British army, he spent some twenty-one months from 1943 to 1945 on active service with armed resistance forces in Yugoslavia and northern Italy. He first took up the study of Africa in 1950, visiting the continent numerous times since then. He has made the study of historical conditions and the rise of African emancipation movements a central preoccupation of his work.

Roland Oliver, writing in the *New York Review of Books,* has called Davidson "the most effective popularizer of African history and archaeology outside Africa, and certainly the one best trusted in Black Africa itself." Many of his books on Africa are required reading in courses in Britain, Africa, and the United States. He has lectured on African history at American universities from coast to coast, as well as at British and African universities. Basil Davidson lives in Somerset, England.